专业与成长

（上册）

孙亚桂◎主　编

王彩云　齐志军　刘继栋◎副主编

九州出版社
JIUZHOUPRESS

图书在版编目（CIP）数据

专业与成长：上下册 / 孙亚桂主编. -- 北京：九
州出版社，2020.12

ISBN 978-7-5108-9919-5

Ⅰ.①专… Ⅱ.①孙… Ⅲ.①小学教师－师资培养－
研究 Ⅳ.①G625.1

中国版本图书馆CIP数据核字（2020）第240646号

专业与成长：上下册

作　　者	孙亚桂　主编
出版发行	九州出版社
地　　址	北京市西城区阜外大街甲35号（100037）
发行电话	（010）68992190/3/5/6
网　　址	www.jiuzhoupress.com
电子信箱	jiuzhou@jiuzhoupress.com
印　　刷	河北盛世彩捷印刷有限公司
开　　本	710毫米×1000毫米　16开
印　　张	32.5
字　　数	530千字
版　　次	2021年1月第1版
印　　次	2021年1月第1次印刷
书　　号	ISBN 978-7-5108-9919-5
定　　价	89.00元（全2册）

编委会名单

主　编：孙亚桂

副主编：王彩云　齐志军　刘继栋

编　委：米　莹　王雯蓉　杨小东

　　　　宋庆捷　孙玉玲　马建军

　　　　于会敏　陆　畅　杨　红

序 言

2018年1月，国务院在《关于全面深化新时代教师队伍建设改革的意见》中指出："我国社会主要矛盾已经转化为人民日益增长的美好生活需要和不平衡不充分的发展之间的矛盾，人民对公平而有质量的教育的向往更加迫切。面对新方位、新征程、新使命，教师队伍建设还不能完全适应。有的教师素质能力难以适应新时代人才培养需要，思想政治素质和师德水平需要提升，专业化水平需要提高。"

时代发展的多方位变革对教师职业的专业化要求越来越高。课程改革的实施，使得教师从知识的教授者转变为课程的实施者、开发者、管理者，教师急需转变教育观念，更新知识结构，并学习现代教育技术；另一方面，社会对教育的日益关注；教育经费、资源的大量投入；家长对子女教育期待的不断提升，促使教师更加关注自身专业水平的发展。

我校是一所有着近四十年历史的公办小学，现有专业教师149人，平均年龄41.07岁。其中教龄10年以上的成熟期教师109人，占教师总数的73.16%。成熟期教师平均年龄占比偏高，这个群体教师的专业发展水平直接影响学校的教育教学水平。在学校整体平稳发展的同时，学校希望建立一种长远有效的激励机制，探寻一条适合成熟期教师专业成长的发展道路，进一步促进成熟期教师专业发展，进而提高学校的师资水平。

于是，在2018年10月，我校申报了市级课题"小学成熟期教师专业发展的实践研究"，本课题研究基于我校教师队伍发展现状，立足于我校成熟期教师专业成长的长远发展，探索提高我校成熟期教师专业发展水平的有效途径。学校希望基于成熟期教师的现状和不同需求，以"特色教师工作坊"为平台，确定促进成熟期教师专业发展的实施路径和管理措施，促使我校成熟期教师专业发展，进而促进学校教育教学水平发展和学生能力的提高。同时为其他学校成熟期教师队伍建设提供实践案例。

课题研究初期，基于我校教师专业发展现状，通过问卷调查、访谈等方法，调查我校教师专业发展存在的问题，进而确定我校成熟期教师专业发展实施途径。

在课题研究的过程中，我校通过开展校本教研，以多种形式提高成熟期教师学科教学能力。我校建立大小教研组，双线运行优化教研模式。大教研组以学科为分类标准，大教研组活动重点放在理论引领与课堂教学上，形式多样化，有专家讲座、读书心得交流会、名师示范课、骨干教师引领课等，提升教师学科教学能力。小教研组即我们常规的年级教研组。小教研组以主题研究形式开展日常教研活动。同时形成网格化课题研究模式，提升成熟期教师科研能力。课题承担人结合立项课题，通过坊内教师共同探讨确定分坊的小课题。将小课题与立项课题相结合，形成网格化课题研究模式。使参与课题研究的教师从点状变成网状，形成课题研究团队。成熟期教师在课题研究过程中逐步提升科研能力。成立"特色教师工作坊"，组建特色教师团队。2018年10月，课题组组建"特色教师工作坊"领导小组。确定工作坊组织架构、形成活动方案，通过"指定+自愿"申报方式，确定工作坊成员名单。工作坊成员共42名。其中包括市级骨干教师2人、区级骨干教师16人，区级青年骨干教师11人，校级骨干教师10人，教研组长3人。2019年3月，召开"特色教师工作坊"揭牌仪式。明确工作坊的目标、活动形式及考评制度。工作坊内按学科分成六个分坊，选出分坊坊主。工作坊成员进行专业素养前测，并在此基础上进行自我分析。2019年5月，开展"东方教育学派论坛"和"东方教育学派大家谈"活动，成熟期教师对自身特色进行初步挖掘。确定了我校师徒"立体培养模式"及考评制度。2018年9月，我校举行"师徒结对"仪式，85名教师结成师徒对子，多次开展师徒间的教研活动，成熟期教师带徒弟的能力有显著提升。

我校"特色教师工作坊"的老师们在研究过程中，教研科研能力都有了明显提高。《专业与成长》一书将工作坊的成果结集成册，以展现成熟期教师的智慧和特色。本书共分为上下两册，由三部分组成。第一篇为"培养篇"，主要内容为"特色教师工作坊"的活动方案，校领导的培养策略文章，展现我校教师队伍建设的培养路径；第二篇为"成长篇"，以工作坊成员个人为单位，呈现其具有个人风格的教学设计和案例论文，展示教师特色；第三篇为"绽放篇"，将我校课题研究的过程和近年来参与和组织的各级各类教学活动掠影予以呈现，是课堂精彩瞬间的定格，更是我校成熟期教师专业成长的历程。

特别感谢区教委、区教师研修中心对我校教师队伍建设的指导与支持。作为通州区本土学校，通过本课题研究，我校成熟期教师专业成长的路径逐渐清晰，初见成效。在求索的路上，我们还将继续前行。

编者

2020.11

CONTENTS   **目 录**

（下册）

第三章　成长篇（下）

第四章 绽放篇

第一章

培养篇

"特色教师工作坊"活动方案

一、指导思想

以习近平新时代中国特色社会主义思想为统领，以全国及北京市教育大会精神为指导，以提升特色教师素质能力为目标，以校为本，聚焦课堂，通过实践反思、同伴互助、专家引领，促进特色教师的专业发展，促进教师队伍整体素质的提高。

二、活动目的

为充分发挥我校成熟期教师在教育教学实践和研究中的指导、服务、示范与辐射作用，为学校后备力量的培养、优秀骨干教师的成长搭建平台，加强学习型教师队伍建设，全面提升我校教师素质和专业化水平，推进我校高效课堂的快速构建，我校决定成立"特色教师工作坊"。

三、工作坊目标

（一）培养"东方教育学派"特色教师

通过三年的培养，形成一批有个性、有特色、有明显实践效果、有独特教学主张和教学风格的"东方教育学派"特色教师。使工作坊成员的综合素养、业务能力、专业发展有显著提高。"东方教育学派"特色教师在全区具有一定知名度和影响力。

（二）带出有特色的团队

把"工作坊"建设成一支具有创新精神、科研意识和较强的教育实践能力的特色教师团队。发挥工作坊成员的引领、示范和辐射作用，带出一批具有东方特色的骨干教师，全面提升我校教师素质和专业化水平，实现我校教师的阶梯成长，推动学校教育可持续发展，最终实现学校及教师卓越发展的梦想。

（三）形成一批特色成果

为工作坊成员建立"一师一案"的三年成长手册。有计划、有组织、分层次、分阶段地开展多种形式的学习研讨、实践探索、主题研究等教学教研活动，提升工作坊全体成员的教育教学理论知识储备，促进教学业务水平和教育教学研究能力的提高。通过课题研究、教学示范、观摩学习等途径使特色教师在实践、探索过程中积累经验，形成自身教育教学成果。拟创建"东方小学内刊"将特色教师教学智慧、实践经验进行推广。同时，也为学校在教师队伍建设方面积累实践经验及研究成果。

（四）特色教师工作坊成员

姓名	性别	学科	职称	姓名	性别	学科	职称
杨小东	男	数学	一级	王雯蓉	女	语文	高级
宋庆捷	女	语文	高级	龚立红	女	数学	一级
孙贺	女	语文	一级	侯杰	女	英语	一级
张艳茹	女	语文	高级	宋晓伟	女	科学	一级
王文静	女	语文	二级	何杰	女	语文	一级
米莹	女	语文	一级	刘冬雪	女	语文	二级
张广静	女	语文	一级	吴继红	女	语文	一级
侯雪媛	女	语文	一级	高慧连	女	语文	一级
张健伶	女	语文	一级	张嘉麟	女	语文	二级
徐亚兰	女	语文	一级	杨晓华	女	语文	二级
刘雪芹	女	数学	一级	芮雪飞	女	语文	二级
马国琳	女	数学	二级	王建明	女	语文	一级
孙玉玲	女	数学	高级	王继红	女	语文	一级
蒋芳菲	女	英语	二级	朱学明	男	语文	一级
苑人歌	女	音乐	二级	汤玉红	女	数学	二级
苏松柏	女	科学	一级	王颖	女	数学	一级
王友红	女	语文	一级	曹颖	女	数学	二级
郁微	女	语文	二级	商学友	男	数学	二级

续表

姓名	性别	学科	职称	姓名	性别	学科	职称
李春风	女	语文	一级	王红燕	女	语文	高级
郑春蕾	男	体育	高级	陈东林	男	体育	高级
姬艳艳	女	英语	二级	周 伟	女	英语	二级
王海涛	男	体育	一级	李金林	男	书法	二级

巧用心理效应，探索新教师培养策略

孙亚桂

任何一个成熟期的教师都要经历一定时间的成长过程，其中入职初期的成长对后续的发展速度、发展水平有着重要的影响。随着区域教育的发展，教师队伍中的新大学毕业生逐年增多，这些教师均是本科以上学历。但是作为教师不仅要有深厚的文化基础，更需要丰富的实践性知识，而这些迈出校门时间不长的大学生所匮乏的正是实践性知识，他们的成长需要一段漫长的过程，因此新教师的培养是教师队伍建设的一项艰巨任务。

从心理发展上看，一个教师的发展是有阶段性的，不同阶段表现出不同的发展特点。有研究表明，如果一个教师在参加工作的前三年不能很快进入角色，并初步树立自己的教学形象，那么在以后的日子里，他充其量只能是个教书匠，很难有大的作为。新教师95%以上为独生子女，他们身上也有着独生子女的弱点：好胜心强、脆弱、耐挫能力差，于是我们在传统教师培养策略的基础上，尝试从心理学角度，探索新时期新教师培养策略。本文主要是探索这些教龄在五年以下的教师培养策略。

一、立足"首因效应"，进行"起点给予"

"首因"，是指首次认知客体而在脑中留下的第一印象。"首因效应"是指个体在社会认知过程中，通过"第一印象"最先输入的信息对客体以后的认知产生的影响作用。这项研究结果证明，信息呈现的顺序会对社会认知产生影响，先呈现的信息比后呈现的信息有更大的影响作用。第一印象作用最强，持续的时间也长，比以后得到的信息对于事物整个印象产生的作用更强。于是我们从新教师入校实习开始到工作的第一学期集中进行"起点给予"活动。

（一）实习"三个一"——给予信任与帮助

俗话说："千里之行，始于足下。"每年3月，我们就要求所有聘任的新教师进入学校实习，以便经过近一学期的实习了解学校生活，为9月独立顶岗奠定心理基础。安排实习教师我们一般做到"三个一"。

1. 安排好第一次见面会。当这些即将毕业的学生怀着忐忑不安的心情进入学校时，身为学校领导首先送上我们的微笑，我们的赞赏。赞赏他们良好的专业素质，赞赏他们勇敢的选择。同时也真诚地给他们指出激烈的竞争环境和无限的发展机遇。然后细致地指点他们实习期间如何学习。

2. 安排好一个师傅。师徒结对是常用的教师培养策略。我们在给实习教师安排师傅时不仅要求师傅具有丰富的教育教学经验，还要具有良好的人性——无私、有集体观念。因为这样的师傅才会毫无保留地向实习教师传授自己的经验，并且会耐心、手把手地指导他们。

3. 讲一节实习汇报课。实习结束时，每一位实习教师都要上一节汇报课，我们重点要了解他们从应聘到实习这段时间的成长变化，以便将来有针对性地进行指导。

（二）入职后"第一次"——给予方法性指导

即使顺利度过了实习期，可当他们信心满满地走上工作岗位时，理论与实践之间的距离往往会使他们在小小的三尺讲台瞬间经历"信心百倍"与"当头一棒"的心理巨变，这时学校帮助他们迈好成长的第一步是新教师能否迅速成长的关键。

1. 写教案——入职后第一难关。实习期间的上课，教案有指导教师的细致指导，这些新教师还没有表现出畏难情绪。而当7月教师分工后，将教材和备课本领到手后，不少新教师就流露出困惑：该自己独立写教案了，怎么写呢？于是他们就开始找老教师的旧教案。抄教案固然是一条捷径，能够顺利度过领导检查关，但是不动脑子的"抄"对于他们的成长只能说是弊大于利。于是我们利用假期组织教案撰写培训，学校主管教学领导举办讲座，同时观摩一些优秀教案。然后提出备课要求：先独立备出第一课，交给主管领导审阅后再继续写。学校主管教学的领导利用假期逐项、逐句指导第一课的教案。大到教材的钻研、教学目标制定、重难点的把握等，小到教师活动、学生活动的每一句话的设计，以批注的形式反馈给他们，这样经过两三次的纸上交流，使他们初步了解教案的基本写法。开学后，重点审阅他们的教案，再次进行细致指导。第一次普听课后，结合课堂教学实践继续指导教案设计，新教师依据指导重新调整教案。

2. 组织教学——进入课堂的第一难关。作为一名教师，组织教学的能力是能否站稳讲台的基础。新教师多为独生子女，让他们有序管理班级内的40多个六七岁的孩子，真是有一定难度。我校将每年9月、10月定为新教师组织教学研讨月，包括课堂教学观摩，观后反思交流、专题指导。在初期，我们由有经验的不同学科的骨干教师为新教师做教学观摩课，听课前给新教师提出听课任务：重点观察教师在一节课的各个时间段如何进行组织，怎样和学生说话、运用哪些手段、学生会有什么变化等；近两年，我们大胆让先期毕业的组织教学较好的新教师做观摩课，他们心理距离近，更容易促进他们相互学习和提高。听课结束后，每一位新教师都要结合所听的这些课和自己短期的教学体会谈谈对组织教学的认识。学校再进行"如何进行课堂教学管理"的专题培训。这样的系列小专题校本培训，使新教师都能迅速度过组织教学难关。

3. 树立信心——第一节亮相课以欣赏为主。每年9月，学校领导首先走进这些新教师的课堂听课。一般第一次听课我们不会突然袭击，会给他们几天准备时间。我们会告诉他们："学校重点看组织教学，你们就努力把学生组织好。"新教师可重视领导的第一次听课了，虚心向师傅请教，反复在同轨班试讲，然后信心满满地走上讲台。即使这样，看到领导坐在教室里，新教师不免有些紧张，有的教师还会手忙脚乱。不论第一次课多么糟糕，课后交流时我们也要挖掘他们在组织教学上的优点，哪怕一个非常有效的小动作，我们都不会放过。第一次评课我们一般就在教室里，学校领导就站在教师讲课的位置，指导他们眼睛怎样看学生、板书时身体的正确姿势；提出问题时或与学生互动时应该是什么样的语气；等等。就这样身临其境的指导，使新教师们树立了后续教学的信心。

二、借鉴"边际效应"，创新"对话"

"边际效应"原是经济学上的概念，意思是一样东西的价值同它满足的需要成正比。新教师成长之路是个漫长的过程，经历入职后的几个第一次指导后，学校更加关注他们的常态教学行为。常态教学是一种自觉的教学过程，良好的教学习惯、智慧的教学策略、灵活的教学智慧往往都是在常态教学中积淀出来的。

"对话"是常态教学指导的经常性方式，但是不同的"对话"方式会对新教师产生不同的心理影响，从而带来不同的结果。如：把新教师叫到办公室谈话，会使他们感到紧张，增加心理压力，至少影响后一段工作情绪。运用"边际效应"，打破常规对话方形式，以满足新教师不同的心理需求。

（一）随机"对话"，指导于无痕

新教师在常态工作中会有很多顾及不到的细节，巡视校园时我们会主动询问新教师，了解一下最近的工作情况，有什么体会？有没有困难等。有时就翻阅一下学生的作业，肯定他们批改认真的态度，同时提示他们：批阅学生的作业不仅看题目正确与否，还要透过学生的书写看学习态度，关注每一个书写中的细节，如学生画横线用没用尺子？书写的数字规范不规范？格式是否统一等？还告诉他们：教师的批改符号对孩子也是一种示范，如何通过一个"√"渗透给学生：老师很认真、很细致地审阅甚至是欣赏你的作业。对作业中的错例用"\"，延迟评价，等待孩子成长。特级教师吴正宪说等待也是一种尊重。等待给予学生充分的信任和肯定，是一种无声的鼓励，真诚的欣赏会使教师真正走进学生的心灵世界，完成平等、融洽的心灵晤对。春风化雨润心田，润物无声促上进，是教育的最高境界。

（二）纸上"对话"，反馈于内心

常规检查是教学管理中的基本监控策略，常规检查便于我们发现问题，以便改进今后的管理工作。常规检查中，我们不仅重检查过程，更重检查后的反馈与指导。传统反馈方式是在教师会上面向全体通报检查情况，指出检查存在的问题，这样的反馈缺少针对性，无法触动每一个人的心灵。于是我们采用"纸上对话"方式，为每一位教师写了个性化"反馈单"，在交流中说出我们的感受及指导性意见。

比如这是一位新教师的教案检查反馈单：

你的教案看似"乱"，但是凌乱之中记录着你思考的痕迹，你将自己走过的痕迹留了下来，对于一个新教师来说，这是多么宝贵的财富啊！

1. 项目齐全，单元备课中学情分析有复备（其他老师的榜样），单元教学后记能够看出反思的痕迹，尤其是教学突破部分。（下学期最好针对自己确定一个或两个改进的重点，然后有针对性地改进教学行为，记录改进情况）。学生突破部分如果再加上些数据（单元检测的数据）就更好了。

2. 每一课时都及时反思并进行较为细致的复备。教学存在问题及改进设想部分，只写了问题，缺少改进措施。每节的效果记录内容比较有针对性。

3. 以《倍的认识》为例。

（1）教学目标：有三维意识，目标表述基本规范，但是要加强可测性的表述。（"理解"是隐性心理活动，要将其转化为显性行为，如能够按要求看着具体图说出、摆出、圈出比较事物间的倍数关系。"说出""摆出""圈出"就是显性行为动词，学生能够说出、摆出、圈出，基本理解了倍。）

（2）重难点确定较准。

（3）辅助资源：课件、学具盒。（还有些笼统，要简单写出课件内容及使用时机，学具的准备形式，是每人一套，还是小组一套？什么时候使用？）

（4）欣赏教育体现的方式方法：方向正确，说明教师理解到位，"让学生动手体验知识的形成过程"缺少课时的针对性，要结合本课内容"引导学生在充分的动手中启动思维，产生思维碰撞，理解倍与份的关系"。

（5）教学过程：①教学环节比较清楚。（可以尝试在环节用词上体现欣赏教育。）②教学意图的表达还有些笼统，不到位，"具体情境引出倍的概念""建立倍的概念"等，只是交代了干什么，其实应该是为什么通过情境引出概念？③师生活动中，教师活动比较具体，细看还能够看出引导的层次，但是学生活动就不是很清晰了，多数是答案的罗列，缺少步骤和学法设计。看不出学生思维的递进。概念的理解需要有充分的感知过程，虽然新授中设计了"鸡"的只数变化来理解概念，但是学生的思维认识依然是直观，缺少由直观到抽象的过程，感知欠充分。第一层（两部分都给出来的完整图形）：一倍数固定，体会有几份就是几倍；一倍数变化，进一步体会有几份就是几倍（重在理解一份是标准）；第二层（给出其中的部分条件）：只给出一倍和倍数，画出几倍数的图；或给出几倍数和倍数，画出一倍数；第三层：看不见图，根据描述想象倍数关系……这样学生就有了认知的发展过程。④总结意识不强，教案中有小结，但是缺少课堂总结，课堂不完整。⑤练习是数学课的独特地方，是能够显现教师深入钻研教材的环节，因此每个层次的练习都要写出练习意图，而非笼统一个。

此外，我们在学校教学设计评比中，将每一篇教学设计的评价变成了"纸上对话"。"纸上对话"增加了学校教学管理者的工作量，但是看到新教师的迅速成长，我们累并快乐着。

（三）同龄对话，学习于"最近发展区"

新教师的成长不仅需要与领导对话，更需要同龄人间的对话，因为他们有着共同的困惑、共同的需要，他们的心理距离更近，可以说这是他们的"最近发展区"。我校努力给他们创设同龄对话条件。如组织当年毕业教师教学汇报、组织五年以下教师教学经验交流、组织教案、听课记录观摩展示。在不同主题的交流中，他们了解了同伴的成长轨迹、看到了自己与同伴的距离，也促使他们产生了自主成长的内驱力。

三、依托"霍桑效应"，树立自信

"霍桑效应"是心理学上的一种实验者效应。参加试验的工人被置于专门的实验室并由研究人员领导，其社会状况发生了变化，受到各方面的关注，从而形成了参与试验的感觉，觉得自己是公司中重要的一部分，从而使工人从社会角度方面被激励，促进产量上升。这个效应告诉我们，一个人受到公众的关注或注视时，学习效率就会大大增加。新教师顺利度过入职难关后，他们渴望的就是快速发展，学校充分为他们搭建平台。

（一）教师讲坛初露锋芒

教师讲坛是我校为教师传递思想、交流经验创建的小举措。大多时候是市区骨干教师和经验丰富的老教师担任坛主，后来我们大胆将新教师推上讲坛，与大家分享他们入职后课堂教学方面、欣赏教育实践方面的成长体会。虽然他们的经验尚显浅薄，但是他们用新教师特有的眼光看待教育教学，同样能够在"老"教师心中激起波澜，使他们对新教师刮目相看。

（二）开放课堂大胆亮相

家长走进学校是我校的一项常规活动。每一位新教师都曾受到过家长们的质疑，这使他们总是小心翼翼地与家长们接触。但是家校合作是学生成长的桥梁。于是在新教师入职后的第二学期，学校帮助他们充分准备，迎接家长开放日。如我校2012年毕业的一个新教师在初接班时，部分家长沟通时态度极不尊重。该教师非常苦恼。后来开放课堂后，一半以上的家长听了课，他们在反馈单中写道："小老师真不容易""一个生字原来要讲得那么细，我以后知道怎么辅导我孩子写字了"……从那以后，家长们的态度变了，教室里开始出现帮助老师打扫卫生的家长。家长的支持、理解让这位新教师一直愁苦的脸上绽开笑容，教学上、班级管理上渐渐得心应手。

（三）分层评价，竞争中展示

教学评优活动是学校每学年一次的特色常规活动，融课堂教学、专业基本功展示、校本培训于一体的全方位的教学评优活动。为让每一层次的教师都有成功的体验，我们将评优对象分为骨干组、非骨干组、新教师组（教龄在五年以下）。同层次教师水平接近、发展需求接近，公平的竞争能够让他们获得成功体验，找到新的发展点。

经过有计划地培养，新教师成长很快，他们不仅能够很快站稳讲台，有些已经在区学科领域内受到教研员的肯定，取得了一定的成绩，但是教师的发展是动态的，不同的发展阶段教师的心理也会随之变化，会给培养带来新的问题，但不论怎样，顺应教师发展心理的培养策略是最有效的策略，能够提高培养的针对性、实效性，增强研究性、科学性。

由论文写作引发的思考

孙亚桂

此前，河南大学古代文学老师常萍不出书、不发表论文、不申报职称，专注教学30年的事情引起了网友的热议。当时，我就对"写论文"与"专注教学"二者的关系产生了疑问：难道写论文就不能专注教学了吗？如果所有的教师都不去写作，古代先贤的思想还能够传承下来吗？教师写论文到底是什么目的？难道仅仅为了评聘职称吗？近几年，各个部门都稿论文征集活动，而且晋升职称、骨干评选中"论文"又是很重要的指标，于是乎，编纂、抄袭论文的现象出现了，证书多了，教学效果却打了折扣。功利思想使得论文写作变了味道，写论文真能让教师"误"了正业吗？

在一次干训中，很荣幸听了首都师范大学副院长蔡春的讲座《教师如何写论文》，这是我第一次听关于论文写作的讲座。"教师为什么写作？"蔡教授首先抛出了这个问题。蔡教授说，写作有利于反思习惯的养成，是一种思维训练，能够深化教师的个人知识管理，意味着自我存在的彰显。

蔡教授的话唤起了我对自己论文写作的回忆。从学生时代开始，我的作文水平就一般，提起作文就发愁，总要先翻翻作文选，然后照猫画虎描摹一篇，当老师后写论文也是这样的过程。走上管理岗位后，为了能够更好地指导老师教学，我总是边听边思考，有了想法立刻记录下来，有时同样的问题我会写几篇反思，业余时间，我会经常读读这些反思，品读文字的同时，我发觉自己对课堂、对教学的思考好像愈来愈深了，给教师评课时不再是散点式指导了，能够抓住不同学科课堂教学的本质系统审视教师的教学设计了，教师的教学水平提升的同时，我也渐渐养成了反思的习惯，多篇论文在国家、市区获奖。可以说，论文写作推动了我的成长，使我更能专注地研究教学管理。我认为教师写论文一方面是对自己的教学思考、教学研究进行梳理、提升，让自己对教育的思考进入到新阶段；另一方面是传递教育教学经验，让更多的优秀经验传承下去。所以论文写作应是教师一项重要的专业基本功。

一、专注教学，写故事

有些教师总说论文没得写或写出来的论文质量不高，蔡教授说这不是写作技巧问题，而是没东西可写，没有想法。任何一个能够写出好文章的人必定是一个有思想的人。我们学校要求教师每月写一篇教学反思，审阅教师们的反思时，发现记叙多于思考，教师们能够把经历的教学过程记录下来，然后点缀上一两句浅层次的感受，缺少深层次的思考。成长经历告诉我，当一个人专注于一件事情的时候，会发现更深层次的东西，想法会不由自主地产生。所以我认为，要想会写论文，先将全身心投入到教育教学之中。每天甚至每一节课都去思考怎样才能让学生喜欢上我的课堂呢？怎样才能让学生的学科能力提高呢？带着诸多的思考去备课、上课、训练学生，随时写一写你的课堂教学故事、学生成长故事，我想一个又一个"故事"就能将你带进美好的教育写作中，故事写多了，你对教育的思考自然融入其中了。

二、研究实践，写经验

蔡教授指出：教师的论文写作往往是经验总结、工作总结，缺理论、缺研究、缺学术。教师不是理论专家，他们拥有的多是实践经验，写论文时，为了增加点理论，就从一些教育专著中摘抄一些，给自己的案例扣个帽子，一篇论文就诞生了。可仔细想想，孔子、陶行知、苏霍姆林斯基等中外著名教育家，他们的教育理论不也是源于他们对教育的思考和教育实践吗！我觉得，当前教师论文存在问题的根本原因是缺少真正自己的想法，缺少持续性的与想法相联系的做法，所以很多教育论文我们都会有似曾相识的感觉。因此要提高论文质量，应引导教师走上研究的道路上来，研究是一种态度，是一种行动。教学研究过程其实就是解决教育教学中存在问题的过程，解决问题后要将自己的思考、做法、感悟梳理后写下来，一篇经验性论文就诞生了。记得我的论文《改进"四小环节"，提高低年级识字教学中写字指导实效性》就是这样诞生的。

学校建校初期，只有一二年级，识字写字是低年级语文教学的重点。每一节课至少有10—15分钟在指导学生写字。我发现写字指导过程大都包括"观察分析汉字、书空、范写、描红、书写练习、反馈评价"这些活动。教师们总结出了不少指导学生观察汉字的方法，学生在教师的训练下，结构特点、关键笔画等分析得非常到位；书写练习环节教师们也比较重视。但是教师们反映：当放手让学生自学汉字时，学生写出的汉字远不如经过教师细致指导过的汉字；还有的教师反映，要想让学生写好字，每个字都要练习很多遍，学生的负担无形之中增加了；还有的教师说，学生回家写的汉字不如课堂上写的。于是我分析了所听过的识字课中的写字指导环节，发现"书空、描红、范写、反馈评价"四个小环节仿佛是摆设，几乎都是走过场。于是我就将众多识字课上的"四小环节"的课堂现象进行整理。认为"四小环节"中由于用时较短，其在学生写字能力形成过程中的作用也就被教师忽视了，也就没有想到对其进行研究和改进。于是我针对每个环节学生的表现，结合每个小环节的目的向教师提出了明确的学习要求："书空"使其专注；"描红"注重体验；"范写"突出互动；"评价"融入自主。老师们备课、讲课带着这些要求去思考，听课时通过观察学生评价要求是否落实，研究过程中我还发现书空时要保证学生专注，要给任务，变空中书为格中书，教师要关注手指和声音及时调控；描红体验时，体会每一笔的占位时描和写要分开、描红和观察要结合起来……深入的思考与实践研究让我总结出"书空、描红、范写、反馈评价"四小环节是学生将观察分析后获取的"眼中字"变成"手中字"的桥梁。

这篇论文最终获得了市级一等奖。

这篇论文的形成过程就是我对"识字指导过程的系统思考与改进过程"，如果没有对课堂的细致观察与分析，我想也不会发现"四小环节"在学生写字中的重要地位，这篇论文的诞生也让我校的低年级识字教学实效性有了明显提高。

就这样带着问题去研究和改进工作的习惯让我的多篇论文在市区获奖，渐渐地我的个性化思考多了起来，我也深刻地感觉到，有了"真研究"，经验性论文写作水到渠成。

三、阅读文献，悟写作

高水平的论文意味着四个转换，即思维转换，从经验思维转换成理论思维；逻辑转换，从发现到证明；视野转换，从特殊到普遍；语言转换，专业引领、知识管理。作为一名教育一线的教师来说，提高论文质量，做到这四个转换，阅读文献也是必不可少的。文献是记录、积累、传播和继承知识的最有效手段，是人类社会活动中获取情报的最基本、最主要的来源。每一篇文献都是获奖或发表过的，前人研究的成果，可以丰富我们的认识、明确研究方向的价值。

阅读文献时可以从内容和表达两方面学习。从内容上发现其观点提出的背景、研究的方法、策略、过程、研究结论；从表达方面揣摩作者行文思路，论据如何论证论点的，运用了什么样的证明方法，甚至作者选择了哪些参考文献……

总之，论文写作不是教出来的，善于思考、勇于实践、广泛阅读、勤于动笔，我想，坚持论文写作会让教师体味到做教师的幸福。

立足常规活动，助推教师发展

王彩云

一、有效开展校本教研活动

我校开展校本教研，坚持"五点"原则，即：立足点——解决教学的实际问题；着眼点——理论和实践的结合；切入点——不断改革教学方式和学习方式；提升点——改革创新的精品意识；生长点——放在促进学生发展和教师自我提高上。

（一）校本教研形式多样

1. 固定校本教研

教研活动做到"四定"，即定时间、定地点、定内容、定重点发言人。

2. 即时校本教研

教师平时发现问题，随时研讨，有两大优势：一是主题性突出；二是实效性很强。

3. 学科大组教研

同一学科，大家有共同话题，加强了学段间的交流和对不同学段要求的把握，活动更具针对性和有效性。

（二）校本教研模式多元

我校采用了接受性学习教研、指导参与性学习教研和探究性学习教研方式相结合的多元化模式开展校本教研。

（三）校本教研活动多样

1. 聆听专家讲座，加强理论提升

为了更新教师的教学理念，逐步成为科研型教师，我校聘请专家、教研员做专题讲座。通过零距离接受指导、对话和交流，使理论与实践再次碰撞，产生新的火花。

2. 观看优秀课例，体会有效结合

凡是上级部门下发的"春华、秋实杯"等优秀课例，都要组织教师观看、研讨。通过读教材、看录像课、听专家评课和教师互相交流的学习过程，使教师对教材、理论、实践教学三者有效结合有了更直观的理解和提升。

3. 开展比赛活动，促进水平提高

为打造一支素质高的教师队伍，促进教师专业化发展，提高教师自身素质和综合业务水平，同时也为教师搭建一个锻炼、展示自己的平台，在校本教研活动中，根据学科特点组织不同形式和内容的比赛。

（1）语文教师朗读、粉笔字比赛。

（2）数学教师的课标和解题能力等比赛。

（3）英语教师的讲故事、情景剧表演和教学案例等比赛。

（4）科任教师的说课、打字和教学设计等比赛。

活动的开展促进了教师教学基本功的提高，为教学奠定了良好的基础。

二、有效开展课堂教学活动

我校关注教师的层次和差异发展，让教师在尊重中交流，在虚心中接纳，在碰撞中领悟，在互补共生中成长，在互动合作中共同发展。发挥课堂教学主阵地作用，开展多种课堂教学活动，促进不同年龄、层次教师的教学水平的提高。

（一）明确一堂好课的标准——"五实"课堂

我校把叶澜教授所提出的"五实"作为上好一堂课的标准，要求教师在课上要引导学生充分参与教学活动，力争做到：目标，让学生明确；问题，让学生提出；疑难，让学生剖析；过程，让学生参与；学法，让学生归纳。

（二）精心设计课堂教学，呈现"三场"

1. 营造和谐教学氛围，使课堂成为情感场

著名教育家夏丏尊说过：教育没有情感，没有爱，就如同池塘没有水一样。在教学中提倡教师设身处地考虑学生的感受，给学生自由思考的时间与空间。师生在教学中分享彼此的思考，交流彼此的情感，逐步达成共识、共享、共进，以

情动情，以情感情，使课堂成为真正的情感场。

2. 丰实课堂教学方法，使课堂成为思维场

我们遵循建构主义知识观，关注课堂内涵，以学生发展为出发点，让学生在"课前预习—听课理解—想象探究—动手实践—巩固练习—生成创新"的动态过程中学习。实现知识有效转化、思维品质形成、综合素质发展的有机结合，师生共同构建生命化课堂。教师在学生学习新知识时要做到"四让""六导"，使学生亲历实践，参与知识的建构，领悟知识的内在规律与科学结论，感受知识带来的丰富情感，从而形成学生的个性化理解，实现教学效果在每位学生身上的最大化，使课堂成为真正的"思维场"。

3. 激活学科教学内容，使课堂成为活动场

《北京市基础教育部分学科教学改进意见》中指出：要采用多样化教学方式，丰富课堂教学的实现形式，倡导"玩中学""做中学"，为学生提供丰富的体验、合作、探究类的学习活动。可见课堂教学中让学生参与活动的重要性。

4. 开展不同层次活动，彰显风采

我校根据教委小教科及研修中心的计划，开展多种课堂教学展示活动，如研磨课堂亮点展示课、同课异构组内研究课、优化课堂骨干引领课、桃李课堂风采录像课、师徒研讨徒弟汇报课、春华秋实教学评优课、随堂听课开放调研课、邀约听课跟踪指导课等，促进了不同层次教师的成长。

下面以研磨课堂亮点展示课为例，具体做法如下：

以教研组为单位研磨五年以下教师的课堂，为他们的成长铺路搭桥。

（1）组内研磨

教研组指导好青年教师的备课、上课等，以备前研讨—形成教案—教案调整—实施教学—课后反思、调整教案—再次实施教学—反思总结为流程，认真研磨授课教师课堂教学的各个环节，每次试讲之后，从优点、不足及改进措施方面及时总结。

（2）展示交流

多次研磨之后，教师展示最佳课堂教学效果。

（3）阐述亮点

教师授课之后，三分钟说亮点所在，提升课堂反思能力。

（4）积累课例

研磨教师反思课堂教学的成败，以此促进教学质量的提高。

以"同一课例展示，让理念回归不同课堂"的思想，我校开展"同课异构，组内研究课"活动，人人为师，群体反思，诊断教学，解决问题，形成风格。

①纳入计划

学期初纳入教学计划中，教研组长安排三名教师承担讲课任务，指定同一内容，成员独自钻研教材、进行个人教学风格特色备课。

②集体听课

集中展示时，组内成员带着目标、问题互听，如：同样的教学内容，不同的教师三维目标是怎样定位的？在课堂中又是如何落实的？效果怎样？不同的教师对教学重难点是如何理解和解决的？不同的教师对教学中的相同环节是怎样处理的？取得了怎样的效果？等等。

③评课反思

授课之后进行组内交流反思，同一内容，更加便于引导教师分析不同的教学行为对学生产生的不同的影响，挖掘其中的教育教学价值。通过研讨，引发了教师各种观念的碰撞，有效地转变了教育教学观念，提高了教师理论联系实际的能力和发现问题、研究问题、解决问题的能力。

校本教研和课堂教学是学校教学常规工作两个重要的方面，只有教师的专业素养水平提高了，课堂教学才能取得更好的效果，学生才能得到全面、生动、健康、和谐的发展，教学质量才能得以保障，继而从有效向优效提升。

（此文在北京市通州区小学教学干部经验交流中被引用发言）

第二章

成长篇（上）

杨小东

▽

　　杨小东，1978年11月出生，北京通州人，2015年加入中国共产党。1997年7月毕业于通县师范学校，2000年在职自学取得中文大专，2004取得本科文凭。1997年分配到永顺镇中心小学任教9年，2006年调入东方小学任教14年。在担任数学教师24年中。善于"边教边研"，即在教学中发现问题，积极寻找教学策略解决问题，在这个过程中教学水平、科研能力得到了提升，并逐渐形成了自己的教学特色。

利用"互动"的方式在课堂中培养学生数学素养

社会互动理论认为，儿童一出生就进入了人际交流的世界，任何人际关系的本质是相互作用的。所谓交流就是共同驱逐自我身中和它者身中之后建立的关系。就是彼此间把自己有的提供给对方；相互沟通。英国戏剧大师萧伯纳说过："如果你有一个苹果，我有一个苹果，彼此交换，那么每人只有一个苹果；如果你有一个思想，我有一个思想，彼此交换，我们每个人就有了两个思想，甚至多于两个思想。"可见，学生间的相互交流，不但可以互补学生之间的才能和学识，还能够达到学生的智慧和创造力的递增。

新课程标准指出："数学教学是数学活动的教学，是师生之间、学生之间交往共同发展的过程。"新课程标准要求教师不仅是课堂教学的组织者、引导者和合作者，而且是学生年长的伙伴和真诚的朋友。数学教学活动教师应激发学生学习积极性，向学生提供充分从事数学活动的机会，帮助他们在自主探索和合作交流的过程中真正理解和掌握基本的数学知识和技能、数学思想和方法，获得广泛的数学活动的经验。作为一个小学数学教师，应该努力地让自己的数学课堂"互动"起来，在课堂中，通过学生与教师、学生与学生、学生与文本之间的多向交流，使小学数学课堂焕发出活力，让学生在交流互动中碰撞出思维火花，从而有效地促进学生发挥潜能，培养学生的数学素养，提升学生的创新思维和实践能力，使每一位学生都能够可持续发展。

一、数学课堂上的师生互动，要充分发挥教师的主导作用

数学课程标准强调：从学生已有的生活经验出发，让学生亲身经历将实际问题抽象成数学模型的过程，并进行解释与应用，使学生在获得数学知识的同时，在思维能力、情感态度与价值观等多方面得到进步和发展。小学数学课堂教学是教师的教和学生的学组成的双边活动。实践证明，教师的"教"和学生的"学"是相辅相成的，两者不能偏废。在学生、教师、教材、教学环境与教学技术所构

成的教学体系中，小学数学教师应遵循"教师是主导，学生是主体"这一原则，充分扮演好组织者、引导者和合作者的角色，使学生在教师的引导下成为数学知识与技能、数学思想与方法的探究者、发现者和构建者。教师的教对学生的学来说居于主导地位。下面我以教学《小数除法》为例，谈谈我的做法。

（一）创设情境，提出问题

出示主题图：（图略）

同一款牛奶，甲商店5袋牛奶11.50元，乙商店袋6牛奶12.90元。

解读主题图：从图中你知道了什么信息？

（甲商店5袋牛奶11.50元，乙商店袋6牛奶12.90元）

提出问题：哪个商店的牛奶便宜？可以怎么解决这个问题？有信心解决这个问题吗？

在这个环节中，我根据小学生好奇心强，有一定的生活经验等特征，充分利用生动活泼的直观手段，如实物、图片、多媒体等，为学生创设问题情景、生活场景、游戏交际、谈话和角色表演等情境，激发学生兴趣，激发学生质疑问难。

（二）独立思考，自主探究

教师对解决问题提出要求：独立解决问题，可以从不同角度想出不同的方法（独立活动，教师巡视，发现问题，了解情况。）

每个学生都有自己的生活经验和知识基础。面对问题，不同的学生有不同的思维方式。教师要尊重学生已有的学习基础，同时要关注学生的差异，适当调控，缩小学生间差异。

（三）交流互动，博采众长

我先让学生在四人小组内交流："请说出你自己是怎样求出11.50÷5和12.90÷6的得数（教师巡视）。"在此基础上再进行全班交流。

探讨一共有哪几种不同的算法。先得出几种不同的算法，以及有遗漏和重复的情况，再进行比较和分析。

观察这几种算法的异同和优劣。

小结，重点强调商的小数点和被除数的小数点必须对齐。

（四）得出结论，引起反思

在学生的互动交流中，内容应该是鲜活的，空间应该是广阔的，学生对问题的看法和结论是多元的。在得出多种答案时，反思"你最赞同哪种方法？为什么？""你最喜欢的是什么？""你对哪个地方印象最深刻？""你有什么收获？"等等。让学生在反思中成长、发展。

二、数学课堂上的生生互动，要努力体现学生的主体地位

所谓生生互动，就是相对独立的学习个体（学生）之间在学习过程中互相促进、互相推动，它既是学习活动中一种人际关系的反应又是一种实践活动的形式。苏霍姆林斯基说："在人的心灵深处，都有一种根深蒂固的需求，这就是希望感到自己是一个发现者，研究者，探索者，而在儿童的精神世界中，这种需求特别强烈。"生生互动就能够充分地满足学生的这种需求。事实证明课堂上的生生互动，有利于提高学生学习的主动性和积极性，有利于提高学生收集信息的能力和分析信息的能力，有利于培养学生的协作精神和创新精神。小学数学课堂中的生生互动不是简单的A回答，B回答，而应该是每一位学生主动参与的活动，是学生间思维的碰撞，是学生间有效的对话。

（一）倾听——生生互动的前提

课堂中，小学生往往注意倾听老师的发言，面对同学的发言不知道自己如何倾听。课堂上经常出现这样的情形：一个同学在回答问题时，其他同学不是漠不关心，仍在忙自己的事情；就是随意打断同学的发言"不对！不对！""我来，我来"。这些行为都不利于学生间的互动交流，教师要及时引导学生要认真倾听同学的发言，不插嘴，边听边想同学说得对不对，为什么？和自己的想法有什么不同？提醒学生有不同的想法应该等到别人说完后再发言。这样能够使学生在学会倾听的同时，学会理解和宽容。

（二）表达——生生互动的基石

茶壶煮饺子——有口倒（道）不出。小学生因为年龄小，特别是低年级的同学，常常是想出了办法却不知道如何表达出来。教师要耐心地引导学生把话讲完整、讲正确，可以利用符号帮助自己表达，利用线段图，实物图等具体、直观地表达自己的意思。

（三）评价——生生互动的主线

学生学会倾听同学的发言后，进一步引导学生学会对同学的发言进行客观地

分析、辩证地思考。引导学生想想："××同学这样说对吗？""为什么这样回答呢？"说说："我和××同学的回答不一样！""我对××同学的回答有补充！"不断沿着对同学的发言进行"评价"这条线，学生的交流互动就能够行云流水一样顺畅。

（四）反思——生生互动的延伸

面对同学的发言，经常想想"哦，原来是这样！""我从××的发言中想到了另一种方法。""这种方法我没有想到过。"反思是一个自我矫正、不断提高的过程。

三、数学课堂中的生本对话，要积极挖掘文本的深刻内涵

课本，通俗地说就是在学校使用的书，也叫"教材"或"教科书"。它是教师进行教育教学的蓝本，也是学生进行学习必不可少的工具。为实现课堂教学的最优化，教师首先要吃透教材所包含的实质内容和关键因素，做到胸中一盘棋，才能激活和用活教材，因此教师的教案预设应充分挖掘教材中可以互动的材料，这是实现课堂互动的基础。教科书是一个课程的核心教学材料，它能够为学生提供丰富的阅读材。课本不是死的，应该是鲜活的。因此，学生与文本的对话不是学生机械地看看、读读课本，而应该是学生个体与文本最直接的最亲密的接触。在这个过程中学生通过与课本的互动交流，学生不仅能从教材中获得知识、受到启发，从而积极思维；也能对教材进行再思考甚至质疑，进一步拓展思维发展空间。

在这样的双向交流中，学生发现问题、研究问题、解决问题的能力会得到充分的发展，从而促进学生的全面发展。在小学数学课堂教学中，教师应该留给学生充足的与文本直接对话的时间和空间。质疑是一种主动学习方式，教师应该教会学生"于何处质疑"和"怎样质疑"。学会了质疑既是学生与文本对话的基石，又是促进学生与文本对话的原动力。

总之，交流互动是学生有效学习的重要方式。教师在课堂教学中，应为学生多创设交流互动的时间和空间，让学生在交流互动中，相互启发、相互补充，共同提高。有效的互动交流，能够使每位学生在数学思想、数学方法上都有所收获，学生主动获取知识的能力也能得到提高，这样能够不断地促进学生的全面发展。

（此文荣获北京市"智慧教师"征文一等奖）

《面积和面积单位》教学设计

学　　科：小学数学　　　年　级：三年级
教材版本：北京版　　章　节：第五单元　　课　时：第一课时

【教学内容分析】

数学课程标准指出：教师在数学教学中，要结合具体的教学内容，让学生经历知识的形成与应用过程，从而更好地理解数学知识的意义，掌握必要的基础知识与基本技能，发展应用数学知识的意识与能力，增强学好数学的愿望和信心。

《面积和面积单位》属于空间与图形领域，是三年级下册第五单元《面积》的教学内容。面积的概念是贯穿于整个单元的核心内容，是学习其他相关内容的重要基础。在空间形式上学生也是经历了"从线到面"的飞跃，是从一维空间向二维空间转化的开始。所以作为单元的第一课时，首先要让学生在有效、有序、有趣的活动中真正理解面积的含义。

【学生情况分析】

《荀子·劝学》有言："若挈裘领，诎五指而顿之，顺者不可胜数也。"意思是说，做事要抓住要领。面积和面积单位是儿童认识面积的起始课，这节课的"领"在哪里？显然，本课的核心是面积的含义。

对面积的直观认识包括两层：首先是认识"面"，然后是"面"的大小。而以往的教学实践表明，学生往往更关注"面"，而忽视"面"的大小，将"面"等同于面积，所以让学生感知"面"的大小是认识面积的重中之重。

【教学目标确定】

知识与技能：在活动中让学生认识面积的含义，能用自选单位估计和测量图形的面积，体会引进统一的面积单位的必要性。认识面积单位平方米、平方分米、平方厘米，建立1平方米、1平方分米、1平方厘米的表象。

过程与方法：通过动手操作，培养学生观察、思考、概括的能力，发展学生的空间观念。

情感与态度：借助数学文化，体验面积和面积单位的发展过程。让学生感知数学与生活的联系，感受无限分割的思想，感受数学的魅力。

【教学重点难点】

教学重点：认识面积的含义，认识面积单位平方米、平方分米、平方厘米，建立1平方米、1平方分米、1平方厘米的表象。

教学难点：认识面积的含义，建立1平方米、1平方分米、1平方厘米的表象。

【教学过程】

环节一：感受"面"	
教师活动	**学生活动**
这节课让我们一起穿越到4000多年前的一个神秘国家，化身为古人，研究一个数学问题。 这个国家你一定不陌生，名字是古埃及。在古埃及有一条美丽的尼罗河。一到夏天洪水就会冲毁河边的田地，人们为了区分哪里是自己的土地，大家就用石头把地圈起来。 1号土地　　2号土地	学生认真倾听教师介绍，观察图片。
到了播种的季节，人们纷纷开始在自己家的地里播种幼苗。 1号土地　　2号土地 幼苗为什么不能种在这里？哪是1号人家的土地？	预设：树苗都种出去了。 利用课件中的图片，说清楚什么是"种出去了"。
活动意图说明：本课由数学文化引入，让学生体验面积的发展过程。借助数学故事，激发学生的探究欲望。通过动手摸一摸，帮助学生建立"面"的概念。	

续表

环节二：动手测量，体会统一单位的必要性	
教师活动	学生活动
1. 要想知道1号土地到底有多大？怎么办？ 2. 把桌面当作1号土地，任选桌面上的物品去量一量这个面有多大。 3.（举圆）怎么不用这个测量？为什么大家量了同样的桌面，结果却不一样。 4. 要想每个人测量同样桌面的大小都一样，就要选择统一的工具。也就是要统一标准。	1. 量一量，测出长和宽，然后算一算。 2. 学生利用物品动手测量。 3. 圆测量时有露的地方盖不上。 4. 因为大家选的物品不同，所以桌面大小不一样，应该选一样的物品来测量。
活动意图说明：制造认知冲突，激发学生认识面积单位的需求。让学生经历拼摆和选择的过程，感悟用正方形作为面积单位的合理性。体会统一单位的必要性。	

环节三：了解面积的含义	
教师活动	学生活动
1. 借助土地大小，初步认识面积。 （1）当时的人们就统一了用这种形状的瓦片去测量土地的大小。数一数，这样测量，一号土地有多大？ 人们把1号土地的大小称为1号土地的面积。 （2）猜猜，2号土地有多大？ 2号土地的大小是14个瓦片那么大，我们就把2号土地的大小称为2号土地的面积。 这两块土地的面积哪个大？ 2. 认识物体的表面积 土地中有面积，身边的物体上有面积吗？谁能说一说什么是它的面积。 3. 认识封闭图形的面积。 （课件出示）你找到了谁的面积？选择一个到前面来边指边说。	1. 学生数瓦片的数量。 2. 猜2号土地大小。 3. 借助实物说一说什么是面积。
用颜色把它表示出来。 （指不封闭图形）为什么它没有面积？ 看来，是所有平面图形都有面积吗？ 你觉得什么是面积？	
活动意图说明：借助具体事例，感知"面"的大小，初步认识面积的含义。借助具体事例，进一步认识物体的表面积。进一步认识封闭图形的面积。借助涂色活动让学生进一步强化封闭图形面积的含义。	

续表

环节四：认识面积单位	
教师活动 1. 认识平方分米。 随着时代的发展，产生了测量面积的面积单位。 （1）认识平方分米：像这样边长为 1 分米的正方形，它的面积就是 1 平方分米。 （2）生活中有哪些物体表面的面积大约是 1 平方分米？ （3）借助它可以测量身边物体表面的面积。请你用它量一量数学书封面或者桌面的面积。 2. 认识平方米、平方厘米。 （1）如果用它来测量黑板表面的面积。怎么办？ （2）什么是 1 平方米？用手比画比画。 （3）估一估这块黑板的面积是多少。 （4）先用平方米为单位测量黑板表面面积。面积不够 1 平方米的区域，用平方分米作为面积单位测量。 （5）旁边还有空隙，怎么办？ （6）什么是 1 平方厘米？比画一下它有多大？ （7）如果用 1 平方厘米摆下去，旁边又出现更小的空隙怎么办？ （8）照这样测量，我们就可以准确量出黑板表面的面积了。 （9）看这 1 平方厘米，请你找一找生活中什么物体表面的面积大约是 1 平方厘米？	学生活动 1. 学生比画 1 平方分米的大小。 2. 学生利用面积单位测量物品的面积。 3. 集体测量教师黑板的面积。
活动意图说明：通过以上活动帮助学生建立面积单位的表象。在学生的测量需求中学习其他面积单位。帮助学生建立 1 平方米的表象。培养学生的估测意识以及空间想象力。帮助学生建立 1 平方厘米的表象。	
环节五：游戏	
教师活动 把 1 平方米的纸铺在地上，猜猜大约能站几个人？	学生活动 学生参与活动中感受 1 平方米的大小
活动意图说明：发展学生的估测能力，进一步建立 1 平方米的表象。	

【板书设计】

面积和面积单位

面积　平方厘米（cm^2）

大小　平方分米（dm^2）

　　　平方米（m^2）

【特色学习资源分析、技术手段应用说明】

借助数学文化，让学生体验面积的发展过程，并激发学生的认知需求，推动课堂的发展。儿童的智慧产生在指尖上。基于学生的认知水平，我让学生动手比一比、量一量，亲身体验，在"做"中帮助学生建立1平方米、1平方分米、1平方厘米的表象。因此本节课我主要采用动手操作法、问题研究法进行教学，并恰当运用多媒体进行直观形象的辅助教学，遵循学生的发展规律，感受数学思考带来的乐趣。

【教学反思与改进】

特点一：挈领而顿，着力于学习内容的核心点，促进学生把握概念的本质。对于面积的直观认识包括两层：首先是认识"面"，然后是"面"的大小。而学生往往将"面"等同于面积，而忽视"面"的大小，所以让学生感知"面"的大小是认识面积的重中之重。因此本节课在数学故事的情境中，先借助直观，帮助学生感知"土地的面"，再建构"土地大小"的表象，进而用一个数刻画"土地大小"是多少，用"数"描述"形"。让学生在循序渐进的过程中感悟面积的含义，体会统一单位的必要性，认识面积单位。

特点二：着力于学生学习的需求点，让教育无痕，实现不教之教。课上让学生化身为古人，在不断地探索实践中发现问题、探究问题、解决问题。用学生的问题推动课堂的发展，真正地实现解决真问题，教师把握学情，铺路搭桥，顺学而导。让教育无痕，实现不教之教。

（此课例为北京市通州区区级研究课）

宋庆捷

▽

宋庆捷，通州区东方小学语文教师，大学本科学历，中共党员，高级教师，北京市骨干教师，北京市评价工作先进个人，通州区运河计划领军人才。在语文学科领域具有一定的影响力。自参加工作以来，以身作则，爱岗敬业。尤其在情境教学上表现优秀。曾执教全国研究课《圆明园的毁灭》《九青》，市研究课《示儿》《泊船瓜洲》，还曾多次做区研究课。所撰写的100多篇论文获全国、市、区特等奖、一等奖、二等奖。参与论著《中华最美古诗词360首》《关联——小学语文阅读教学新思维》的撰写，并担任编委。

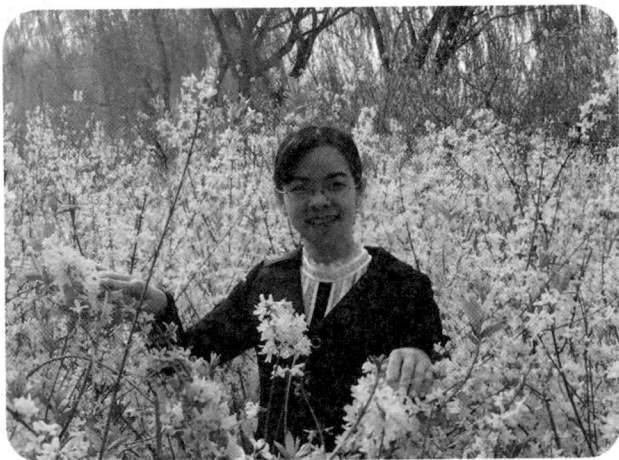

以文本为美育诱导点，
优化语文课堂教学

众所周知，培养学生的审美能力，是语文教学一项十分重要的任务。因为美育对于培养学生健康的审美观念和审美能力，陶冶高尚的道德情操，培养全面发展的人才具有重要作用。那么，如何在小学语文教学中加强美育，培养学生的爱美情趣呢？我下面结合自己的教学实践，谈几点粗浅的看法。

一、欣赏文本，激发学生感受美

在语文课堂上，我们要善于利用课堂，创设审美情景，指导学生在欣赏文学作品时激发学生审美情趣和创造意识，让他们通过感知，发现美、欣赏美，进而创造美。在语文教学活动中，引导学生对文本进行分析，揭示文章的内在美，调动学生情感，让他们欣赏、感悟作家塑造的美。

（一）感受文本静态美

1. 借助语言文字品美

在小学语文教材中，有很多名篇佳作值得我们去细细品味。我们要善于调动学生的阅读积极性，感受文字带给我们的各种美。如《鸟的天堂》，美的语言文字描绘美的景色，美的篇章结构构成文章的一大特色。"那么多的绿叶，一簇堆在另一簇上面……这美丽的南国的树。"这段话写得特别生动，其中的"堆"字特别传神，它描绘出了树叶一片挨着一片，层层叠叠的景象："明亮"一词，形象地写出了树叶的色彩鲜明，富有光泽；"颤动"一词，把静态的榕树描绘得栩栩如生，使人如见榕树那生机勃勃，充满活力的形象。这部分文字表现了作者对大自然的由衷赞美。学生们在品词析句后感受到作者的这种美的同时细细欣赏榕树的静态美。再让学生读出这种美，学生读得到位。又如《松坊溪的冬天》中，下雪前和下雪后的景色美不胜收。尤其一些词语的准确使用，让人读后有一种身临其境的感觉。通过品味，学生对松坊溪静态的美如痴如醉，我因势利导，让他们想想以前学的文章或知道的文学作品，他们经过交流并总结了许多的静态美文章，如《桂林山水》《索溪峪的"野"》《林海》等。

2. 借助多媒体悟美

文本中描写的很多地方都很美，但是有的地方学生没去过，对于一些文字的描写，理解也只是停留在表面。为了让学生进一步理解作者要表达的情感，我便恰当地运用多媒体，让学生通过有关文字、图片和声像资料来认识客观世界，来获得感性认识，以此来更深入地帮助学生理解课文内容。如《美丽的小兴安岭》《瀑布》《桂林山水》等。例如，在教学《桂林山水》一文时，为了帮助学生感知桂林的山的表象，我利用课件把桂林一座座形状不一、各不相连的山的景象展现在学生面前，然后再通过局部动画展示山的姿态万千。在声像并茂的课堂中，学生如身临其境，有的说山像老人在望着远方，盼着未归的儿子；有的说山像老人在思考，在沉思……学生看完录像后不仅感受到了桂林山的特点，还领悟到了诗中情。学生在读课文时读出了美。

（二）感受文本动态美

文本中景物的静态很美，但如果有景物的动态加以衬托，就更加美不胜收了。在教学中，我除了让学生欣赏作品的静态美外，还让他们欣赏其动态美。如《鸟的天堂》一文中，我让学生又随作者第二次游经"鸟的天堂"，"起初周围是静寂的……我们把手一拍，便看见一只大鸟飞了起来。接着又看见第二只。我们继续拍掌，树上就变得热闹了。到处都是鸟声，到处都是鸟影……"那热闹的情景，与第一次看到的寂静形成了鲜明的对比，使学生更加感受到祖国河山的壮美。

二、想象文本，激发学生创造美

教师只有通过审美，以自己的眼光认识和发掘教材的美，契合融进自己的情感，对教材的美产生发自内心的喜悦和热爱之情，才能启发学生探求这些作品所蕴藏的意境、情趣。有意识地从启迪学生审美意识入手，引发学生发挥想象，在欣赏作品各种美的同时，挖掘作品的想象空间，是培养学生审美想象力的最佳途径。因此，在教学中，我尝试通过两种途径培养学生的审美想象力。

（一）角色中想象

在文本中，有许多感人的故事，但有时离学生的现实生活太远，使学生难以深受感动。为了调动学生的积极性，更好地理解主要人物所要表达的感情，我经常让学生进入角色。比如我在教学《金色的脚印》中"过了一会儿，狐狸爸爸发出了警惕的叫声，狐狸妈妈只好从孩子身旁走开。两只老狐狸又回头看了看，不大一会儿，就消失在黑暗的树林里"这一部分文字时，为了让学生感受老狐狸对小狐狸那浓浓的牵挂、惦念之情，我先让学生品词析句谈自己的感受，然后去掉"警惕""只好""又回头"这些词语，让学生和原句比较谈理解。学生通过比较都能谈到原句好，更能体现老狐狸对小狐狸那浓浓的爱。此时再让学生读，学生已经把自己的理解读了出来，突出了狐狸一家浓浓的亲情。看到学生已经融入了文中，我便抓住契机，渲染情境。在忧伤的《离别的那一天》的小提琴曲的渲染下，在我动情地范读下，学生闭眼想象当时的情景。我范读后让学生想象：如果你就是其中的一只老狐狸，你会对自己的孩子说什么呢？此时，学生已入情入境，眼光泛泪。他们都充分发挥了想象。有的学生说："孩子，你不要着急，爸爸妈妈一定会把你救出去的！"有的学生说："孩子，爸爸妈妈一定不会抛弃你不管的！"……学生想象得合理，理解了狐狸一家浓浓的亲情。学生进入角色中，通过想象，激发了学生创造美。

（二）现实中想象

在教学中，我还巧用文本，抓住文中的想象点让学生在现实中想象，让学生在想象过程中创造美。如在教《卖火柴的小女孩》时，我让学生身处现实里想象："假如卖火柴的小女孩来到我们中间，你会说些什么、做些什么？"同学们都思维敏捷，有的学生说"要让小女孩吃一顿丰盛的晚餐"；有的学生说"让小女孩穿自己喜欢的衣服"；有的学生说"要让小女孩和自己一起读书"……课堂上处处闪烁着创造性的爱的火花。课堂中，让学生在现实中想象，学生的思维得到了训练，激发了学生的创造美。

三、美读文本，激发学生表现美

"美读"就是抑扬顿挫、声情并茂的诵读。叶老先生曾说过："美读得其法，不但了解作者说些什么，而且与作者的心灵相通了。"在教学中，对于那些优美动人的段落应反复朗读，那样可以使无声的文字变成有声的语言，文中的内容会变得立体起来，使学生在美读中受到感染熏陶，潜移默化地对学生的心灵起到塑造作用。让学生在不知不觉中表现美、创造美，并"把自己感悟到的感情传达给别人，让别人也体验到这些感情。"如教学《可爱的草塘》中草塘大和美的特点时，我让学生品词析句后再美读，学生读出了自己的感受。学生能通过想象读、做动作读等形式，突出对草塘的赞叹和喜爱之情。通过美读，突出了草塘的大和美。又如，在教学《金色的脚印》时，在学生了解正太郎和狐狸之间相互救助的事及深刻理解人和动物和谐相处后，我引读文本中含义深刻的句子"迎着耀眼的阳光，狐狸的脚印闪着金色的光芒，一直延伸到密林深处"。在学生反复引读这部分文字中，每个学生都会为"在人类的帮助下，狐狸一家得到团聚；狐狸一家浓浓的亲情；人和动物和谐相处"而震撼，那是一种崇高的精神，而这种崇高所产生的精神美通过多次引读，在同学们幼小的心灵中深深地植下了"要和动物和谐相处"的种子。

总之，美育的最终目的是创造美，创造更多美好的事物。创造是使学生将前人的审美经验和审美成果进行分析，并按自己的审美观点去创造美。

通过美读，可以启发学生把握语言文字的意义和情味，意会到作者的所见所感，体验文本所传递的美感。学生朗读水平不断提高的同时，他们表现美、创造美的能力也逐步得以了提高。

四、延伸文本，激发学生展示美

在教学中，我把文本进行了延伸。把握每一个机会，让学生展示自己的美，并及时予以表扬，使其感受到成功的喜悦，从而促使其审美情操的进一步发展。

（一）利用课堂实践表现美

课堂是学生学习知识的主渠道。我从课堂入手，以文本为平台，为学生创设多种机会让他们大胆展示自己的美，树立起自信心。在学习文本时，我很注重鼓励学生大胆发言，即使有的学生回答的问题结结巴巴，我都给予肯定的赞扬，让他们体验成功的喜悦，在愉快下感受自信美，直到过渡为迫切要求展示的表现美。如在教完《母爱》后，我要求学生在理解课文的前提下有感情的叙述，并结合课文内容在课堂上写读后感，然后在班上进行交流。学生积极性高，都对母爱有了更深的理解。平时不爱说话的学生都勇于发表了自己的看法，课堂效果好。

（二）利用课外活动展示美

在教学中，我都给予课堂上文本的延伸。鼓励学生多看课外书，用优秀的文学作品占领学生深处阵地，为练笔作文打下基础。如我在讲完《金色的脚印》后，我就给予了文本的延伸，让学生回家搜集更多的有关人和动物和谐相处的故事来读。

另外，我还经常在班上举办各种比赛活动，如朗读比赛、演讲比赛、作文比赛、资料交流会……通过这些活动创设更多的机会，让学生以多种形式展现语文教材中蕴含的美，从而发展自由展示美到创造美。如我在讲完《金色的脚印》后，就针对文本给予了延伸。让学生搜集了更多的人和动物和谐相处的故事后，在班上开展故事交流会。学生的积极性很高，在故事交流中，学生知道了更多的人和动物和谐相处的故事，懂得了动物是有灵性的，人和动物要和谐相处，并下决心以后要用实际行动保护动物。

综上所述，作为语文老师，就要努力挖掘文本中的美育因素，灵活运用各种教学资源，采用各种巧妙的方法，将美育充分渗透到教学的各个环节，让语文课堂时刻洋溢着美的旋律，让美体现在课堂、生活的各个角落！

（此文荣获北京市美育征文评比一等奖）

《圆明园的毁灭》教学设计

学　　科：小学语文　　　　年　级：五年级

教材版本：统编版　　　　　章　节：第四单元14课　　　　课时：第二课时

【教学内容分析】

本单元以"爱国情怀"为主题，编排了精读课文《古诗三首》《少年中国说（节选）》《圆明园的毁灭》和略读课文《小岛》。四篇课文所涉及的年代、人物、事件各异，贯穿其中的是中国人民代代相传的爱国情怀，表现了中国人"天下兴亡，匹夫有责"的责任感和使命感。

《圆明园的毁灭》是这个单元的第三篇文章，描述了圆明园昔日的辉煌和惨遭侵略者肆意践踏而毁灭的景象，抒发了作者对祖国灿烂文化的无限热爱，对侵略者野蛮行径的无比愤慨，激发人们不忘国耻，增强振兴中华的责任感和使命感。

本单元的语文要素是"结合资料，体会课文表达的思想感情"。学生在中年级已经学过了查找、整理资料的基本方法，本单元的教学重点是引导学生结合资料，更深入地理解课文内容，体会课文的思想感情。《圆明园的毁灭》要引导学生通过查阅资料，深入了解圆明园的历史、文化价值，感受作者的痛惜之情。这篇课文感情充沛，适合学生朗读。在理解课文内容，感受课文鲜明的主题思想、把握课文感情基调的基础上，引导学生入情入境地朗读。

【学生情况分析】

五年级学生有一定查找资料的基础，能通过各种途径查找与文章相关的资料，但有针对性的查找和筛选需要材料的能力较弱，教师要有目的、有针对性地指导。

五年级大多数学生有一定的自主意识，他们对课文的理解能力逐渐提高，也能逐渐体会到作者所表达的思想感情，能通过阅读与讨论，对课文的感受与理解形成大体共识，有一定的阅读课文的方法，也形成了一定情感态度价值观。

【教学目标确定】

默读课文，理解课文内容。借助关键句，体会课文的思想感情，并通过有感情地朗读，读出情感的变化。

领悟课文的表达特点。能结合相关资料，理解"圆明园的毁灭是中国文化史上和世界文化史上不可估量的损失"等句子的含义。

能结合相关资料，体会《七子之歌（节选）》《和平宣言（节选）》与课文表达的情感的相似之处。

【教学重点难点】

教学重点：默读课文，理解课文内容。借助关键句，体会课文的思想感情，并通过有感情地朗读，读出情感的变化；领悟课文的表达特点，能结合相关资料，理解"圆明园的毁灭是中国文化史上和世界文化史上不可估量的损失"等句子的含义。

教学难点：能结合相关资料，理解"圆明园的毁灭是中国文化史上和世界文化史上不可估量的损失"等句子的含义，引导学生深入了解圆明园的历史、文化价值，感受作者的痛惜之情。

【教学过程】

环节一：复习引入、新旧衔接续表	
教师活动 1. 齐读课题。 2. 复习词语。 （1）要求读准易错字音。 蓬莱瑶台 众星拱月 不可估量 （2）记住难写字形。 （3）特别强调字形。 举世（　）名 金（　）辉煌 玲珑（　）透 3. 打开课文，借助这些词语，试着浏览回忆每部分的主要内容。	学生活动 1. 齐读课题。 2. 复习词语。 （1）指名读字音。 （2）学生听写。 （3）记易错字，修改错字。 3. 回忆每部分的主要内容。
活动意图说明：复习词语，既能让学生积累四字词语，又帮助学生回顾课文内容，做好新知与旧知的链接，为深入理解课文内容打好基础。	

续表

环节二：巧妙对比、感受辉煌

教师活动	学生活动
1. 借助自学提示自学。 学习提示 　　请认真默读2、3、4自然段，想一想哪些语句最能让你感受到圆明园昔日的辉煌，请你用直线画出来，并简单写出自己的感受。然后小组内交流。 2. 全班交流，补充汇总。 （1）布局 ①读相关句子谈感受。 ②出示圆明三园分布图，引导学生试谈感受。 ③引导学生结合搜集的资料谈感受。 ④再读段落。 （2）建筑 ①学生读感受深的句子。 ②学生交流感受深的原因。 ③随生交流，出示重点句，师生对读。 想想你发现了什么？ 　　园内有150处景观建筑，没有一一列举，但文中写了大到金碧辉煌的殿堂，又小到（　　），既有热闹街市，也（　　），让我们不难想象园内景物真是太多了！ ④这样的对比，文中还有吗？谁给大家读读？ ⑤作者为我们描绘的只是园中最有特点的景观，让我们一起穿越到一百多年前，感受昔日圆明园的辉煌无比。 （出示多种建筑图） ⑥谁试着说说你的感受？ ⑦带着你的感受再去美美地朗读吧！（出示全段） （3）文物 圆明园不但建筑宏伟，还收藏着最珍贵的历史文物。谁能把相关句子给大家读一读？ ①交流句子和感受。 ②再读句子，看看你能发现什么？为什么用这个对比呢？ ③资料介绍。 　　据道光年间统计，园内银锞280 694个；各式金玉如意、名贵玉砚、笔洗、头等瓷炉、瓶、罐等珍宝约150万件。自己读一读，组内谈谈感受。	1. 学生自学。 2. 预设：学生结合生活实际或者结合上下文理解。学生随机板演。 3. 学生谈感受。 4. 预设：学生能结合图片和文字资料了解布局宏大，理解它不愧是万园之园。 5. 指名读、男女生对读。 6. 指名读。 7. 说感受，并说明原因。 8. 预设：读出对比的语气，发现对比的写法。 9. 预设：学生读出本段中其他的对比句子。 10. 同学们看屏幕，欣赏和想象。 11. 指名交流，全班补充。 12. 自读、（配乐）指名读。 13. 指名读。 14. 学生交流感受。 15. 学生谈发现。 16. 小组内交流搜集好的资料，组员筛选有用信息。全班交流。

续表

④出示： 　　即使把我国所有圣母院的全部宝物加在一起，也不能同这个规模宏大而富丽堂皇的东方博物馆媲美。 　　　　　　　　——法国作家雨果 所以说，它又是——	17.指名读雨果的话。 18.学生接读：园林艺术的瑰宝、建筑艺术的精华。
活动意图说明：学生通过读中感悟、读中想象，初步感知对比写法的作用，领悟课文的表达特点。老师借助图片、文字资料等创设各种情境，引导学生抓词品句、联系上下文，挖掘文本的显性关联和隐性关联要素，感受圆明园昔日的辉煌，体会作者的情感，并引导他们从自己搜集的资料中筛选有用信息，助推他们对内容的理解。	

环节三：读写结合、痛惜毁灭

教师活动	学生活动
1.理解重点句，体会毁灭之痛。	1.预设：学生交流"掠"和"毁"的意思谈感受。
（1）自由读最后一个自然段，哪些语句最令你痛心。	
①出示重点句子。自由读，哪些词语令你感受最深刻，通过朗读表达你此时的心情。	2.预设：学生结合课外资料谈英法联军"掠去"的"毁掉"的内容。
②请再读句子，表达自己的感受。	3.自己读、指名读、齐读。
（2）流失文物资料的引入。	4.学生阅读资料谈感受。
大英博物馆的东方艺术博物馆中保存了两万多件中国历代的稀世珍品。法国王室获得了大量从圆明园抢来的战利品，特在巴黎丹枫白露宫中建造"中国馆"，有青铜器、玉器、瓷器、漆器、金银制品、景泰蓝、珍珠宝石等无数珍宝。	
2.读写结合练习，表达内心感受。	
大量的文物流失让我们心疼，可让我们更于心痛的是英法联军为了销毁罪证竟然火烧圆明园，烟云笼罩了北京城。	
（1）播放视频。	5.学生观看视频，交流感受。
请认真观看视频，想一想你有什么感受？	
（2）读写结合。	
（配乐出示）	6.学生配乐进行读写结合练习。
就这样，举世闻名的圆明园化成了一片灰烬。从今以后，没有了金碧辉煌的殿堂，也没有了（　　　），没有了象征着热闹街市的买卖街，也没有了（　　　），没有了（　　　），也没有了（　　　），我的心中充满了（　　　）。	
（3）所以，文中的第一段话最能表达我们此时的心声。	7.齐读第一自然段。

续表

活动意图说明：学生通过抓词品句，读写结合，借助视频资料和文字资料充分发挥自己的想象，理解课文内容，读出感情的变化。他们能联系上下文、结合生活实际写出自己的所思所想，充分利用文本中的显性关联和隐性关联，理解圆明园的毁灭是不可估量的损失，感受作者的痛惜之情。

环节四：梳理结构、理清脉络

教师活动	学生活动
1. 学到这里，同学们的心中有了不同的感受，那就把你的感受读出来吧，请再一次读课题。	1. 预设：带着"遗憾、愤怒、痛恨、化悲痛为力量"的感受读课题。
2. 通过读题目，大家想一想这篇课文要写的是圆明园的毁灭，为什么用了绝大部分的笔墨去写圆明园昔日的辉煌呢？	2. 自己想、小组合作、全班交流。
3. 小结：圆明园的毁灭是我国乃至世界文化史上不可估量的损失。让我们记住国耻！齐读课题！	3. 齐读课题，再次感受作者的心情。

活动意图说明：通过对比，让学生明白课文从结构上重写昔日的辉煌是为了更加鲜明地写出圆明园的毁灭，并读出情感的变化，体会作者的痛惜之情。

环节五：课外作业、拓展阅读

教师活动	学生活动
结合课后"阅读链接"阅读《七子之歌（节选）》和《和平宣言（节选）》。重点阅读"澳门"和"香港"两篇内容。	1. 了解作者。 2. 了解背景。 3. 找出相似点，写出感悟。

活动意图说明：能结合相关资料，体会《七子之歌（节选）》《和平宣言（节选）》与课文表达的情感的相似之处。

【板书设计】

```
                       ┌─ 宏大的布局
                ┌─ 辉煌 ─┤─ 精美的建筑
圆明园的毁灭 ─┤        └─ 珍贵的文物
                └─ 毁灭
```

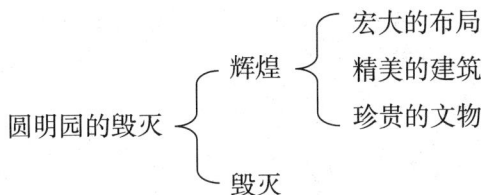

【特色学习资源分析、技术手段应用说明】

立足文章整体，采用了自主学习，合作探究、汇报交流、阅读与想象充分结合、查阅资料与文本关联的教学方法，深入地理解课文内容，了解圆明园的历史、文化价值，感受作者的痛惜之情。强调学生的积极参与和全程参与，给学生创建自读自悟的机会，充分让学生自主学习、自悟自得。课堂中，引领学生深入探究，以读为主，以情施教，多元对话，注重引导学生在语言的理解和运用的过程中通过鲜活的学，灵动地进入文本，借助多种情境的创设，再现文本情境，做到以文启人，以情动人，以美育人。

【教学反思与改进】

特点一：巧妙关联理解课文内容。

教学中，从文本出发，利用教材本身的特点，在整体感知课文的基础上，紧紧抓住2、3、4自然段的内容，带领学生借助对比的写法追忆圆明园昔日的辉煌，再与第5自然段的毁灭形成鲜明对比，凸显重点，突破难点。老师引导学生多种形式的读中感悟、读中想象，以此感受对比写法的巧妙，理解课文内容。学生在抓词品句中，把关联当媒介，巧妙地对接前后知识，把爱与恨巧妙地融合转化，不仅做到了工具性与人文性的和谐统一，更体现了对知识技能、过程方法、情感态度、价值观的交融。

特点二：结合资料体会作者情感。

教学中，老师紧紧抓住本单元的阅读训练要素"结合资料，体会课文表达的思想感情"进行教学。引导学生整堂课都围绕训练目标开展活动，找准圆明园的布局，建筑风格及收藏的珍贵文物三个方面进行重点讲解。对于学生难理解的地方，恰当引入圆明园的文字、图片、音像等资料，丰富学生对圆明园的了解，并引导学生充分的想象，把已有的资料助推成学生对文章的理解，逐渐转化为资源。让学生在多形式的朗读中，在多种资料的选择提取中，掌握信息提取的方法，理解语言文字的内容，揣摩作者的情感。教学时，老师播放的圆明园被毁灭的影像资料，不仅渲染了课堂气氛，还有效激发了学生的感情。学生把电影画面和文本进行一一对应后，使抽象的语言文字变得具体生动、直观形象，学生能感情读出自己的理解。增强了课堂教学的实效性、趣味性和生动性。

特点三：读写结合浸润爱国情怀。

老师巧妙设计的读写结合内容。不仅训练了学生的思维能力，还训练了他们的语言表达能力。学生借助这个训练，既勾连了课上所学的内容，又融入了自己的当时感受；也能联系自己实际写出了自己的所思所想，抒发自己的爱国之情。学生在读写结合中，训练了关联思维，培养了关联能力，找准了关联的切入点，浸润了爱国情怀，效果好。

（此课例北京市为通州区区级研究课）

王雯蓉

▽

　　王雯蓉，1970年3月出生，北京通州人，1988年加入中国共产党。1989年7月毕业于通县师范学校，2002年在职自学取得中文大专，2005取得本科文凭。1989年分配到东方小学任教31年。参加工作以来，忠诚党的教育事业，在平凡的工作中默默耕耘，无私奉献，始终坚持"以人为本"的教育理念，热爱学生，关心学生的成长，教书育人。她积极进行教育教学改革，在课堂教学中充分发挥学生的主体作用，充分体现"自主、合作、创新"的教学思路。始终立足课堂，坚持儿童立场，以"语文立人"为导向，围绕完整人的发展，立足课堂教学，积极寻找教学策略，教学水平，逐渐形成了自己的教学特色。

营造快乐天堂，让孩子健康成长

六年级第一册语文课本中有一篇巴金先生的名篇《鸟的天堂》，文中的大榕树枝繁叶茂，独树成林，吸引了无数只种类各异的鸟儿在这里繁衍栖息，它们自由地快乐地生活着。这篇课文一直深深地吸引着我，真想有朝一日能目睹那大自然的杰作。

每当看到孩子们背着书包兴高采烈地走进学校的大门时，每当看到孩子们在操场上自由地玩耍嬉戏时，每当看到孩子们拿起书津津有味地品读时，我便自然而然地联想：这些天真可爱的孩子们不就像那"天堂"中自由快乐的鸟儿吗？他们每天在学校里生活得快乐吗？为此，我下定决心，一定要为学生营造一个"快乐天堂"，让孩子们能够快乐健康地成长。

一、尊重学生，传递快乐

师生之间，首先是一种平等的关系，教师放下师道尊严，带着一种深沉而又睿智的爱走近学生，看到的学生便是一个个小小的人，他们也有人格，有自尊，不过就像玻璃一样透明易碎。平等地看待学生，蹲下来平视孩子的眼睛，用教师真诚的爱心与不泯的童心去与一颗颗幼稚的童心对话，让孩子充分感受教师的友善与关爱，自然地表现自我，真实地流露感情，自由地快乐成长。

（一）尊重个体

马斯洛的需要层次理论中强调，尊重是个体的内心需要，是高级的心理体验唤醒这种体验就可以使孩子的行为具备更强的内驱力，更利于孩子良好个性的形成。每个学生都希望在同伴面前展现优势，劣势会让他们产生挫败感。我注意事事处处尊重学生个体，保护孩子们的自尊心。

我设计了一个名为"竞技场"的柱状统计评比专栏。专栏底部没有让学生把真实姓名写上，而是用学生的学号代替。我带领学生们将红色、黄色、蓝色、绿色等不同颜色的及时贴纸剪成两厘米左右见方的菱形块儿，当取得了某项成绩，获得某点进步时就贴上一个，鼓励孩子们努力使自己的彩色柱不断向上攀升。

学生们心里期盼自己的彩色柱快快向上升，不但在学习上积极努力，而且还争着为集体做好事，争着帮助别人。他们不但和自己比，还悄悄地与别的同学较劲。这个专栏不但维护了孩子的自尊，还激发了孩子的斗志，只见彩色柱此起彼伏，格外壮观。

每当召开家长会时，家长们看一眼"竞技场"的评比专栏，就很清楚地了解到自己孩子的情况，避免了一些好面子家长的难堪。进步慢的孩子的家长看到老师这样保护孩子的自尊心，也学着尊重孩子，不再简单粗暴地教育，而是积极地和老师配合，耐心地想办法辅导孩子。

"小小彩色柱"传递着老师对学生的尊重，传递着学生们进步的快乐，它越来越美丽，越来越迷人。每当孩子们像小鸟一样地精心装点它，或者聚精会神地驻足在专栏前细细地欣赏它的时候，我发现，孩子的心是快乐的。

（二）尊重选择

孩子有孩子的价值观，那不是承认界定的是非标准，而是孩子们真实的内心状态。在不断选择的过程中，孩子们逐渐变得有主见，有责任感，认识能力逐渐提高。

我尝试让学生自由选择同桌，选择互助互帮小老师，选择值日小组，选择学习小组等，在选择与被选择中，孩子们留意观察同学，评价同学，判断是非，学会了适应与合作。

夏令营活动中，我让学生们自由选择伙伴，5—6人为一组，并自主选出一名组长。一声令下，孩子们呼啦一下雀跃开来，不一会儿，组长确定下来了，组员人名单交上来了。有的组是爱唱的，有的组是爱表演的，有的组是活泼开朗的，有的组是不太爱说话的。我对大家说："同学们，这次夏令营，我们要走出家门，走出校门，走进大自然中，希望你们每组的好朋友同甘苦共患难，有事多商量，有困难互相帮助，有问题共同协商解决，组长多操点心，祝你们玩得愉快！"

实践证明，在整个两天的活动中，孩子们在组长的带领下，守纪律，讲文明，安全意识强，不但本小组中的几名同学相处融洽，而且组与组之间也能互相帮助，体现着一种极强的团队精神。有个孩子因为身体太胖，过悬桥时走到了一半就不敢往前走了，下又下不去，就在这进退两难之时，不但自己小组的同学在前面给她鼓劲儿："别怕，我们已经上来了，没事的，迈步吧！"就连别的组的同学也在后面大声地鼓励她："勇敢点，你一定能行，上吧！你摔不着，后面还有我们呢！"终于，这个同学一步一步地爬上了顶端，她开心地笑了，同学们也情不自禁地鼓起掌来。在合作中，孩子们切实感到自己选择的行为对他人的影响，不但体会到了关心别人、帮助别人的快乐，而且也体会到了被尊重、被关心的快乐。

（三）尊重意见

在很多人的意识中，老师永远是正确的，即使有不正确的时候也不敢提，要绝对服从，实际上这是错误的。老师不是神，不会十全十美，也会有犯错误或有些知识掌握不好的时候，当学生敢于向我们提出的时候，我们不但要勇于接受，还应表示真诚的谢意。

有不少次，我在课上把某个字音读错，有不少次我把学生的作业判错，有不少次我在判断正误时不敢下结论，每当学生抱着字典、词典来找我予以更正时，我不但大声地说对不起，表示自己的歉意，而且大声地对这个同学说谢谢，并且更加大声地表扬他这种敢于给老师提意见的勇气，随后在全班同学面前纠错。

有一次，我在上课时，因为有急事需要离开一段时间，便留了些作业，让学生在教室里上自习，并嘱咐他们要自觉，班干部更要以身作则。等我回来推开门，正发现一个班干部正在和另一名学生小声说着什么，于是我大声地批评这个班干部："你们在说什么？你还配当班干部吗？"这个学生辩解道："王老师，我没有说话，不信您问他们。"他指了指周围的几个学生。我更加生气了，"行了，难道我看错了吗？你坐下吧！"

星期一，同学们的周记本交了上来。打开这个班干部的，我惊呆了。他在日记中写道："王老师，您真的冤枉我了，我在上自习的时候真的没有说话。当时，我的同桌有一个字不会写，想问我，我没有告诉他，借给他一本字典，让他自己查，正好被您看见了。您当众批评我，我很难过，我觉得自己没有做错什么。王老师，希望您相信我。"哎！没有调查真的没有发言权呀，我伤了孩子的心了。我赶紧拿起笔，在后面写道："孩子，实在对不起，我错怪你了，请你原谅。别难过，我一定在以后注意，请你监督我，好吗？"

又有一次，我们写作文，题目是"×××真好"。令我没有想到的是，这个同学写的是《王老师真好》，文中记叙了这件小事，他在文章的结尾中写道：

"真没想到，王老师会向我道歉，而且还让我监督她，我真高兴。王老师，我爱您！"多好的孩子呀！我又在评语中写道："向你认错是应该的，因为我确实错了。你是个善解人意的好孩子，我更爱你了！"

在这以后，我和学生的心贴得更紧了。老师的真诚换来学生的爱戴，老师的尊重换来学生的快乐，这是值得的，这也是应该的。

二、开展活动，体验快乐

在活动中，孩子们能增长才干，丰富知识；在活动中，孩子们能开阔视野，提高能力，这是不争的事实。而且，在活动中，孩子们还能体验到无穷的快乐。

我们通过"穿衣服"比赛、"系鞋带"比赛、"冷拼"大赛等，对孩子进行自理能力的训练；通过"我爱我家"的班会，使学生认识到热爱集体是光荣的；通过"我真棒"班会，给学生机会充分展示自我，增强了自信心；通过"安全在我心中""小手拉大手"的队会，学生们增强了安全意识，了解很多安全常识；通过"走进社区，走进红领巾街"活动，学生们拾垃圾，擦楼道，对公益事业产生了热爱之情；通过"为灾区捐款捐物""为贫困地区捐献校服"等活动，培养了学生的同情心和爱心。

我根据家庭住址情况，把住得近的同学组织在一起，搞了特色假日小队活动。队长带领队员们，每周六或周日的下午两点到指定地点去服务。有的小队给小区的车棚擦车，有的小队为本幢楼擦楼道，有的小队清扫街边的垃圾，有的小队帮助老年人清理房间。小队长做好记录，定期汇报情况，我也定时巡回检查和指导。孩子们在活动中得到了锻炼，当有的人向他们竖起大拇指时，当有的人向他们投来敬佩的目光时，当有的家长指着他们对身旁的孩子说"你看，这些小朋友多好啊！你要向他们学习"时，孩子们的心里乐开了花，孩子们的脸上笑开了花，他们体验到了那种为人民服务的幸福。

三八妇女节到了，我给孩子们留了一项特殊的作业，那就是回家后给妈妈洗脚，再把整个过程和感受记录下来。日记收上来，我看到：有的孩子不管三七二十一就给妈妈脱袜子洗；有的孩子细心地一边与妈妈聊天一边给妈妈洗；有的孩子一边洗一边观察妈妈的表情；有的孩子看到妈妈的脚因劳累已变得粗糙不堪……通过给妈妈洗脚，好多家长都反映孩子懂事了，知道体贴人了，不再要这要那了，这真让我高兴。

"合作争先夺红旗"活动就更让学生喜欢了。学生们自愿结合成四人小组，以小组为单位开展竞赛，每个人只要取得一点成绩就会为本组加一颗星，比一比，看哪个组率先得到一百颗星，从而夺得胜利的红旗。孩子们互相鼓励，互相帮助，争着搞卫生，争着上课发言，争着帮助别人，争着为集体做好事，目标就是夺下红旗。记得有一个组夺得红旗后，几个人竟紧紧地拥抱在一起，同学们也都为他们送去祝贺的掌声。

在活动中，在合作中，孩子们的快乐是显而易见的，这快乐互相传染着，有的老师总是不解地问："你们班怎么什么都棒啊？"其实原因很简单，那就是孩子们是快乐的。

三、沟通交流，享受快乐

林崇德教授指出："热爱学生不是一件很容易的事，让学生体会到教师的爱就更困难。"孩子不仅需要学习和活动，还需要交流和沟通，以释放心中的喜与忧。

每接一个新班，我都要让每个学生准备一个小本子，取名"心语"，作为我与学生交流的媒介。学生有什么想说的话写下来，交给我，我看过之后把自己的想法、感受或意见也写下来，再发给他。其实学生烦恼还真不少呢！如父母吵架，考试成绩低，被同学误解，两人闹矛盾，对老师有意见、给班里提建议等。有一次，一位同学在本子上写道："老师，我考潞河中学，自己想应该十拿九稳，可一看成绩单，才148分，距录取分180分差远了，在父母面前说了大话，现在是这样的结果，我真不想活了。老师和同学们知道了，一定会看不起我了。王老师，您说我应该怎么办？"我看过以后，内心深处隐隐的已经体会到她的忧伤，但我要鼓励她，我写道："孩子这没有什么，每个人都有失败的时候，化悲痛为力量，忘掉失败，只要努力，你一定会成功的！快乐起来，行动起来，你行！"当她当着我的面看过之后，我发现她笑了。

还有一位同学负责管理、记录班费的收支情况，有两次帮我收钱时，我都亏了十元钱，后来自己补上了。一天，他把"心语"交给我，上面写道："王老师，我没偷拿钱！别人说我负责班费，可能把那五十元钱花了，并问我还花了班里多少元钱？我很难过，我真没那班里的钱，您相信我吗？"我看了，立刻在后边写道："孩子让你受委屈了，由于我工作的不细心，使你蒙受不白之冤，真对不起！我想同学只是在对你开玩笑，不会是恶意的，不要太介意，你是个好孩子，我相信你！别难过了！笑一笑吧！"当他看到我写的话时，感激地看了我一眼，我分明看到了他眼中的泪花。

"心语"这个普通的小本子，连接着我和孩子的心灵，它就是一座桥，从桥这边到桥那边，心心相通，让孩子们和我的心更近了，他们变得更加坚强，更加自信，更加快乐。

每学期的评语都是我和学生交流的一个纽带，每个学生我都认真对待，表扬他的优点，委婉地指明缺点，含蓄地提出批评，大胆地进行鼓励。我希望这小小的评语能给孩子们引路。每当我把评语发下去，孩子们就津津有味地读起来，我问："读懂了吗？明白老师的意思了吗？知道以后怎么做了吗？"孩子们总是齐声回答："懂了，明白，知道！"之后一起笑了。我在想：我的爱他们感受到了，在集体中生活的快乐，他们一定享受到了。

四、无私奉献，为着快乐

爱就意味着奉献。教师的爱更是一种只讲付出，不计报酬；只讲产出不待回报的充满奉献的爱。"捧着一颗心来，不带半根草去。"就是我的座右铭。

（此文荣获北京市"紫禁杯"优秀班主任评比一等奖）

《詹天佑》教学设计

学　　科：小学语文　　　　年　级：六年级

教材版本：北京版　　　　　章　节：第八单元　　　　　　课时：第2课时

【教学内容分析】

《詹天佑》这篇课文主要记叙了詹天佑在主持修建京张铁路的过程中，不怕帝国主义者要挟嘲笑，克服工程中的千难万险，重点描写詹天佑通过精密勘测线路、巧妙开凿隧道、创新设计"人"字形线路使得京张铁路的修建提前竣工的事迹，突出表现了詹天佑是一位杰出的爱国工程师。

【学生情况分析】

本课的学习对象是六年级学生，学生情感比较丰富、思维较活跃，能参与积极的讨论，能根据自己的理解发表对文章的看法。具备自主学习的能力和初步独立阅读的能力，但由于受年龄、生活经验和作品有关时代背景的限制，学生对文中詹天佑在修筑铁路时克服困难的坚定信念以及爱国情感体会不深刻。所以本次教学我在带领学生整体感知课文，重点指导学生品味，朗读描写詹天佑勘测线路这段文字，通过品读体会詹天佑对工作态度的严谨认真、修筑好京张铁路的坚定决心和强烈的爱国情感。

【教学目标确定】

理解课文内容，体会詹天佑的爱国热情和创新精神。

理解重点词语，能做简单的批注。

有感情地朗读课文

【教学重点难点】

教学重点：抓住詹天佑的语言、动作、心理活动描写的语句体会他的杰出与爱国。

教学难点：体会"人"字形线路设计的大胆与方法的巧妙。

【教学过程】

环节一：感知全文	
教师活动 出示填空练习： 1. 詹天佑是我国（ ）和（ ）的工程师。 2. 面对帝国主义的（ ）和（ ），詹天佑（ ）接受了修筑京张铁路的任务。 3. 课文选取了詹天佑（　　　　）、（　　　　）和（　　　　）三个典型事例来体现他的杰出。 随机板书	学生活动 1. 齐读课题。 2. 依次完成练习。 3. 读句子。

活动意图说明：感知全文内容，为学习新知识打下基础。

环节二：勘测线路	
教师活动 1. 引思：在勘测线路时，詹天佑遇到的最大的困难是什么？ 2. 导语：面对困难，詹天佑是怎么做的呢？ 3. 出示学习提示：默读课文第四自然段，用横线画出詹天佑是怎么说的，用曲线画出詹天佑是怎么做的？用双横线画出詹天佑是怎么想的？并把你的感受或体会做简单批注。 4. 教师巡视，对后进生和批注不准确的学生给予指导。 5. 教师巡视，了解各小组学习交流情况，针对重点内容做适当的指导。 6. 教师按照詹天佑说的、做的、想的内容顺序组织学生小组汇报学习成果，教师重点点拨： （1）詹天佑经常勉励工作人员说："我们工作首先要精细，不能有一点儿马虎。'大概''差不多'，这类说法不应该出自工程人员之口。" 师问："勉励"是什么意思？在勉励中你还能读出什么？ （2）詹天佑为什么亲自去野外测量？为什么夜以继日地工作？ （3）遇到困难，他总是想：这是中国人自己修筑的第一条铁路，一定要把它修好。否则，不但那些外国人要讥笑我们，而且会使中国工程师失掉信心。 "总是"是什么意思？ 师引导学生想象：詹天佑在勘测线路的过程中还会遇到哪些困难呢？ 预设：发洪水了，刚修好的铁路就被冲垮了；高温难耐，詹天佑中暑晕倒了；寻找线索时不慎摔倒受伤流血；工程资金出现短缺…… 7. 教师小结：我们通过理解詹天佑的语言、动作、心理描写的语句，深刻体会到了他严谨的工作态度、身先士卒的工作作风、为国争光的爱国之心。	学生活动 1. 学生快速读课文，边读边思考。 2. 一生读句子。 3. 学生根据自学提示自学。 4. 组长组织组员交流自己的学习体会，并做好合作汇报准备。 学生交流自己的看法。 学生练习朗读，读出詹天佑对工作的严谨。 学生齐读，修改完善批注。 学生体会出詹天佑的身先士卒及为中国人争光的决心。 各个小组采用不同的方式朗读课文，读出詹天佑的身先士卒。 修改完善批注。 学生交流。 学生想象，交流。 学生有感情地朗读句子，读出詹天佑的爱国之心。

活动意图说明：	
1. 感知詹天佑的语言、动作、心理活动，体会他的杰出与爱国。 2. 培养学生合作学习能力。 3. 使学生学会批注。 4. 培养学生的想象能力。	

环节三：开凿隧道	
教师活动	学生活动
1. 出示自学提纲：在开凿居庸关和八达岭隧道时詹天佑分别采用了什么方法？请你画出示意图。 2. 教师巡视，了解学生学习情况。 3. 你能用因果句式告诉大家：詹天佑因为什么采用了什么方法开凿什么隧道吗？ 4. 与学生一起看板演的示意图。 5. 出示图片。 6. 引思：詹天佑采用不同的方法开凿不同的隧道有什么好处呢？	1. 学生自己默读课文，根据课文内容画出示意图。 2. 两位学生去板演。 3. 学生用因果句式说出詹天佑采用了不同的方法开凿了不同的隧道的原因。 4. 观察学生板演的示意图是否正确。 5. 观看课件图片展示。 6. 修改自己的示意图。交流。
活动意图说明：了解开凿不同的隧道采用了不同的方法，体会詹天佑的创新精神。	

环节四："人"字形线路	
教师活动	学生活动
1. 你有什么问题吗？ 预设：火车在岔路口怎么走"人"字形线路？ 2. 师在黑板上在学生的指引下画出线路图。 3. 动画演示火车走"人"字形线路的过程。 4. 思考："人"字形线路的设计在世界上还没有，詹天佑是第一个，你觉得詹天佑怎么样？ 在他的身上有一种什么精神值得我们学习？ 点明：创新精神。	学生默读，提出问题。 学生再次读文找答案。 一个学生回答。 学生观看。 交流自己的看法。
活动意图说明：了解"人"字形线路的设计方法的巧妙，体会詹天佑的创新精神。	

环节五：提前竣工	
教师活动	学生活动
师：在詹天佑和所有工程人员的共同努力下，京张铁路竣工了。它不但竣工了，而且比计划提前了两年，这给了帝国主义一个有力的回击。你还记得外国报纸是怎样嘲笑我们的吗？ 引导学生想象：此时此刻，我们该怎么回击？ 师结：詹天佑为我们中国人争了光，争了气，让我们一起谢谢他。请大家大声地喊出他的名字——	一生读句子。 学生交流。 学生齐读——詹天佑。

续表

活动意图说明：照应上文，总结过渡。	
环节六：修建铜像	
教师活动 出示图片和最后一段话。 引导学生想象：外宾们看到这伟大的工程和詹天佑的铜像会怎样赞叹？ 师：他们一定会竖起大拇指说：詹天佑了不起！中国人了不起！ 请大家怀着对詹天佑的赞美、钦佩，再次高声喊出他的名字。	学生活动 一生读课文。 学生交流。 学生齐读——詹天佑。
活动意图说明：体会詹天佑的伟大。	
环节七：回顾全文	
教师活动 师总结板书。 有不明白的地方请提问。 作业：课外阅读《詹天佑的童年故事》	学生活动 学生齐读课文第一句："詹天佑是我国杰出的爱国工程师"。
活动意图说明：体会詹天佑的伟大。	
环节七：回顾全文	
活动意图说明：整体感知全文，深刻理解中心。	

【板书设计】

詹天佑

杰出　爱国

要挟	毅然接受	勘测线路	精密
嘲笑	有力回击	开凿隧道	巧妙
		设计"人"字形线路	创新

【教学反思与改进】

《詹天佑》这篇课文重点写了詹天佑主持修筑了第一条完全由我国的工程技术人员设计、施工的京张铁路的事迹，说明詹天佑是一位杰出的爱国工程师，表现了中国人的智慧和力量。这节课，我觉得自己上得很成功，主要表现在以下几个方面：

1. 培养学生自学能力

在学习"勘测线路"时，我重点引导学生自读自悟，针对重点语句做好批注。在课上，我要求学生"不动笔墨不读书"。如：默读第四自然段，请学生用不同形状的线画出詹天佑怎样说的、怎样做的、怎样想的语句，并把自己的体会或感受做简单批注。老师在讲解完重点语句后，学生再随机加以修改或完善，使学生养成了认真读书的好习惯。

在学习"开凿隧道"时，我引导学生采用画示意图的方式理解课文内容，要求学生先默读课文，找到相关语句后画下来，再根据文章内容去画图，准确率很高，学生形象地感知了课文内容，理解了詹天佑开凿隧道的方法。

2. 教给学生学习方法

针对写人文章的特点，我引导学生抓住詹天佑的语言、动作和心理活动的描写去理解语句，体会人物的精神和品质，使学生领会到刻画人物的方法，并能运用到自己的作文中来，把文章写得生动、充实，提高作文水平。

3. 落实小组学习实效

在小组交流之前，我给予学生充足的时间自己学习，在巡视过程中，不断地帮助学习有困难的或不能找准要点的学生，帮助他们理解语言文字，指导他们做批注。

在学生小组交流、准备汇报时，我一个小组一个小组地了解情况，及时发现各组存在的问题，对不正确的理解提出修改建议，对正确的、新颖的理解及时做出肯定，对不同的汇报形式提出自己的看法。

学生在以小组为单位汇报学习成果时，一个小组重点理解一部分语句，其他小组给予补充，全班学生都认真倾听，这使得所有学生对课文内容有了完整而详细的理解，提高了学习效率，成为学习的真正主人。

4. 师生关系和谐融洽

我在组织学生学习的过程中层次清晰，张弛有度；在与学生交流的时候亲切和谐，及时地肯定，及时地鼓励，及时地表扬，以学定教，点拨自然合理。学生在学习过程中轻松愉快，理解到位，读书读得有声有色，思维的空间得到很大的拓展。

5. 信息技术使用恰当

学生在画完开凿八达岭隧道的示意图后，不知道自己画得是否正确，不太理解六个工作面怎么同时开工。我在学生最需要的情况下，展示了开凿居庸关隧道和八达岭隧道的示意图，学生直观地理解了课文内容。

学生不明白火车过青龙桥的岔路口时怎样走"人"字形线路，我就让学生先看书体会，再跟着老师在黑板上画图演示。此时，学生大概理解了，但火车到底是怎么走的，他们还是想亲眼看一看。于是，我播放了一段小火车过青龙桥走"人"字形线路的视频，并连续放了三遍，学生们恍然大悟。多媒体的使用恰到好处地使本课的教学难点迎刃而解。

（此课例为北京市通州区级研究课）

孙玉玲

▽

孙玉玲，1969年8月出生，北京通州人，高级教师，中共党员。常年从事低年级数学教学工作，总结出了一些让学生觉得"数学有趣"的教学方法。多次承担市区级示范课观摩课评优课；承担区级一般课题并获得了区教科研专题评比一等奖；参与了市十二五专题"专家教师原型观下课堂执行力的提升"下子课题的研究，在课题同课异构评优中获一等奖和最佳人气奖；多篇教育教学论文在区级以上刊物上发表或交流；一百多篇论文获得全国，市区级奖项。曾获北京市骨干教师、通州区名教师、通州区骨干教师、通州区学科带头人，通州区优秀共产党员等荣誉。

数学教学要让学生拥有发现美的眼睛

美育，即审美教育，也叫美感教育、情感教育。美育是人的全面发展的要素之一，是素质教育的一项重要内容。《中国教育改革和发展纲要》明确指出："美育对于培养学生健康的审美观念和审美能力，陶冶高尚的道德情操，培养全面发展的人才，具有重要作用。"美育不仅仅体现在音、体、美等艺术学科中，在数学学科中同样蕴藏着美育。古希腊数学家普洛克拉斯指出："哪里有数学，哪里就有美。"哲学家罗素说过："数学，如果正确地看它，不仅拥有真理，而且也拥有至高的美。"

但是在许多学生心目中，数学是一门枯燥乏味、晦涩难懂的课程，伴随着年级的升高，他们对数学学习的兴趣逐渐淡漠，有些甚至开始厌恶数学。反思这种现象的成因，教师应该承担起很大的责任。因为我们没有让学生感受到数学的美，所以也就激不起学习的兴趣。华罗庚说："认为数学枯燥无味，没有艺术性，这种看法是不正确的，就像人站在花园外面，说花园里枯燥无味一样。"这就需要我们教师在课堂教学中，加强对学生的审美教育，帮助学生感受数学中的美，让学生欣赏数学中的美，并不断地表现数学的美，以提高学生学习数学的热情，激发学生学习数学的兴趣，变被动学习为主动学习，变机械学习为愉快学习，从而创造出数学的美。

一、挖掘教材引导学生观察美发现美

雕塑家罗丹说："生活中并不缺少美，缺少的是发现美的眼睛。"这充分说明美育的作用和价值在于培养一双善于观察美，发现美的眼睛。美的事物都是鲜明的、形象的、生动的，具有较强的可感性。数学教材中所蕴含的美育因素，可以让学生受到美的熏陶。

首先，数学教材本身的美，即外显美。数学教材是经过无数专家，学者像艺术家创作作品那样经过精雕细刻而成的，其精美的装帧、漂亮的封面、有序的编排、图文并茂的内容等，可以说是一件融多种艺术于一体的"艺术作品"。如第一册准备课中井然有序的各种活动，让学生有一种新鲜、亲切之感，给人一种健康向上的美，穿插其间的"数学乐园""活动园地"等形式多样、丰富多彩，让学生在活动中学习，在学习中活动，给学生以美的享受。

其次，教学内容中蕴含着的美，即内在美。数学的简洁是突出的引人注目的美感。通行世界的数学符号，精练准确的数学概念和定理的表达，可算是简洁的文字和语言，它能给人以深邃的美的享受。数学的内在美还表现在它的有序、和谐、统一、严谨。如综合法和分析法两种思想方法体现了数学思考的有序性，数形结合则充分体现了数学的统一美，数学题目中一题多解则显现出了"殊途同归"的方法美等。数学思想方法的本质反映了数学的美，这些无不包含着数学的美妙与奇特。数学教材的内涵美，这些都是对学生进行美育的核心内容。

二、结合生活素材引导学生感知生活中的数学美

数学源与生活，生活中到处有数学，到处存在着数学思想。同样，数学中的美不单单属于教材本身，而广泛地表现于生活之中。如何让学生感觉到生活中的数学美？这需要教师在教学中结合生活素材，展示数学美的巨大魅力和作用，引导学生走进生活这个大花园，一起去感知体会。

例如，教学《对称图形》是一次展现数学美的好机会。课前，教师可以收集生活中运用的对称美的图片，如庄严的人民大会堂、雄伟的北京天安门、高大的埃菲尔铁塔……一开始就以图片的形式让学生进行环球旅行，然后提问："这些建筑美吗？请你说说它们为什么美？"请学生找找它们的共同点，让学生深切地感受到因为它们是轴对称图形，才带给人们美的享受。课的结尾让学生欣赏中国的民间艺术——剪纸（对称的作品），在学生的赞叹声中，数学的对称美体现得淋漓尽致。学生感知了生活中的数学美，美在生活中，美在数学中，也就成为学生心中自然的感叹。

三、引导学生通过操作获得丰富的审美体验

数学中的美往往是形象鲜明的，特别是新颖奇特的空间图形，仅仅凭借对美

的形象的感知，所得的美感只停留在表面和潜层，是不深刻的，必须在感知美的过程中产生相应情绪体验，才能通过各种美的体验和品评鉴赏深化对美的形象认识与感知，获得丰富的审美体验。

在数学教学中，如何把枯燥的数字赋予灵性，使难懂的规律易于接受，往往需要学生的自主探索，实践操作。霍姆林斯基说："在人的大脑里有一些特殊的、最积极的、最富创造性的区域，依靠抽象思维与双手精细的、灵巧的动作结合起来，就能激起这些区域积极活跃起来。如果没有这种结合，那么大脑的这些区域就处于沉睡状态。"操作是一种手、脑、眼等多种感官协调参与下的活动，同样，经过动手操作之后，学生对数学的美的感受会有更独到的领悟，会更强烈，更贴于心。

例如，在教学《角的认识》这课时，请同学们用两根吸管和图钉来动手制作一个角，这时候同学们都动起手来，一会儿工夫大家都做好各自的角了。接着老师让他们闭上眼睛，摸一摸，说一说图钉固定的这一点是这个角的什么？（顶点）两条吸管是这个角的两条什么？（边）然后小组活动互相摸一摸，说一说。最后得出结论：角是由一个顶点和两条边组成的。通过制作角，不仅使学生了解了角的特征，而且也使学生感受到了数学图形的美。如我设计的活动课"摆一摆，想一想"中放手让学生通过充分的摆珠子活动，在动手、动脑的主动探索过程中，发现、归纳圆片摆数的规律，并运用规律，感受数学的美，感悟数学学习活动过程中的乐趣。

又如，在教学《锐角和钝角》之后，让学生运用手中的大头针、圆卡纸、小棒、彩纸等材料，制作一件精美的角的礼物，赠送给你的好朋友，学生在动手动脑中，加深了对锐角、钝角的认识，在操作体验中感受了数学的可爱与美好！

体验美的操作，体现在让学生在玩中学，学中体验，在摆一摆、剪一剪、拼一拼、画一画、折一折中获得成功的体验，形成审美愉悦。这种愉悦是发生于认知教学过程中的内在情感和认识心理交织融合在一起的，是强烈而深刻的。

四、借助丰富教学手段让学生更直观地感受到数学理性的美抽象的美

数学中的美常隐藏在科学真理之中，是一种理性的美、抽象的美。教师可以通过讲解、剖析、演示、图像、课件、投影片等形式，使数学的教学内容活起

来，动起来，让学生更直观地感受到数学的美。

例如，教学第三册中的除法两种分法的对比时，利用多媒体课件进行教学。老师对同学们说："猫妈妈钓了12条小鱼，想分给她的4个孩子，你们想去看看吗？"老师操作计算机，屏幕显示"12条鱼平均分给4只小猫，每只小猫分几只"。动画演示，先拿4条鱼每只小猫分一只，再拿4条鱼每只小猫分一只，再拿4条鱼，每只小猫分一只，分完了，每只小猫分3条小鱼。通过多媒体的动画演示，使学生的视觉和听觉都产生美的感受，同时又帮助学生理解"第一种分法"的含义。

五、善用多种评价让学生在愉悦的心情中接受温馨之美

《义务教育数学课程标准（2011年版）》指出："对数学学习的评价关注学生学习数学的结果，更要关注他们学习的过程；要关注学生数学学习的水平，更要关注学生在数学活动中所表现出来的情感与态度，帮助学生认识自我，建立信心。"可以看出，新课程背景下的数学评价从评价的目标到评价的方式都发生了巨大的变化，体现了以人为本的评价理念，对人格的尊重，人性的关怀得到了有力加强。而评价，是一种价值评判，是一种精神性的交往活动，是评价双方的心灵相遇，在互相的尊重和信任中，敞开心扉，在愉悦的心情中接受温馨之美！这种评价的美体现在师生、生生之间。

教师美的评价语言是沟通的桥梁，是信任的纽带，是闪耀新理念的明珠，是发自内心的真情流露。"你真棒！有这么大的进步，老师真为你高兴！""你的见解让人耳目一新！""你的设计太有创造性了！"……这些富有激励性的语言无不让人感到心灵舒畅，学生的审美情感再一次得到了体验。

美的事物能唤起儿童的愉悦，反之又能激发儿童去追求，去努力。在我们平时的教学中，经常会因为学生的作业不整洁、字迹潦草、格式不规范、题与题之间密密麻麻一大片而感到苦恼。对此批评和发火是无济于事的，如果想方设法通过多种形式对学生进行审美教育，这些问题将会得到圆满的解决。如搞展览、立标兵、树典型等，让他们看到：封面干净、字迹工整，计算正确，格式规范本身就是一种美，从实施美育入手，培养学生良好的学习习惯。以表扬鼓励为主，唤起学生对美的追求。

总之，数学本身处处充满美的韵律，数学的课堂时时闪烁着灵动的美感，在

小学数学教学中实施美育渗透，要认真体会小学数学中美的内涵，引导学生去捕捉、发现、领悟、接受、创造数学之美，让我们在"用心灵赢得心灵，用人格塑造人格"的过程中，用我们教师学识的厚积薄发、人格魅力，对数学美的感受，对生活美的追求，去影响和熏陶学生，引领学生自由全面的发展。让小学数学课堂时时闪动灵动的美 。

（此文荣获北京市"京美杯"征文评比一等奖）

《长方形和正方形的面积》教学设计

学　　科：小学数学	年　级：三年级	
教材版本：北京版	章　节：第五单元	课时：一课时

【教学内容分析】

《长方形和正方形面积的计算》是三年级下册五单元中的教学重点。"面积"是新课程标准中"空间与图形"领域的内容，学生从学习长度到学习面积，是空间形式认识发展上的一次飞跃。本节课是在学生知道了面积的含义，初步认识面积单位和学会用面积单位直接度量面积的基础上进行教学的，这部分内容主要是引导学生探索长方形和正方形的面积计算方法，并初步练习运用公式进行面积计算。长方形面积计算公式是导出其他平面图形面积公式的基础，它提供了度量和计算面积的基本道理和方法。

【学生情况分析】

三年级的学生好学好动，以形象思维为主，联系和模仿能力较强，所以在教学中应抓住这些特点，创造条件和机会，让每一个学生都参与到课堂教学中来，发挥学生学习的主动性，感受成功的快乐。学生已经初步认识了面积和面积单位，学会了用面积单位直接数出图形的面积。在这堂课中主要通过学生的动手操作解决"为什么长乘宽就是长方形的面积"的问题，让学生理解长方形面积的计算方法，并通过实验验证，最后引导学生归纳、总结长方形面积，并通过长方形面积计算方法迁移得到正方形面积的计算方法，让学生经历从感知到抽象的过程，体会知识的产生及发展过程，使学生核心素养得到进一步提升，为以后学习其他平面图形的面积计算奠定良好的基础。

【教学目标分析】

知识与技能：使学生在理解面积含义的基础上，掌握长方形、正方形面积的计算方法，能正确地计算长方形和正方形的面积，并能够解决简单的实际问题。

过程与方法：经历长方形、正方形面积计算方法的探索过程，初步培养学生的空间观念以及动手操作、观察和思维能力。

情感与态度：在学习长方形、正方形面积计算方法的过程中，使学生感受数学的魅力，体验成功探究的乐趣，进一步了解数学知识在生活中的应用。

【教学重点难点】

教学重点：引导学生通过操作实践、观察比较，探究得出长、正方形的面积的计算方法。

教学难点：经历长方形、正方形面积计算方法的探索过程，初步培养学生的空间观念以及动手操作、观察和思维能力。

【教学过程】

环节一：复习为新知做铺垫	
教师活动	学生活动
1. 出示动画形象熊大、熊二引出旧知识"面积"。上节课我们学习了面积，请你说一说什么叫面积？常用的面积单位有哪些？ 2. 出示 1 平方分米、1 平方厘米的卡片，让学生选择面积单位。 3. 提问：用手比一比 1 平方分米、1 平方厘米、1 平方米有多大？ 4. 想一想 1 平方分米是怎么规定的？面积是 1 平方厘米的正方形，边长是多少？	回顾学过的有关面积和面积单位的知识。 1. 物体表面或平面图形的大小叫作面积 常用的面积单位有平方米、平方分米、平方厘米。 2. 观察图片用手比一比 1 平方分米、1 平方厘米、1 平方米的大小。 3. 边长是 1 分米的正方形它的面积就是 1 平方分米。 4. 面积如果是 1 平方厘米的小正方形，边长是 1 厘米。
活动意图说明： 动画形象引入，激发学生学习兴趣的同时，为进一步学习长方形和正方形面积的计算方法做准备。	
环节二：创设情境，引出新知	
教师活动	学生活动
1. 熊大和熊二争吵，出示 2 个长方形，都说自己的面积大，谁说得对？ • 谁的面积大？ 	1. 帮助熊大和熊二，观察猜测： 预设：A 熊大；B 熊二；C 一样大。

续表

2.到底谁的面积大呢？有什么办法能知道？ 出示 1 平方厘米的小正方形演示测量。 • 谁的面积大？ 1cm² 6平方厘米 问：这 2 个图形形状不同，为什么面积都是 6 平方厘米？ 小结：比较两个图形的面积谁大，看什么就行了？	2.讨论：用 1 平方厘米的小正方形放上边数一数看有几个。 看课件演示数一数。 因为都是有 6 个 1 平方厘米的正方形组成的。 归纳总结：看里面有多少个 1 平方厘米的面积单位。

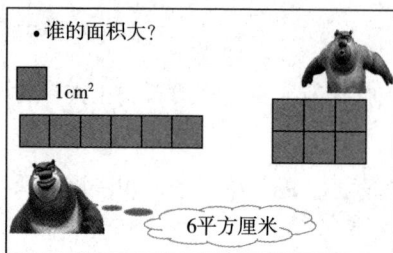

活动意图说明：通过观察、猜测、验证体会要知道图形的大小要看它里面有多少个面积单位。

环节三：经历拼摆，说理渐悟

教师活动	学生活动
1.估一估老师发你的长方形的面积。 2.要想知道估测的结果对不对怎么办？ 3.出示学习任务单，组织学生合作探究。 4.组织交流，引导学生以小组为单位操作汇报展示不同的摆法，在学生汇报的过程中把不同的结果写在黑板上。 5.讨论不同的图形表示的意思，体会求真求简的数学思想。 1cm² 6.观察这些图形，想一想我们在计算面积的时候用了什么方法？	1.拿出学具袋中的各种长方形或正方形观察，估一估长方形的面积。 2.小组利用 1 平方厘米的小正方形面积单位学具，合作探究。 （1）以小组为单位进行活动，用 1 平方厘米的小正方形测量长方形的面积。 （2）每人负责测量一个长方形的面积。 （3）仔细观察，发现了什么规律？ 3.合作探究。 4.汇报交流。 第二种摆法同样表示每行摆 4 个，摆了 3 行，面积是 $4×3=12cm^2$。 6.观察黑板上算式。 每行个数 × 行数就是面积。

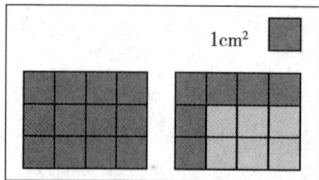

续表

活动意图说明：　通过小组合作，在操作探究中感知长方形的面积就是看每行摆几个，摆了几行相乘得到的。

环节四：步步深入，渐悟渐深

教师活动	学生活动
1. 出示长方形，让学生估一估面积，可能每行几个面积单位？有几行？	1. 在猜测的过程中进一步体会计算面积的方法是：每行摆的个数 × 行数。
2. 出示长方形长和宽的数据问：通过这个数据，你能知道一行能摆几个？摆几行呢？	2. 预设：长宽与每行摆的个数、行数的关系。
3. 你是怎么知道的？	3. 面积是 1 平方厘米的正方形，它的边长是 1 厘米，摆 6 个 1 平方厘米，就得出长是 6 厘米，摆了 4 行，宽边就有 4 个 1 厘米，是 4 厘米。
4. 课件演示得出：长是 6 厘米，一行就可以摆 6 个 1 平方厘米；宽是 4 厘米，就可以摆这样的 4 行。	4. 体会长和每行摆几个面积单位的数是一样的，宽和摆了几行的数是一样的。
5. 你有什么思考？ 总结：长是几厘米，一行就可以摆几个面积单位；有几行，宽就是基厘米。 怎样列式？	5. 总结： 面积 =1 行几个面积单位 × 有几行 　　　　　　　↑　　　　　　　↑ 长方形面积 =　长　　×　　宽 6.6 × 4=24cm² 。互相说一说。
6. 回首刚才你们摆的那几个长方形，你能根据一行摆几个面积单位，摆了几行，说一说让它的长是几厘米、宽是几厘米吗？	

活动意图说明： 数形结合中体会长和每行摆几个面积单位的数是一样的，宽和摆了几行的数是一样的。 从而总结归纳长方形面积的计算方法

续表

环节五：应用方法，渐悟渐远	
教师活动	学生活动
1. 课件出示熊大和熊二种的一块长方形的菜地，出示长和宽，引导学生说一说根据数据1行能摆几个1平方米的面积单位，摆几行，面积怎样计算。	1. 观察讨论计算并说理由。 6米 10米 $10 \times 6 = 60$（m^2）
2. 课件演示：第一次扩建宽增加 2 米，扩建之后什么变了？什么没变？	2. 宽边了，面积变了，形状没变，计算长方形的方法没变。 计算面积 $10 \times 8 = 80$（m^2）
3. 如果再扩建很有可能会变成什么图形？ 演示宽又增加 2 米 能不能像归纳长方形的面积计算方法那样说一说正方形的面积计算方法是什么	3. 正方形。 $10 \times 10 = 100$（m^2） 边长 × 边长
4. 回顾今天的学习，你有什么收获？	4. 回顾整理，谈收获。
活动意图说明：通过长方形面积计算方法迁移得到正方形面积的计算方法，让学生经历从感知到抽象，体会知识的产生及发展过程，使学生核心素养得到进一步提升。	

【板书设计】

长方形正方形的面积计算

面积　＝ 1行几个面积单位 × 有几行　　　　4×3=12c㎡

↑　　　　↑　　5×4=20c㎡

长方形面积 ＝　　　长　　　×　　　宽　　　6×5=30c㎡

正方形面积 ＝　　　边长　　　×　　　边长　　5×3=15c㎡

【特色学习资源分析、技术手段应用说明】

本节课利用1平方厘米的小正方形学具的操作，使同学在活动中拼摆、观察、猜想、在通过多媒体课件生动形象的演示帮助学生验证总结。既培养了同学的观察能力和归纳概括能力，又体现了同学动手实践、合作交流、自主探索的学习方式。通过小组的拼摆—猜想—验证，让同学经历从长方形面积计算公式推导到正方形面积计算公式的再发明，培养了同学探索能力和创新精神。

【教学反思与改进】

围绕长方形面积公式推导这个重点问题，我力图把教学的着力点放在公式是怎样被提出来的，又是怎样加以推导论证的。

1. 在动手操作中解决问题。学具操作可以帮助学生理解一些抽象的概念，掌握一些数学规律，有利于教给学生探究知识的方法，让学生在操作中沿着具体—表象—抽象的过程发现问题，把握问题，寻找解决问题的方法。长方形面积公式推导中让学生利用1平方厘米的正方形测量长方形，在操作思维的基础上，感知长方形面积就是用每行的面积单位数乘行数。

2. 在思考、讨论、分析、验证中得到结论。在操作交流之后，让学生对面积与长宽进行观察、比较、思考，组织学生围绕长方形面积和长宽之间有什么关系进行讨论，归纳分析问题，从而引导概括推导出长方形的面积计算公式。

3. 在变化中推导出正方形面积公式。充分利用长方形面积计算公式，正方形是特殊的长方形，懂得了长方形的面积计算方法，正方形的面积计算方法也就迎刃而解，顺理成章地得出正方形面积公式。这样使学生了解了一般与特殊的关系，又形象地掌握了正、长方形之间的联系。

4. 改进的地方。对学生操作、梳理、发现规律的环节预设不足，导致后面实际应用的环节显得仓促，需要进一步加强预设，提高课堂教学及时调控能力。

（此课例在北京市同课异构现场评优活动中获得一等奖）

米莹

▽

米莹，1982年3月出生，北京通州人，2017年加入中国共产党。2004年7月毕业于首都师范大学初等教育学院，文学学士学位。2004年到东城区灯市口小学任教7年，2011年调入东方小学任教至今。她秉承"爱子之心爱生，教子之法教生"的教育理念，"灵动、有活力的课堂"是她的教学特色。在教育教学之路上探索，多次参加全国、市、区级教育教学大赛，均取得优异成绩，在磨炼中延伸视线，拓宽视野，提升教育观点。同时承担多项全国、市区级课题，用科研不断提升自身教研水平，形成自己的教学特色。

写画，写话
——在画日记中培养学生语言表达能力

《语文课程标准》明确指出："要使学生具有口语交际的基本能力，在各种交际活动中，学会倾听、表达与交流，初步学会文明地进行人际沟通的社会交往，发展合作精神。"这就体现了说话教学是小学阶段的主要任务之一。小学低年级学生正是由原先的自发口头语言转向自觉地、有目的地学"说话"的关键年龄，是说话、写话训练的起点。绘画是人类表情达意的一种形式。低年级学生喜欢用绘画来表现生活。我们可以将两者巧妙地结合在一起，以"写画，写话"为主题，引导学生写话的同时画出相关内容，在画日记中培养学生语言表达能力。

一、培养兴趣，让学生在画日记中喜欢说话

兴趣是人们对客观事物的一种积极的认识倾向，它推动人们去探求新知识，发掘自身的潜力，培养自己的能力。如果激发了他们的兴趣，学生便会对学习产生一种强烈的需求，积极投入到学习当中。语言表达方面的训练也是一样，只要培养了学生的兴趣，鼓励他们大胆地说，广泛地说，一定会唤起学生的积极性。

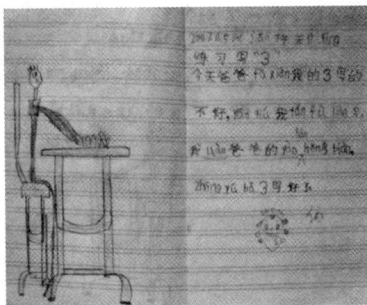

文字的力量是强大的，但对于低年级学生来说，只有文字的叙述容易使他们失去兴趣并引起视觉疲劳，久而久之，甚至会抵触写话练习。用写与画相结合的方式写日记不失为激趣的好方法。在学生已经掌握汉语拼音的基础上，可以进行画日记的训练。有趣生动的图画无疑使他们感到更具体、更形象，画出自己日记中所表述的内容，既增强了写话训练的趣味性又提高了语言训练的实效性。

二、创造条件，让学生在画日记中学会表达

要让低年级学生说出完整的话，首先要交给他们一些规律性的东西，如几种基本句型，然后把话讲具体，抓住一件事的时间、人物、地点、事情说清楚。另外，平时讲话要做到大方得体，有礼貌。可以从以下几个方面入手引导学生在画日记中学会表达：

（一）巧妙的示范

小学阶段，学生的模仿能力很强，尤其是低年级，老师幽默诙谐的语言不仅能激发学生说话的兴趣，还可以提高学生运用语言的技巧。老师将抽象的概念、枯燥的技能训练与学生的生活经验挂钩，将孩子们生活中的兴奋点与艺术体验有机联系在一起，学生会有意识地模仿。不仅让学生体会到语言的美，又有视觉冲击，感受生活之美。学生自然愿意学着老师的样子将文字与图画结合的方式运用到自己的日记当中。

（二）丰富的练习

拓展画日记的广阔天地。各种类型的日记内容既是学生发挥说话才能的阵地，又是说话训练的延续。学生常常因为写什么而犯愁，老师可以为学生提供画日记的题材和方式，使学生对这些丰富的形式兴趣盎然，积极投入，无忧无虑地尽情表达，使他们的语言表达在不知不觉中得到锻炼，说话的能力也会得到提高。

1. 结合课文内容，体会课文中的美

语文课文中有些是感人至深的故事，有些是发人深省的寓言，还有些是词句优美的诗歌。教师可以引导学生以谈带说、以写促说。低年级学生写话的语言从哪里来？课文是他们学习规范语言的依据，课文是说话训练的标本，借助教材把读与说结合起来，使课文的语言逐渐转化成学生自己的语言。

2. 描述所见所闻，感受生活之美

教师要培养学生善于发现和选择，让学生体验、感受生活，亲近大自然。在

孩子们的眼中，任何事物都可能和想象联系在一起，至于哪些事物是重要的、美的却不清晰。因此，引导学生发现事物的主要特征，感知事物的优美之处就显得特别重要。在此基础上，还要培养学生对事物善于比较的意识，这种比较带有主观色彩，根据自己的兴趣、个性和爱好等需求挑选有趣、有意思、难忘的经历描述在自己的日记中。

（三）自信的表达

每个人都渴望自己的努力能得到别人的认可。因此，老师在教学中要不断为学生创造表现的机会，形成良好的教学氛围。班级可设立特定的展示时间，为学生搭建平台，着重从欣赏自己和他人画日记作品切入。学生通过议自己、议别人，锻炼语言表达能力。首先鼓励学生大胆地宣读日记，展示绘画作品，只有"敢说"了，才能逐步达到"想说"，发展为"会说"的层次。在展示活动中学生不仅展示了自己的日记作品增强自信心，展示了自己的风采，还学会如何欣赏其他同学的作品，从而培养学生语言表达能力。

三、不断总结，让学生在画日记中交流思想

通过不断练习，学生的创造性思维得到发展，说话能力也会得到提高。在说话训练过程中，除了要学生敢说、多说，还要逐步做到会说、能说。只要教会学生说话的方法和技巧，才能把自己想说的完整地表达出来，提高他们说话的质量。学生才能更好地进行交流，将自己的想法与他人分享。通过分享，增强彼此的情感。

尝试"写画，写话"主题的画日记作业，为学生搭建更新舞台的实践中，最终要实现学生把自己融入学校、家庭、社会广阔天地中去锻炼，去体验，达到提高学生综合能力的目的。只有这样，学生在语文学习中才会收到令人满意的效果。

（此文荣获北京市"小语现代化"征文一等奖）

《七颗钻石》教学设计

学　　科：小学语文　　　　年　级：三年级

教材版本：北京版　　　　章　节：第五单元　　　　课时：第二课时

【教学内容分析】

《七颗钻石》是第五单元的第一篇课文。本单元以"爱"为主题，就是要让学生懂得做人要有爱心，不仅要对自己的父母有孝心，对别人要关心，同时能感受别人对自己的爱心。作为本单元起始课文，本课承载着此教学任务。而列夫托尔斯泰创作的这篇童话，写的是在一次大旱之年，一个小姑娘拿着水罐为生病的母亲找水，由于她的爱心，水罐从空变满，从木的变成银的，又从银的变成金的并涌出清澈的水流，射出七颗钻石，升上天空的故事。水罐发生的几次变化，就是运用反复结构，以此表现小姑娘的无私大爱。

第一课时教学中，我处理了字词、朗读，让学生对文章内容有了整体感知。第二课时，我想引导学生在品读课文的过程中，感受小姑娘无私广博的大爱，认识反复结构的童话，进而运用反复结构，打开想象之门，补编童话。

【学生情况分析】

经过课前进行的前测。学生对于童话有如下了解：

问题	选项及比例		
1. 你喜欢读童话故事吗？	喜欢 94.7%	一般 5.3%	不喜欢 0
2. 你觉得童话和其他故事比，不同之处在哪？	神奇 88.9%	有趣 83.3%	有教育意义 34.6%
3. 你知道童话中的"反复结构"吗？	知道 22.2%	不知道 77.8%	
4. 你读过反复结构的童话吗？	读过 3%	没读过 5.26%	不确定 92.1%

通过调查，我做出如下分析：

学生的优势：绝大部分学生喜欢读童话。此前，学生已经阅读了很多童话书籍和童话故事，对于这种文体的喜爱，是他们学好本课的基础。大部分学生能够初步感知童话的文体特点，知道童话神奇、有趣，有一定教育意义。三年级学生想象力丰富，有一定语言表达的基础。

学生的不足：对于童话中的反复结构，77.8%学生并不了解。而通过进一步访谈，我发现选择知道的那22%也没能说清楚什么是反复结构，有些同学还错误地认为首尾呼应就是反复结构。经过近三年的语文学习，学生有一定语言表达的基础，但语言表达缺乏条理性。

【教学目标确定】

通过学习课文，体会童话故事的神奇，感知童话丰富的想象力。

通过小组合作学习，了解神奇的力量源于小姑娘广博无私的大爱。

通过对比阅读，引导学生认识反复结构，并初步尝试运用反复结构补编童话。

【教学重点难点】

教学重点：通过小组合作学习，了解神奇的力量源于小姑娘广博无私的大爱。

教学难点：引导学生认识童话中的反复结构，并初步尝试运用反复结构补编童话。

【教学流程示意】

17 七颗钻石

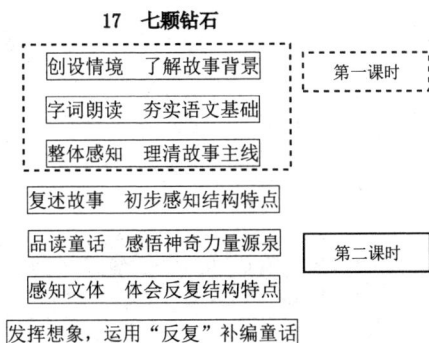

17 七颗钻石

创设情境 了解故事背景 — 第一课时
字词朗读 夯实语文基础
整体感知 理清故事主线

复述故事 初步感知结构特点
品读童话 感悟神奇力量源泉 — 第二课时
感知文体 体会反复结构特点
发挥想象，运用"反复"补编童话

教学效果评价

1. 评价方式

通过学习单，对学生运用反复结构续编童话进行评价。

通过后测问卷，调查学生对本课内容掌握情况。

2. 评价量规

（1）续编童话评价表反馈：

等级	要求	人数	比例
优秀	能结合上下文，发挥自己的想象。利用反复结构，写出 3—4 个反复情节，语言表达通顺、流畅、有条理。	32	80%
良好	能结合上下文，发挥想象，写出 1—2 个反复情节，语言表达基本通顺。	6	15%
合格	仿照同学交流内容进行简单描写，缺少自我表达或表达不通顺。	2	5%

（2）后测问卷反馈：

问题	选项及比例		
1. 你知道童话中的反复结构吗？	A. 知道 100%	B. 不知道 0	
2. 你读过反复结构的童话吗？	A. 读过 100%	B. 没读过 0	
3. 你认为《七颗钻石》中的小姑娘是个怎样的人？	A. 善良 100%	B. 博爱 89.3%	C. 无私 76.4%
4. 学了这篇童话，你有什么收获？	知道反复结构；小姑娘无私、博爱等		

【教学过程】

环节一：复述内容，初步感知结构特点	
教师活动 1. 激趣导入：出示学过的童话故事图片，让学生猜名字。 2. 理清主线：回忆上节课的学习，思考小姑娘的水罐发生了哪些变化？ 3. 师根据反馈进行板书： 　空—（木）满—银—金—七颗钻石 4. 请学生根据板书，复述童话故事。 5. 小结：水罐会变，多神奇呀！童话故事中总有不可思议的事情出现，这就是童话的特点。	学生活动 1. 猜通话故事的名字。 2. 回忆课文内容，梳理水罐的变化。 3. 反馈。 4. 复述故事。
活动意图说明：激发学生学童话的兴趣，为后面感知童话故事结构特点做铺垫。利用板书，理清故事主线，展现情节，发现水罐的神奇变化。通过复述内容，让学生初步感知反复结构。通过小结，揭示童话的特点——神奇。	

环节二：品读童话，感悟神奇力量源泉	
教师活动	学生活动
1.默读思考：小姑娘做了什么让水罐发生一系列变化？	1.小组合作探究：小组合作学习，完成下面表图：

水罐变化次数	变化结果	小姑娘行为	你的感受
第一次	空—满		
第二次	木—银		
第三次	银—金		
第四次	射出钻石，涌出水流		

教师活动	学生活动
2.哪个小组愿意说一说你们探究的结果？此过程中，教师适时引导，使学生感受小姑娘可贵的品质。 3.小姑娘那么需要水，为什么还一次次地让出水？（正是因为她的爱心，使神奇的事不断发生。她就是在告诉我们：爱心创造奇迹，善良永存心间。）	2.汇报交流，感受小姑娘善良、无私、博爱的可贵品质。 3.回答教师问题，体悟文章主旨。

活动意图说明：通过默读思考、小组合作学习体会故事情节的神奇，感受小姑娘无私广博的大爱。通过想象和思考，引导学生关注小姑娘的行为背后所传递的情感。从小爱到大爱，爱心不断升华，爱心创造奇迹。

环节三：感知文体，体会反复结构特点	
教师活动	学生活动
1.看来神奇的童话故事往往蕴含着美好的情感，而且情节曲折、生动。 2.二年级时，我们学过一篇童话，叫《小壁虎借尾巴》。谁愿意讲这个故事？请讲故事。 出示《小壁虎借尾巴》图片，说一说小壁虎一共借了几次尾巴？结果如何？ 根据学生口头反馈，完成表格：	1.学生听老师介绍，感受通话特点。 2.讲《小壁虎借尾巴》的故事。 回忆故事内容，口头完成表格。

借尾巴次数	找谁借	结果如何
第一次	小鱼	没借到
第二次	老牛	没借到
第三次	燕子	没借到

借尾巴次数	找谁借	结果如何
第一次	小鱼	没借到
第二次	老牛	没借到
第三次	燕子	没借到

续表

3. 和《七颗钻石》相比，这两个童话故事有什么相同之处吗？ 师点拨：都是相似的情节反复出现。 师点拨：都传达了美好的情感。 ……	3. 预设： （1）《七颗钻石》中小姑娘让了 3 次水。《小壁虎借尾巴》中小壁虎借了 3 次尾巴。 （2）他们的结局都很好。
4. 小结：小壁虎一次次地借尾巴和小姑娘一次次地让水，情节都很相似，不断反复，而且写法都是相同的。我们就把具有这两个特点的童话故事叫作反复结构的童话故事。	4. 了解反复结构童话的特点。
5. 再关联：出示课前导入的童话故事图片。正是因为童话故事中常常使用反复结构的写法，才让故事情节一波三折，生动有趣。课前我们猜的童话故事中，有反复结构的吗？	5. 学生回答：《小壁虎借尾巴》《小蝌蚪找妈妈》《狐狸和乌鸦》。

活动意图说明：通过对比阅读，让学生认识反复结构，知道反复结构是童话故事中常见的结构。正是因为情节的相似和不断反复，使得童话故事曲折、生动，有吸引力。通过关联课前猜的童话故事，让学生从被动接受变为主动思考，学会发现反复结构的童话。

环节四：发挥想象，运用反复结构补编童话

教师活动	学生活动
1. 出示绘本故事《逃家小兔》，读一读故事的开头和结尾。	1. 学生自读《逃家小兔》。
2. 请学生发挥想象，运用反复结构进行补白，把故事补充完整。	2. 发挥想象，补编故事。
3. 把你的想象写在学习单上。	3. 把自己的想象写在学习单上。
逃家小兔 　　从前，有一只小兔子，他很想离家出走。有一天，它对妈妈说："我要逃跑了。"妈妈说"如果你跑了，我就追过去，因为你是我的小宝贝呀。" 　　小兔说："如果你来追我，我就变成一条小鱼，游得远远的。"妈妈说："如果你变成一条小鱼，我就变成一个渔夫，用钩钩住你。" 　　小兔子说："＿＿＿＿＿＿＿。" 　　妈妈说："＿＿＿＿＿＿＿。" 　　小兔子说："＿＿＿＿＿＿＿。" 　　妈妈说："＿＿＿＿＿＿＿。" 　　小兔子说："＿＿＿＿＿＿＿。" 　　妈妈说："＿＿＿＿＿＿＿。" 　　小兔子说："＿＿＿＿＿＿＿。" 　　妈妈说："＿＿＿＿＿＿＿。"	

续表

"天哪。"小兔子说，"我还是待在这儿，当你的小宝贝吧！"小兔感觉到妈妈是非常非常爱他，躺在妈妈温暖的怀里，自言自语地说："我以后再也不离开家出走了。" 4. 谁愿意读一读你的作品。 5. 课堂小结：今天，我们不仅认识了《七颗钻石》中善良的小姑娘，还感受到了童话的神奇，知道了反复结构的童话故事，并尝试用反复结构写童话。相信有了今天的学习，今后你再阅读童话故事，一定有不一样的感受。 6. 课后作业：推荐阅读《渔夫和金鱼》，继续了解童话故事中的反复结构。	4. 学生展示、评价。

活动意图说明：让学生运用反复结构，发挥想象，补编故事。学生在补编过程中学习语言，运用语言，流露美好情感。引导学生学会将所学新知识运用到今后的阅读中。再读到"反复结构"的童话时，能够感知这类童话的特点。

【板书设计】

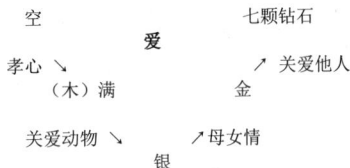

【教学特色】

1.《七颗钻石》是反复结构的童话故事。我抓住这一写法特点，通过对比阅读《小壁虎借尾巴》，让学生知道反复结构，同时感受到这种结构的童话故事情节曲折生动，有吸引力。通过相似情节的反复，帮助学生挖掘情节背后的美好情感，让学生明白，水罐的每一次都是小姑娘爱心的升华。它寄寓着无私广博的爱能带来意想不到的奇迹，爱心是永恒的，它像星星一样晶莹闪烁，普照人间。

2. 体会反复结构，补编童话故事。反复结构是童话故事常见的写作结构。学习反复结构，可以帮助学生在阅读类似童话故事时理清线索，还可以让学生尝试用这一写法创作童话。本课教学中，我初步尝试让学生运用反复结构，补编童话《逃家小兔》。在补编的过程中，引导学生展开想象与表达，在语言运用的过程中进一步学习语言、认识童话、体悟情感，达到语言实践的目的。

（此课例荣获北京市"京教杯"一等奖）

孙贺

▽

　　孙贺，汉族，1969年9月出生，中共党员。现任北京市通州区东方小学语文教师兼班主任，一级教师，语文学科区级骨干教师。

　　从教30年，她始终坚守着不忘初心，教书育人的使命，在教育教学工作中以智慧替代冲动，在冷静中学会变通。

　　她曾被评为通州区骨干教师，区中小学优秀班主任，区教育系统"优秀共产党员"，北京市京城榜样教师好声音。2014年在"第四届全国传统文化教学大赛"评比中，执教的《声律启蒙——七阳》荣获特等奖。

浅谈信息技术在语文教学中的运用

以教研为中心，以科研为先导，以信息技术为突破口，是当前课堂改革的重点，面向现代化创新教育的根本基点，随着现代教育的迅猛发展，电化教学已发展为先进的教学手段，它形象直观、超越时空再现，有综合性和广泛的适应性等特点。先进的教学手段能让学生通过多种感官接受和理解知识，提高其观察能力、想象能力、为他们的求知、创新插上翅膀。

一、帮教助学在愉悦的情境中学语文

在教学过程中，教师应该做到：问题由学生自己去发现，知识由学生自己去探索，规律由学生自己去揭示，学法由学生自己去归纳。这样，学生的学习潜能就可以得到充分的发挥，并在学习中尝到乐趣和成功的喜悦。

（一）把握规律，情境中识字

识字教学是低年级教学的重点，生冷的文字对于低年级的孩子来讲是枯燥无味的。低年级的学生，他们的定向能力尚处于较低的层次，他们的注意状态仍然取决于教学的直观性和形象性，很容易被新异的刺激活动而兴奋起来，针对这些情况，依据教材特点和汉字规律，运用多媒体创设有趣的识字情境，让学生认识某些汉字的规律，激发学生的学习兴趣。让学生在有趣的情境中识字，会获得意想不到的效果。

例如，在教学识字课《关心大自然》一课时，我把握住"木字族"形声字偏旁与字义这一规律，制作课件：出示一棵苹果树和偏旁"木"，让学生的思维一下子定位到"木字族"的生字上。继而演示果子掉到"木"旁，树枝掉到"木"旁，学习"棵""枝"后，继续演示，两棵树成"林"，三棵树成"森"，学生一目了然地将"木字族"生字的音、形、义及字形与字义的关系清晰铭刻在心。学生掌握形声字的识字方法后，完全可以自己去认识这一类的汉字了。这样既扩大了学生的识字量，使学生对汉字的认识产生更抽象的理解，学生又产生了浓厚的兴趣和强烈的求知欲，又提高了学生识字的能力。

（二）钻研教材，情境中设计

多种媒体的综合使用，能将课文的内容以声感、形感、色感、动感直接作用于学生的感官，使其在学生的大脑里留下鲜明的形象。《四季的脚步》这首儿歌用生动的语言、拟人的写法，写出了春、夏、秋、冬四个季节的特点，并通过"脚步悄悄"等词语，巧妙地写出了这四个季节的交替是在不知不觉中进行的，写出了四季的变化，歌颂了大自然的美好。根据本课教学要求，为了达到激发兴趣、深化认识，全面提高听说读写能力的教学目标，在课堂教学的全过程中采用多种媒体的组合使用设计教学：导入重插图，学文用投影，朗读用录音，在基本理解课文内容的基础上，借助自制的四季交替的影片，体会静中有动、动中有静的美感，这样循序渐进，带着学生走进教材，辅之以学生看、听、说、想、读的训练，收到了令人满意的教学效果。

（三）把握重点，情境中欣赏

录像最大的特点在于画面连续、层次清楚、形象直观，给人一种身临其境的感觉，并可根据教学需要暂时定格，让学生尽情欣赏。《寻找秋天》一课为了突出课文重点，我有目的地进行几次定格：前三次分别定格在不同颜色的秋天上，让学生欣赏蔚蓝色的大海、湛蓝色的天空、金黄的麦田、金灿灿的银杏树叶、火红的枫树林、涨红脸的高粱等大自然中不同颜色的景物，了解秋天景物的变化、秋天的特点，感受大自然的美好。继而紧扣文中"野外"一词，引导学生交流自己眼中寻找到的不同颜色的秋天，恰时将录像定格在有各种颜色的秋天景物上，霎时多种颜色刺激学生的视觉，教师巧妙的点拨提问：你说说秋天到底是什么颜色的？最后得出人人明白的结论：秋天是五颜六色的。全文的教学难点因此而不攻自破。

（四）音乐渲染，情境中感悟

音乐和文学分不开，优美的一段文字本身就蕴含着韵律和节奏，在课堂教学中，把音乐和文字结合起来，作用于学生的听觉和视觉，根据课文内容选择适应的音乐，可以加深学生对文字的理解、充分发挥学生的想象力、达到语言文字表达所不及的效果。

例如，在教学《升国旗》一课时，我选择了《义勇军进行曲》的音乐作为朗诵课文的配乐曲。课堂上随着音乐的变化，气氛发生了急剧变化，同学们被深深地吸引住了，仿佛眼前出现了五星红旗徐徐升起那一刻，仿佛置身于庄严的升国旗仪式中……未见真国旗，只缘音乐起。这样，学生自然而然地就进入课文所描写的语言环境，调动起了学生的情感，为学习课文做了情感铺垫。

二、善教乐学在新奇的氛围中用语文

语文教育的根本目的是培养创造性的人才，教师要充分尊重学生的主体地位，充分调动学生学习的积极性、主动性。在课堂教学中多启发，激活学生的思维，让学生自己有所发现，自己在求解中得到答案。不要给学生烹好的鱼吃，让他们自己钓得、自己烹制。那样，他们吃起来才香。

（一）巧用课件，情境中回味

小学课文中，许多文章文笔清新，意境优美。有的是借景抒情，有的是叙事抒情，有的是喻理抒情，教学这类课文，教师可借助电教手段，创设出课文情境，让学生从有限的画面，想到无限的画外，感受画中的情，听到画外的音，激起学生乐学的情趣，使他们带着愉悦的情感步入课文的意境。

例如，教学《我们的学校》一文时，我结合校园建设这一有利的时令契机，两次使用课件再现学校前后变化的不同动感画面，引导学生观察、思考，领会课文内容，感悟学校环境的美丽和学校生活的快乐。在充分感悟后，第一次将学校旧貌的画面出现在学生面前，和同学们一起进行图文对照，激发学生对美的追求和向往，在朗读时学生自然而然地就找到了感觉。随即再次利用课件动态演示学校环境旧貌换新颜的过程，学生们静静地看着、听着、记着……此时无声胜有声。看准时机，我向学生提问：谁能说说你的学校什么样？学生回答起来如行云流水。这样运用课件，再利用启发性的导语和设问，把学生带入到优美的校园环境中，融入一个无比快乐的学校生活中，同时因势利导地进行语言训练，使学生的语言表达能力得到充分发展。

（二）运用图画，情境中记忆

触景生情乃常人共有的心理作用，一般人看到眼前的情景，都能触发记忆的灵感，利用电教手段有利于学生加深文句的印象，增强理解记忆力。

《小山村》一课，课文描绘了一个小山村的美丽景色，要求背诵全文，根据段落的描绘制作了"山坡上的果树林""山脚下的村庄、学校""村前的小河"三幅投影片。教学时先放映投影片，请一个学生朗读课文，其他学生在老师的指导下看投影片，然后齐读课文，当学生的朗读到较熟练的程度时，让学生根据画面的提示背诵课文。由于画面形象引起学生的联想，加深了学生对课文的理解和记忆，学生很快就将课文背了出来。

（三）化静为动，情境中交际

在口语交际教学中，合理恰当地运用电教手段，能将抽象的内容形象化、具体化，有助于我们打开学生思维的闸门，让学生插上想象的翅膀，其效果是传统的口语交际教学方法所无法比拟的。

例如《小鸡过河》这篇看图写话，两幅孤立的画面，看似简单，但对于低年级的小学生来说，是相当单调乏味的，他们甚至还无法完全理解图画所要表达的内容，又怎么能较顺畅地进行交际呢？为此我自制电脑课件来细细地演示、解说，问题就迎刃而解了。学生读课题后，我按键播放，逐一展示叙述事情前因后果的图像："小鸡想过河，可是不会游泳，又没有桥，很着急。小鸭子看见了，向它们游过来，小鸭子驮着小鸡过河"。同时伴随图像依次出现小标题着急、过河、感谢、朋友。为了丰富题材内容，激活学生兴趣，当然不忘配置了各种动态效果。如小鸡着急时满头大汗的样子和唧唧的叫声，小鸭子游水时的哗哗声等。

在小学语文教学中，广泛地应用电教手段，既能活跃课堂气氛又能改变课堂结构和形式，既能激发学生的求知欲又能发展学生的思维，既能帮助教师突破教学重点和难点又能陶冶学生情操。它为提高课堂教学效果起到了一定的作用。教师的任务就是为学生创设学习情境，提供全面、清楚的信息，引导学生在教师创设的教学情境中，自己开动脑筋进行学习，提高自身素质。

（此文荣获北京市电化教学征文一等奖）

《梅花魂》教学设计

学　　科：小学语文　　　年　级：六年级

教材版本：北京版　　　章　节：第七单元　　　课时：第二课时

【教学内容分析】

梅花经霜傲放，被人们赋予坚强的品格，成为中华民族顽强不屈的精神象征。课文以故乡的梅花开了，引起对漂泊他乡、葬身异国的外祖父的怀念，通过五个小故事，表达了外祖父对祖国的热爱、眷恋之情，一位挚恋祖国的海外游子形象跃然纸上。梅花与老人交相辉映，融于一体，梅花魂已注入老人的生命之中。

【学生情况分析】

全班学生有极高的朗读水平，领悟课文内容深刻。对字词、背诵、默写这些基础知识掌握好，对课文阅读感兴趣，阅读能力有待进一步培养和提高。

【教学目标确定】

知识与技能：学会本课14个生字［含1个多音字"脏"（zāng）］及新词，认读2个字［含1个多音字"抹"（mā）］。

过程与方法：正确、流利、有感情地朗读课文，背诵第13自然段；联系课文内容，结合重点语句体会人物思念祖国的思想感情，理解"梅花魂"的含义；了解开头和结尾的联系，体会它们的作用。

情感态度与价值观：学习梅花的高尚品格，培养热爱祖国的感情。

【教学重点难点】

教学重点：了解有关梅花的三件事，体会华侨老人眷恋祖国的思想感情。

教学难点：理解"梅花魂"的含义。

【教学过程】

环节一：指导复习探究	
教师活动 1. 看拼音写词语。 　　huá qiáo　　lǚ lǚ yōu fāng 　（华　侨）　（缕缕幽　芳） 　　juàn liàn 　（眷　恋） 　　duǒ duǒ lěng yàn　　qīng bái 　（朵　朵 冷 艳）　（清　白） 　　zàng shēn yì guó 　（葬　身 异 国） 2. 订正：注意侨、缕缕、眷、葬这些生字的写法。 3. 把词语分类：一类是描写梅花的：朵朵冷艳、缕缕幽芳、清白；另一类是描写外祖父的：葬身异国、华侨、眷恋。 4. 作者由故乡梅花盛开引出对深爱梅花的外祖父的回忆。请同学们打开书，浏览课文，看看作者回忆了外祖父几件事？与梅花有关的几件事？今天我们就来细致学习这篇课文。	学生活动 1. 完成看拼音写词语。 2. 订正，改错。 3. 指生分类，并说出理由。 4. 浏览课文后回答。
活动意图说明：98% 以上的学生能写出词语，知道课文写了哪几件事，掌握了词语的写法，会进行分类，培养良好的阅读习惯，感受祖国语言文字的优美和博大精深。《语文课程标准》强调："语文课程应培育学生热爱祖国语文的思想感情。"我们已进入终身学习的时代，语文将陪伴着人的一生。因此，作为语文教师，应该千方百计地创设多样化的、生动有趣的学习情境，激发学生学习语文的兴趣，让学生在愉悦的情境中，悄然实现由"要我学"到"我要学"的根本转变。	
环节二：整体感知	
教师活动 1. 这节课我们继续学习梅花魂，请同学们打开书，浏览课文，想一想这篇课文围绕外祖父和莺儿写了哪几件事？ 2. 追问：哪五件事？用简洁的语言回答。 3. 谁能用小标题概括这五件事？ 4. 哪几件事与梅花有关？ 下面我们就来重点学习这三件事。	学生活动 1. 五件事。 2. 第一件事是"我"很小的时候，外祖父教"我"读唐诗宋词常常落泪；第二件事讲的是外祖父对一幅墨梅图分外爱惜；第三件事讲的是当"我"和妈妈要回祖国的时候，外祖父竟像小孩子一样呜呜地哭了起来；第四件事讲的是在离别前，外祖父送"我"墨梅图；第五件事讲的是回国的那一天，外祖父又把绣着梅花的手绢递给了"我"。 3. 学生在老师的指导下概括出：吟诗落泪、爱墨梅图、送墨梅图、思乡痛哭、送墨梅绢。 4. 爱墨梅图、送墨梅图、送墨梅绢。

续表

活动意图说明：引导学生围绕"整体感知"这条主线来促进学生的阅读实践，在学生自主寻找、圈画、汇报的过程中，实现了学生与文本之间的对话。回答问题时，教师培养学生倾听的习惯，学会提炼、概括语言的能力。	

环节三：学习爱墨梅图

教师活动	学生活动
从课文的哪些词语、句子感受到外祖父分外爱惜墨梅图？	1. 从外祖父对古玩不甚留意，对墨梅图他分外爱惜，家人碰也碰不得的对比描写中感受到。 2. 从外祖父的语言描写中感受到，而且运用了反问句。"孩子要管教好，这清白的梅花，是能玷污的吗？"加强了表达效果，增强了语气。 3. 还有词语的对比运用：清白和玷污。 4. 从外祖父的动作也能感受到。"训罢，便用保险刀片轻轻刮去污迹，又用细绸子慢慢抹净。"轻轻刮、慢慢抹的细节感受深刻。 5. 还有外祖父的神态描写"顿时拉下脸来"。
备注：在学生回答问题时，运用边读边说的方法，通过朗读加深理解。	

活动意图说明：抓细节描写，感受外祖父对墨梅图的珍爱。让学生懂得原来要表达对某一事物的喜爱之情，不需要多么华丽的词语，只要你向作者那样，注重语言、动作、神态等细节描写就可以把对事物的喜爱之情表达得形象生动、入木三分。	

环节四：学习送墨梅图

教师活动	学生活动
1. 这就是一位难以回国的华侨老人对墨梅图的珍爱，知道为什么吗？ 2. 为什么让莺儿好好保存？ 3. 什么品格？用文中的话说。 4. 外祖父保存墨梅图，是因为他喜欢梅花。谁能读出这种喜爱？ 5. 为什么这么读？你说得真好，作者在这里连用了四个愈知道是为什么吗？ 6. 梅花越是在这种艰苦的环境下，开得愈精神愈秀气。所以作者赞美梅花最有品格……谁来读一读。 7. 我听出了这个同学突出了一个字"最"，你想怎样读？谁来试？让我们把这段话连起来读一读吧。 8. 学到这里，你对"梅花魂"的"魂"字有何理解？ 9. 同学们，外祖父仅仅是在赞美梅花吗？	1. "这梅花，是我们中国最有名的花。旁的花大抵是……最有骨气的花。" 2. 因为它是最有名和最有品格、有灵魂、有骨气的呢！ 3. "愈是寒冷……开得愈精神" 4. 学生读。 5. "愈"应该重读。更加突出梅花的不怕寒冷，不怕风欺雪压，突出它的不屈不挠，在逆境中求生存。 6. 学生接着读。 7. 指生读后齐读。 8. 赞扬梅花不屈不挠的精神。 9. 不是，他在赞美有气节的中国人。

续表

10. 读出中国人的气节 .	10. 学生齐读。
11. 用文中的两个词语来说气节是什么？	11. 顶天立地、不肯低头折节。
12. 我们一起读读这段文字，"几千年来……"	12. 学生再齐读。
13. 看到这样的梅花，读到这样的文字，我们的脑海中不禁想道：著名的作家、诗人朱自清，他宁肯饿死也不吃美国所谓的救济面粉；还有那受尽屈辱19年，爱国之心永不变的苏武；更有那在被囚禁的日子里写下了千古名言的文天祥，"人生自古谁无死，留取丹心照汗青"。还有哪些有气节的人感动了你？你不光说出了他的名字，还说出了他的品格。学到这里，你对梅花魂的"魂"字有何新的理解？	13. 刘胡兰、吉鸿昌……
14. 此时外祖父不光在赞美有气节的中国人，还对晚辈给予着厚望呢，你看"一个中国人"课件出示文字，对比朗读中学习借物喻人的手法。	14. 赞颂了中华民族不屈不挠的斗争精神。学习借物喻人的方法。

活动意图说明：通过朗读训练，品味"梅花魂"的含义。这一大段语重心长的话是外祖父的内心表白，他在诉说着自己的志向，表达着对祖国的热爱。作者还运用了借物喻人的写作方法。

环节五：学习送墨梅绢

教师活动	学生活动
1. 外祖父把他最珍爱的墨梅图送给了莺儿，那么当莺儿踏上归国的轮船时，外祖父为何又把那绣着血色梅花的手绢也送给了莺儿？这一举动说明什么？	1. 学生1：借手绢表达自己的思乡情，爱国情。学生2：把他的心带回祖国。
2. 这是外祖父第几次落泪？	2. 第三次。
3. 回顾前两次落泪，把回忆外祖父的五件事归类（根据板书回答）。这次虽是泪眼蒙眬却让人倍感心痛。送我手绢，说明老人把一切交给了我，也让他魂归故里。这就是"梅花魂"的内涵。	3. 学生1：第一次是吟诗落泪。读诗触动了他思乡的情怀，落泪表达了他浓浓的思乡情。学生2：第二次外祖父因年纪大不能回国难过的痛哭，充分表现了他思念祖国的深情。

活动意图说明：发展学生思维，送我手绢，说明老人把一切交给了我，也让他魂归故里。这就是"梅花魂"的内涵。

环节六：梳理文章结构

教师活动	学生活动
1. 读读课文的开头和结尾，说说他们之间有什么联系？2. 开头想起外祖父，中间回忆外祖父，结尾理解外祖父，全文首尾呼应，结构十分严谨。通过这样的描写，借助梅花表达了老人眷恋祖国的心。	首尾呼应。

活动意图说明：在语文教学中教师应把握教材整体，关注语言训练。激发阅读欲望，享受阅读兴趣。

【板书设计】

19. 梅花魂
- 想起外祖父
- 回忆外祖父
  - 吟诗落泪
  - 爱墨梅图
  - 送墨梅图
  - 思乡痛哭
  - 送血梅绢
  } 思乡情 爱国心 } 首尾呼应
- 理解外祖父

【作业与拓展学习设计】

1. 写话练习

师：一个想回而不能回国的老人面对离别的亲人，当他把那块手帕郑重地递到我的手上，说：（　　　　）。可以运用上我们今天学习的细节描写和听写的词语。

2. 介绍作者

同学们，你们很多人提到了外祖父对小莺儿的期望，你们想知道小莺儿现在怎么样了吗？小莺儿带着外祖父的期待回到了祖国，她刻苦学习，学业有成，然而当她要大展宏图的时候却被分配到太行山当农民，当教师，漫长的六年中她始终咬紧了牙关，坚持了下来。

她在《梅花魂——美丽的赤子之魂》中是这样说的（课件出示）："在祖国最为艰难的岁月，我与祖国母亲同在！"这是陈慧英的肺腑之言。听了陈慧英说过的话，我们的耳畔又响起了外祖父说过的话（课件出示）："一个中国人，无论在怎样的境遇里，总要有梅花的秉性才好！"

3. 上网查询：《梅花魂——美丽的赤子之魂》中作者和外祖父的相关资料。

【特色学习资源分析、技术手段应用说明】

语文课堂教学是一个系统的立体构建，是指教师、学生、文本在平等地位上产生的一种以学习语言为本体，在认知、情感、精神领域的多项交流，包括师与生、师与文、生与文、生与生之间的互动，最终促使学生产生个性化的感悟，积淀语感，提高全面语文素养的动态过程。作为语文教师，在阅读教学中，我们只有教给学生正确的阅读方法，才能让学生学得轻松和放松，才能真正做到事半而功倍，收到阅读教学的良好效果，为以后的语文学习打下扎实的基础。提倡课内外关联阅读相结合，组织小组合作学习阅读，交流阅读效果。

因此本节课我主要采用把握教材整体，关注语言训练的阅读方法进行教学，并恰当运用多媒体进行直观形象的辅助教学，遵循学生的发展规律，感受语言文字带来的乐趣。

【教学反思与改进】

特点一：要敢于创新，精讲细练。课堂教学短短40分钟，语言训练与阅读时间都是有限的，除了完成必要的阅读教学，在课堂上适度的精读指导也是相当有意义的；培养快速阅读能力，指导正确的阅读方法和思维训练也是十分必要的。

特点二：要做到长文短教，关注语言训练。《语文课程标准》明确指出："阅读要注重情感体验，发展感受和理解能力。"因此在学法指导上我努力做到整体把握教材，落实语言文字训练，对于小学高年级的学生而言尤其要注重关联性阅读。

特点三：注重预设与生成的关系。课堂是"活"的生命体，即使教师在备课过程中预设了课堂教学中可能出现的种种情况，但是在实际教学中也难免出现各种状况，因此教师要有驾驭课堂状况的能力，抓住课堂教学的闪光点。

（此课例为北京市通州区区级研究课）

张艳茹

▽

张艳茹，1970年1月出生，北京市通州人。1990年7月毕业于通县师范学校，2000年在职自学取得大专文凭，2004年取得本科学历。从教30年，始终担任班主任。她用心呵护每一个孩子，促进其健康人格的形成，培养学生良好的学习习惯，激发学生的学习兴趣，提高学生的创新意识和实践能力。曾被评为北京市紫禁杯优秀班主任、通州区优秀班主任。所带班被评为北京市优秀班集体，通州区优秀中队。参与国家级课题研究，参加全国说课比赛，做市、区级研究课，论文、教学案例多次获奖，被评为区级骨干教师。

小学高年级语文教学中探究式学习的尝试

当今时代科技飞速发展，观念急剧更新，需要的人才必须是具有自主意识、创新精神的探究者。传统学习方式把学习建立在人的客观性、受动性、依赖性的一面上，导致学生上课学不得法，不会权宜，不懂应变，学习过程中缺乏发现问题、分析问题、解决问题能力，存在严重的思维惰性，更谈不上创新、探究。学习不是一种异己的外在控制力量，它是一种发自内在的精神的解放运动。这些都迫切要求教育要改变学生的学习方式。因此，新一轮的课程改革提倡构建"自主、合作、探究"的学习模式，培养学生的批判意识，鼓励学生对书本提出质疑，赞赏学生独特性和富有个性的理解、表达。其目的是使学生获得深层次的情感体验，建构知识，掌握解决问题的方法。

所谓探究式学习，是学生在教师的帮助、指导下，以探究的方式主动地获取知识、应用知识，亲身感受知识的发生、发展，使学生综合素质得到发展的一种活动方式。这种方式不仅可以促进学生转变原有的学习方式，学会主动学习、终身学习，而且可以促进教师观念和教学行为方式的改变，建立新型的师生关系，在组织、参与、指导学生开展探究性学习活动中，促进教师自身综合素质的提升和实施素质教育能力的提高。近年来，根据我校高年级语文"探索主导与主体最佳结合途径的专题研究"，我把探究式学习与语文教学结合起来，取得了明显的教学效果。现把探究式学习在语文教学中的尝试运用做简单介绍。

一、注重培养学生的自主探究能力

探究式学习模式要取代传统学习模式并非一蹴而就的事，因为高年级学生的学习习惯、态度几乎已成定式，一部分学生是在应付学习，所以起步时必须把训练学生的自学能力、有效地进行自主学习作为重点，培养探究的兴趣、信心和能力。

（一）加强预习指导，训练自学能力

学生的课前预习大多有其形，无其实。不少学生在预习时还仅仅停留在读课文、扫除生字障碍、初步感知课文内容上面，而且为完成老师布置的预习作业，学生相互借阅参考书抄袭的现象也屡见不鲜。针对以上问题，我加强预习指导，让学生在充分自学中有所悟、有所得，为探究打基础。

1. 正确认识"拐杖"，培养自制力

学习资料中提供的一些知识背景对拓宽学生阅读面是有帮助的，但这些拐杖从某种程度上束缚了学生的手脚，抑制了学生的思维。为了使学生能抵挡参考书的诱惑，培养学生创造思维和自我教育的能力，我以"'拐杖'利弊"为题发动学生辩论，对预习时经常抄袭现成答案的学生采取强制措施，对善于独立思考的学生经常给予鼓励，定期调查参考书的使用情况。这样自能读书的风气，对学生阅读能力的提高是十分有益的。

2. 设计分层作业，体现自主性

在高年级语文教学中，就一篇课文而言，可以设计常规性预习作业和自主性选择作业。如《我爱三峡》一课，班内一名学生完成的常规性作业有通读课文，自学生字、词语，并知道文章按游览顺序，描写三峡的美景，划下了使自己感动的句子：神女峰峰顶兀立着一个秀美的石柱，宛若婀娜多姿的神女在向人们致意。提出了不懂的问题：为什么到西陵峡会有漩涡？他还完成了自主选择性作业，在好词好句旁边写了简单体会，全文录音朗读，并查找了有关三峡景点、治理、蓄洪、移民等相关资料。

我要求常规作业人人必须认真完成，自主作业可根据学生的个人实际来作决定。当然，自主性选择作业不仅仅局限于授课前，还贯穿于整篇课文的教学中。

（二）利用网络资源，自主获取信息

就每篇课文而言，在许多知识点的学习上学生都必须补充阅读相关的资料，随着信息技术的发展，通过网络能更快捷、更方便、更有效地查阅到与课文相关的资料，学生自主地查阅到的信息更有价值。

《一夜的工作》主要写何其芳目睹了周总理一夜工作，由此对周总理产生了深深的敬意和由衷的热爱。教学前，我发动学生以小组合作的方式通过网络查阅与周总理相关的资料，并有选择地把诗歌、故事、歌曲等保存下来，以利于交流。这样，学生在相互合作中不仅扮演了发现者、研究者、探索者的角色，还在

自主、宽松的阅读实践中体验到获取知识的乐趣。教学时，再有意识地将这些信息贯穿于课堂，就能使学生在信息交流的过程中体验到知识共享的快乐，也得到了情感的熏陶与升华。

二、教给探究学习的方法

教师要教给学生进行探究学习的方法，并考虑学生的知识基础、思维能力、个性差异等来组织调控学生探究学习活动，必要时给予及时的指导和帮助。在语文教学中实施探究式学习，我常用以下方法：

（一）从课题入手进行探究学习

课文的题目就是课文的"眼睛"，它具有独特的功能和阅读的韵味。教学时，我从课题入手引导探究。例如，《草船借箭》首先引导学生以"借"字为主线，了解故事的前因后果。我向学生提出问题：周瑜为什么要限期造箭？诸葛亮是在什么情况下造箭的？诸葛亮借箭成功后周瑜为什么长叹一声？学生带着这些问题以"借"字为主线去思考、去探究，就能了解文章的前因后果，抓住中心。

（二）引导比较辨析，进行探究学习

有比较才有鉴别。比较是一种方法。在教学中运用它，不仅有助于学生更好地理解课文，更重要的是教给学生思维方法，掌握获得知识的能力。所以，在语文教学中，我引导学生进行比较辨析，提高学生探究学习的能力。例如在教学《仙人掌》一课时，开篇作者直接抒情："仙人掌，嘿！这真是一种生命力顽强的、奇特的植物！"我让学生去掉"嘿！"与原句对比朗读，通过自读、同桌读、齐读等多种形式，谈体会，使学生感悟到原句更能充分地表达出作者对仙人掌的赞美、惊叹之情。

（三）启迪质疑问难，进行探究学习

"学贵有疑，小疑则小进，大疑则大进；疑者，觉悟之机也，一番觉悟，一番长进。"质疑是学生学习的内驱力。在语文教学中，我鼓励学生大胆质疑，从而培养学生探究学习的能力。例如，在教学《桂林山水》一文第二自然段"水"时，我示范地提出问题，教给学生质疑探究学习的方法。漓江的水有哪几个特点？哪一个是最根本的特点？前一个问题学生通过自主学习课文就能找出答案，

第二个问题学生可能一时不知如何回答。这时，我引导学生提出一些小问题进行思考，然后再探究。

三、探究式学习的课堂教学模式

教无定法，对于探究式学习来说也是如此。模式不等同于模式化，课堂教学的复杂性和灵活性决定了模式只是一个可操作性的参考框架，是不同行为之间出现的逻辑联系，起一种参照作用。如果只是呆板地去执行模式，教育方式中的探究精神和态度的培养只能是空谈。因此，语文探究式学习的课堂教学模式必定是丰富多彩的。在实践中我们主要运用了以下几种教学模式：（1）创设问题情境，确认问题，师生共同探究，引导学生归纳概括，深化迁移；（2）展示问题情境，介绍探究程序和目标，学生回忆、收集与该问题情境有关的已有信息，提出解决问题的设想，选择最佳设想进行验证，系统阐释解决问题的方法（也就是把收集到的信息整合起来，并与解释相联系）；（3）向学生提出疑难情境，学生确认问题，思考解决问题存在的困难，探寻解决困难的办法；（4）指定探究的目标让学生提出问题，整理问题并在归类后确定重点问题，师生共同探究，归纳总结。下面，我们重点谈教学中两种常用模式的应用。

（一）以《我爸爸说》为例简单说明第一种模式

第一步创设问题情境。导入新课时，我在黑板上写了"我爸爸"仨字，让一两个学生介绍自己的父亲。主要谈言行，说出值得自己学习的地方。随后，我马上将课题补充完整，学生由题目对课文本身产生了浓厚的兴趣。

第二步确认问题。看了课题，学生马上举手质疑，"我"爸爸说什么了？我给予充分肯定，并让学生带着问题去读书。

第三步师生共同探究。学生默读课文，边读边画出有关内容。在汇报交流时，他们各抒己见，在课题后分别加了"买卖要公平""不能多吃多占""不要光想自己""帮忙不要报酬"。

第四步引导学生进行归纳总结。对于以上答案，引导学生边读边分析，分别概括出人物的品质——秉公办事、不占便宜、先人后己、助人为乐，再仔细品味。这些话都是从小男孩的口中得知的，重点朗读孩子的言行，体会父亲对他的言传身教，使孩子也具备了这些品质。

第五步深化迁移。针对课文结尾，想象人们的心理活动，勾画出在如此优秀的领导带领下，家乡的美好前景。

（二）以《养花》为例说明第四种模式

第一步指定探究的目标，让学生提出问题。我用谈话引入新课：第一课时，我们了解了课文的大体内容，知道了这篇课文主要写什么。这节课，你们还想知道什么？（想知道养花的哪些乐趣）这节课，我们就围绕大家想知道的问题，进行探究学习。

第二步整理问题并归类，确定重点问题。读读课文，提出问题，归纳得出，老舍先生为什么要养花？他从养花中得到了哪些乐趣？把不懂的问题记下来和老师、同学讨论。

第三步师生共同探究。找出重点句，并引导学生讨论："有喜有忧，有笑有泪，有花有果，有香有色，既须劳动，又长见识，这就是养花的乐趣。"通过感悟、朗读，使学生懂得这句话从成果之乐、情趣之乐、意义之乐这三方面写养花的乐趣。课文是怎样把养花的乐趣写具体的？请同学们找出有关句子，在小组里讨论、交流。

第四步归纳总结。把最能体现作者爱花的句子找出来，读一读，再抄下来。汇报学习收获，总结写法，指出生活中的乐趣无处不在，我们也该像老舍先生那样在生活中发现和培养生活的乐趣，我们将会受益匪浅。

四、语文探究式学习中问题情境的创设

在以上的几个模式中，我们可以明显地看到，学生发现问题、提出问题、确定问题、解决问题的一系列能力被充分重视起来。在这里创设有利于学生思考的问题情境就显得尤为重要。

（一）问题情境应为学生自主探究学习提供更大时空

问题情境必须为学生提供更多自主支配的时间和空间，鼓励学生开展自主寻和问究的学习活动，使学生最大限度地参与到课堂教学活动中来。我在教《赵州桥》一课时，为了让学生对赵州桥有个大概了解，创设如下问题情境：①老师正有个问题请大家献计献策：如果请你把赵州桥简单介绍一下，你认为可以介绍哪些内容？②根据大家的意见，动动手中的剪刀把认为可以介绍赵州桥的句子剪

下来（事先把全文打印成稿），贴在绘有赵州桥的插图上（事先备好），为大桥做张明信片。③交流，根据自己做的明信片，向同学介绍赵州桥的情况。学生做的明信片各有千秋，有的先介绍大桥设计者，有的先介绍大桥的长度和作用……学生把收集的材料进行了多元组合。在学习活动中，学生的自主积极性被调动起来，学习兴趣高涨了，动机增强了，参与的程度和范围加大了。

（二）问题情境的创设应着眼于学生个性的发展

问题情境的创设在给学生一片自主空间的同时，也要为其个性的发展开启一扇窗户。如《小站》一课，主要写了工作人员精心设计小站，给旅客创造方便。按月台正面、月台中间、月台两头的方位顺序来介绍。宣传画、红榜、喷水池、杏树，处处都让人感到工作人员想旅客所想、全心全意为人民服务的精神。讲完后，我说："如果你作为站上的工作人员，你想怎样布置？"学生们以小组为单位设想、构图。汇报时，小站上多了钟表、雨具、饮水机、收音机……孩子们展现出了为他人着想的心理。这样，以自主学习为桥梁，问题情境促进了学生个性的发展。

在整个尝试运用的过程中，较之以往的接受学习，课堂气氛发生了很大变化，学生思维活跃、积极性高，真正成了学习的主人。教师的角色也发生了转变，成了主持人、组织者和孩子们的朋友。但也存在着问题，如：有的深入探究耗时，使课时不够用，教学进度受影响；不同层次学生的独立思考、能力提高的差距越来越大。这还要在以后的教学中不断加以解决。

（此文荣获北京市通州区小语年会征文一等奖）

《海底世界》教学设计

学　　科： 小学语文　　**年　级：** 四年级

教材版本： 北京版　　**章　节：** 第三单元　　**课时：** 第二课时

【教学内容分析】

《海底世界》是一篇科普知识性课文。作者通过生动有趣的语言，具体形象地为孩子们揭开了海底世界之谜。它是一篇激发学生热爱科学、热爱自然、去积极探索自然奥秘的极好教材，同时也是学生喜闻乐见的好文章。

【学生情况分析】

四年级的孩子好奇心很强，充满了求知欲，特别是海洋对于北方的孩子更是充满了神秘色彩。假期旅游中有的孩子潜水的所见所闻和已有的抓重点词句理解内容为本课的学习奠定了基础。通过本文的学习孩子们对海洋了解得更深入更全面了。

【教学目标确定】

知识与技能：引导学生认识海底世界景色奇异、物产丰富，获得有关海洋的知识；能抓住重点句理解一段话的意思，并体会这段话是怎样写具体的；能正确、流利、有感情地朗读课文。

过程与方法：通过自学讨论，使学生感受海底世界的特点；借助阅读，引导学生理解词语在语言环境中的恰当意义；联系上下文和自己的积累，体会表达方法。

情感、态度、价值观：通过品读语言文字，激发学生对大海的热爱及探索自然奥秘的兴趣。

【教学重点难点】

了解海底是个怎样的世界，知道它具有景色奇异、物产丰富的特点。

引导学生领悟第四自然段主要采用了举例、比较、拟人等方法，把动物种类多、活动方法有趣写具体。

【教学过程】

环节一： 启发谈话，导入新课	
教师活动 同学们，今天这一节课我们将继续畅游海底世界。	学生活动 齐读课题。
活动意图说明： 谈话引入新课。	

环节二： 初读课文，整体感知，进入情境	
教师活动 海底世界到底是什么样呢？打开课本第44页。浏览课文，用书中的词语或句子回答问题。 （板书：景色奇异 物产丰富）	学生活动 用课文中的一句话告诉大家海底是怎样的世界。
活动意图说明：回忆所学，整体感知课文内容。	

环节三： 学习课文内容	
教师活动 1. 精读第二自然段。 （1）指生读。其余思考，这一段你知道什么了？ 课件出示：海面上波涛澎湃的时候，海底依然很宁静。 "依然"可以换成什么词语但意思不变？ 指生读句子，体会海面波涛澎湃，海底依然很宁静。 课件出示：在这一片黑暗的深海里，却有许多光点像闪烁的星星，那是有发光器官的深水鱼在游动。 "却"表示什么关系？ （2）看视频，理解宁静、黑中有光。 2. 精读第三自然段。 （1）海底是否没有一点声音呢？你找到了哪些声音？ （课件出示）有的像蜜蜂一样嗡嗡，有的像小鸟一样啾啾，有的像小狗一样汪汪，有的像人在打呼噜…… （2）交流读句子。 （3）想象：还会有哪些声音？ 课件出示：它们吃东西的时候发出一种声音，好像在说——行进的时候发出另一种声音，好像在说——遇到危险还会发出警报，好像在说—— 3. 精读第四自然段。 海底有这么多的声音从侧面告诉我们什么？还能从课文哪个段落感受到动物多？	学生活动 1. 精读第二自然段。 （1）学习课文内容，了解海底世界宁静、黑中有光。 学生朗读句子体会。 生答：仍然、依旧。 （2）学生观看视频，感受神秘。直观感受海底静而黑。 2. 精读第三自然段。 （1）生答：不是的。画出句子，圈出词语。感受海底的声音。 学生朗读体会。 （2）指生读，体会排比的修辞手法。 （3）想象后回答。 3. 师生合作朗读此段，体会静中有声。体会海底世界动物种类多、数量多。

续表

（1）自学本段，完成表格填写： 这段围绕哪句话写的？用横线画出中心句。 介绍了哪些动物？什么动作？活动方向？自身是否活动？	（1）自学，完成表格填写。

动物	动作	活动方向	自身是否活动
海参			
梭子鱼			
乌贼、 章鱼			
贝类			

（2）汇报、指导朗读。注意读出动物的特点。例如，梭子鱼行动的快、海参的慢（联系实际体会：教室黑板长四米左右，但它要用一节课加两个课间的时间才能走完）及拟人的修辞手法等。 （3）看短片体会海底动物的活动方式是多种多样的。 （4）第一句与后几句的关系？分工朗读体会结构特点。 4. 学习五、六自然段。 （1）还能从哪看出海底景色奇异物产丰富？ （2）看视频欣赏色彩多样、形态各异的植物。 5. 欣赏后不得不说："海底真是景色奇异、物产丰富的世界！" 出示句子比较： 海底是景色奇异、物产丰富的世界！ 海底真是景色奇异、物产丰富的世界！	（2）汇报交流。体会比较、列数字、拟人的手法。 订正、改错。 （3）观看、体会。 （4）男女生对读，了解句子之间的关系。 4. 学习五、六自然段。 （1）学生朗读五、六自然段后回答。 （2）观看、体会色彩多样、形态各异的植物。 5. 比较句子，思考两句话的不同。 朗读、说体会，感受喜爱和赞美之情。
活动意图说明：通过多种形式感受大海的神秘。	

环节四：结合板书总结

教师活动 从五个方面写出了海底世界的景色奇异、物产丰富，并运用设问、排比、拟人等修辞手法将这个特点写具体。	学生活动 看板书回顾所学内容。
活动意图说明：回顾内容，了解海底世界的特点。	

环节五：布置作业

教师活动 推荐阅读《海底两万里》《海神的传说》。	学生活动 学生认真听、记。
活动意图说明：拓展阅读，扩大知识面。	

【板书设计】

海底世界

黑中有光		比喻
静中有声	景色奇异	设问
动物多	物产丰富	拟人
植物奇		排比
矿产丰		

【特色学习资源分析、技术手段应用说明】

教师恰当地运用多媒体课件深入浅出地向学生描述了海底世界的神奇、美丽，采用图片、视频等教学手段理解文章内容，使学生犹如身临其境，拉近了与文本的距离。通过动手填写表格、在文本上圈画、联系生活实际等形式，调动学生多种感官参与学习，培养学生听、说、读、写的能力，提高语文综合素养。

【教学反思与改进】

1. 对比教学，感知课文内容。海面的波涛汹涌和海底的宁静差异之大学生不易体会到，利用多媒体课件展示，先让学生观看海面波涛汹涌的情景，再看到一名潜水员潜到海底，可是海底却很宁静，而且海底是一片漆黑，此时学生马上就能从动态的画面中感受到那点点星光。

2. 注重教学的实效性。教学中，不仅是为了完成课而讲课，而是让学生在听课过程中接受知识，这也就是注重了教学的实效性。例如，本节课在理解"窃窃私语"时，先是学生表演，而后是理解这个词语，再用这个词语说句话，最后回读课文感受动物们窃窃私语的情境。再如：在学习动物的声音时，先引读课文，学生接读课文。然后再以"海底还有哪些动物的声音"引导学生再列举模拟。最后再让学生用"有的像……有的像……"的句式发挥想象，同时锻炼语言能力。

3. 朗读的指导形式多样。抓住重点词语对比朗读，联系生活实际朗读，师生对读，渗透了自然段整合的思想，这样精心设计朗读，不仅能够帮助学生理解课文的内容，真正做到读中理解，读中感悟，拉近了学生与文本的距离，引领着学生一步步走近中心。

（此课例获北京市中小学师生电脑作品评选活动小学组教学实践评优二等奖）

王文静

▽

　　王文静，大学本科学历，中共党员，北京市通州区语文学科骨干教师。自参加工作以来，爱岗敬业、甘于奉献。所教学生品行端正，学风纯正，成绩优异。

　　教学的八年中，积极听课，边教边研，八节区级研究课的历练，成长进步很多。执教的《七颗钻石》获北京市小学语文教学与语文现代化录像课一等奖，北京市"一师一优课"一等奖；《陶罐和铁罐》教学设计和课例获北京市基础教育优秀课堂教学设计二等奖；《海底世界》获通州区青年教师课堂教学评优一等奖。

　　作为一名青年教师，将继续勤奋努力，争取在语文教学的征途上留下一串串闪光的脚印。

传统节日文化培养低段小学生阅读能力的思考

——"看""诵""用""思"四步法

春节、清明节、端午节、中秋节等传统节日，承载着中华民族的思想精华，凝结着先辈的劳动智慧和悠久的传统文化精神。中国传统节日文化"是一座丰厚的文化遗产宝库，更是一个灿烂的语文教学资源宝库"，我基于教学实践，以传统节日文化内容为载体，扩大语文学习的空间，优化语文阅读学习的环境，将之作为培养学生阅读能力的良好途径开展研究，有效促进学生的阅读能力发展。

一、低段小学生在传统节日文化方面存在的问题

（一）对传统节日文化认知的缺失

通过对班级传统节日文化认识现状的调查及分析，发现大多数学生具备一定的传统节日文化基础，能较为准确地掌握与传统节日相关的一些日期、传说和习俗等。但是发现多数学生能做出正确回答的是那些流传性比较广的传统节日，如春节、元宵节等，对于端午节和清明节这样的传统节日，学生则了解不多。

（二）语言表达能力有待提高

"你知道中秋节的传说吗？"能恰如其分地利用语言表达想法的学生极少，大部分学生只能说出大概，表述不清。这源于对传统节日文化知识的缺失，也源于阅读面狭窄，无法用完整的语言来传达出对自己喜欢的节日的热爱。

二、低段小学生阅读能力的提高策略

在小学生缺少接触传统节日文化机会的教育背景下，会增加传统节日文化的陌生感和疏离感。语文教师可抓住普及传统节日文化知识的契机多角度引导启发

学生，根据不同的传统节日文化习俗设计不同的活动内容，既提升学生对传统节日的感知，又可丰富学生的阅读经验，提高学生的阅读能力。换言之，在语文教学中渗透传统文化知识，将其蕴涵的"民族文化和民族精神扎根在学生心灵深处"。基于传统节日文化的"看""诵""用""思"循序渐进阅读能力培养的四个环节，提高低段小学生的文化素养和阅读能力。

（一）看文化，激发学习传统文化的兴趣

目前，小学生面临的情况是传统节日文化无处可学。在他们所知道的传统节日知识中，很大一部分是来自家长的偶然说教。这样的获得渠道难以保证共有性和统一性。同时，学生对传统节日文化知识的淡薄也是源于没有正规的系统教材和相关读物来进行学习。在教学部编教材《端午粽》一课时，我设计了"走进端午节"主题活动，组织学生观看弘扬传统节日文化的纪录片，让学生系统地了解中国文化传统的脉络。在学生观看纪录片激发兴趣的基础上，我又围绕"走进端午节"这个话题，设计了"端午话习俗、端午讲故事、端午赛诗会、端午比小报"等板块的实践活动，让学生在活动中亲身了解端午节的来历、习俗，感受端午节的文化内涵和独特魅力。下面以观看《走进端午节》纪录片为例分析。

1. 带着问题观看

学生对观看视频兴趣很大，但是如果毫无目的地看则效果甚微，因此我在观看前设计了几个比较简单的问题，希望学生能够带着目的观看。

问题1：片中是如何讲述端午节的习俗的？

问题2：你记住了端午节的由来了吗？

2. 欣赏纪录片

片中以端午节由来开始娓娓道来，从传说到习俗，再到学生唱端午节的歌曲，朗诵端午节诗词。观看过程中学生对端午节习俗产生亲切感和认同感。

3. 谈感受

最后环节是让学生说一说刚才提出的问题并谈一谈观看后的感受，学生纷纷表示原来传统节日文化跟我们的生活如此贴近。

4. 提希望

我顺势诱导学生选择"端午话习俗、端午讲故事、端午赛诗会、端午比小报"中的其中一个板块，以小组合作的形式进行实践活动，学生热情高涨。在"走进端午节"主题汇报活动中学生纷纷拿出提前搜集好的资料进行汇报，活动

中让学生选择了自己喜欢的方式呈现学习成果，有故事体会、诗歌朗诵、手抄报等多种形式，充分发挥了学生的特长，张扬了学生的个性，同时也提高了学生的语文阅读素养。

（二）诵文化，感悟传统文化的精髓

熟读成诵是学习语文行之有效的手段。我组织学生诵读能反映传统节日文化的诗歌文集，如《唐诗三百首》《三字经》《弟子规》等。利用早读和语文阅读时间，要求学生对所选内容反复朗读，以致熟读成诵，牢记于心。同时举行"每周一诗，每周一句""我给大家讲美文""课前三分钟"等活动鼓励学生，激发兴趣，引导学生从文化经典中汲取营养，继续发扬中华民族的优良传统和民族精神。

在实施过程中，学生所阅读的书籍涉及唐诗、成语故事、寓言传说等，既开阔了眼界又丰富了知识。学生改变了对阅读认识上的不足，把注意力集中到了更有利于其丰富知识、提高文化素质的书目上。

（三）用文化，发展语言理解的能力

设计阅读教学目的要求是"培养阅读鉴赏能力，丰富阅读的情感体验与认知，发展学生的健康个性"。在教学过程中，应该积极构建阅读交流的平台，创设阅读的情境，拓展阅读过程中的阅读效能，提升阅读过程中的阅读品位，改善阅读的教学品质。

节日时间	活动内容
春节	搜集对联，说春节趣事
元宵节	了解习俗由来，猜灯谜，搜集有趣的字谜，制作小报
清明节	搜集描写春天或清明的古诗，开班级小小背诵会
端午节	观看《走进端午节》纪录片，班级主题班会活动
中秋节	搜集好词佳句，知识竞猜活动，征文活动
重阳节	"难忘重阳节"实践活动

在"难忘重阳节"主题活动之际，通过开展认识重阳节、了解习俗文化的实践活动以激发学生关爱老人、孝敬老人的情感，培养敬重老人的良好品质。在活动中，学生通过上网查询、请教家人等方法组成了各个活动小组，有介绍来历小组、赏菊小组，有重阳糕小组、饮酒小组，还有文学作品小组和送祝福小组，在汇报过程中，各个小组本着团结合作的精神将小组搜集的内容信息以不同的方式

呈现在大家面前。学生在总结中说："这次活动让我受益匪浅，因为它不仅教会了我怎样做重阳糕，还教会了我如何尊敬老人。"还有学生说："这次活动让我知道了有关重阳节的知识，更让我懂得了合作的重要性。"学生在活动中收获了知识，提高了能力，也丰富了体验。

（四）思文化，提高语文阅读能力

小学语文教材中不乏一些关于优秀传统文化篇目，蕴含着深厚的文化意韵。挖掘教材内在的文化因子，可以引导学生求真、求善、求美。以部编教材三年级下册《九月九日忆山东兄弟》教学为例，教学中通过引领学生认真探究传统节日的深刻内涵，感受节日文化的丰富多彩以提高学生的课外阅读能力。在教学相长的过程中，不断提升学生的文化素养。

《九月九日忆山东兄弟》，是王维17岁时因重阳节思念家乡亲人而作，书写游子思乡怀亲之情。教学中我抓住诗句"独在异乡为异客，每逢佳节倍思亲"中的"佳节"来渗透重阳节这一传统文化节日的知识，并通过了解重阳节的深刻内涵来提高学生对文本内涵的理解，提高课内阅读水平，同时也增强学生的课外阅读能力。

教学片段

了解重阳节（课前布置搜集重阳节传统节日的资料）

师：你们知道九月初九是什么节日吗？

生：重阳节。

师：重阳节有哪些习俗呢？课前已请同学们搜集了有关资料，有谁愿意与大家分享一下？

生1：我知道重阳节这天所有亲人都要一起登高"避灾"，插茱萸、赏菊花。

生2：我知道重阳节还叫"老人节"，提醒我们要敬老爱老。

生3：现在庆祝重阳节一般会有出游赏景、登高、赏菊、插茱萸、吃重阳糕、饮菊花酒等活动。

……

师：是啊，我们的传统节日对我们而言意味着与家人团聚，与朋友庆祝，所以每当遇到节日的时候就会更加思念亲人。而此时此刻，17岁的王维又是怎样的一种境遇呢？

生：他只有一个人，而且不在自己的家乡。

师：你从哪里知道的呢？

生：我从诗句"独在异乡为异客，每逢佳节倍思亲"中知道的。

师：看来同学们通过了解重阳节的习俗后更能深刻体会王维的那份思乡怀亲之情，那就让我们走近王维，走进《九月九日忆山东兄弟》。

学生在学习这首诗前，已经在班级举行了"难忘重阳节"的实践活动，并观看了纪录片《难忘重阳节》，对重阳节的来历和习俗已比较清楚。我在此基础上调动学生的情绪，乘机提出问题，从而引入本课的文本教学。这样的氛围营造基于学生对重阳节习俗的了解，帮助学生更设身处地地体会王维的思乡怀亲之情，这对文本的学习有推波助澜的作用，同时也增加了学生对课外阅读的浓厚兴趣，在教学相长的过程中，提升了学生的阅读素养。

传统文化教育的方法林林总总，以上四种方式仅为抛砖引玉，并且只是辅助手段，语文教师还须立足于"语文课堂教学这一坚实阵地，做民族文化的传承者"。

三、低段小学生阅读能力培养的有效性思考

"授之以鱼，不如授之以渔。"教学生"会学"比教学生"学会"更具深远的意义，小学语文阅读教学应不断创新，并在创新中不断完善。从学习了解传统节日文化知识的活动中，学生的阅读能力得到了提高，学生已经初步掌握了搜集课外阅读资料的方法，懂得了甄选鉴赏，能够对搜集的信息进行编绘，掌握了一定的阅读方法，提高了学生的阅读素养。

弘扬传统文化是时代的强烈呼唤，也是语文教学的迫切需要。每位语文教师都应该在教学过程中大胆实践、积极探索、不断创新，努力将传统文化的种子播撒在每一个学生的心灵深处，辛勤培育，使其尽快萌发、迅速成长，让每位学生都拥有一个开满传统文化之花的精神家园。

（此文荣获中国高等教育学会优秀科研成果二等奖）

《陶罐和铁罐》教学设计

学　　科： 小学语文　　　　**年　级：** 三年级

教材版本： 部编版　　　　　**章　节：** 第二单元　　　　　　**课时：** 第二课时

【教学内容分析】

本课围绕铁罐奚落陶罐写出了三个层次，易碎、性格懦弱、寿命短，层层推进，体现了铁罐一系列的情感变化，从而让我们明白了正确看待自己长处和短处的道理。这是文本内容特点。

本课主要通过对话展现情节、推动故事发展，塑造人物形象，说明道理，这是本课的表达特点。铁罐的蛮横无理、陶罐的谦虚友善均在对话中体现。教师应引导学生聚焦铁罐和陶罐对话的部分，感受文章具体生动的神态、动作描写，在朗读中揣摩角色的语气及性格特点，理解本课阐述的道理。"阅读链接"中《北风和太阳》也有同样的表达特点，教师应引导学生应用课内阅读的方法学习《北风和太阳》，培养学生主动探索的意识。这样，学生扩大了阅读量，思维品质也得到了发展。

【学生情况分析】

问题	选项及比例		
从陶罐和铁罐不同的结局中，你明白了什么道理？	做人谦虚，不骄傲 70%	尊重他人 12.5%	每人都有长处和短处 17.5%
课文中运用了什么写法？	拟人 77.7%	对比 22.3%	不知道 0

本篇课文语言生动，趣味性强，非常符合儿童的心理，学生乐于阅读。在教学前测中发现，学生在故事情节的理解上是不难的，但他们的认识会有偏差，他们以为陶罐是好人，而铁罐是"不好"的，几乎没有任何可取之处。从陶罐和铁罐不同的结局中，你明白了什么道理？70%的学生明白了做人要谦虚，不骄傲，12.5%的学生认为要尊重他人，而认识到每个人都有自己的长处和短处的学生占17.5%。课文表达方法上，77.7%的学生知道运用了拟人的写法，知道对比的仅占

22.3%。

本篇课文精彩的对话表现了人物性格，推动了故事情节的发展，是进行有感情朗读的好材料，学生学起来感兴趣。铁罐的傲慢无礼、陶罐的谦虚友善在人物对话和神态上得到了充分的体现，狂妄的自恃坚硬的铁罐最后竟然消失了，易碎的陶罐依然朴素美观，还成为有价值的文物，这种全文的对比，学生认识是非常模糊的，需要教师采用恰当的手段引导学生自主发现，而最恰当的策略就是比较，让学生在比较中认识对比的写作方法。

另外，课后习题中要求学生知道铁罐和陶罐的性格有什么不同，想想北风和铁罐有哪些相似之处，编者的意图是引导学生关注对比，而这些是学生容易忽略的。

【教学目标确定】

学习课文，了解寓意。

多种方式有感情朗读课文。

学习并运用对比的写法和学习方法。

【教学重点难点】

教学重点：学习课文，了解寓意。多种方式有感情朗读课文。

教学难点：学习并运用对比的写法和学习方法。

【学习评价设计】

评价量规

项目	A级	B级	C级	个人评价	组长评价
听课情况	认真听课，没有走神、讲笑话等现象	认真听课，少有走神现象	听课不认真，走神较严重		
发言情况	积极举手发言，并有自己独立的思考和见解	能举手发言，能表达自己的见解，但不够创新	很少发言		
小组合作情况	在小组合作下，能有感情朗读自己的角色	在小组合作下，能流利朗读自己的角色	和组员不能很好配合，不能有感情朗读		

【教学过程】

环节一：复习词语，感知"对比"	
教师活动	学生活动
1.复习词语。 今天我们继续学习第六课，齐读课题。 出示词语，自由读，你有什么发现吗？ 奚落　骄傲　傲慢　轻蔑　恼怒 谦虚　争辩 词语运用： （　　）的铁罐（　　）的陶罐 2.复习主要内容。 在陶罐和铁罐之间发生了一个怎样的故事呢？	1.复习词语。 （1）生成 第一行写铁罐，第二行写陶罐。 骄傲—傲慢（近义词）　骄傲—谦虚（反义词） 傲慢、轻蔑、恼怒是描写人物神态的。 奚落、争辩是描写人物语言的。 2.简单叙述讲了一件什么事。

活动意图说明：给学生提供开放的空间，培养学生从不同角度积累词语的意识。由词语分类到词语运用，做好第一、第二课时的衔接，初步感知对比。

环节二：学习课文，理解"对比"	
教师活动	学生活动
1.铁罐和陶罐对比。 （1）铁罐从哪几方面奚落陶罐的？ 老师请三位同学，一人读2、3自然段，第二个人读4、5自然段，第三个人读6至9自然段。其他同学思考，每次对话，铁罐奚落陶罐什么呢？ （板书：特点、性格、寿命） 小结：铁罐从哪几方面奚落陶罐的？ （2）铁罐奚落陶罐时是怎样说的？ ①称呼的对比。铁罐是怎么称呼陶罐的？陶罐怎么称呼铁罐的？你有什么感受？ ②标点的对比。铁罐的语言用的是什么标点？陶罐呢？你又有什么感受？ ③态度的对比。 铁罐第一次是傲慢地说，谁能做一个傲慢的样子？ 下巴一抬，胸口一挺，真傲慢，带着这个样子给大家读读。 第二次是轻蔑地说，轻蔑是什么意思？带着轻蔑的神态同桌读读。 第三次铁罐是恼怒地说，你们有什么发现吗？ 这次铁罐会怎样说？你能试着补充一个提示语吗？	1.铁罐和陶罐对比。 （1）指名读，学生思考。 第一次对话： 学生反馈。（板书：坚硬—易碎） 第二次对话： 学生反馈。（板书：坚强—懦弱） 第三次对话： 学生反馈。（板书：永远—几天） 特点、性格、寿命 （2）预设： ①铁罐称呼陶罐为陶罐子、懦弱的东西、东西。陶罐称铁罐为兄弟。铁罐看不起陶罐，没有礼貌，目中无人。 ②铁罐用的是感叹号，陶罐用的是句号。铁罐越来越生气，语气越来越强烈，情绪越来越激动。陶罐是心平气和地说。 ③态度的对比。 演示傲慢的样子，有感情地朗读。 有感情地朗读。 铁罐不容陶罐争辩，越来越生气。对陶罐的态度越来越嚣张。 火冒三丈，怒气冲冲，怒不可遏……

续表

课件出示："和你在一起，我感到羞耻，你算什么东西！"铁罐（　　）说，"走着瞧吧，总有一天，我要把你碰成碎片！" 怒不可遏的铁罐奚落陶罐的语言更尖刻了，一起读。 （3）铁罐真是欺人太甚了！陶罐是怎样回答的？请你按照刚才的学习方法，小组讨论一下。 （4）现在你心中有铁罐和陶罐的形象了吗？同桌之间分角色再读一读它们的对话吧，如果喜欢可以加上动作。 （5）师生合作读。男生读铁罐，女生读陶罐。 ①铁罐自恃坚硬看不起陶罐，傲慢地说：（　　） 陶罐谦虚地回答：（　　） ②铁罐以为陶罐怕自己，更加轻蔑地说：（　　） 陶罐并不懦弱，争辩道：（　　） ③铁罐怎能接受陶罐的反驳，恼怒道：（　　） 陶罐依然和善地劝道：（　　） ④最终铁罐愤怒了，谦虚的陶罐没想到铁罐如此不可理喻，不再理会铁罐。 2. 铁罐与人们对比。 （1）很多年过去了，铁罐和陶罐的结局怎么样了？请你默读第二部分10—17自然段。（板书：消失、美观） （2）对比读铁罐的话和人们看待陶罐的话，在对陶罐的认识上有什么不同？ 课件出示： "多美的陶罐！"一个人说，"小心点儿，千万别把它碰坏了，这是古代的东西，很有价值的。" "和你在一起，我感到耻辱，你算什么东西！"铁罐说，"走着瞧吧，总有一天，我要把你碰成碎片！" （3）从他们的不同表现和结局中你得到了什么启示？ （板书：正确看待自己）	齐读。 （3）小组讨论。 （4）小组分角色朗读，生生评价。 （5）师生合作朗读。 2. 铁罐与人们对比。 （1）默读。 （2）预设：陶罐易碎，但也有自己的长处，人们很珍惜它。铁罐只看到了陶罐的短处。 （3）预设：铁罐不应该拿自己的长处和别人的短处比，应该正确看待自己的长处和短处。

活动意图说明：

聚焦文本内容，感知叙述内容对比，培养学生理解能力。

关注人物语言的对比，体会两个罐子的性格。

体现教师由教到放的过程，按照课上方法，学生自己感悟陶罐的情感变化。

通过分角色朗读，体会文章对比的表达特色，感悟两个罐子不同的性格特点。

以问题为引领，培养学生运用比较的方法解决问题的能力。建立关联意识，勾连上文，体会对比。

续表

环节三：读写结合，想象"对比"	
教师活动 1.如果我们把时间的指针往前拨一拨，在铁罐刚开始生锈之前，让它再与陶罐有一番对话，它们会说什么呢？请完成写话练习。 "＿＿＿＿"铁罐（　）地问。 "＿＿＿＿"陶罐（　）地回答。 "＿＿＿＿"铁罐（　）地说，"＿＿＿＿" "＿＿＿＿"陶罐（　）地说，"＿＿＿＿"	学生活动 写话练习。 学生交流，师生评价。
活动意图说明：创设情境，让铁罐自身构建对比，培养学生想象力和语言表达能力。	
环节四：勾连链接，延伸"对比"	
教师活动 铁罐与北风对比 1.骄傲的铁罐明白得太晚了，和铁罐一样办了傻事的还有一位——北风。读一读，看看铁罐和北风的相同之处是什么？ 2.我们一起读读看，师读北风，生读太阳。 3.在生活中你见过像铁罐和北风这样的人吗？你用什么方法劝劝他？	学生活动 1.学生交流。 2.师生合作读。 3.预设： 我会告诉他每个人都有自己的长处和短处。 我会给他讲《陶罐和铁罐》《北风和太阳》这两个故事，告诉他应该正确看待自己。
活动意图说明：借助课内阅读推进课外阅读，延伸"对比"，发展学生思维品质。借助语言形成解决生活中问题的能力，体现寓言特点。	

【板书设计】

陶罐和铁罐

　　　　　　　　　陶罐贴图　　　　铁罐贴图

特点　　　　易碎　　　　　坚硬　　　　　　对比

性格　　　　懦弱　　　　　坚强

寿命　　　　几天（美观）　永远（消失）

　　　　　　　　正确看待自己

【作业与拓展学习设计】

作业：

（1）编排《陶罐与铁罐》课本剧。

（2）用对比的方法阅读《池子与河流》《骆驼和羊》。

意图：

运用对比的方法进行课下阅读，提高阅读理解能力，发展学生思维品质。

完成情况：

（1）小组为单位编排课本剧，学生积极，效果很好。

（2）课外阅读丰富了学生积累，很好地巩固了课上的阅读方法。

【特色学习资源分析、技术手段应用说明】

1. 关注整体，对比阅读中感悟文章写法。

本课教学中，我一改以往一段一段地教的教学方式，尝试培养学生整体阅读的能力。先围绕铁罐对陶罐的"奚落"，引导学生从特点、性格、寿命三个方面发现对比，理解文本内容。然后引导学生从称呼、标点符号、神态提示语、结局的对比中体会文章的表达特色，体会陶罐和铁罐的不同形象。接着，勾连《北风和太阳》，体会铁罐和北风的相似之处。这样，铁罐和陶罐对比，铁罐和人们对比，铁罐和北风对比，层层递进，学生学会了对比的写法和学习方法，并能运用。

2. 借用文本，语言实践中提高语文素养

本课以精彩的对话推动故事情节的发展。精彩的人物语言、神态把铁罐的傲慢和陶罐的谦逊刻画得入木三分。我先引导学生感知叙述内容的对比，然后引导学生关注语言表达形式，学生从对话中发现铁罐和陶罐的称呼、标点、态度不同，学生对铁罐的语言理解更加深刻。

阅读教学应该成为学生理解、积累、运用语言的主阵地，我创设时机让语言在学生头脑丰厚起来。针对文体本身的特点，综合语文学科人文性和工具性合二为一的理念，我引导学生想象，铁罐在生锈之时会对陶罐说什么，完成写话练习。学生仿照文中对话形式，从不同角度抒发自己的情感，书面语言的运用能力得到提高。这样，在落实教学目标的基础上，把阅读教学与写作教学结合起来，读写结合，共同促进，实现了理解语言到运用语言的转化，提高了学生的语文综合素质。

3. 注重积累，内外结合中发展思维品质

新的教育理念和新的课标要求，每个学科的教学必须尊重学生的主体地位，指导学生自主学习和创造性学习。本课教学中，我从课内阅读出发，引领学生在课内阅读的基础上，从单元出发，从主题、表达方式等方面延伸到课外阅读中，挖掘课内外阅读的链接点，扩大学生阅读量，并在课外阅读中加深对课内阅读的记忆和理解，升华个人灵魂。学生在学习语言的同时，思维品质也得到了发展。

【教学反思与改进】

这节课，学生感兴趣，参与面广，课堂气氛活跃，学会了对比的写法和学习方法。在学习语言的同时，思维品质也得到了发展，很好地完成了教学任务。

在充分理解两个罐子的性格后，因为时间关系，分角色朗读不能给更多学生展示的机会是我的遗憾。另外，分角色朗读从"纯技术"的角度来看，毫无疑问，是非常成功的，但如何让学生形成正确的价值观取向，能正确看待陶罐、铁罐，下节课还需强调。

（此课例为北京市通州区区级研究课，获北京市基础教育优秀课堂教学设计

二等奖）

张广静

▽

张广静,现为通州区东方小学教师。2001年毕业于首都师范大学初等教育学院,2011年7月调入通州区东方小学,同年加入中国共产党。从教19年来,一直坚守在教育教学工作第一线,爱岗敬业,责任心强。

她一贯以治学严谨著称,对新课程、新理念理解深刻,掌握扎实,运用熟练。由于她的刻苦努力,工作成绩突出,曾被评为朝阳区优秀青年教师、朝阳区优秀班主任、通州区骨干教师、通州区优秀班主任,赢得了广大师生的尊敬和爱戴。

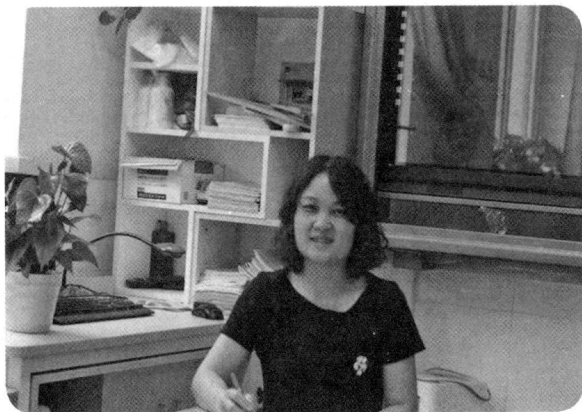

巧用方法促阅读

　　"读书贵神韵，无事守章句。"阅读能力在语文能力中占据着核心的位置，让每个孩子喜欢语文、爱上阅读，是每位语文教师的责任。苏联教育家苏霍姆林斯基曾说："让学生变聪明的方法，不是补课，不是增加作业量，而是阅读、阅读、再阅读。"让学生进行大量的课外阅读，借助丰富的人类文化精品滋养学生的心灵，充实学生的头脑，无疑是使孩子终身受益的重要措施。

　　新课标也指出："广泛阅读各种类型的读物，课外阅读总量不少于260万字，每学年阅读两三部名著。"课外阅读既可以拓宽学生视野，增加积累，又可以提高学生的语文素养，为其终身阅读和写作奠定良好的基础，最重要的是课外阅读是学生在自由、无拘束、无负担的心理状态下进行的，所以学生对课外阅读兴趣盎然、如痴如醉，充分享受着阅读的自由、阅读的快乐。

一、提高课堂阅读兴趣

　　要提高语文阅读教学效率，教师要认真钻研教材，准确把握教学内容，根据教材实际和学生实际，确定教学重难点；要根据课文类型的特点以及具体的教学内容设计教学结构，避免面面俱到、千篇一律；要尽量压缩教师的活动，保证学生读书、思考、讨论、交流的时间；要教给学生科学有效的阅读方法，指导学生在阅读实践中逐步掌握；要在教学与实践中培养学生良好的阅读习惯，激发学生读书的热情，发展学生的阅读兴趣。

　　在阅读教学中，只是教师提出问题，学生回答，学生总是处于被动的局面。我们要通过一篇一篇课文教学使学生学到阅读知识的方法，形成阅读能力。逐步培养学生的学习习惯。要培养学生的阅读能力，教师就要想办法让学生提出不懂的问题，这样学生就学得比较主动了。教师可以让学生预习课文，有不认识的字，读读拼音，词义不懂的，查查字典。真正不能解决的，老师帮助解决。教学中，教师引导、启发学生把不能理解的地方（如句子、某一自然段、某些内容等）提出来。有的时候，学生确实提不出来，教师就问他们某句话，某个意思懂不懂。这样让学生逐步养成阅读课文时去找出自己不懂的地方并且提出问题来的良好习惯。学生提出的问题，教师尽可能启发他们互相解答。他们确实解决不了的，才由教师讲解。

二、利用书本的延伸——《语文读本》

（一）作为课本内容的有效补充

《语文读本》是对教科书的必要补充，是语文教材的重要组成部分，其内容涵盖广泛，可以大大增加学生的阅读量，以扩展其眼界，增加知识储备，是语文学习中不可或缺的一个环节。

四年级下第五单元，是与植物和动物有关的专题，当学生学完第19课《吃虫的植物》后，深深地感悟到大自然的奇妙，结合这一单元的主题，我让学生自主阅读《语文读本》中的《沙漠中的绿洲》，学生知道了在白茫茫的沙漠中，却有着星罗棋布的绿洲，原来是阿联酋人花了很大代价才建造的。《猴子岛》就更有趣了，那里生活着1000多只猴子，那里的猴子淘气得可爱，猴王很有权威。《难忘的一次观鸟》更是第18课《天鹅的故事》的有效补充，天鹅们为了寻找更好的生存环境，他们背井离乡，远赴万里……

（二）借助《语文读本》，增加学生的课外阅读

《教学大纲》强调，语文教学"要密切联系社会生活，注意开发现实生活中的语文教学资源。要强调课内外的沟通"。读本就是课堂语文教学伸向课外的一根触角，因此我通过介绍《语文读本》选文的出处向学生推荐优秀文学、学术刊物以及文学作品集，如《人民文学》《作家》《作品与争鸣》《名作欣赏》《小说月刊》《散文》《博览群书》《意林》等，将学生引入层次较高的优秀文学刊物的广阔天地。

《语文读本》作为语文课本教学的对比材料，不仅发挥了《语文读本》作为课外补充阅读材料的功能，同时也促进了对语文课本知识的加深了解，可以说实现了语文课本和《语文读本》在语文教学中的双重功效。

三、成立有效的班级读书角

我曾有幸参加《儿童文学促进小学语文有效教学的研究与实验》课题活动。这个课题让我想到了通过建立班级图书角来开展班级阅读活动以促进语文教学。下面我来谈谈我班创建班级图书角的一些做法：

（一）争取家长的支持

别小看一个小小的图书角，要建设好是要花一定心思的。首是要争取到家长的支持，有必要向家长说明班级图书馆角建立的宗旨，请家长关注孩子现在所处的阅读阶段、大力支持图书角的建设，图书角能否拥有又好又多又合适的书籍与家长的支持是分不开的。因为书的来源全靠学生从家里捐出、借出或集体购买，最终要跨越家长这一关。因此我专门召开了一次关于创建班级图书角的家长会，得到了家长的充分认可和大力支持，很快班级图书角就成立了。

（二）建立借阅制度

班级图书角要发挥其效用，一定要有恰当的管理方法，要建立简单而又可行的借阅制度。虽然是班级自己的图书，但也要让学生养成良好的借阅习惯。书是学生自己出钱买来的，每一本都要珍惜爱护好。

首先，对购买来的书进行分类编号入册，这样，哪本书同学们最爱看，都能统计到。每本书的封面上也贴上编号，按顺序摆放，方便借书登记。每学期都要尽量换一批新书。利用一些班会课向学校集体借阅图书，让大家在一起安静地阅读图书，培养一种读书氛围。另外我充分进行资源共享，与其他班级建立合作关系，进行资源互换。让学生能够花最少的钱看最多的书。

其次，要设有图书管理员轮值，每天整理图书角的藏书，检查借阅情况，对图书进行护理。开始一段时间由我自己进行管理，给大家做个榜样，经过时间后，招聘了班级图书角管理员，在他们的管理下，班级图书馆井井有条，这样既可以培养孩子的责任心又可以提高孩子的管理能力。

再次，要有借阅登记。开始我们采取简单记录一下借哪个编号的书。现在我们每人一张借书卡贴在摘抄本上，记录阅读的书目和进行摘抄；不定期地对爱阅读，常借书看，认真填写阅读记录单，认真、摘抄的同学给予表扬，在期末再进行一些奖励。这样大大调动了学生的阅读兴趣，培养了一种良好的阅读习惯。

在班级的图书角里借书看，能享受到在家阅读或到图书馆阅读所不同的快乐。一是方便，借书还书都不需要繁复的手续。在课余时间，同学们可以在图书角自由选择自己爱好的书籍，简单登记一下书号，就可自由地阅读，一时看不完还可以放在抽屉里，下节课后接着看，甚至可以带回家去看几天。还书时把书拿到管理员处登记一下摆放回图书角便可以了。二是能及时分享，在家看，只是自己一个看，在图书馆，只能静静地看，而在班上，同龄的孩子们可以边看书，边笑着、说着、感叹着、讨论着、争辩着都行。经常看到这样的画面：几个孩子围在一起，埋头看同一本书；有同学被一些段落的精彩描写打动了，情不自禁地朗读起来，其他同学慢慢围上去聆听，甚至有些学生在课堂上完成作业以后偷偷地在看书。三是便于老师关注和引导。同学在班级图书角借书，老师能在选书方面给予及时的鼓励和指导，能掌握全班同学的阅读情况，对当前学生阅读量和所爱的读物有所了解。

四、召开生动的班级读书会

从我带班开始，一直在有计划地开展班级读书活动。班级读书会有不同的形式，成立读书小队受到同学们的欢迎。根据班级学生实际情况组建"读书书友队"，共同研读一本书。一个小队读完一本书就可以跟其他小队互换，这样，一学期每位学生只需买一本书，也能至少阅读八本书，完全可以保证孩子的阅读量，开展阅读指导也比较便利。

充分发挥书友队对课外阅读的促进作用。由于书友队人数不多，活动时间、地点灵活多变，所以活动形式更是不拘一格。我在班级读书会中常用讲和读这两种方法：书友队成员将自己在课外阅读中获得的知识、信息，在书友队内宣讲。找出书友队成员喜爱的句篇，齐声诵读。在我们班每周一次的读书课上，"读出我的最爱"是一个传统保留项目，书友队的成员以汇报的形式，诵读他们在阅读中发现的美文、好句。形式多样，有时是集体朗诵、有时是成员轮诵，还有边诵边评，在诵读的过程中，体会语言文字的魅力，和同伴共读的快乐。

语文教学不管如何改，让孩子多读书、读好书，这是永恒的主题。

（此文荣获全国小语学法年会论文二等奖）

《夏天里的成长》教学设计

学　　科：小学语文　　　**年　级**：六年级

教材版本：部编版　　　　**章　节**：第五单元　　　　**课时**：第二课时

【教学内容分析】

《夏天里的成长》节选自梁容若的《夏天》，是第五单元中的第一篇课文，对整个单元课文的教学具有极强的引领作用。本单元的重点是体会文章是怎样围绕中心意思来写的，知道要从不同方面和选取不同事例表达中心思想。《夏天里的成长》是一篇说理性小散文，作者用简洁朴素、清新优美的语言描绘在夏天里万物都在生长的自然现象。开篇以"夏天是万物迅速生长的季节"这一中心句引领全文，结尾点明中心，收束全文。启迪我们：人要把握时间，尽量地用力量地长。

【学生情况分析】

对六年级的学生来说，课文内容理解起来不难，因此，我将课文是如何从生物、事物、人这三方面来围绕中心思想写具体的，作为教学的重点。明白最后一句话的含义，懂得珍惜时间，积极争取知识、能力、经验的增长，不能错过时机，否则就会成为一事无成的人作为本课教学难点。

【教学目标确定】

有感情地朗读课文，明确文章的中心意思，体会文章是怎样围绕中心句来写的。

明白最后一句话的含义，懂得珍惜时间，积极争取知识、能力、经验的增长，不能错过时机，否则就会成为一事无成的人。

【教学重点难点】

教学重点：围绕中心句，从生物、事物和人的成长三方面来感受中心意思。

教学难点：体会本文的表达特点，明白最后一句话的含义。

【教学过程】

环节一：复习巩固，把握整体	
教师活动 "夏天是万物迅速生长的季节"是文章的中心句，那么围绕中心句，作者是从哪几方面来讲述的？	学生活动 预设：生物、事物、人。
活动意图说明：通过回顾上节课的知识，激发学生探究文本的兴趣，也帮助学生自然过渡到下文的学习。	

环节二：研读文本，感受成长	
教师活动 1. 自读交流。 接下来，让我们借助语言文字，走进夏天。 请同学们默读课文，从课文中找找这些生物在夏天成长有什么共同特点？哪句话能说明这个特点？画出相关语句。 2. 第2自然段交流提示。 （1）同学们的读书都很认真，相信你们的发言会很精彩。谁能说说这些生物在夏天成长有什么共同的特点呢，哪句话能说明这个特点？ 指导朗读："飞快的""跳跃的""活生生的看得见的长"读出节奏感，稍快。 注意：读得稍快些、有些节奏感。 （2）你从哪句话、哪个词能看出生物是"飞快的长""跳跃的长""活生生的看得见的长"？自己读读第二自然段，画一画相关语句。 ①引导学生抓住表示时间的词语体会夏天动植物成长迅速的特点。 它们到底是怎么长的？我们先来看看这句话。 课件出示：你在棚架上看瓜藤，一天可以长出几寸；你到竹子林、高粱地里听声音，在叭叭的声响里，一夜可以多出半节。 预设1：瓜藤一天就可以长出几寸，一寸是多少厘米？没错，几寸就是几个三厘米那样长。拿出尺子，感受一下。 预设2：你见过竹子吗？你知道半节大概多长吗？可以比画比画。 预设3："一天、几寸、一夜、半节"你能感受到什么？想想该怎么读，可以读出瓜藤、竹子、高粱长得快？ ②看瓜藤、竹子生长视频，朗读。	学生活动 1. 学生认真倾听。 学生默读课文，画相关语句。 2. 同桌间相互交流。 预设：生物从小到大，本来是天天长的，不过夏天的长是"飞快的长""跳跃的长""活生生的看得见的长"。 （2）学生练习朗读。指名读。学生评读。画词语。 ①预设： 植物：瓜藤、竹子、高粱、苞蕾、鲜花（果实）、有生命的苔藓、草坪、菜畦。 动物：小猫、小狗、小鸡、小鸭。 预设1：一寸是3.3厘米左右。 学生拿出尺子感受3寸、4寸。 预设2：见过竹子，大概有20多厘米那么长吧。 预设3：从这几个词语感悟到竹子和瓜藤生长特别快。 ②学生练习感情朗读。

续表

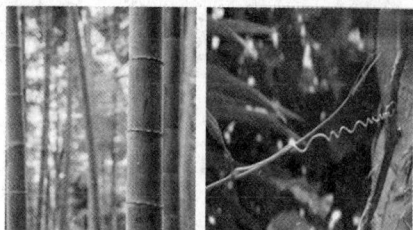

	认真观看。
预设：这次你看到了竹子那拔节的声音了吧？能读出来吗？	学生感悟读句子。
③"昨天是苞蕾，今天是鲜花，明天就成了小果实。"这句话你是怎么理解的？	③预设：可以感受到植物生长速度特别快。
老师准备了桃子的生长过程，我们一起欣赏。	学生观看。
让我们再读这句话感受植物那飞快的长，跳跃的长，活生生的看得见的长。	学生齐读。
你们能仿照文中的句子用上"昨天……今天……明天……"说一句话吗？	预设：昨天是卵，今天是蛹，明天是飞蛾；昨天是种子，今天是小苗，明天是果实。
④还有哪些生物在夏天里快速地生长呢？我们一起欣赏。	④学生一边欣赏一边朗读。
课件：苔藓、草坪、菜畦、小猫、小狗、小鸡、小鸭。	
⑤"个把月"是多长时间？如果是你们，一个月能长多少呢？	⑤预设：个把月是一个月左右的时间。我们小学生一般是看不出长多少厘米的，总之一个月长得很慢。
互动：小猫、小狗、小鸡、小鸭却已经有妈妈的一般大了，它们的长可真是——	预设："飞快的""跳跃的""活生生的看得见的长"。
（3）在同学们的汇报中说，从"一天、一夜、昨天、今天、明天、几天、个把月"这些词语中体会到生物长得快，那么这些词语也是表示什么的词语呢？	（3）预设：表示时间的词语。
总结：是啊，作者就是抓住典型事物的特点，利用表示时间的词语，说明夏天的长是"飞快的""跳跃的""活生生的看得见的长"。	
（板书：时间词语、典型事物）	
3.第3自然段交流提示。	3.学生认真倾听。
（1）像这些有生命的植物、动物在夏天里都在长大，那么没有生命的事物在夏天里是否也在长呢？现在我们来看第三自然段，谁愿意把第三自然段读给大家听。	（1）学生朗读第三自然段。

（2）山、地、河、铁轨、柏油路都在长。 ①我们以第一句为例，山真的能长吗？"丰满"是什么意思？ ②你能不能用上"因为……所以……"的句式来回答还有哪些事物在夏天里成长呢？ 难点预估：铁轨热胀冷缩的原理会变膨胀。	（2）预设： ①山上的草越长越茂盛，树木越长越高，所以显得山特别丰满，感觉像长高了。 ②因为稻秧在长，甘蔗在长，地越来越高，所以感觉长起来了。 因为夏天雨水多了，瀑布的水也多了，所以汇聚到河里的水越来越多。 夏天越来越热，铁轨因为热胀冷缩，都涨起来了，所以把铁路缝隙填满了。 因为热胀冷缩，柏油路涨高了，所以像是地高起来。
（3）选择你喜欢的一两句话读出事物在夏天成长的特点。 （4）现在你们就是一名小作家了，能把这首小诗补充完整吗？ 课件出示： 夏天是万物迅速生长的季节。 草长，树木长，山是一天一天地变丰满。 稻秧长，甘蔗长，地也是一天一天地高起来。 水长，瀑布长，河也是一天一天地_____。 （　　）长，（　　）长，_____。 （　　）长，（　　）长，_____。 啊，神奇的夏天，让我们快快成长吧！	（3）学生选择。 （4）预设： （黄瓜长），（萝卜长），菜园是一天一天地长起来。 （身体长），（本领长），我们是一天一天有本领。
4.第四自然段交流提示。 （1）有生命的植物和动物乃至不具生命的山水、铁轨甚至马路在夏天里都在长大，说明了夏天的确是万物生长的时期。那么人呢，人在夏天里的成长有什么特点？指名读第四段。 （2）人在夏天成长有什么特点呢？ （3）在这段中有两条谚语，课前老师已经布置大家查找这两条谚语的意思了，谁愿意读给大家听听？ 夏天，植物如果能够利用生长的有利条件，及时地吸收营养，秋后就会有所收获，否则，就没有了收成的希望。 （4）自然转到对道理的理解："人也是一样，要赶时候，赶热天，尽量地用力地长。"说说你是怎么理解这句话的？	4.学生交流。 （1）学生朗读第四自然段。 （2）预设：小学生有的成了中学生，中学生有的成了大学生，或快或慢（总是要长）。 （3）学生读谚语。 （4）预设：

续表

难点预估： 热天不是指季节，而是指利于学习知识、利于成长的时间、环境等，主要指青少年时期；长不仅仅指身体的成长、年龄的增长、体重的增加，还要看知识的积累、认识的提高、对时间的珍惜、对机遇的把握，努力学习…… （5）齐读第四自然段，再一次体会人要抓住时机成长的道理。	我觉得，我们在夏天里也长大了。 夏天不是指季节，是指我们该学习的时候，要学习。 我们要在该学习的时候，好好学习，这样才能学到本领。 如果我们在该学的时候不学习，就会像荒草一样，秋后被割，喂了老牛。 （5）全班齐读第四自然段。
活动意图说明：这一部分段是全文的重点段。我从理解文本，到解读方法，再到朗读和练说，层层递进，不仅让学生感受到了作者的布局（围绕中心意思来写，以及通过具体的不同的事物来写具体生动形象），通过朗读去体验语感。	
环节三：回顾课文，拓展延伸	
教师活动 1. 放下书本，我们回顾整篇文章，作者围绕中心句写了生物长，事物长，人长这三方面。（板书：几方面） 2. 作者围绕这几方面，把"夏天是万物迅速生长的季节"。这一中心写具体写明白，这三方面能交换位置吗？	学生活动 预设： 不能：三方面意思是递进的，第一方面是状态，第二方面是原因，第三方面是启示。
环节四：总结提升。	
自然界的一切事物都在夏天里有力量地生长着，也希望同学们能够在自己人生当中的夏天里也同样有力量地生长，等到了秋天才会有好的收成！ 送给大家一句话。和老师一起读一遍。（少壮不努力，老大徒伤悲。）	学生倾听。 学生齐读诗句。
活动意图说明：此环节的设计是为了让学生清晰地明白什么是"多层次""多方面"的围绕中心意思写，为习作做好铺垫。	
环节五：作业	
教师活动 积累关于农作物的生长的谚语，了解相关知识。	学生活动 学生积累。
活动意图说明：让学生了解更多的农业知识，学会积累谚语。	

【板书设计】

15 夏天里的成长

中心句	夏天是万物迅速生长的季节。			
几方面	生物	事物	人	时间词语
多层次	状态	原因	启示	事物特点

【特色学习资源分析、技术手段应用说明】

本节课我立足文本，因文中内容是学生身边物，学生没有陌生感，力求让每个学生参与到课堂中来，学生的积极性被调动起来，再结合自身感受，自读自悟，引领学生深入探究，以情施教，感悟中心，灵活再现文本情境，做到以文启人，以文育人。

【教学反思与改进】

《夏天里的成长》是一篇精读课文。这篇文章是一篇说理性小散文。作者用简洁朴素、清新优美的语言描绘了在夏天里万物都在生长的自然现象。开篇以"夏天是万物迅速生长的季节"这一中心句引领全文，结尾点明中心，收束全文。启迪我们："人也是一样，要赶时候，赶热天，尽量地用力地长。"通过教学，我收获颇丰，分享如下：

1. 我为文本创设了应有的教学情境。本文语言浅显、通俗易懂。例如，课文中讲到了竹子、高粱，讲到了小猫小狗，讲到了小学生和中学生，这都与学生的生活关系比较紧密，而且都是学生比较感兴趣的事物，应该能够很容易吸引学生与作者在情感上产生共鸣。因此，教学时我积极创设了情境，把学生带入文本之中，学生有了学习的积极性，对学习的渴望会更强烈。

2. 学生是活生生的人。他们是有着自己独特的情感的，这种情感被称之为个性。那么，在教学过程中，我会让每个学生的个性都有所彰显，关注学生的个性发展。在教学中，对于学生个性化的回答，我会及时分析引导，既保证激发学生学习的积极性，又要抽丝剥茧，引导学生真正理解文本的内涵。

3. 虽然本节课对课文的分析比较多，课堂气氛也比较活跃，但我觉得感情朗读和朗读指导还不是很到位，学生读书的层次和范围不够高也不够广。

4. 如果重上这节课的话，我会在之前成功的基础上，给足时间，让学生拓展写诗，诗的内容和层面可以更广阔些，仿照文本，让学生自己练习写诗，增强学生的书面表达能力，培养学生的创造性。

（此课例为北京市通州区区级研究课）

侯雪媛

▽

　　侯雪媛，1977年4月出生，北京通州人，2013年加入中国共产党。教师代表着一份责任，也代表着一个使命。虽然这一职业很辛苦，但她骄傲，她是一名人民教师。自参加工作以来，她把满腔的热血献给了挚爱的孩子们，把勤劳和智慧融入这小小的三尺讲台，使这块儿沃土上的花儿苗壮成长，竞相绽放。作为区级骨干教师，她充分发挥骨干教师在工作中的引领示范作用。教学论文100多篇市区获奖，多次做区级、校级研究课、展示课，受到听课领导和老师的好评。

这个舞台，因为有你而精彩

生活好像一个大舞台，人们每天都在演绎着自己精彩的人生。语文课堂就像老师、学生的一个大舞台，他们在这个"舞台"上发现自我、展现自我。在课堂上，老师要勇于做好学生的配角。学生是语文学习的主角，"每一节课，都应是学生的一个生命历程"。学生的潜能是无限的，教学的创造空间是不可估量的。在语文教学中，只要我们充分调动学生的积极性，充分张扬他们的个性，以切实有效的方法为他们显扬潜能创造机会，他们的生命之河一定会跃起灿烂而美丽的浪花。

一、营造和谐的"舞台"氛围，让学生在理想境地中学习

苏霍姆林斯基说："只有当情感的血液在知识的肌体中欢腾跳跃的时候，知识才会融入人的精神世界。"作为一名小学语文教师，必须充分认识到这一点，努力在日常的语文教学实践中，积极创设情感交流的文化活动，营造情感交流的氛围，拉近师生之间的心理距离，使得双方互相走进对方精神、情感和整个心灵世界，并以此建树学生的主体地位，在情之互融的基础上，使教学能听之顺耳，理之达心，知之入脑，从而达到理想的教学境地。

我在教《漂亮的居民小区》一课时，曾这样设计："假如你是作者，真的来到了这个小区，真的看到了那里的美丽景色，看到那里的人们，你带了照相机，你最想将哪个地方拍下来？读课文，边读边画边想，准备用自己喜欢的方式把这处景色介绍给大家听。"这样一下子扣住了学生的心弦，使他们的思维、兴趣集中到了我所设置的情境中去，充分调动了学生的学习积极性，收到了良好的教学效果。

二、创设生动的"舞台"情境，让学生在兴趣盎然中学习

兴趣是最好的老师，有兴趣才有动力和追求。美国心理学家布鲁纳说："要想使学生上好课，就得千方百计点燃学生心灵上的兴趣之火。"学生有了兴趣，才

会产生强烈的求知欲，主动地进行学习。

例如在教学《放风筝》一文时，我在课前做了一番精心布置，要求学生回家后自己动手制作喜欢的各式各样的风筝。第二天，孩子们都把喜欢的风筝带来了，课外活动课上，阳光依旧灿烂，我带领孩子们来到操场上，和他们一起放风筝，给学生营造了置身五颜六色的风筝的世界的情境，孩子们欢乐极了。

第二天的课上，我先播放了欢快的《春天在哪里》，并用多媒体设备播放了孩子们昨天放风筝的情景。动听的音乐，色彩美丽的画面，熟悉的面孔，很快把学生的心给牵住了，他们的学习兴趣一下子被激发起来了。在此基础上，我说："同学们，你们喜欢放风筝吗？有一位细心的小朋友把放风筝的过程和心情都写出来了，今天我们就一起欣赏这篇文章好吗？"然后，我引导学生看一看放风筝前作者都写了什么？放风筝时作者都写了什么？有哪些动作？心情怎样？把这种心情读出来。由于有了这种感受，学生读的入情入境。接着，我放手让学生找一找小作者都写了哪些风筝？你感觉怎样？为什么？让学生体会小作者不仅抓住了风筝的颜色、样子，还发挥了有趣的想象写的具体生动。然后，我让学生仿照"大蝴蝶""小蜜蜂"等继续写一些小作者省略的内容。让学生一边听音乐，一边看画面，一边想象感受风筝的美丽和心情的愉悦，引导学生把自己想象成画中的人，自由畅想小朋友们当时的神情、动作、语言。这样教学，学生就会入情入境，内心不断掀起情感的波澜，与课文产生共鸣，从而理解、感悟语言文字。

三、调动学生的多种感官，让学生全方位参与"舞台"策划

新课标强调教学活动是师生的双边活动。课堂上，教师的作用在于组织、引导、点拨。学生要通过自己的活动，获取知识。所以说，课堂舞台上的主角不是教师，而是学生。没有学生积极参与的课堂教学，不可能有高质量和高效率。心理学认为："课堂上只有经常性启发学生动手、动口、动脑，自己去发现问题，解决问题，才能使学生始终处于一种积极探索知识，寻求答案的最佳学习状态中。"

如在教学《燕子妈妈笑了》一课时，我先让学生围绕课题提出问题。有的孩子问"燕子妈妈为什么笑了？"然后让学生带着问题自己学习课文，把找到的问题答案用直线画出，不理解的地方打上问号标出。自学时要求学生做到动嘴读、动手划、动脑想。最终孩子们在讨论中明白了：小燕子的观察一次比一次认真，所以燕子妈妈笑了。通过这样动手、动口、动脑训练学生，能促使他们在最大限

度里发挥自己的智慧和能力，在自主学习中掌握知识，形成技能，同时使他们幼小的心灵受到爱的熏陶。

因此，课堂教学中只有充分调动学生的多种感官，让学生在全方位参与中学习，就能激发学生的学习积极性，提高学生的参与率，使语文课堂生机勃勃，充满活力。

四、放飞学生的心灵，让学生在"舞台"上自由飞翔

在语文课堂上，要落实学生的主体地位，重点和关键是要让学生在课堂上独立思考，使学生敢想、敢说，不受约束地去探究、思考，让学生充分展开想象的翅膀，去"标新立异""异想天开"。让学生在无拘无束的争论中思维碰撞出智慧的火花，给课堂教学注入生机。

如在教学《小白兔和小灰兔》一文时，我问学生："学了这个故事你们明白了什么？"学生们踊跃发言，有的说："我要向小白兔学习，自己的事自己做。"有的说："我不同意，我认为如果没有老山羊的帮助，送给它菜籽，它也种不出白菜，所以我们应该学习老山羊乐于助人的精神。"还有的说："我还有不同的意见，这篇课文告诉我们，好吃懒做什么也得不到。"对于一年级的学生来说，这些感悟无疑是比较难得的。最后，我在学生们讨论的基础上做了全面总结，使他们对课文的内容有了比较正确的认识。这样做，不仅保护了学生独立思考的积极性，让他们的个性在课堂里得到了充分的张扬，而且让全班小朋友接受了一次人性成长的洗礼。

总之，要让我们的语文课堂变成学生乐于学习的大舞台，让学生在舞台上充分动起来，学得有滋有味、有声有色，这才是真正有生命活力的语文课堂教学。

（此文荣获北京市征文一等奖）

《遥远的恐龙世界》教学设计

学　　科：小学语文　　　　年　级：三年级

教材版本：北京版　　　　　章　节：第四单元　　　　　课时：第二课时

【教学内容分析】

《遥远的恐龙世界》是北京课改版三年级第五册第四单元的首篇课文。这是一篇科普小品。写的是科学家通过恐龙的化石，想象的那遥远的恐龙世界。通过想象，生动地介绍了三种不同的恐龙，同时说明了古生物化石是大自然演变的可靠证据。在知识能力方面，中年级段落教学是重点，三年级应注意培养学生抓住重点词句理解课文的方法。本节课主要通过深入学习三、四自然段的内容，掌握先概括后具体的方法，能用所学方法任选内容写一段话。

【学生情况分析】

三年级学生对恐龙虽然感兴趣，但了解却很少，基于此，第一课时我布置学生搜集关于恐龙的资料，培养他们搜集和整理信息的能力。另外恐龙距今久远，可适当增加影视资料创设情境，激发学生学习兴趣。在知识讲解上，培养学生抓住重点词句理解课文的方法，达到有语气朗读的目的。从学习习惯与方法看，三年级学生要养成"不动笔墨不读书"的良好习惯，在读书过程中学习画画、圈圈等。在学习了《奇妙的鲤鱼溪》一课的基础上，要让学生再次认识先概括后具体的方法，并能够自由运用。

【教学目标确定】

通过想象、朗读，感悟恐龙世界的神奇，激发学生探索大自然奥秘的兴趣。

深入学习三、四自然段，进一步体会围绕重点句把一段话写具体的写法。

能够仿照写法，任选内容写一段话。

【教学重点难点】

教学重点：深入学习3、4自然段，进一步体会围绕重点句把一段话写具体的写法。

　　教学难点：能够仿照写法，用先概括后具体的方法，任选内容写一段话。

【教学过程】

环节一：复习引入	
教师活动 1.播放视频。 2.定格三种恐龙图片。 3.出示学习单。 巡视了解词语掌握情况。 （1）出示词语：贪心、猎手、英雄。（容易错的地方变红） （2）读一读这几个词语，想一想它们是描写哪种恐龙的？ 4.引出句子。 暴龙是最贪心的猎手。 翼龙是天空中的英雄。	学生活动 1.观看视频，交流。 2.预设： 学生按顺序说第一张是雷龙——雷龙有长长的脖子。 学生说有长长的脖子的是雷龙，再说后两张图片。 3.看拼音写词语。 （1）对照检查、改错。 （2）读词语。 4.学生读句子。
活动意图说明：创设情境激发学生兴趣，巩固所学字词。整体感知、回顾课文部分内容。引出重点句内容，为新授学习做好铺垫，完成第一、二课时的对接。从词到句过渡到自然段。	
环节二：深入学习课文第三、四自然段内容	
教师活动 1.读读三、四自然段，看看课文是怎样描写两种恐龙的。 反馈：你对哪种恐龙更感兴趣？ 2.学习第三自然段。 （1）默读第三自然段，用横线画出重点句。 ①课件出示：暴龙是最贪心的猎手。 ②你从句子中读出了什么？ ③师根据生成追问。	学生活动 1.学生读三、四自然段。 交流、选择。 2.学习第三自然段。 （1）默读、找、画、交流。 ①指名说。 ②请同学读、说。 预设：从这句话中我知道了暴龙特别贪心；我知道了暴龙是贪心的猎手…… ③学生读句子。

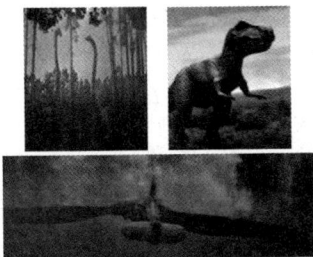

（2）读第三自然段，从哪儿看出暴龙是最贪心的猎手？（根据学生回答相机出示学习第2、3句话）	（2）自由读、思考。
①课件出示： 它们露出尖利的牙齿，迎着风追赶平原上可怜的动物。 预设1：出示暴龙牙齿图	①学生说。
	预设1： 从"露出尖利的牙齿"看出。 学生读文字介绍："在它的血盆大口中，有60颗尖利的牙齿，最长的有15厘米。"
出示模型和孩子的头比较。引导想象：要是被这样的牙齿咬到，会怎样？ 指导学生读出来。	想象交流。 指名读出自己的感悟。
预设2：迎着风追赶 师根据学生所说变化文字颜色。 师引导学生结合生活实际想象。 引导学生读出自己的感悟。	预设2： 我是从"迎着风追赶"看出暴龙贪心的。 迎着风就是逆风前进，要费很大劲追赶也不放弃。 练习朗读、指名读。
预设3：如果学生是从"可怜的"看出的，引导学生说出自己的感悟即可。 再次出示第一句：暴龙是最贪心的猎手。 ②课件出示： 只要暴龙出现，许多动物都躲得远远的，只怕一不小心成了它们的点心。	预设3：一、二句连读。
预设1： ·如果孩子说是从"许多动物都躲得远远的"看出，追问：为什么躲那么远？ ·此时此刻，暴龙来了。我就是那只暴龙，你们就是那些小动物。见到暴龙来了，你们会怎样做，说些什么？ ·引导学生读出自己的感悟	预设1： ·我是从"许多动物都躲得远远的"看出。 ·交流自己想象的内容。 ·感悟读。
预设2： ·从"点心"看出了什么？ （点心：吃饱了之后吃的糕点。）	预设2： ·我是从"点心"看出暴龙很贪心。

续表

·快来读一读。 ·再次出示第一句：暴龙是最贪心的猎手。 ③播放视频： ·你最想说什么？ ·学生说不上来时，老师引导：是啊！它连自己的同类都不放过，可真是（最贪心的猎手）。 ④引导学生读出这种感受。 （3）想一想，这一段我们分几步来学习的？ 课件出示： 默读，用"＿＿＿＿"画出重点句。 说说，是怎样围绕重点句写具体的。 读读，读出自己的感受。 3.学习第四自然段 老师导语：能不能用这种方法来学习描写翼龙的这一段呢？ （1）老师巡视。（给足时间，相应指导） （2）反馈。 ·你们同意吗？ ·从哪看出翼龙是天空中的英雄？ ·对比句子，指导朗读： 它们张着翅膀，在空中飞行。 它们张着宽大的翅膀，在空中优美地飞行。 播放视频。 翼龙都越过哪里了？ 想象一下翼龙还有可能越过哪里？ 感悟读文。	·再读这句话。 ·一、三句连读。 学生说感受。 预设：暴龙可真厉害啊！暴龙可真贪心啊！它连自己的同类都不放过，可真是最贪心的猎手…… 合作朗读。 学生回顾交流。 说一说。 读一读，记住方法。 自主学习第四自然段。 反馈： ·学生读重点句。 ·学生说句子。 ·体会语句具体、生动，练习朗读。 观看视频。 看视频回答。 想象：翼龙还可能越过沙漠、森林、海洋、城市…… 体会合作读。

活动意图说明：运用图片、文字资料及实物模型，创设教学情境，让学生感知暴龙的贪心，并结合生活实际展开想象，体会暴龙是最贪心的猎手，培养学生的想象力。把学习的自主性交还给孩子。

续表

环节三：仿照先概括后具体的方法，任选内容写一段话

教师活动	学生活动
师总结：第三、四自然段学完了，你发现这两段在写法上有什么相同的地方？ 1. 我们之前学的哪一篇课文也是用的这种方法？ 出示文字课件：（内容略） 2. 出示材料内容，让学生明确三选一写一段话。 （1）根据材料围绕"震龙是高大的骑士"写一段话。（教师提示：注意2组数字的联系）  （2）看图写话。  我们的校图真美啊！ （教师提示：可以用上一些形容词） （3）任选内容写一段话。	学生活动 交流 预设：都是先概括后具体的方法；围绕重点句来写的…… 学生交流、利用书指读《奇妙的鲤鱼溪》第二自然段。 学生读材料内容。 震龙： 身长：52 米 足球场长：104 米 身高：18 米 六层楼房高：18 米 体重：130 吨 一头非洲象重：5 吨 观看学校图片： 从所给出的图中选择自己喜爱的两幅图画，围绕"我们的学校真美啊！"写一段话。 自己练习写话。
3. 巡视、指导、挑选优秀。 4. 交流反馈。 教师多角度评价，鼓励学生。 指导学生修改作文：重点指导如何把重点句写具体。	指名读。 倾听。

活动意图说明：回顾写法，关联学过的内容，巩固所学先概括后具体的写作方法，放手让孩子写文，培养学生写作能力。

环节四：整体回归

教师活动	学生活动
师总结：同学们，我们今天一起学习了《遥远的恐龙世界》……还有许多神奇之处期待着我们去探索。	学生活动 认真倾听。

续表

活动意图说明：进一步激发学生探索恐龙世界奥秘的兴趣。	
环节五：布置作业	
教师活动 修改、完善自己所写的一段话。 搜集恐龙相关资料，制作一期手抄小报。	学生活动 记录作业，待课下完成。
活动意图说明：巩固学生所学知识。	

【板书设计】

15 遥远的恐龙世界

雷龙　　声大　　体笨

暴龙　　贪心　　猎手

翼龙　　空中　　英雄

【特色学习资源分析、技术手段应用说明】

皮亚杰指出："所有智力方面的工作都依赖于兴趣。"低中年级语文阅读教学中要注意巧妙创设情境，激发学生阅读兴趣。而对于低中年级语文课堂的教学来说在具体的语言环境中学习并理解字词意思，会填写并运用短语是教学的重点，本节课在设计时注意做到不破坏阅读情境的同时，让学生在情境中理解并想象词语所描绘出的画面，采用灵活多样的读书方法，运用恰当的多媒体带领学生走入课文情境，并设计多层次朗读，使学生了解课文内容，体会文本所表达的情感，让学生在轻松愉快的课堂氛围中获得知识、体验情感、提升能力。用多种方法，创设教学情境，引导学生与文本进行广泛的对话，感悟朗读课文内容，充分体现"情境教学"在教学过程中的地位与作用，充分体现学生在情境中主动高效学习。

【教学反思与改进】

1. 创设情境，培养能力

精彩的画面是展现形象的主要手段。课中在感悟"暴龙是最贪心的猎手"时，我出示暴龙张着血盆大口龇着尖利牙齿的图片、实物模型以及怒吼着捕杀自己同类的录像等，把暴龙那贪婪、凶残的形象展现在学生面前，让学生一下子感受到了它是最贪心的猎手，朗读课文更是有声有色。运用媒体创设教学情境，把课文内容形象化，使学生学得更加积极主动。

2. 循序渐进，教"法"有方

"授之以鱼，不如授之以渔。"如何让孩子掌握学习的方法，将来自己会学习呢？首先，我指导学生一步一步地学习第三自然段并且总结方法；接着，引导学生按照这种方法自学第四自然段；最后运用"先概括后具体的方法"写话。

3. 关注差异，有效练笔

我在设计"仿照先概括后具体的方法，任选内容写一段话"这一教学环节时，充分考虑学生个体存在的差异，设计了"给重点句以及相关资料、给重点句及校园景色图片、任选内容写一段话"难度逐渐加大的三个层次的练笔，来满足不同水平学生。通过有梯度的练笔，使每个学生的学习潜能都在原有的基础上得到充分发展，都有所收获，增强了学生的自信心。

4. 完成对接，前后关联

为了把传统课文讲出新意，我反复研读教材，在整个教学过程中力求体现三个对接，巧妙融合新旧以及课内外知识等，使学生的思维更广泛，收获更多。

（1）情境与内容的对接

上课伊始，观看有关恐龙的视频，瞬间把学生带入情境。当我请他们说一说看到了哪几种恐龙时，孩子们兴致盎然，脱口而出。

（2）图片与词语的对接

当画面定格在三幅图片后，我请学生到黑板前指着图片逐一介绍，之后进行看拼音写词语，使学生不但了解了课文内容而且掌握了重点词语，引出重点句子，一举多得。

（3）资料与课文的对接

这篇课文让学生感知的"先概括后具体的方法"，实际上在之前学过的《奇妙的鲤鱼溪》第二自然段就已经知道了。我在总结完写法后，请学生回顾，做到学此文想到前文，学这段想到类似的段落，使这种写法让学生更容易地掌握。

（此课例为北京市通州区"秋实杯"现场课）

张建伶

▽

张建伶，1975年1月出生，一级教师。1994年7月参加工作，2001取得汉语言文学本科学历。

多年来一直致力于古诗诵读与欣赏的实践研究，将"以诵读为途径，以欣赏品味为目的"的教学理念贯穿其中。教学中以诵读为途径，以欣赏品味为目的，引导学生在读中理解诗意；在读中想象，感受诗人情感。诵读的练习注重层次性和多样性，做到了读有层次，读有要求，读有指导，读有评价，以读悟情，以读入境。诵读和情感体验、语言积累紧密结合。

参加工作以来在各级各项教学评比中，有十余节教学课例、一百多篇论文和教学设计获奖，曾获通州区骨干教师、通州区优秀班主任、通州区师德标兵等荣誉。

培养审美力，提高语文素养

爱因斯坦说："不管时代潮流和社会风尚如何，人总是要凭自己高尚的品质，超过时代和社会，走自己的路。"小学语文是基础学科，它应为培养新世纪高素质人才打好基础。语文教学内容中包含着生动丰富的文字美，变化有致的结构美，尤其蕴涵着动人心魂的人物形象美。阅读教学和审美教育是密不可分的。可以说有文学就有美学，文因美存。阅读课虽没有音乐、美术那么直感，却能赋予审美教育更为广阔的天地。因此阅读教学与审美教育不可分割，理智评价与情感评价当融为一体。这就要求语文教师要在阅读教学中，在传播知识的同时，使学生受到美的熏陶，培养学生健康积极、美好高尚的情操和审美素养。

具体的教学环节中，教师可以从多方面入手，培养学生的审美素质。

一、品词析句，引导学生理解课文鉴赏美

罗丹说："对于我们的眼睛，不是缺少美，而是缺少发现。"要培养学生的审美素质，就要引导他们在品味好词语，分析句式、句意中去发现美、品体美，鉴赏美。如《赵州桥》一课，在学习第三自然段时，让学生紧抓住中心句"这座桥不但坚固，而且美观"及中心词语"精美的图案"，结合书上插图、教学挂图和投影片上各种龙的图案，来品味作者遣词造句之形象生动。其中"回首遥望、双龙戏珠、相互缠绕"等神形兼备的描写及"吐、抵、游"等动词的准确运用更是赋予这些石雕龙鲜活的生命力，千姿百态，大有一触即活之势，无限情态尽在眼前之感。通过阅读欣赏，品词析句，引导学生了解我国劳动人民所表现出的令人赞叹的创造智慧，继而使学生爱祖国、爱人民的情感得到升华。

二、创设情境，引导学生从整体上感受美

"情"包蕴在课文内容中，"境"是课文内容所构成的整体画面。教学时，创

设情境，学生通过感官，置身丰富、逼真的气氛中，可以驱动学生的学习积极性。教师可以通过生动的讲述，精彩的画面，直观形象的表演，以及电教设备的运用，创设一种审美意境，引起学生心灵上的共鸣，使学生产生一种强烈的掌握语言艺术、领会文章意境的欲望。例如《观潮》一课就可以通过形象逼真的录像，把钱塘江大潮来时那汹涌澎湃、气壮山河的宏伟气势淋漓尽致地展现在学生面前，使学生急切探知课文内容，进而领悟大自然的奥秘与力量。

三、剖析形象，引导学生赞赏高尚品质，追求精神美

美育有形象性和感情性两大特点，它以美的形象为手段，达到培养人的崇高情感的目的。也可以说美是通过具体的形象来表现的。所以剖析是实施语文教学中审美教育的基本途径。一个感人的形象，可以激发起千百万人向善向上的崇高信念；一个丑恶的形象，能让千百万人痛斥丑恶，憎恨虚假。形象越鲜明，对学生思想影响就越强烈、越深刻。学生受到了美好的形象的感染，必然能诱发情感的产生，从而萌生一种学习人物内心美好的激情与行为。所以在语文教学中应注意抓住对人物性格的讲读，用美的形象去感染学生，使他们体味到人物的心灵美和社会美。这就要求语文教师把握科学的审美标准，引导学生理解美的实质，树立正确审美观，进而追求美，创造出语文教学的美好成果。例如在《董存瑞舍身炸岸堡》一文中，在危急关头，董存瑞昂首挺胸，舍身炸暗堡时的刚毅的神态、果断的动作、坚毅的目光、激昂的话语无不体现了一位杰出的战斗英雄，誓死卫国的光辉形象。通过对人物形象的剖析，唤起学生爱国报国的美好愿望，也使学生感到真正的英雄形象的力量。

四、感情朗读，激发学生的审美情感

朗读是语文教学中至关重要的一个环节。教师应重视朗读，充分发挥朗读对理解课文内容、发挥语言陶冶情感的作用。通过朗读发展学生的语言能力，具体地说，就是通过朗读不仅使学生体会语言文字的韵律美，同时把语言文字化作鲜明的视觉形象再现在学生面前，唤起学生的想象，激发学生情感中真、善、美的因素，让学生与作者、与文章产生共鸣，情感得到美的感召和升华。从中受到教育和感染。例如《再见了，亲人》一课，指导学生通过有感情地朗读体会亲人离

别时那真诚、依恋之情，通过反复朗读，使学生发自内心地表达出中国人民志愿军离别时对朝鲜人民的深情呼唤。教师要重视范读，范读饱含着浓缩了的个人体会和独特感受，它可以把课文准确的词语概念，生动的修辞手段，感人的描写抒情、优美的韵律节奏充分表现出来，给学生以具体的启迪。不但辅助了讲解，而且起到美育的作用。

五、启发想象，训练学生表达美、创造美

审美教育不仅要求我们引导学生感受美、品味美、鉴赏美，同时还要训练学生去表达美、创造美，以达到发展语言的目的。例如学习《火烧云》一课时，学生通过品词析句和感情朗读，了解了火烧云颜色美，样子多，变化快的特点。在此基础上可以进一步引导学生，闭上眼睛想象：你还看到了什么颜色，什么样子的火烧云？它是怎么变化的？学生们纷纷举手，有的在理解书中描写火烧云颜色的词语的基础上，创造出自己的词汇：苹果绿、柠檬黄、草莓红……半红半黄、半粉半紫、半橘半青……有的受到启发这样描述变化中的火烧云："天边出现一头大象，四肢粗壮，身高体大，象鼻高高卷起，象牙闪闪发光，象耳朵好像还在呼扇呢。可是转眼间，象牙不见了，象鼻子也变小了，一会儿工夫，大象消失了……"学生们展开了丰富的想象，结合自己生活中所了解的事物从模仿到创造，更丰富了课文的内容。使他们内心中美的情感得以自然地流落和表达，达到了美育的目的。

总之，在阅读教学中，抓住审美教育这一课题，从多方面，多角度有效地培养学生的审美素质。使学生在审美活动中阅读和理解文章，在文、情、理的交融中接受知识、发展语言，从而升华美的情感，培养美的想象，激发美的发现，有助于学生形成正确的人生观，全面实施素质教育。

（此文荣获北京市"京美杯"征文一等奖）

《边塞诗二首》教学设计

学　　科：小学语文　　年　级：四年级
教材版本：校本课程　　课　时：第一课时

【教学内容分析】

边塞诗是唐代诗歌的主要题材，是唐诗当中思想性最深刻，想象力最丰富，艺术性最强的一部分。一些有切身边塞生活经历和军旅生活体验的作家，以亲历的见闻来写作。《凉州词》这首诗写戍边士兵的怀乡情，写得苍凉慷慨，悲而不失其壮，虽极力渲染将士不得还乡的怨情，但丝毫没有半点颓丧消沉的情调，充分表现出盛唐诗人的广阔胸怀。《从军行》表现战士们为保卫祖国矢志不渝的崇高精神。

【学生情况分析】

已有经验：学生已经能够利用工具书及页下注解来理解诗句意思，读出诗歌的节奏感。

困难分析：四年级学生由于古诗内容的时空跨度太大，加之学生的阅历背景又太浅，他们很难与诗人心同此情、意同此理；同时由于古诗的话语风格离学生的现有语感相去甚远，诗的文化底蕴无法体味。教师应紧紧抓住"诗象"这一中介，把诗句化为画面，引导学生在想象和反复诵读中加以体会和理解

【教学目标确定】

情感：体会戍边士兵的怀乡情和为保卫祖国矢志不渝的崇高精神。

能力：学生能够掌握诵读古诗的方法，诵读古诗做到有节奏，连而不断。

知识：借助注释，正确理解两首诗的意思。

【教学重点难点】

教学重点：朗读做到正确、通顺、有节奏。

教学难点：感受《凉州词》的古诗意境，读出这首诗悲中不失其壮的基调。

【教学过程】

环节一：背诵诗歌，引入主题	
教师活动 谈话：这节校本课我们一起学习两首雄浑苍凉的边塞诗。边塞诗是以边疆地区军民生活和自然风光为题材的诗。唐代是边塞诗的黄金时代。 背一背自己读过或学过的边塞诗。	学生活动 学生根据已有知识进行交流。 预设： 《前出塞》：林暗草惊风，将军夜引弓。平明寻白羽，没在石棱中。 《出塞》：秦时明月汉时关，万里长征人未还。但使龙城飞将在，不教胡马度阴山。
活动意图说明：通过积累使学生初步感知了边塞诗描写的内容和地理环境。	
环节二：分步解读，品悟诗情	
教师活动 1. 指名读诗。要求读准字音。 古诗和我们学过的课文不同，它不但要读通顺正确，还要读出节奏来。 指名读。及时指导：读诗要停而不断。 当我们理解了诗意后，读诗不光要读出节奏，还要读出自己的理解。 2. 解释诗题。介绍诗人王之涣。 3. 理解诗意。 如果请你用一个词来表达你读完这首诗的感觉，你想到的是哪个词语？教师顺势引导，板书。 请大家静静地默读《凉州词》，想一想，诗的哪些地方向你传递着这样的感觉和情绪。	学生活动 1. 自读古诗。做到正确、流利。 学生正确断句，读出节奏。 黄河 / 远上 / 白云间， 一片 / 孤城 / 万仞山。 羌笛 / 何须 / 怨杨柳， 春风 / 不度 / 玉门关。 根据理解读出轻重音和抑扬顿挫。 2. 学生根据自己搜集的资料解释诗题：凉州词，又名《凉州歌》，为当时流行的一种曲子。《凉州词》配的唱词，很多诗人都曾经以此为题。 学生根据自己搜集的资料介绍：王之涣，字季凌，盛唐著名诗人，至今享有盛誉。天宝间，与王昌龄、崔国辅联唱迭和，名动一时。其诗用词十分朴实，造境极为深远，令人裹身诗中，回味无穷。 3. 学生读诗思考，回答。 预设：孤独或者孤单。 预设： 从"一片孤城万仞山"中我读出了孤独。 从诗中描写的地理环境中感到荒凉。 读诗思考。

续表

4. 体会诗歌"孤"意境。 （1）这座孤单单的城，指的是哪座城？引导学生从注释中获取玉门关相关知识，师补充介绍玉门关地理位置的相关知识。 （2）为什么作者称玉门关为"孤城"？ 引导感受：看荒漠图景（出示图片配乐）。  （3）同学们，请你想象一下，站在玉门关你看到些什么？你不可能看到些什么？ 顺势引导学生体会戍边将士的孤独。	4. 预设：指玉门关。 （1）读诗句"黄河远上白云间，一片孤城万仞山"。感受玉门关的荒凉和孤单。 读出这份孤单和荒凉，读出戍边士卒生活环境的艰苦。 （2）感受玉门关的荒凉与寂寞。玉门关在茫茫戈壁滩上，四周荒无人烟，显得那么荒凉、孤寂、冷清。这就是诗句中所说的"孤城"。这样的一座城，不远处就是万仞高山，在万仞高山的衬托下，显得那么渺小、孤单——这就是诗句中说的"孤城"。 （3）预设： 可以看到黄沙漫天、一座孤城、戈壁…… 看不到绿树鲜花，看不到繁华的市镇，看不到行人…… 再读诗句：黄河远上白云间，一片孤城万仞山。
5. 体会诗歌"怨"的双关。 （1）理解"怨"，思考：埋怨杨柳什么？为什么杨柳不发芽呢？春风吹不到，杨柳自然不会发芽。战士们是多么盼望见到春风轻拂，杨柳吐绿啊！但在这茫茫高原，那只是奢望。埋怨杨柳有用吗？所以作者说—— （2）当戍边将士听到羌笛吹奏的悲凉的折杨曲时，会是怎样的心情？（出示边关士兵独自吹奏羌笛的视频资料。）师相机介绍相关资料：据《资治通鉴》记载：唐玄宗时兵士戍边时间从一年延至三年，后又延至六年，到最后终于成为永久之役，长达三十五年。 （3）感悟"春风"的深意。 教师小节：戍边将士们盼望着朝廷早点让他们回家，可是，"春风不度玉门关"，朝廷似乎忘记了他们的存在，根本不顾他们的死活。很多将士魂归关外。	5. 读诗句：羌笛何须怨杨柳，春风不度玉门关。 （1）预设：埋怨杨柳不发芽。埋怨春风不度玉门关。 齐读：羌笛何须怨杨柳，春风不度玉门关。 （2）想象久未回乡，思乡心切的戍边士卒们对于家乡、亲人的深切思念之情。 （3）学生借助书中注释理解"风"——表面指的是自然界的风。它另一种意思即是朝廷的恩惠和关心。 齐读"羌笛何须怨杨柳，春风不度玉门关"。 边读边理解后两句的意思，体会将士的孤寂与思乡之情。
6. 小结：这首诗前两句偏重写景，后两句偏重写情。写景雄奇辽阔，写情委婉含蓄。短短二十八个字，蕴含着丰富的内涵。让我们再来吟诵这千古绝唱。	6. 感知《凉州词》的写作特点。 再次有感情地吟诵。

续表

活动意图说明：抓住"一片孤城"这一诗象，引导学生在想象和反复诵读中加以体会和理解，感受到玉门关的荒凉和戍边士卒生活的艰苦。借助立体的画面，引导学生想象，体会戍边士卒的孤寂与思乡之情。

环节三：学习《从军行》

教师活动	学生活动
过渡：戍边战士生活在荒凉的边塞，与孤城黄沙为伴。但他们的爱国情、报国志却丝毫不会减弱，一旦遇到外敌入侵，他们又会誓死保卫自己的祖国。	
1. 引导学生读通读懂古诗，读出节奏，做到气息的停而不断。	读通古诗，读出节奏。根据页下注释理解诗意。
2.《从军行》在内容上与《凉州词》有什么相同？	预设：都生活在"孤城"。环境都很恶劣。
3. 本诗表达的感情与《凉州词》有什么不同？	预设：《凉州词》委婉地写出了对朝廷的批评。《从军行》写出了戍边战士誓死保卫祖国的坚定决心。
金甲易损，生命可抛，戍边战士报国的意志却不会减，所有的豪情气势都融在了这首诗中——边塞诗是我国诗歌宝库中的一朵奇葩，希望这节课后大家多读一些边塞诗，丰富我们的课余生活。	齐读。体会情感。

活动意图说明：通过练读和页下注释大致了解《从军行》的内容。体会戍边战士生存环境的荒凉与艰苦。通过诵读体会了士卒不畏艰苦为国尽忠的志愿。鼓励学生进行诗歌的阅读。

【板书设计】

边塞诗二首

景　孤　　　暗

凉州词　　　情　怨　　　从军行　　　报国志

【特色学习资源分析、技术手段应用说明】

在明确课标和指导思想的前提下，结合实际使用我校的《古诗诵读与欣赏》，引导学生在古诗的诵读中理解品味这两首边塞诗，关注学生诵读、欣赏、评价能力的发展。主要体现在：

1. 教学中以诵读为途径，以欣赏品味为目的，引导学生在读中理解诗意；在读中想象，感受戍边战士生活之苦，体会其怀乡心情之切；在读中体会诗人含蓄批评之意。诵读的练习注重层次性和多样性，做到了读有层次，读有要求，读有指导，读有评价，以读悟情，以读入境。诵读和情感体验、语言积累紧密结合。

2. 主题凝聚、资源整合，实现古诗教学模式的突破。以边塞诗为主题，将三维目标、两首诗歌有机地整合为一体。

3. 大量的课外拓展，丰富了文本，有助于学生深入理解古诗，同时深化了古诗的内涵，让学生在陶冶情操的同时也积淀了古诗的文化底蕴，学生在短短的40分钟内收获颇丰。

【教学反思与改进】

1. 朗读指导有目标，分层次，讲求实效

"诗歌不是无情物，字字句句吐衷肠。"有感情地朗读古诗，有助于学生理解诗中的意象和情感，有助于深化学生的审美体验。只有经过充分地、反复地诵读，设身处地地进入诗的境界，仔细体味每个重点词句的含义，细致感受其中的形象美，才能深入地领略作品中的情致和趣味，从而获得审美的愉悦。因此，在教学本诗时，我在古诗的朗读指导上很下功夫，按照认知规律，制定了"四步读诗法"，即"读正确—读出节奏—读出感觉—读出意境"，在学习古诗的过程中贯穿朗读训练，引导学生分层次、按步骤进行练读，每个环节注重落实，做到读有层次，读有要求，读有指导，读有评价，以读悟情，以读入境。课堂上，我采用多种形式的朗读方法，默读、小声读、齐读、个别读、范读、师生合作读、男女生分读、配乐朗读等，课堂上书声琅琅。尤其是引导学生读出古诗的意境，我激情创境，让学生在哀怨悲壮的音乐感染下，为情所动，随情而读。同时，学生掌握了朗读古诗的方法，相信在今后的古诗学习中也会学以致用，举一反三。

2. 大量的课外拓展，丰富文本，深化了古诗内涵

诗的语言凝练含蓄，耐人寻味，经常是"言有尽而意无穷"。在教学中，我巧妙地进行适度的课外拓展，如课前的赛诗会、对玉门关的补充介绍、由"怨杨柳"引出的唐代服役制度，对"春风"的解读，大量的课外拓展，有助于学生深入理解古诗，同时深化了古诗的内涵，让学生在陶冶情操的同时也积淀了古诗的文化底蕴，学生在短短的40分钟内收获颇丰。

不足：教学中重视了诗歌情感的品悟，忽视了有些诗句的理解。如"一片孤城万仞山"的教学中，学生借助我国西部地图，了解到玉门关是个离我们很远很远的、极为荒凉偏僻的地方，如能结合"黄河远上白云间"和"万仞山"这些诗句来理解，效果应该会更好。

（此课例获北京市通州区校本课例征集一等奖）

徐亚兰

▽

　　徐亚兰，1980年2月出生，中共党员，现为通州区东方小学教师。1999分配到潞县镇中心小学任教，2008年7月调入通州区东方小学。自参加工作以来，始终热爱党的教育事业，爱岗敬业。在三尺讲台上无私地奉献着青春，用真诚和爱心培育着祖国的幼苗。

　　在二十一年的教育教学工作中，热爱教育事业，具有强烈的事业心和高度的责任感，工作中认真钻研，能够吃透教材，寻找教学策略。同时，在教育教学中注重学生的习惯养成，受到了学生和家长的一致好评。所撰写的百余篇论文获得国家级、市级奖项。获得北京市先进支教工作者、通州区青年模范班主任、通州区青年骨干教师、通州区骨干教师等荣誉。

语文教学中多媒体的恰当运用

信息技术是最活跃、发展最迅速、影响最广泛的科学技术领域之一。信息技术的飞速发展，已经对我们整个社会的经济与生活结构产生了巨大的影响，它已经渗透到社会生活的每一个角落，不仅改变着我们的生活方式，也改变着教育和学习方式。随着教学改革的深入，巧妙地运用多媒体进行教学更能调动学生积极主动地参与知识的形成过程，彻底改变了学生接受—模仿的学习模式，让学生有更多空间进行探索和创造，只要我们根据教材特点、学生的实际设计多媒体课件，就能为整节课，学生的成功学习奠定良好的基础。也让课堂的每个环节都精彩纷呈。下面就谈谈我对在语文课堂中运用多媒体进行各个环节教学的几点做法。

一、导入环节：创造氛围，入情入镜

正如苏联著名教育家苏霍姆林斯基所说："如果教师不想办法使学生产生情绪高昂和智力振奋的内心状态，就急于传授知识，那么这种知识只能使人产生冷漠的态度，而使不动感情的脑力劳动带来疲劳。"导入新课是课堂教学的一个重要环节。如用千篇一律地用"上节课我们讲了……今天我们要讲……"的老一套方式导入，不光很难引起学生对新授课的兴趣，也不能完全吸引孩子们的注意力。一节课刚开始，学生的注意力往往还停留在课前的某一情景上，所以为了使学生对新课题产生兴趣，一般来说，教师应从无意注意入手。无意注意是一种事先没有预定目的，也不需要做任何意志努力的注意。根据孩子们的年龄特点，在低年级的教学中，我多运用刺激性强度较高的多媒体，如动物鸣叫、录音歌曲、动态画面等，不由自主地引起学生的注意，再以一个简单的问题激发孩子的表现欲，以一个较难的问题激发孩子的好奇心导入新课，常常会收到比较满意的效果。

如在讲二年级第四册《动物时装表演时》，用视频时装表演的画面和声音进行导入，引发学生的无意注意，进而再辅以"动物时装表演的动物们都展示出什么时装了呀？"这个与课文内容紧密相连的问题，激发学生学习课文的兴趣。

二、字词环节：引起注意，节约时间

每节课的教学时间是有限的，如何把有限的时间发挥它的最佳作用，这需要老师精心钻研教材，合理安排时间。在低中年级的讲读课文中，一般在讲读课文前都会安排学生学习字词或是复习字词，了解一些字义，分散讲读课文中的难点。传统的教学方式是老师用卡片写上词语，孩子再读，费时费力，字小，色彩不鲜艳，对学生吸引力不大。采用多媒体进行这一环节，就会让人感到实用便捷。

例如教学三年级第六册《鹅》这篇课文时，多媒体课件的运用就让这一环节用时短、实效强。老师听写词语：慌张、勇敢、搏斗、显著、昂首挺胸、引颈高歌、破例。每写一个词语，学生通过课件出示正确答案进行反馈，边订正老师边通过大屏幕强调易错处。接着理解个别词语意思。课件出示：那突兀的额头是它和鸭的显著区别。（课件出示鸭子和鹅头部的图片）最后出示"破例"与"照例"课件出示句子对比。通过听写，检查学生的字词掌握情况，图片对比，区分鹅与鸭子的特征，句子对比，理解词语意思的不同，分散教学中的难点。用了短短6分钟的时间，解决了这么多问题，这不是足以体现多媒体的时效性。

三、新授环节：关注重点，突破难点

课堂教学的中心环节就是讲授新课。它是使学生在已有知识的基础上认识、领会新知识，培养能力，提高思想觉悟的过程。随着教学由浅入深，再到具体内容的呈现，学生的无意注意不仅不能持久，还极易受到干扰。所以在讲授新课的过程中运用多媒体必须在引起学生无意注意的同时，引导学生积极思考，由无意注意转化为有意注意的方法。如在讲"聪明的华佗"这一课时，我先在ppt上打出"华佗怎么聪明了？"让学生观察书中图片，仔细观察两只羊的神态，动作。体会"头对头，角对角"硬拉行不行？感受到分开两只羊的难度。在此基础上给出面对蔡医生的考验他是怎么想的？而他又是怎么把两只羊分开的呢？面对这样层层深入的问题，学生的学习进入了本课的难点和重点，经过对课文内容的反复诵读，学生们基本上都能自主思考到答案，而这时再结合学生本身年纪和小华佗相近的实际情况，提出这么小的华佗就能这样巧妙地分开恶斗的羊，他聪明吗？聪明到底是什么？这样的问题，学生对于疑问都能迎刃而解，并使学生对聪明这个概念有了更深刻的认识。

在传统的教学过程中，受时间和空间的限制，在讲解新课时，要让学生突破某一教学难点，非常困难，带上一堆教学挂图，还要写上几大黑板字，弄得汗流浃背。而多媒体解决了这一难题。多媒体可以利用动画、图形及文字变换的功能，帮助学生全面深入地了解事物本质，多媒体直观、形象、丰富多彩的特点可以帮助学生进行多种感官并用的学习。抽象思维、逻辑思维，语言表达等方面的障碍在计算机的作用下被化解了，消失了，从而降低了学习难度，使教学难点得以顺利突破，教学重点得以顺利解决。例如教学《奇妙的鲤鱼溪》一课时，本课的重难点，了解鲤鱼溪的奇妙，学习抓住重点词、重点句理解自然段的内容。在教学课文第一段时，我设计了一组课件，首先请学生思考：为什么这条溪叫作鲤鱼溪？再请学生看看书上是怎么描写的。这时我出示了第一张PPT：溪中有六七千条灰黑、墨绿、丹红、金黄、红白相间、红黑交错的各色鲤鱼，所以这条溪就叫作鲤鱼溪。自己读一读，看看从那些词可以看出鲤鱼溪很奇妙呢？结合生活实际，准备谈一谈自己的理解。而后我设计了ppt文字闪烁：六七千、各色，帮助学生理解数量多、颜色多。接着我先让学生闭上眼想象一下鲤鱼溪的样子，马上放配乐录像，学生一边看，老师加解释：（1）在一个山清水秀的小村庄里，一条清澈的小溪潺潺地流淌着。溪中六七千条不同颜色的鲤鱼自由自在地生活着。（2）快说说，你都看见什么颜色的鲤鱼了。学生边指边看边自由说。再来朗读，已无须老师指导。

四、练习环节：有趣练习，巩固知识

在课堂总结的基础上，还需要通过练习来进一步学会运用，以达到更好的教学效果。而语文课的练习，尤其是阅读题，具有文字多的特点。若用传统教学手段难以达到当堂巩固新课的目的，而多媒体教学则可利用其容量大的优势解决这一问题。并且在设置课堂练习时，可以编一些融合现实材料、时政热点、社会问题等内容为一体的练习题，让学生通过分析、解答，达到理论与实践的结合，课内与课外的统一。比如在进行传统的字词听写的时候，选取有特点的字，例如左右结构由偏旁和熟字组成的新字，我先打出拼音然后让学生进行书空，说出字的样子，再请同学一起书空，再在大屏幕中出示字，进行验证，如此反复的挑战，既完成了练习也使孩子记忆的更牢固。

五、小结环节：形式多样，巩固记忆

课堂总结与随堂练笔是语文教学环节中不可缺少的两个内容。如经常按常规模式进行总结和练习，就难以引起学生的兴趣和注意，便达不到总结巩固记忆的目的。所以教师一定要用多种方法对新授课进行归纳总结，增强课堂教学的密度，不仅能使知识条理化系统化，又能使学生保持良好的乐学情境和深刻的记忆，避免课堂结尾学生疲劳、厌烦情绪的出现。用编制的顺口溜或对称式语句进行ppt总结展示就是其中一种形式，再配以轻快的音乐，往往会收到意想不到的效果。如我在对《尧字歌》这课进行课堂总结的时候，PPT出示学生仿照课文书写的识字小儿歌："日字加尧就念晓，日出东方天破晓，火字加尧就是烧，妈妈用火把饭烧。提手和尧那是挠，用手可以挠一挠。足字加尧就成跷，过节大家踩高跷。羽字加尧组成翘，小鸟尾巴翘一翘，尧字一共有六笔，请你一定要记牢。"这首学生自编的尧字歌读起来朗朗上口，在课堂的结尾处展示，音乐、儿歌使学生的情绪再兴奋，疲劳感顿消，且能做到过目不忘，记忆深刻，真正达到了巩固升华的目的。

总之，在语文教学中，教师应根据学生和教材的实际，在各教学环节中恰当地利用多媒体辅助教学，这样能激发学生的兴趣，活跃课堂、强化内容、提高觉悟、加深记忆，使语文教学产生良好的效果，最终达到语文课的教学目标。

（此文荣获北京市"小语现代化"征文一等奖）

《小蝴蝶花》教学设计

学　　科：小学语文　　　　年　级：三年级

教材版本：北京版　　　　章　节：第五单元　　　　课　时：第二课时

【教学内容分析】

三年级语文第二册21课《小蝴蝶花》是一篇童话故事。主要讲了小蝴蝶花经历了从骄傲到自馁的感情变化，最后找到了心理平衡，能正确地看待自己了。说明每个人都拥有一份独特的美，有了自知之明，才能做到既不以自己的长处而骄傲，又不因自己的短处而失去自信。

这是一篇童话故事，讲的是小蝴蝶花因美丽而经历了高兴、骄傲、自馁的感情变化，最后能正确地看待自己，心情舒畅极了。本文借物喻人，在故事中蕴含着一定的人生哲理：每一个人都有一份独特的美，有了自知之明才能做到既不以自己的长处而骄傲，又不因自己的短处而失去自信。这篇文章结构清晰，语言通俗易懂，利于学生朗读、体验及发展语言。

文章线索清晰，语言精美。以小蝴蝶花的情感变化为线索展开，形象地再现了小蝴蝶花的语言和心理，把小蝴蝶花的情感变化生动形象地展现在读者面前。

【学生情况分析】

三年级学生对童话故事有极高兴趣，所以会非常喜欢这篇课文。由于内容浅显，易于对课文内容了解与把握，但对于小蝴蝶花情感反复变化的原因会有一定的困难。教师要引导学生通过读、理解、感受小蝴蝶花的语言、神态、心理及周围环境的描写，才能较好体会。教学中将通过多媒体课件的运用在探究中突破这一难点。本班学生没有问题意识，不能主动提出问题，需要在老师的引导下能够提问，但提问的质量不高。

【教学目标确定】

能有感情地朗读课文。

结合句子，联系课文内容，体会到小蝴蝶花情感的变化。

体会到每一个人都拥有一份独特的美，有了自知之明，才能做到既不以自己的长处而骄傲，又不因自己的短处而失去自信。

【教学重点难点】

体会小蝴蝶花情感变化过程和原因。

能体会"每一个人都拥有一份独特的美，有了自知之明，才能做到既不以自己的长处而骄傲，又不因自己的短处而失去自信"的道理。

【教学过程】

环节一：复习导入 学习字词	
教师活动 今天，我们来学习第21课《小蝴蝶花》，请同学们齐读课题，通过课题，你想知道什么？（板书问题） 1. 识字 课前我们已经预习了课文，生字认识了吗？我把这些生词朋友请出来，谁愿意读一读？ 名花奇葩、雍容华贵、惹人注目、 头昏目眩、埋没、迂回流荡、 骄傲、自馁、畅舒、 2. 看了这些词语，你有什么问题吗？指名学生提问，老师随机解释。（鼠标滑过名花奇葩、迂回流荡，分别点击超链接，出示文字解释及图片。） 指名学生解释，出示练习题，根据意思猜词语。 练习，选择解释。头昏目眩：是什么意思？"眩"字在字典中有两个解释：①眼睛昏花看不清楚；②迷惑，迷乱。在"头昏目眩"一词选择（ ）。 3. 带着理解再读课文。	学生活动 1. 预设： 小蝴蝶花生活在哪儿？ 小蝴蝶花发生了什么事？ 2. 读词语，找出不理解的词。 选择解释，理解词义。
活动意图说明：读课文题目，提出问题，引发思考，培养学生带着问题学习的习惯。针对自己不理解的字词进行提问，培养问题意识，学会主动思考，提出疑问。解决字词障碍。	
环节二：初读课文 整体感知	
教师活动 1. 边读课文边画出描写小蝴蝶花情感变化的词语，然后试着填空。 小蝴蝶花生长在_____，它很_____。后来，花匠把它从草丛中移植到_____，它_____。听了孩子们的话后，它心情_____。 板书：骄傲、自馁、舒畅、	学生活动 1. 学生边读课文边画出描写小蝴蝶花情感变化的词语，然后试着填空。

续表

2. 看到小蝴蝶花的这些情感，你有什么问题吗？ 根据学生所提问题板书问号。 （板书：骄傲？　自馁？　畅舒？） 过渡：小蝴蝶花的情感从刚开始的骄傲到自馁，最后到心情舒畅，发生了很大的变化，为什么会发生这样的变化呢？下面就让我们带着这个问题一起来深入地学习课文。	2. 预设： 小蝴蝶花为什么刚开始骄傲，后来又自馁呢？ 又为什么到最后心情舒畅了呢？

活动意图说明：培养学生准确提取信息的能力，抓住文中的情感线索，提出问题。借助板书提示学生，抓住文章中的情感线，提出疑问，理清文章脉络，理解文章大意。 新课改让我们越来越重视对文本的研读，力求能够高屋建瓴、以简驭繁地把握整篇课文，通过对文本精巧的处理，让学生逐渐形成对课文主线的把握能力，从而达到能自主研读的目标。

环节三：精读课文，深入感悟

教师活动	学生活动
感悟骄傲及原因 1. 哪一段写小蝴蝶花骄傲？指名读。小蝴蝶花为什么骄傲？ 小蝴蝶花生长在草丛里"左瞧右看"在（平平常常的）草丛里都看见什么了？那小蝴蝶花什么样？就会如此骄傲？ 2. 课件出示： 它自认为自己是最了不起的了，于是说："看来，我是百花中最了不起的了，可惜被埋没在这里，跟这些小草、小花在一起，什么时候才有出头之日呀！" （1）从哪些词看出它骄傲？结合词谈感受和体会 （2）小蝴蝶花这时候会想什么呢？你还想用什么词来形容它？ （3）看看标点，你有疑问吗？"什么时候才有出头之日呀！"（从标点处引导，这是疑问句，为什么用感叹号，说明它更想强调自己没有出头之日。） 小结：因为小蝴蝶花用自己的长处与小花、小草的短处相比，所以它很骄傲。 **感悟"自馁"及原因** 1. 后来，小蝴蝶花被花匠移植到花园里，可它又"自馁"了。 什么叫"自馁"？（失去自信而畏缩） 2. 小蝴蝶花为什么会自馁？你从哪体会到百花比小蝴蝶花美？	其他同学边听边思考：小蝴蝶花都生活在哪？（画批） 预设： 1. 平平常常，有的不开花，有的开出一朵半朵，很不惹人注目，没有什么清香。 2. 自己的样子，紫色的花瓣里不时飘散出一丝淡淡的清香，逗引着蝴蝶从远处飞来。 预设： （1）最了不起、可惜、被埋没、出头之日。 （2）得意扬扬、目中无人。 （3）预设： 这样更能显示出它骄傲、目中无人。 1. 预设：自卑、伤心、难过。 2. 预设: 因为它看到百花很美，自己很寒碜。

课件出示： 　　不久，小蝴蝶花被花匠发现了，花匠把移植到一个万紫千红的花园里。初到这里，有些头昏目眩。看看那汉白玉栏杆里的雍容华贵的牡丹，开得多么旺盛；那正在怒放的碧桃，开得比朝霞还要鲜艳……数不尽的名花奇葩在争芳斗艳，说不清的花香在空气中迂回流荡。 （1）花园里还可能有什么花？请你说一说。 （2）用"什么花，开得怎么样"说说。（出示图片） （串红开得比火还鲜艳；玫瑰多姿多彩） 这真是……（数不尽的名花……）生回答。	学生补充句子。
3. 体会心情，课件出示。 　　它想："看来我是百花中最寒碜的花了，谁也不会理睬我！" （1）哪个词写出了很自馁？最。 （2）想象它现在自馁的样子，你想到了哪些词？ （3）读一读这句话，读出灰心丧气的样子 小结：因为小蝴蝶花用自己的短处与百花的长处比，所以它自馁了。在草丛里，小蝴蝶花很（骄傲），是因为（它很漂亮）；在花园里，小蝴蝶花很（自馁），是因为（它很平凡）；所以小蝴蝶花找不到自我了。	3. 预设： （1）最寒碜、不会理睬。 （2）无精打采、灰心丧气、失望。 （3）读句子体会小蝴蝶花的心情。
感悟"舒畅"体会自信 1. 这时候发生了什么事使小蝴蝶花心情舒畅了？（孩子们的欣赏） 2. 分角色读。它现在会想什么呢？你认为小草、小花、名花奇葩、小蝴蝶花究竟谁美？（感悟到：人人都拥有一份独特的美。） 3. 出示齐读：听了孩子们的话，小蝴蝶花扬起了头，心情舒畅极了。	体会小蝴蝶花的心情，分角色朗读。
活动意图说明：从小蝴蝶花的语言、动作、神态等方面分析小蝴蝶花的整个情感变化，让学生感受变化，使整个情感变化更完整，学生能够整体感知课文。并能够体会不同环境，与不同事物对比，小蝴蝶花的不同心态。	
环节四：延伸体验，读写结合	
教师活动 1. 想象补白。 过渡：刚才我们随着小蝴蝶花一起经历了它的情感变化，能把这种变化的过程读出来吗？老师想和你们一起读。（师引读）	学生活动 1. 学生倾听。

续表

课件出示：	学生齐读课文。
"看来，我是百花中最了不起的了，可惜被埋没在这里，跟这些小草、小花在一起，什么时候才有出头之日呀！"	
"看来，我是百花中最寒碜的花了，谁也不会理睬我！"	预设：
听了孩子们的话，小蝴蝶花扬起了头，心情舒畅极了。	小蝴蝶花，你不应该骄傲。
小蝴蝶花经历了这样的情感变化后，你想对它说什么？	小蝴蝶花，你不要自馁。
课件：小蝴蝶花我想对你说："_____。"	小蝴蝶花，你要看到自己的美。
你从中是否受到启发？	（"自己的美"说得很好，那你知道什么
2.小练笔。	是自己的美吗？就是"独特的美"）
把你想对小蝴蝶花说的话写下来，如果加上你受到的启发就更好了。注意语句要通顺，不写错别字。	2.完成练笔。

活动意图说明：通过与小蝴蝶花的对话，体会到每一个人都拥有一份独特的美，有了自知之明，才能做到既不以自己的长处而骄傲，又不因自己的短处而失去自信。

环节五：小结提升 布置作业

教师活动	学生活动
希望大家都能像美丽的小蝴蝶花一样，正确地看待自己，不因自己的长处而骄傲，也不因自己的短处而自馁，那样我们才会在不懈的努力下，不断进步，永远快乐！	认真听。
布置作业：	
1.抄写自己喜欢的词语或句子。	认真完成。
2.阅读语文读本《小柳树和小枣树》。	阅读积累。

活动意图说明：将体会转导自身，形成自己的思想及价值观。

【板书设计】

21 小蝴蝶花

草丛中　　　　　　花园中　　　　　　赞赏中
骄傲　　　　　　　自馁　　　　　　　舒畅
　　　　　　　正确看待自己

【特色学习资源分析、技术手段应用说明】

我国著名教育家陶行知先生说："发明千千万，起点是一问。""学起于思，思起于疑。"思维一般都从问题开始。《中小学语文课程标准》的课程理念中也指出：要引导学生在语文学习的过程中，依据自己的体验、感受与发展，主动地与作者对话，与同学、老师交流，逐步地形成问题意识，并在对问题的思考、认识、解决的过程中，培养合作精神、探究意识和研究性学习能力。而从教育心理学的角度来说：问题是思维的起点，又是思维的动力。而培养学生的问题意识，使之从有疑到无疑再产生新疑，这与教学过程的特征是一致的。因此，本节课我着重培养学生的问题意识，指导学生质疑方法，让学生带着问题去细致阅读，在读中感悟、在读中解决问题，使学生形成能力。

【教学反思与改进】

在本节课中我引导学生质疑的方法：

1. 抓课题，题目是"眼睛"，又是心灵的"窗户"，因此抓住文章题目的质疑问难，往往是打开感悟文章的窗户。

2. 抓主要内容，对内容的质疑有利于学生理解课文，层次的质疑，它往往能触及文章的中心，有助于教师在教学过程中围绕这条线索展开。小蝴蝶花一文中小蝴蝶花的三次情感变化，就是文章的主线，教学中我引导学生抓住这条线对文章进行梳理，使学生分析文章时思路清晰。

3. 抓标点符号，注意引导学生学习从省略号、引号、破折号、感叹号的使用方面进行思考，会激发学生提出问题的兴趣。小蝴蝶花一课中，小蝴蝶花骄傲时的感叹号，及花园里数不尽的名花奇葩中的省略号，都能引发学生思考，然后让学生带着问题去细致阅读，在读中感悟、在读中解决问题，这样才能使学生沉浸到读书之中。学生带着问题和自己的情趣或默读或小声读或大声读，积极和作品进行平等对话，自由交流、自主学习和探究，通过各种策略方法使学生真正地在学习过程中敢想、敢说、敢问和敢做。在不断地质疑、答疑中锻炼自己，提升自己。

（此课例为北京市通州区区级研究课）

刘雪芹

▽

刘雪芹，1997年7月毕业于通县师范学校。2005年加入中国共产党。

她坚持在教研中学习、在教学中探索，在实践中提升、在行动中育人。先后参加了北京市的两个课题的研究。根据经验撰写的论文多次获奖。多次做区级、校级研究课、评优课和骨干展示课。

在教学中努力为学生创造一个和谐民主的学习氛围，课堂上充分给予学生自主探究的空间，让学生发现问题，解决问题，主动参与。尊重学生的个体差异，实施差异教学。她时时要求自己为人师表，率先垂范。对工作一丝不苟，具有强烈的责任心，使学生"敬而亲之"。

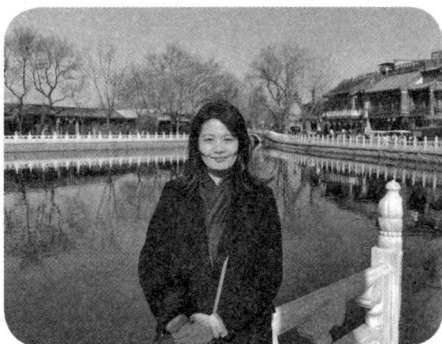

尊重差异，创设多元的数学课堂

中国有句俗语：人各有所长。可见不同的人有不同的智能强项，不同的人是存在智能差异。我们在课堂教学中往往会有这样的困惑，学生的差异太大了，课真是没法上了。的确，学生个性差异是客观存在的，那么我们应该如何关注学生的个性差异，组织好课堂教学呢？多元智能理论认为，不同的智能领域都有自己独特的发展过程并使用不同的符号系统，因此，教师的教学方法和手段应根据不同的教学内容而有所不同。同时，同样的教学内容，又应该针对不同学生的智能特点进行教学，创造适合不同学生接受能力的教育方法和手段，并能够促进每个学生全面的多元的智能发展。多元智能理论还认为，对于一个孩子的发展最重要、最有用的教育方法是帮助他寻找到一个他的才能可以尽情施展的地方，在那里他可以满意而能干。这就有必要我们教师正视学生之间的差异，实施差异教学，提高课堂教学效果。教师在教学中如能充分了解每个学生的智能潜质，依据多元智能理论有针对性地改进教学方法，就能真正地立足于学生实际，做到因材施教。以下结合我这学期讲的《购物中的数学》这节课谈谈我讲课后的所思所想。

一、承认学生多种智能的差异，制定差异学习目标

在数学学习过程中有的学生感知敏锐、观察能力强、思维灵活、概括迅速全面，逻辑推理具有系统性、顺序性，理解和掌握知识快；而有的学生则感知迟钝、观察能力差，思维水平低、易受无关因素的影响，理解掌握知识慢、错误多。如果我们忽视学生学习智能差异的客观存在，必然导致教学过程中部分学生因"吃不了"而丧失数学学习信心；部分学生因"不够吃"而失去数学学习的兴趣。制定差异学习目标，在承认学生学习能力差异客观存在的基础上，依据学生数学学习能力的差异，制定符合不同层次学生的目标要求。

本节课我制定以下目标：

1. 在经历分析、计算、比较、概括等过程，引导学生综合应用所学知识解决生活中的实际问题，体会数学在解决日常生活中所遇问题时的价值。

2. 能够通过分析、计算、比较得出购物的一般技巧，使学生体会解决问题策略的多样性，能有条理的表述自己的观点。

3. 感受数学与实际生活的密切联系，培养学生的应用能力和实践能力，激发学生学好数学的信心。学生运用已学过的知识有的就可以直接判断谁家便宜，有的就要经过计算、比较，关注学生的智能差异。

二、重视学生空间智能差异，合理组织学习材料

由于学生所处的环境、背景不同，学习能力、思维方式的不同，必然存在知识经验与认知结构的差异，如何让每个学生都能在学习过程中学有所获，实现最优发展？怎样在有限的四十分钟，实现课堂教学的最佳效益？这就必须要根据学生知识背景所存在的客观差异，探寻适合不同学生学习发展的"最近发展区"，合理地组织学习材料，使每个学生都能在原有学习知识经验的基础上顺利的实现知识、能力、情感的迁移。

（一）创设多元的情景

依据多元智能训练的思路创设多元化教学情境，把教学资源开发与利用的主动权交给学生。

例如在上课之前我问同学们，你们一定都逛过商场和超市吧！一到节假日商家为了争取更多顾客，会采取一些促销手段，说说你知道哪些商家促销的手段。学生在课前搜集的基础上和平时的经验积累说出很多促销信息，（每满100元再送15元现金，打折、买一送一、降价20%等），这些信息有的是看到的，有的是从网上搜到的，还有的是听家人说的，总之调动学生的多种智能参与。让学生展示自己收集的资料，让他们从中找到数学信息，发现解决的问题更能激发他们的学习热情。

我出示搜集到的一些信息：老师也搜集了一些促销信息（出示打折海报），充分发挥学生的空间智能，使学生感受到生活中处处有数学，使学生一下进入购物打折的情景。让学生进行计算总价的板演，让空间智能好的学生带动差的学

生，让有困难的学生有一个学习的途径。

在数学教学中，为了调动学生用多种智能来学数学，数学内容的呈现方式势必也是丰富的、现实的，与学生的生活经验密切相关的。比如，我将实物照片、文字、表格、图形等多种形式结合起来，使学生能够积极主动地参与整个学习过程，加深对所学内容的数学意义的理解。

（二）着重发展学生的语言智能

学生作为独立个体，对任何事物都有自己的见解，本着不轻易放弃任何一种想法的原则，根据教材内容设置情境引导学生发表不同见解。例如，从这条促销信息中你能看出什么？让学发表自己的见解。"结合商家的促销策略，再观察我们购买方案，购买这种果汁有什么规律吗？同桌互相说说。"这样，既有利于激发学生自主学习的动力，帮助学生学会倾听、对话、合作与借鉴，学会协同发现、分享成果、欣赏他人的创造，以调整自己的学习方法。

三、营建多元的思维场

本节课的教学中，我努力给学生提供了大量主动参与数学活动的机会，创设学生平时比较常见的买饮料、服装等情境，有意识地为学生创设了良好的数学交流活动情景，并帮助他们在自主探索、合作交流的过程中综合利用数学知识来分析不同情况下各个商店的优惠策略，主动选择对自己最有利的策略来解决问题。学生在学习过程中始终处于兴奋、愉悦、渴求的心理状态。课堂中，学生在自主探索中学会观察、分析，学会应用，使每个学生都有表现的机会和获得成功的体验，始终以一种愉悦的心情去学习。在动态生成中让学生感受到数学来源于生活又应用于生活，在解决问题中我对学生进行拓展引导，鼓励学生用不同的方法解决问题，激励学生的发散思维，并引导学生在多种方法中进行选择。

（一）注重发展学生的数学智能

整堂课我并没有去"教数学"，而是为学生创设了一个"购物"的情境，让学生走进商场学数学。学生在自主购物——算算要多少钱的过程中主动调用原有知识基础，实现了认知迁移，问谁家便宜来促进学生对所学知识的深入理解和自主建构。

例如，我出示：这种果汁在三家超市开展了促销活动，同桌互相说说从这三条促销信息中你能知道什么？学生：买一瓶大的，送一瓶小的。老师：如果买三瓶大的呢？（买三瓶大的送三瓶小的）追问：现价是原价的百分之几？追问：相当于打了几折？（出示：大约打八三折）降价了百分之几？生：降价10%，就是按原价的90%出售。打了几折？（出示：打九折）学生：满30元打八折，就是够30元的按原价的80%出售。老师：原价30元应付多少元？（$30 \times 80\% = 24$元）原价29元呢？（不打折）。激发学生思考的欲望。我利用班主任张老师的问题引发学生帮忙，咱班张老师想买两大瓶的、两小的，应该去哪个超市买更便宜？怎么知道去哪个超市买更便宜？

（二）通过小组合作多种智能扬长补短

多元智能的教学观要求教师根据教学内容以及学生智能结构、学习兴趣和学习方式的不同特点，选择和创设多种多样适宜的、能够促进每个学生全面发展和个性充分展示的教学方法和手段。教师既要成为课堂的指导者，又要成为学生学习的促进者，把教学的重心放在促进学生"学"上，促进学生各种能力和个性发展，真正教师还要成为学生学习的引导者，营造一个启发式的教学环境，使学生成为课堂的主人，让他们畅所欲言，主动参与，自主探究。在数学课教学实践中，我们尝试了"小组教学"的方式，取得了良好效果。

例如，京客隆的东西真便宜，李老师想买4大5小，康老师想买1大7小。那他们也去京客隆买，花钱少。请你们小组合作帮助李老师和康老师找到花钱少的超市。看哪组算得又快又准。让学生在明确的任务的引领与驱动下，尝试不同方法，发展自我智能强项，共同完成学习任务，既为每个学生个性化的学习提供了可能，也为个人参与团队的、合作的、互动的学习创造了条件。在这个活动中，我让学生分小组讨论，留给学生充分的时间与空间与别人交流，分享不同的思维方式，改变在认知学习上的单一性，促进全面发展。让学生懂得了可以根据所需灵活选择购买方案。学生体会了解决问题的基本过程和方法，能够根据实际需要，运用数学知识对常见的几种优惠策略加以分析和比较，并选择对自己最有利的策略，解决问题的能力得到了提高。

（三）尝试实施个性化教学

依据多元智能理论，教师在教学中应尊重每一个学生的个性特征，允许学生从不同的角度认识问题，采用不同的方式表达自己的想法，鼓励学生解题策略和算法的多样化。例如学生在比总价的基础上我追问：谁还有别的想法？你会先考虑那家店？为什么？

1. 没超过30元，就不用计算家乐福了，因为物美是降10%，是打九折，京客隆相当于打了八三折，我只算了物美和京客隆。

2. 她应该去京客隆，因为不够30元，家乐福不打折，京客隆和物美比京客隆的折扣低，所以我认为她应该去京客隆。不够30元不去家乐福，京客隆大约降价16.7%，物美降价10%，所以张老师去京客隆便宜。

3. 一元能买多少升？

4. 一升需要多少钱？

充分尊重学生的个性。在购物活动体现不同的人选择不同的学习内容，每人都能选择自己喜欢的去完成，体现"做"的开放性和多样性。在购物中，渗透了估算的思想，让学生体会估算在生活中有非常大的用处，例如，在练习时设计了，老师在两个不同的商场看到了同一双鞋，国泰商场原价498元，打九折，蓝岛商场原价918元，全场半价。到商场也拿着本和笔算吗？还有比的方法吗？购物估价的过程就是估算。

创设了你会利用这个规律快速准确地找到到哪家超市购买饮料便宜吗？自己设计一个购买的方案，想一想你应该去哪家超市买？算完后同桌说一说的情境，体现真正"做"数学的思想，购买物品，要全面考虑价格、质量及其他因素，如购物所花的时间、所走的路程、是否方便等。货比三家，综合分析，学生在做数学中学会比较。学会选择，学会理性的思考，感受数学其实就在身边。

购物是学生日常生活中经常遇到的，这节课我把现实生活中常见的商店的各种促销策略融入教材，通过几个情境的展示以及几个问题的讨论，让学生综合运用数学知识来分析不同情况下各个商店的优惠策略，从而择优选择。在这一系列的活动中，不仅让学生懂得应该怎样科学合理地购物，还有助于学生提高学习数学的兴趣，增强学习数学的信心，感受数学在生活中的价值。本节课我就力求体现"小课堂，大社会"的理念。让学生真正地理解数学，获得一些数学的思考方法。

整个教学设计把学生已有的经验和所学的知识自然地融合在一起，在富有情趣的学习活动中，使学生不仅掌握了知识，提高了能力，而且形成了积极的态度、情感和价值观。学生站在自己的角度、用自己认为最好的方式去设计、去创造、去寻求解决问题的最佳途径，在今后的数学教学中，我相信加德纳的"多元智能"理论能促使我以新的视角来审视数学课堂。

（此文荣获北京市"京研杯"征文二等奖）

《鸡兔同笼问题—列表法》教学设计

学　　科：小学数学	年　级：五年级	
教材版本：北京版	章　节：第五单元	课时：第一课时

【教学内容分析】

北京版教材将传统题目"鸡兔同笼"选编为数学百花园的内容。目的是借助"鸡兔同笼"这个问题作为载体，让学生初步获得一些数学活动的经验，引导学生对一些日常生活中的现象进行观察与思考，从而发现一些特殊的规律，体会解决问题的一般策略——列表。通过现实生活中一些常见的实际问题，让学生从中发现一些规律，抽取出其中的数学模型，然后再用发现的规律来解决生活中的一些简单实际问题。教材中体现了两种方法，体现了不同的学生在数学学习上有不同的发展。

【学生情况分析】

学生在三年级时已经初步掌握了应用逐一尝试法列表解决问题，并且也能用多种策略解题，会一些基本的解决数学问题的方法。初步具备一定的归纳、猜想能力。但在数学的应用意识与应用能力方面需进一步提高。从学生的思维特点看，初步具备了一定的分析数据的数学活动经验。而且有些学生在校外机构也初步接触了鸡兔同笼的问题。我主要放手让学生自主探究。

【教学目标确定】

知识与技能：在解决大船小船的活动中，知道大船小船的条数和总人数的变化规律，能够通过列表，解决有关"鸡兔同笼"的问题。

过程与方法：在解决问题的过程中，经历分析数据，找到规律，再进行调整的过程。

情感与态度：培养学生的分析数据，调整的意识，感受数学思想的运用与解决实际问题的联系，受到古代历史的熏陶。

【教学重点难点】

教学重点：在表格中发现数量的变化规律，合理的利用这一规律。

教学难点：在表格中发现数量的变化规律，灵活的进行调整。

【教学过程】

环节一：提取信息，提出问题	
教师活动 1. 从图中你知道了哪些信息？ 2. 信息用表格来表示出来。  提出数学问题。 3. 猜一猜可能是多少条？不可能是多少条？说明理由	学生活动 观察主题图 说出图中知道了哪些信息？ 观察教师用表格表示出的信息。 提出数学问题。 猜一猜，可能是几条大船，几条小船？不可能是几条大船，几条小船？ 说明理由。
活动意图说明：培养学生的提取信息和审题的能力，培养学生根据信息提出问题的能力，通过猜测让学生初步感知大船和小船的条数的和没有变化，找到一个不变量。	
环节二：探究新知，寻找规律	
教师活动 1. 请同学们自己尝试。 2. 展示学生的表格。 说说你的想法？ 大家对于他的这种方法有什么问题吗？ 观察这种方法，你发现了什么？ 追问：数据上有什么变化规律？	学生活动 学生自己在 iPad 尝试填写表格，假设大船、小船的条数，算出总人数和实际人数比较，一步一步尝试。 预设：逐一列表；居中列表；跳跃列表。 观察学生的表格。 学生讲解自己的想法（逐一讲解方法）。 1. 逐一列表，从大到小。 9　　1　　48 8　　2　　46 7　　3　　44 6　　4　　42 5　　5　　40

续表

大船和小船的条数，和总人数之间的变化有什么规律呢？（用笔在表格上画批）	观察方法，发现什么规律？ 预设：大船每减少一条，小船每增加一条，总人数就会一个 2 人。反之，大船每增加一条，小船每减少一条，总人数就会增加 2 人。
追问：2 表示什么？2 怎么来的？	
说说你是怎么想的？	2. 居中列表。 讲解自己的想法。
追问：你的开头是怎么想的，后面又是怎么填的？后面还算吗？怎样调整？ 3. 观察这两种方法，你发现有什么变化规律？	预设：大船每减少一条，小船每增加一条，总人数就会一个 2 人。反之，大船每增加一条，小船每减少一条，总人数就会增加 2 人。
4. 你喜欢谁的方法，说明你的理由。	预设：逐一列表，不重复也不遗漏，只是书写比较麻烦。居中和跳跃列表比较快，但是要找到变化的规律，然后再进行调整。 练习：利用规律快速灵活地解决问题。
5. 练习：54 人，要租 12 条船。	54 人，要租 12 条船。

活动意图说明：充分发挥学生的主体作用，放手让学生大胆的尝试，利用已有知识，丰富学生的学习经验。学生提出各自解决问题的策略，通过观察，找到隐含在数据之下的规律，让学生主动参与，并引导学生通过与他人的交流选择合适的策略，丰富数学活动的经验，提高思维水平。通过方法的择优，使学生体会到利用规律的优越性，进一步体会隐含规律的优越性

环节三：感受历史，巩固建模

教师活动	学生活动
1. 揭示问题 这个问题其实是一千五百多年前一道有名的数学问题。 （板书：鸡兔同笼）	学生读 PPT 的内容。 理解古文的意思，解释意思。
2. 课件出示 板书：鸡兔同笼，共 35 个头，94 条腿，鸡兔各几只？	读一读。
3. 和大船小船有什么联系？	说说和大船小船有什么联系。 独立尝试解决问题。 用刚才的方法，又快又对地找到鸡和兔各几只。
4. 说一说鸡兔和腿数之间有规律吗？	

活动意图说明：感受祖国文化的博大精深，建立联系，巩固建模。

续表

环节四：拓展延伸，建立联系	
教师活动 1. 鸡兔同笼问题你还会用别的解决方法吗？写在纸上，拍照上传到班级作品库。	学生活动 独立书写，拍照，上传到作品库。
2. 回忆一下，刚才我们经历了怎样的一个过程？	先是进行假设，然后我们尝试着用列表的方法来验证，通过观察思考，我们寻找到了规律，利用这个规律，我们就能够快速地解决问题。
活动意图说明：关注学生的个体差异，有效地实施有差异的教学，使每个学生都得到充分的发展，拓展学生的思维，让学生找到内在的规律，建立各种方法的联系，进一步扩展学生的建模。	

【板书设计】

鸡兔同笼

猜一猜　　鸡兔同笼，共35个只，94条腿，鸡兔各几只？
试列表　　大船，　　小船　　　总人数
找规律　　↓　　　　↑　　　　↓　－2
解问题
　　　　　↑　　　　↓　　　　↑　＋2

【特色学习资源分析、技术手段应用说明】

本节课利用Pad的课堂提问功能，向学生推送表格，让学生直接在Pad上输入，可以反复地修改，实现无纸化。孩子乐于在Pad上进行书写，批画，极大地激发了学生尝试的兴趣。提交后通过数据实现学生提交情况的统计，便于教师及时地了解每个学生的作答情况，不受空间时间的限制，激发了学生完成任务的使命感，不甘愿于落后。Pad的投屏在大屏上，学生集体观察，寻找规律，全体学生的共同讨论，激发学生的学习热情，激起学生的思考。利用Pad的画笔功能，让学生有序的观察，跳跃的观察，从而发现规律，灵活的利用规律，使学生的思维引向深入。利用Pad对比讲解功能，对两种方法进行对比的讲解，使学生进行方法的择优。

【教学反思与改进】

本节课注重给学生提供操作材料，把学习的主动权交给学生，让学生在自主探究的活动中主动完成认知结构的建构过程。因此，使学生的主体意识和探究精神得到培养，创新潜能得到开发。让学生获得亲自参与探究学习的积极体验。通过创设生动的问题情境，让学生投入解决问题的实践活动中去，自己去研究、探索，经历数学学习的全过程，从而体会到假设的数学思想的应用与解决数学问题的关系。通过学习使学生认识到数形结合的重要性，提高学生分析问题和解决问题的能力。在学习中注重鼓励每个学生参与学习过程，注重学生之间交流，使学生共同学习，共同进步，共同提高，使学生的主体意识和探究精神得到培养，创新潜能得到开发。让学生获得亲自参与探究学习的积极体验。

1. 运用多媒体、平板电脑，激趣，激情，关注孩子的学习方法与过程

充分调动学生的积极性。问题提出后，我并没有急于讲解如何做的方法，而是先利用平板电脑让学生独立探讨，让学生独立思考，再在全班交流，最后全班共同研究讨论。使同学们在民主、和谐的氛围中开拓了思维，探究出隐含的规律，灵活地解决问题，体现了学生是学习的主人。

2. 运用多媒体，促进学生学习方式的改变

充分发挥学生的主体作用，利用表格独立探索规律，又要引导学生优化方法。观察数据便于让学生发现隐含的规律，建构模型，实现算法的最优化。鼓励其他策略，为今后学习这方面的有关知识打下伏笔。

3. 关注每一个同学的发展

由于学生原有认知背景的不同，他们对解答的题目存在较大差异，在同样的列表中，学生的认知水平并不完全相同。所以在教学过程中，我并没有提出统一的要求，允许学生采用不同的解题方法。在交流时，有些学生用逐一列表的方也没去指责他们，而是肯定他们想出好的方法；对于比较优秀的学生，让他们根据题目的条件灵活选择适当的方法。这样做的目的是让不同的学生在同一节课中都有提高。

4. 运用多媒体，使学生既感受祖国历史的博大精深，又建立历史与解决实际问题的能力。

问题的延伸与拓展的过程其实是一种施压的过程，有压力才有弹力，往往可以磨炼一个学生的意志品质。提升问题难度可以激发一部分学生的求知欲，这是一种自我激励的良好情感态度。体会到数学就在我们身边。通过学习，让学生知道了假设的数学思想不仅可以解答古代趣题——鸡兔同笼问题，还能解答我们身边的问题。

（此课例为北京市通州区区级研究课）

马国琳

▼

马国琳，毕业于首都师范大学。工作十余年来一直研究低年级数学教学，始终本着"做中学"的理念，在此过程中也取得了一些成绩。在课堂教学方面，上市级课四节、区级课九节、校级课五节。在教学基本功方面，曾在2017年3月参加首届京教杯说课活动，获二等奖。在教科研方面，参加了两个市级课题，并于2018年承担了区级课题。所撰写的论文多篇获国家级、市级、区级等奖项。曾获通州区级骨干教师、通州区青年骨干教师、通州区教育系统青年岗位能手等荣誉。

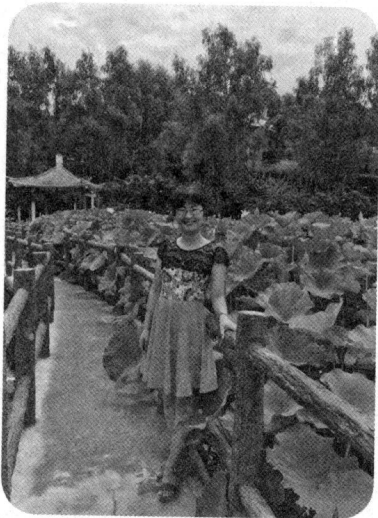

善用几何直观，凸显课堂实效性

我国数学家张广厚说："数学无疑是一门高度抽象的学科，需要人们具有高度抽象思维的能力，但是也同样需要很强的几何直观能力。抽象思维如果脱离直观，一般是很有限度的。同样，在抽象中如果看不出直观，一般说明还没有把握住问题的实质。"学生的学习生活主要是在课堂中度过的，学生的思维方式和价值感受也主要是在课堂中形成的。如果教师是个善于利用几何直观组织数学教学的人，那耳濡目染学生一定是个具有良好几何直观感觉的人。

几何直观是什么呢？《义务教育数学课程标准（2011年版）》（以下简称《课标》）中是这样论述的："几何直观主要是指利用图形描述和分析问题。借助几何直观可以把复杂的数学问题变得简明、形象，有助于探索解决问题的思路，预测结果。几何直观可以帮助学生直观地理解数学，在整个数学学习过程中都发挥着重要作用。"严格意义上讲，这虽然只是对几何直观内涵的描述性解释，但给了我进行教学思考的基本依据，对几何直观内涵的把握得以更为细致与深入。

一、善用几何直观，搭建度量平台

在小学阶段，学生要学习的有关度量的知识有很多，例如长度单位、质量单位、面积单位、体积单位等。虽然涉及的内容不同，但是他们都是小单位累加产生大单位，大单位分割产生小单位，这些单位都是因需要而产生。二年级上册学习长度单位厘米和米，在讲完厘米这一内容后，我请学生自己制作10张10厘米长的纸条，作为第二天学习米的学具。学生在制作纸条的过程中，对10厘米有多长有了直观的表象。第二天上课时，请学生拿出自己制作的纸条，请学生找出纸条上有多少个1厘米长，有的学生直呼10个，真的是吗？请你们验证一下：有的学生直接用手指量，有的学生找到1厘米后开始折纸，有的学生用尺子量，他们都感知到这张纸条有10个1厘米长。这张纸条是1分米，是学生后续要学习的内容，通过找出这张纸条有多少个1厘米，就是一个大单位分割小单位的过程。接下来，请你想一想10张这样的纸条接起来有多少呢？很多学生都知道1米，但是1米有多长，这是本节课要帮助学生建立的表象。我请学生先想一想，比画比画，再动手操作。在此过程中，发展学生的直观想象能力。在学生动手操作的过程中，逐步建立1米的有多长的直观表象。这是学生动手操作的图片，有的学生还在用尺子量。学生将10张纸条粘在一起制作米尺。在下一节课中，学生用自己制作的米尺测量身边物品的长度。小纸条这个直观模型的运用，学生感受到小单位累加产生大单位，大单位分割产生小单位的数学本质。反思不足：无论大单位还是小单位，还要让学生产生需要它们的欲望，加强在测量过程中产生新单位的必要性，这一点做得还不够。

二、善用几何直观，构建乘法模型

学生知道求几个相同加数的和用乘法，乘法表示几个几相加。对于乘法的学习，就到此为止了吗？在学习乘法口诀的过程中，我总是觉得没的可讲，我翻开刘加霞教授写的《小学教学设计》一书，看到书中提到，乘法是面积模型。这个观点给了我启发，一说面积我们都会想到方格纸，我请学生用方格纸来学习表内乘法的知识，最初，我在黑板上讲了一句口诀的两个含义，接下来，请学生自己创作，我们来欣赏孩子们的作品。我们看第一种，他基本上就是按照我教的方法去画的；第二个，这个学生在创造，把每一句口诀画成了花，每个花瓣上有6个点，7个花瓣，8个花瓣。每朵花多一个花瓣，也就是多1个6，纵向沟通乘法口诀之间的联系。再看这个，像一个楼梯，不但清晰表达了每句口诀的含义，还能够直观看出口诀之间的联系。这个同学画着画着画出了智慧，为什么这么说呢，我们看，第一幅图，每个格子都标上数，接着，她只标一行一列，不但可以横向观察，还可以纵向观察，口诀的两层含义都在这些小格子中表示出来了。最后一个是规矩，用尺子画图更加规范工整，这样的图也是对孩子们今后学习面积做渗透。学生在方格纸这个直观学具中，深刻体会乘法的含义，逐步建立乘法模型。

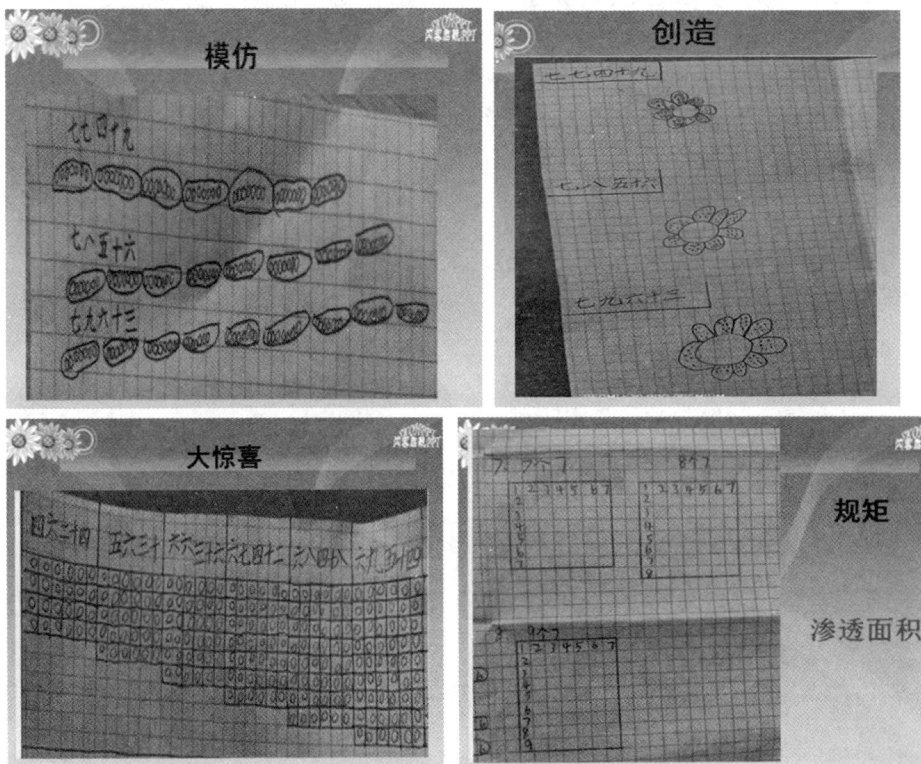

三、善用几何直观，分析数量关系

对于数量关系，一年级学过整体与部分，相差关系等。二年级上册只要涉及乘法、除法和倍比关系。相差关系和倍比关系都是两个量的比较，但是，这两者却有本质的不同，相差关系是一一对应，一个一个进行比较。而倍比关系是一份一份进行比较。倍这个概念的建立对学生来说很难，倍是学生从加法结构到乘法结构的桥梁，为了更好地帮助学生建立倍的概念，课堂中，学生初步建立倍的概念后，我让学生通过摆一摆，画一画等直观方式，帮助学生形成倍的概念，逐步建立倍比的数量关系。在一年级的排队问题，也就是重叠问题，运用几何直观的方法，分析数量关系，也是很不错。

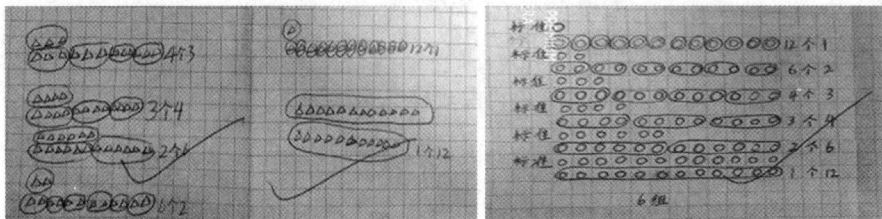

在今后的教学中，如何抓住数学学科的本质，如何将零散的知识穿起来，是今后课堂教学的重点。数学本抽象，直观来帮忙，课堂效率高，师生共欢喜。

（此文获北京市"京研杯"一等奖）

《千克的认识》教学设计

学　　科：小学数学　　　年　级：二年级

教材版本：北京版　　　章　节：第七单元　　　课时：第一课时

【教学内容分析】

"千克的认识"是北京版教材二年级（下册）第七单元第一课时的内容，质量单位这一主题的内容包括：认识质量单位"克""千克""吨"，知道"克""千克""千克"和"吨"之间的进率。这部分内容属于"数与代数"领域中"量与计量"的知识。"量与计量"既与数学知识有紧密联系，又与学生的生活实际密切相关，对学生数感的培养也有一定的意义。这部分内容主要是从学生已有的生活经验和知识基础出发，通过观察、操作等体验活动，了解1千克的物体有多重。要想知道物体的准确质量，需要用秤进行测量。

北京版教材通过掂一掂1袋盐和1袋薯片这个活动，感知物体有轻有重，要想描述物品有多重，要用到质量单位，进而引出"千克"和"克"这两个质量单位。接着，请学生掂一掂质量都是1千克的不同物品的质量，体验1千克的物品有多重。虽然这些物品都是1千克，但大小不一样。质量与物品大小无关。通过在秤上称苹果这个活动，介绍秤的使用方法，在称苹果的过程中，知道1千克有几个苹果。最后介绍不同的秤。

苏教版教材通过掂不同物品的轻重，引出质量单位"千克"。接着介绍秤的使用方法，要想知道物品有多重，用秤来测量。用秤称出1千克大米，体验1千克大米有多重，初步建立1千克的表象。

通过比较，我发现，这两个版本的教材都是通过掂一掂的活动，学生感知物体有轻有重，引出质量单位。都介绍了秤的使用方法，并且用秤去称1千克的物品。都有掂一掂1千克物品的活动，建立1千克的质量观念。两个版本教材的不同点：北京版先去掂一掂1千克不同物品，建立1千克的质量观念。再介绍秤的使用方法，称物品的质量。苏教版先介绍秤的使用方法，测量1千克的大米，体验1千克的大米，建立1千克的质量观念。

我的思考：通过教材的对比，我计划先通过掂两个一样大小的物品，感知虽然物体的大小相同，但是有轻有重，描述轻重可以用千克作单位。接着，体验1千克的不同物品，再次感知物品的质量与物品的大小无关。最后，介绍秤的使用方法，测量物品的质量。

【学生情况分析】

（一）课前调研

1. 调研对象：2年级80名学生。

2. 调研方式：填写答卷

3. 调研题目：

（1）生活中的物品有的轻有的重，要想描述物体的轻重，可以用哪些单位？

（2）你觉得生活中哪些物品可能重1千克？请在（ ）里画√

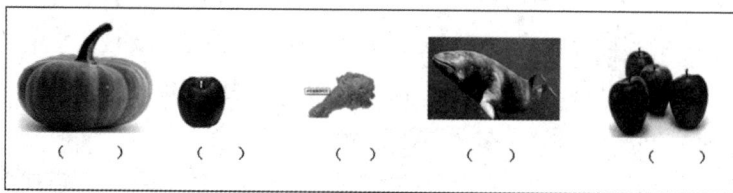

（ ）　　（ ）　　（ ）　　（ ）　　（ ）

（3）你觉得生活中哪些物品用千克作单位。

（二）统计结果

1. 生活中的物品有的轻有的重，要想描述物体的轻重，可以用哪些单位？

问答情况	人数（人）	百分比
克	14	17.5%
千克	52	65%
吨	6	7.5%
斤	28	35%
长度单位	12	15%
人民币	2	2.5%

2. 你觉得生活中哪些物品可能重1千克？请在（ ）里画√

问答情况	人数（人）	百分比
	54	67.5%
	8	10%
	1	1.3%
	39	48.8%
	35	43.8%

3. 你觉得生活中哪些物品用千克作单位。

大米、水、牛奶、药、药水、木柜、一堆书、鱼、糖果、蔬菜、水果、肉、一箱红酒、石头、椅子、铁锅、砖、油、汽车、哑铃。

（三）结果分析

从调查结果可以看出：学生对质量单位还是比较熟悉的，有65%的学生知道千克这个质量单位，有35%的学生知道斤是质量单位。但是，也有15%的学生将长度单位和质量单位混淆。对于1千克的调查，从数据上来看，67%的学生认为南瓜是1千克，43.8%的学生认为一堆苹果是1千克。这些学生对1千克有了一些生活感知。有48.8%的学生认为鲸鱼是1千克，说明学生没有清晰地认识1千克有多重。在本课中，还是要通过体验，帮助学生建立1千克的直观感知。

【教学目标确定】

借助生活中的具体实物，初步认识质量单位"千克"。

通过对掂一掂，比一比等体验活动，形成1千克的直观表象，培养学生的量感。

感受生活中处处有数学，体验数学的应用价值，增加学习数学的兴趣，并获得积极的数学学习情感。

【教学重点难点】

在体验、对比、测量等活动中，形成1千克的质量观念。

【学习评价设计】

知识与技能评价：

和你的同桌说一说生活中哪些物品大约1千克？

生活中哪些物品用千克作单位？

情感态度评价：

（自评）课上你表现怎么样？你觉得你今天最大的进步是什么？

（互评）你觉得你的同桌同学今天表现好吗？你觉得今天全班谁表现得最好？

评价量规

内容	评价标准				自评	小组评
等级	☆☆☆☆☆	☆☆☆☆	☆☆☆	☆☆		
学习态度	课堂上专心倾听，积极发言，能表达自己的想法。	听讲比较认真，能主动举手发言。	听讲情况一般，发言不够主动，但能认真倾听。	听讲偶尔不够专心，不举手发言。		

【教学过程】

环节一：活动引入	
1. 同学们，1包大米（1千克），1包薯片（200克），你觉得哪个重一些？并说说你的理由。 2. 谁愿意来掂一掂？ 3. 你觉得这包大米多重？ 4. 描述物体轻重可以用质量单位"克"和"千克"等。今天我们一起认识千克（出示课题）。	凭借生活经验进行合情推理，说明理由。 体验。 猜测、搬一搬。
活动意图说明：在猜一猜、掂一掂的活动中，学生初步感知物体是有轻有重的，表示物体的轻重可以用"克"和"千克"作单位。	
环节二：探究新知	
通过掂一掂1千克的物品，初步建议1千克的直观表象。 1. 请同学们掂一掂1千克的物品（大米、豆子、雪饼），说一说你的感受。 2. 哪组的同学愿意说你们对1千克物品的感受。 3. 这些物品真的都是1千克吗？怎么有的大有的小呢？ 小结：质量与物品的大小无关。	体验。 说一说。 思考，回答。

续表

活动意图说明：通过学生体验 1 千克的物品，感知 1 千克的物品有多重，初步建立 1 千克的直观表象。在观察比较的过程中，发现质量与物品的大小无关。	
以 1 千克为标准进行比较物品轻重的过程中，建立 1 千克的质量观念。 1. 刚才我们体验了 1 千克有多重，这袋面粉（2 千克）有多重？你有什么好办法？ 2. 小组体验。 3. 怎样才能一样重呢？ 小结：我们的两只胳膊就好像是一个天平，在轻的手里再放 1 个 1 千克的物品，两边就一样重了。所以这袋面粉 2 千克。 4. 这袋面包（500 克）多重？说说你打算怎么做？ 5. 你能想办法知道这袋面包有多重吗？ 小结：1 袋面包比 1 袋大米轻，2 袋面包和 1 袋大米一样重。 6. 老师这里还有 1 袋土豆，谁来试试它有多重？	一只手拿着 1 千克的物品，1 只手拿着这袋面粉，掂一掂。 预设 1：比 1 千克重。 预设 2：2 个 1 千克那么重。 思考，回答。 预设 1：再放一个 1 千克的物品。 预设 1：一只手拿着 1 千克的物品，一只手拿着面包，进行比较。 预设 2：一只手拿着 2 千克的面粉，一只手拿着 1 袋面包。 掂一掂。 思考，讨论，说一说。 掂一掂。 预设：一样重。
活动意图说明：通过掂一掂、比一比的活动，学生以 1 千克为标准进行比较，体验到有的物品比 1 千克轻，有的比 1 千克重，建立 1 千克的质量观念。通过像天平一样的手臂感知轻重，添加物品，使之达到平衡，渗透等量代换的思想。	
秤的使用方法和种类 1. 要想知道这袋土豆有多重，我们可以借助工具来称，你们知道什么工具吗？ 2. 观察这个秤的表盘，你都发现了什么？ 3. 观察指针，指着几？表示什么意思？ 4. 出示几个表盘，请学生说一说。 小结：指针指着几，就表示几千克。 5. 我们来称一下这袋土豆，多重？ 6. 我们来数一数，1 千克的土豆有几个？2 千克呢？ 7. 我们刚才知道 2 袋面包是 1 千克，咱们数数多少个小面包？你打算怎么数？ 8. 介绍各种秤以及测量什么物品。	预设：秤。 预设 1：kg。 预设 2：有 0—9 这些数。 预设 3：指针。 预设：指着 0，表示什么东西都没称。 预设：1 千克。 数一数，算一算。 预设：数 1 袋面包有多少个就可以了，再相加。

续表

活动意图说明：通过1袋土豆有多重这个问题，介绍秤的使用方法和种类，知道秤是一种测量质量的工具。在测量土豆的过程中，再次感知1千克有多重，1千克有多少个大小差不多的土豆，有多少个小面包。进而推算出2千克有多少个……再次建立1千克的质量观念。	
环节三：回顾总结	
今天我们学习了千克，介绍生活中用千克作单位的物品，你知道生活中哪些物品的质量用千克作单位吗？	观察、思考、回答。
活动意图说明：感受生活处处有数学，体会千克在生活中的应用价值。	

【板书设计】

千克的认识

1袋面包＜1千克＜1袋面粉

2袋面包=1千克=1袋土豆=1袋盐=1袋雪饼

（20个）　　　（4个）

1袋面粉=2千克

【作业与拓展学习设计】

（1）填上合适的质量单位

一桶油重5（　　　）。　　一袋大米重20（　　　）。

2（　　　）　　　4（　　　）

设计意图：学生对质量单位的掌握情况，是否建立1千克的质量观念，选择合适的单位填在括号里。

（2）填一填

每千克西瓜2元，买这个西瓜一共要用（　　　）元。

设计意图：这是一道实际应用题，结合学生的生活实际，解决生活中的实际问题。

作业设计说明：第一题是基础题，主要考查学生对1千克的质量观念建立情况。

第二题是提升题，主要考查学生应用千克的来解决生活中的实际问题，学生感受到生活中的数学知识。

【特色学习资源分析、技术手段应用说明】

俞正强老师在《"计量单位"教学的两种基本样式》一文中谈道：从适宜教学的角度，我们可以将一个类别的计量单位 区分为基本计量单位与衍生计量单位。基本计量单位是基于"体感"的定量刻画，衍生计量单位是基于"数感"的定量刻画。他同时还提出了不同计量单位定量刻画的一般教学流程。人对于质量的体验，主要的途径是手。对"手"而言，比较适合感知的量应是"千克"，把上述的意思连接起来看，"千克"是质量单位中比较适合"体感"的基本计量单位。定量刻画比较适合基于"数感"经验来完成。

在本课中，使用大量生活中的物品帮助学生体验，逐步形成1千克的直观表象，进而，建立1千克的观念。

电子秤的使用，帮助学生逐步学会认秤，逐步读出物品的质量。

【教学反思与改进】

首先，从内容上来看，有通过问题激活已有经验的，谓之"猜"；有通过动手直接感受的，谓之"掂"；有操作衡器展示生活技能的，谓之"称"和"验"；有小组合作探究的，谓之"找"等。其次，从组织上来看，有通过观察集体体验的，有部分学生操作大家评估的，有全体学生多次感受同桌验证的，有小组合作探究的。如此，既注重培养学生动脑、动手、自主探究的习惯，还保留了一定的空间和时间给学生思考、合作与交流。这样的学习活动，学生调动多种感官参与，逐步明晰单位质量的概念，强化了学生对于质量单位的理解。

数学学习的生长来源于数学活动的一次次经历、感悟、总结与提升，好的数学活动就是一颗种子，赐予知识和能力以科学的经历、生长的力量，"千克"和"克"就是在这样的过程中自然地渗入学生的知识结构中。

（此课例荣获北京市通州区"京教杯"三等奖）

蒋芳菲

▽

　　蒋芳菲，1986年2月出生，北京通州人，2007年7月毕业于北京科技大学延庆分校，2008—2010年在北京第二外国语学院学习，2010取得本科文凭。2008年在永乐店中心小学任教3年，2011年调入东方小学任教9年。从教12年来，她一直站在教育工作的最前沿，从事英语教学工作。平时重视加强自身的教学理论修养，提高英语教学实践水平。她对英语情有独钟，爱说爱用英语。生动活泼的英语课堂是展现她人生风采的阵地。

运用Pad构建小学英语互动课堂

在当今这个信息技术飞速发展、教育不断改革的全新时代，为了能够彻底地改革教学，吸引学生的注意力，逐渐将信息技术运用到实际教学当中，以达到扩充教学信息、改善教学质量的目的。虽然说在传统教学中也会涉及一些常规信息技术的硬件设备，对教学有一定的改善作用，但是随着社会的发展，已经不能满足现代教育的要求，需要开发一些全新的硬件技术来巩固教学。Pad（平板电脑）数字技术是当前信息技术的前沿，与小学英语课堂结合在一起，能够构建更加生动活泼的课堂。

一、创设教学情境，调动学生的积极性

传统的小学英语课堂教学的效率一直不高，主要是因为学生的积极性不是很高，在教学过程中处于机械学习的状态。虽然在课堂学习中学生也在努力听讲，但是由于课堂模式过于机械死板，学生的学习积极性不是很高。而信息技术的融入改变了小学英语课堂教学的模式，以更加灵活多变的形式来开展教学，调动了学生的学习积极性。现在教师可以借助Pad数字技术来创设教学情境，让学生在相对真实的情境中来学习英语知识，让学生学会利用Pad端来学习。这样的教学模式不仅形式新颖，学生在学习过程中也会比较有趣，更加愿意参与这样的课堂学习，学习的积极性也会有显著的提高。

比如在学习"Let's eat"这一课的时候，教师可以先给学生展示一些相关食物的英语名称，然后告诉学生现在要集体制作一顿大餐，每个人都可以说出几种自己喜欢的食物，最后汇集成丰富的大餐。教师可以让学生用Pad的拍照和文字输入功能来将食物拍下来或者是直接输入，并且将结果传送给教师；教师可以准备一些食材道具，然后分配给学生一定的英语词汇，让学生去寻找相对应的食物。每个学生为了心中的"美味大餐"，都会努力地记忆和寻找，遇到不懂的地方还可以利用Pad搜索资料。每个学生都积极按照教师的要求来寻找"食物"，学生之

181

间也可以互动交流来加快完成的速度，让整个课堂的气氛活跃起来。

二、丰富教学形式，提高学生参与热情

小学英语教学应该更多地考虑学生的特点。小学生虽然年龄比较小，但对于新鲜的事物比较感兴趣，而单一枯燥的学习方式会让学生产生厌倦的感觉。在新课程改革的形势下，小学英语课堂的教学形式应该是丰富多彩的，教师可以利用先进的信息技术来辅助教学，融入全新的教学形式，提高学生的参与热情。现在的小学生对于平板电脑的使用并不陌生，在教学过程中教师可以充分利用这一辅助工具来开展教学，并在课堂教学中融入游戏，游戏可以说是吸引学生注意力的有效方式。一些家长和教师杜绝小学生玩游戏，主要是担心学生因为沉迷游戏而耽误学习，但是对于小学生来说，越是极度的限制，越可能激发他们的好奇心，产生偷玩游戏的欲望。其实为了满足学生这一好奇心，教师可以适当利用游戏来达到教学的目的，同时也让学生体验到玩游戏的乐趣。将游戏融入教学中是一种大胆并且新颖的教学形式，能够极大地调动学生的参与热情，真正做到寓教于乐。

三、开展教学活动，增加师生互动交流

小学英语课堂应该是生动有趣的，教师与学生、学生与学生之间应该有更多的互动和交流，这样才能够发现学习中存在的问题，并及时解决，促进学生的发展和进步。但是在当前教育中，学生总是低头记录，教师总是一味地讲解，很少有交流互动的机会，课堂气氛沉闷枯燥，学生的学习兴趣不高，最终直接影响教学效果。

在开展教学的时候，教师要更多地从小学生的心理角度去考虑，小学生也是比较容易被吸引的，可能在教学中融入一些新奇有趣的小元素就会极大地吸引学生，让学生产生互动交流的兴趣和热情。因此，教师应该改变传统枯燥乏味的单一教学模式，开展一些教学活动，利用Pad数字技术来实现科技与教学的结合，能够在很大程度上促进教学的开展，利用先进的信息技术来实现趣味教学。

比如在教学"What time is it?"这一单元的时候，要进行简单的对话练习，如果单纯鼓励学生之间进行对话交流，学生肯定会觉得枯燥乏味，这就需要教师巧妙地借助信息技术来带动学生。教师可以利用软件的变声功能，改变音色和音质，出现机器人或者是卡通化的声音，这样会让学生感觉非常有趣。教师可以先

和学生进行一组对话：

A：What time is it?

B：Twenty to two.

然后通过Pad软件录制下来，在这个过程中学生可以听到不一样的声音。由于听到自己的声音完全发生了改变，他们会感觉非常有趣，促使其他的学生也想要尝试一下。接下来教师可以让学生两两一组在Pad端进行练习，选择自己喜欢的声音来变音，然后回放。在回放的过程中，学生不仅能够听到搞笑的对话，而且能够注意一下自己的发音情况，出现错误的地方可以及时改正，在下次录音的时候就会更加注意这一点。

在今后的学习过程中，学生也会主动利用这一软件技术来进行对话录制，有效地提高自主学习的能力。另外，学生之间进行互动交流的机会也随之增多，可以随机结合成小组，进行对话交流，在交流的过程中找出对方存在的不足，并且帮助其改正；同时发现自身存在的不足，及时弥补，提高英语学习的有效性。

四、结语

总而言之，信息技术与教育相融合的课堂应该是生动活泼的，改变传统教学中沉闷枯燥的教学形式，让学生能够充分利用这一先进的技术形式来学习，在学习过程中能够获得更多的快乐，增加互动交流的机会，让学生有机会发挥自身的能力，提高学习能力。

参考文献

[1]王聪.利用平板电脑让学生在游戏中进行自主学习：北京版小学英语六年级上册《英语过去时复习课》教学设计与反思[J/OL].新课程教学，2014（5）：21-22.

[2]王霞.平板电脑在小学英语课堂教学中的应用[J].英语学习：教师版，2015（1）：24-25.

[3]田雪.平板电脑在小学英语教学课堂中的设计与应用[J].语文学刊：外语教育与教学，2014（1）：34-35.

（此文获北京市信息化应用成果征文二等奖）

Spring in the park 教学设计

学　　科：小学英语　　　年　级：一年级

教材版本：北京版　　　　章　节：第三单元　　　　课时：第三课时

【教学内容分析】

1. 单元【教学内容分析】

本单元的话题是谈论物品颜色及自己喜欢的某个颜色的物品。本单元是在复习 unit1 "I like the..." "It's cute" 等用语的基础上，学习新的交际用语 "Do you like this..." "It's...I like it" 表达自己喜欢的颜色。学生将学会用 "What colour is your/my..." "It's..." 谈论物品的颜色。虽然这一单元有7个颜色单词，但学生易于理解，所以在这单元我结合学生的实际补充两个绘本，并在故事情境中体会颜色无处不在和颜色带给我们的美好和快乐。这三课的对话情景所用语言呈递进关系，从问他人物品的颜色，到问他人是否喜欢某个物品及颜色，最后是综合前两课的语言，并用猜颜色的情景呈现，复习表述颜色用语。

2. 本课【教学内容分析】

本课是第三单元第三课时Lesson11，呈现的是Guoguo和Lala在公园中用交际用语 "Guess! What colour is my kite?" 谈论和猜测物品颜色的场景。本课围绕颜色话题，以春天的公园为主题的一节巩固复习课。由于生活中处处有颜色，因此大部分学生都对表达颜色的词汇有了一定的了解，在本册书第一、二单元的小韵文中学习过red、yellow、black三个表达颜色的词汇，第九和第十课学习了white、yellow、orange、blue、black，并在第九课补充了pink。

因此，根据这些情况，结合本课课文主题图中的颜色，我在本课的教学中为学生补充了 "purple" 和 "green" 的认读，既设计了相关活动来落实又丰富了学生的语言。

【学生情况分析】

1. 本课授课对象是一年级学生，一年级起使用本教材学习英语。经过一学期的英语学习，能听懂简单的课堂指令，能很好地掌握并运用之前学过的知识。

2. 初步具备了小组合作、表演对话等能力。本节课学生能够分角色表演课文内容，并充分展现已有的这一技能。

3. 部分学生会出现因害怕出错、而不愿展示自己的情况，为了激发学生能更积极地参与到教学中，教师通过对学生施以个人口语评价和小组竞赛评价来激励学生更大胆的表达。

4. 由于颜色在生活中无处不在，经过调查97%的学生们能正确说出：red、yellow、blue、green、pink、black、orange、white、purple这些颜色单词，个别学生还能说出brown、gray，但对于认读单词掌握得不是很好。

【教学目标确定】

1. 知识与技能目标

能听懂、会用"Do you like...It's..." "I like it"询问他人是否喜欢某物品的颜色和应答方式。能用"Guess! What colour is my..." "It's..." "Yes, you're right"猜测物品颜色和应答方式。

能认读颜色单词green和purple，并能用颜色单词来描述物品的颜色，并能在实际情景中运用。

2. 过程与方法目标

通过创设春天公园的情境，在描述春天公园里看到的景色自然引入本课主题的学习。

通过分角色读和表演对话，加深对课文内容的理解，从而达到内化。

通过猜测公园里Lala和Guoguo看到的动物，不仅复习了本节课的重点内容而且自然地引入到语音单词的学习。

通过最后的涂色，谈论和展示自己的公园，学生在具体的情境中运用语言。

3. 情感态度价值观目标

培养学生发现美的眼睛。

大胆实践，大方表演课文。

【教学重点难点】

1. 教学重点

能用"What colour is..." "It's..." "Yes, you're right"猜测物品颜色并做出应答。

能认读颜色单词green和purple。

能运用颜色单词描述物品的颜色，并能在实际情景中运用。

2. 教学难点

能运用颜色单词描述物品的颜色，并能在实际情景中运用。

感受字母O在单词中的发音。

【教学过程】

环节一：Introduce evaluation	
教师活动	学生活动
Introduce evaluation	Listen to the evaluation
活动意图说明：本节课围绕公园的场景进行展开，通过黑板呈现的公园的场景，左边的花朵为男生组，右边的花朵为女生组，看哪组得到的蝴蝶多。蝴蝶作为课堂评价的设计，不仅能体现出春天公园的美感，还为最后孩子们介绍自己的公园做铺垫。	

环节二：Lead-in	
教师活动	学生活动
Look at the picture and answer the questions:	Answer the questions and feel the beauty of the spring.
(1)Spring is coming.The grass is turning...	(1)green
(2)The tree is getting...	(2)green
(3)How about leaves? The leaves are ...,too.	(3)green
(4)Look at the sky.It's... Do you like blue sky or gray sky?	(4)gray
	I like the... sky.
(5)Look,what can you see in the sky?	(5)A sun
What color is the sun? It's yellow. So we can see a yellow sun in the sky.	We can see a yellow sun in the sky.
(6)Look,what animals are flying in the sky?	(6)Two birds
To be exact,they are swallows.	Black
What color are they? So we can see two black swallows are flying in the sky.	We can see two black swallows are flying in the sky.
(7)Look,what's this?	(7)A flower
A flower is blooming.	Guess the color
What color is it? Can you guess ? Maybe you are right. It's....	I like the purple flower or I don't like the purple flower.
	I like the... flowers.
Look, look, look. What color is the flower? It's ... (出示紫色单词，跟读)Yes, you are right. It's a purple flower. What a beautiful flower. I like the purple flower. Do you like the purple flower? Look, a lot of flowers are coming out. So many flowers. I like these purple flowers. How about you? What flowers do you like?	

活动意图说明：通过公园场景创设的过程，在自然的交谈中运用语言并为主题图的学习创设情境。	
环节三：Presentation	
教师活动 Step 1 观察图片，进入情境 T:Look at the park. It's very beautiful. Do you like parks? T:Why do you like parks?	学生活动 Ss:Yes,I like parks./No. Ss:It's nice./beautiful. /I can ...in the park.
活动意图说明：教师通过引导学生观察公园主题图，挖掘文本内、外所包含的信息，帮助学生了解对话发生背景。并充分调动学生已知，激发学生思考，为学生创造自主表达的机会，锻炼学生的口语表达。	
Step 2 问题驱动，学习对话 学习第一幅图： T:Who is coming to the park. T:Look at Lala's hand, Can you guess what is Lala playing? T:Maybe you are right. T:Maybe you are right.Look,what is Lala playing? （Show the picture） T:Do you like Lala's yo-yo?Why? （出示 green 单词并强调发音） T:Does Guoguo like Lala's yo-yo? Let's listen. T:Why does Guoguo like Lala's yo-yo? T:Yes,you are right.Maybe Guo likes green or Guoguo likes playing yo-yo. Now let's read in roles.Boys are Lala,girls are Guoguo.	 Ss:Guoguo and Lala. S1:Maybe he is playing... S2: Maybe he is playing... Ss:He is playing yo-yo. S1/S2/S3:Yes, I like it./No,I like... S1:Yes. S1/S2:Because... S1/S2: Maybe guo likes green or Guoguo likes playing yo-yo. Read in roles.
活动意图说明：通过创设公园的场景，Guoguo 和 Lala 来到了公园，通过 Lala 的动作，让孩子猜测 Lala 正在玩的东西，激发孩子们思考，也为第二幅图语言的学习做铺垫。通过学生的猜测，进一步呈现悠悠球，教师询问孩子们是否喜欢 Lala 的悠悠球，引入到 Guoguo 是否喜欢 Lala 的悠悠球，自然引出第一幅图的学习。	

续表

学习第二幅图： T:We know Lala has a yo-yo.It's... Lala plays yo-yo in the park.guo likes lala's yo-yo. After playing yo-yo,what will they do?Look,what is Guoguo doing?	Ss:She is drawing a kite.
T:Is it a green kite?	Ss:No.It's blue and purple.
Ss:No.It's blue and purple.	Ss:No.
T:Look at lala, Is Lala drawing a kite? T:Lala is (making a kite). Can you guess what color is Lala's kite?	S1/S2/S3:It's...
T: Maybe you are right.It's.... Lala is asking Guoguo to guess.Can Guoguo guess right? Let's listen.	Ss: Listen.
T:Look at Lala's kite.It's red.So Guoguo's guess is right.Now Can you read it?	Ss:Read the sentences.
T:We know Lala can make a kite.Look! Lala can fly a kite,too.What do you want to say to Lala?	S1/S2/S3:You are great. /Well done...

活动意图说明：通过让学生们猜测 Lala 做的风筝颜色，进一步引出 Lala 也想让 Guoguo 猜测他做的风筝的颜色，自然引入到主题图的学习。

环节四：Practice

教师活动	学生活动
Step1 朗读、表演、复述故事 T:We know Lala and Guoguo have a happy time in the park.Let's listen to their talking again.You can follow it.Ok?	(1)Watch the video,listen and repeat. (2)Open books,listen,point and repeat. (3)Read in pairs. (4)Act in pairs and show. (5)Retell the story.

活动意图说明：在操练环节，通过设计小组角色朗读、角色表演、复述课文等形式，使学生体会课文角色所表达的情感，尝试运用新语言。

Step2 在故事情境中呈现语音词汇并运用语言。 T:We know Lala and guo are in the park.They are very happy. They play in the park. They also see some animals.Oh，what animal is it ？ Can you guess？	S1/S2:Maybe it's...
T:Are you afraid of the fox？（预设：如果有说不害怕的，我接着说 Wow，you are so brave.） T:But Guoguo and Lala are afraid of the fox.So they run away. Look!They come here.What animal do they see now？	Ss:Yes./No.

T:Listen and guess，what animal is coiming？ What color is the dog？ What is the dog playing？ T:Look，what animal do they see now？ What can a frog do？ T:So how many animals did they see？ T:What are they？ T:Yes，they are fox， dog and frog(Stick the words on the blackboard.) T:Look at the red letter，This is letter..... Now let's write letter Oo together.Show me your fingers，please. T:Oo pronounce...(指着单词让学生再读一遍，学生自己发现字母 Oo 的发音) Can you say some words pronounce ... T:Now can you read these words？	Ss:A dog. Ss:A frog. A frog can jump. Ss:Three. S1/S2/S3: ... Ss:Write letter Oo together. Ss:Say some words. Ss:Read the words.

活动意图说明：这部分在主题故事情境中呈现语音词汇，不仅丰富了主题故事的内容，也自然地引入到语音部分的学习。为了使主题故事更具有完整性，我在原有的教材内容上进行了取舍。

环节五：Production

教师活动	学生活动
Ask students to 1.Color the park. 2.Talk about the park with partner. 3.Show.	1.Color the park. 2.Talk about the park with partner. 3.Show.

活动意图说明：通过学生自己涂色把公园变得更漂亮，他们自己会有一种满足感。涂完色后和同伴描述自己的公园，达到了在情景中运用语言的目的。

环节六：Homework

(1)Draw a picture and ask your friends to guess the color.

(2)Practice the letter from Aa to Oo，and find the letters in our life.

(3)Prepare a story about color.

【板书设计】

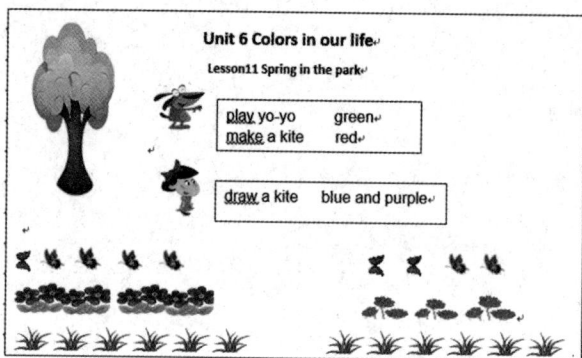

【作业与拓展学习设计】

自主画画，使学生在自主的创作中体会图画的美感，让对方猜测自己图画的颜色，不仅在真实的情景中运用语言，而且激发了学生学习的积极性。

在生活中寻找学过的字母，学生能把字母融入生活中，达到学以致用的目的。

因为本单元的主题和颜色有关，所以学生在课下可以搜寻一些有关颜色的英文小故事，不仅复习了颜色的词汇，而且能扩展学生学习的知识面。

【特色学习资源分析、技术手段应用说明】

1. 创设生动的情景主线

本节课中，我通过"公园"情境的创设，将本课的主题学习内容和语音板块有效地衔接在一起。上课伊始，通过PPT一点点呈现公园的场景，同时和学生谈论公园所见及颜色，描述春天公园里看到的景色，自然引入本课主题的学习。在最后的输出环节，学生自己涂色把公园变得更漂亮，涂完色后和同伴描述自己的公园，达到了在情景中运用语言的目的。在小组评价方面，我通过黑板呈现的公园的场景，左边的花朵为男生组，右边的花朵为女生组，看哪组得到的蝴蝶多。蝴蝶作为课堂评价的设计，不仅能体现出春天公园的美感，还为最后孩子们介绍自己的公园做铺垫。课堂评价的引入不仅达到了课堂评价和教学内容相结合的目的，而且充分调动了学生的学习兴趣，更使学生在黑板创设的情景中感受公园的美。

2. 渗透情感教育，培养学生健全的人格

在学习主题对话时，我引导学生猜测物品的颜色；学习语音单词时，通过隐藏动物，听动物的叫声，让学生猜是什么动物及动物的颜色，正好和本课所学的猜物品的颜色相吻合。这样不仅调动了学生的思维，还激发他们参与课堂活动的积极性。

【教学反思与改进】

本节课从入课到结束，一节课都围绕Spring in the park这个主题展开，从入课对课堂评价的介绍包括板书的设计都能体现出春天公园的美感，在春天的公园这个大情境中学习语言，孩子们可以在交谈中自然卷入到语言的学习。

学习完课文，学生分角色表演课文内容时，将情感加入表演中，这样学生能加深对故事的理解，从而达到内化，同时能将语言自然表达出来。

通过猜测Lala和Guoguo在公园看到的动物，不仅复习了本节课的重点内容而且自然地引入到语音单词的学习。

通过最后的涂色，谈论和展示自己的公园，学生在具体的情境中运用语言。

改进：

在学生准备表演的操练过程中，我没有进行表演的示范，学生只是读书，没有把故事演出来。

一节课学生没有深度的思考，文本的挖掘不够有深度。

课前的导入环节有些过长，应该快速进入到文本的学习。

（此课例为北京市通州区区级研究课）

苑人歌

▼

苑人歌，1987年8月出生，毕业于吉林师范大学音乐学院，2010年8月参加工作。在工作中，她积极参加各项音乐教学研讨活动，努力提高自身素质及教育教学能力。她勤于思考，善于反思，不断探索。多篇论文在市、区级论文评选中获奖，主持和参与了"高年级班级合唱教学策略研究"等3项课题研究。先后获得通州区三八红旗手、教育系统青年岗位能手等称号。2018年，荣获通州区春华杯一等奖，并被评为通州区骨干教师。

稳中求变，变中求准

　　班级合唱训练是音乐课教学的一项重要内容，是学校开展艺术教育活动的一个重要组成部分，也是进行青少年美育教育的一条重要途径。《音乐课程标准》指出：要重视和加强合唱教学，使学生感受多声部音乐的丰富表现力，培养学生的群体意识及协调、合作能力，使学生在歌唱表现中享受到美的愉悦，受到美的熏陶。我在进行班级合唱训练中，遇到的主要问题是：声音不够统一，容易受他人干扰，从而影响了合唱教学的效果。而造成这一结果的主要原因是音准问题。根据这一情况，结合高年级学生实际情况，我在继承传统的基础上，不断摸索，采用恰当策略，进行科学训练，有效的解决声音不够统一的问题，提高了班级合唱水平。

一、变以横向思维为主为纵横相结合

　　在合唱教学中，传统的方法是分声部学唱后再进行合唱。这样的方式下，学生习惯于从横向上寻找本声部的旋律感，而不习惯从纵向上找声部间的和声感，往往是各唱各的声部，难以顾及声部间的和谐。因此，需要改变以单旋律入手、先分后合的传统教学习惯，采取几个声部同时演唱和声的练习方式。在教学中，我才用提取合唱歌曲中时值较长的和弦音进行练习，使学生熟悉这些和弦音的纵向和声感觉，并使学生在演唱到这些和弦音时加强对纵向和声效果的倾听和声音调节，从而为旋律音找到一个个和声支柱，提高合唱的音准稳定性。

二、变以模唱为主为模唱与构唱相结合

　　模仿演唱时歌唱学习中最常见的形式，也是最容易实现的。模仿演唱是先听到样本声音，再利用短时记忆唱出正确的音高，这种方式不利于学生养成稳定的音高感。为此我增加了构唱练习。所谓构唱，是指在给出一个音的音高提示后，

学生能凭借内心听觉记忆独立唱出另一个声音，练习方法可以从两个音的构唱逐渐过渡到多个音的构唱，从小音程的构唱逐渐过渡到大音程的构唱，从自然音程的构唱逐渐过渡到变化音程的构唱等。学生的构唱能力增强了，音准的稳定性也提高了。

三、变整体聆听为主为整体聆听与分解聆听相结合

在合唱曲的欣赏过程中，学生通常只对歌词内容、情感、音色等做整体的关注，而对合唱中单个声部的旋律走向缺乏分解聆听的习惯。在教学中，我让学生从听辨教师钢琴演奏的旋律开始训练。如教师演奏反向进行的一对旋律短句，请两个声部的学生模唱出两个不同的旋律，然后再改成听辨和模唱斜向进行的一对旋律短句，再改成听辨和模唱同向进行的一对旋律短句，提高学生对同时进行的两个旋律的分解听辨能力。当学生具备初步的分解听辨能力后，可以请学生听辨合唱歌曲的某个乐句并模唱出各自的旋律，这样就能提高学生的音准识别和纠错能力。

在实际教学中，影响音准的因素有很多，老师们也总结出一些行之有效的方法。为此，我们可以采用拿来主义的方法，在继承的基础上尝试改革与创新，边实践、边调整。做到稳中有变，变中求准。有效地分解合唱教学中的难点，提高班级合唱教学的效果。

（此文刊登在《通州教育》2018年第4期）

《西风的话》教学设计

学　　科：小学音乐　　　　　**年　级：**五年级

教材版本：人民音乐出版社　　**课　时：**一课时

【教学内容分析】

1. 教学背景分析

《西风的话》是黄自于20世纪30年代创作的歌曲。歌曲以儿歌的形式出现，借"西风"之口，寥寥数语，简练而生动地描写了一年来小朋友的成长和节令景物的变化，点出了初秋的特征，饶有情趣。同时作者明快地描绘了乡村儿童简单、纯洁的美好心灵，并以此鼓励青少年珍惜时光，憧憬未来！这首歌曲学生可能都觉得听过，但是不能准确地把它唱出来，尤其是歌曲中力度"[谱例]""[谱例]""[谱例]""[谱例]""[谱例]"的变化共出现5次，这也是歌曲演唱时的难点，学生演唱时不容易表现出来；八度大跳"[谱例]"和七度大跳"[谱例]""[谱例]"音程，学生在演唱时不容易唱准；还有每一乐句中"[谱例]""[谱例]""[谱例]""[谱例]"一字多音在歌曲中共出现了4次，结束句"[谱例]"以渐慢的处理方式在第四乐句中出现一次。（见谱例1）

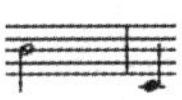

谱例1

西风的话

花少不愁没颜色，我把树叶都染红。

2. 歌曲结构分析

《西风的话》歌曲的曲式为四乐句组成的方正性单乐段，节奏平稳对称，结构自由、前两乐句为句首相同平行乐句，节奏前紧后松，给人宽广之感；旋律流畅，跌宕起伏，变化有致，使歌曲具有丰富的表现力。（见谱例2）。

谱例2

乐句一（a）

乐句二（b）

歌曲旋律整体上以级近平稳的创作手法，只是在歌曲的中间部分有一个对比句为乐句三（c）(见谱例3)，乐句三紧接在前句的"坚强"之后从较高的音区进入，成为歌曲的"高点"情绪略显激动。这一乐句在演唱时力度也是增强，同时体现了作者对青年的殷切期盼。

谱例3

乐句三（c）

乐句四（d）

旋律包含了三个大跳、八度音程、七度音程、最后歌曲在结尾处的渐慢，增强了歌曲的结束感，似是一泓清水，涟漪轻起，逐又恢复了平静。

谱例4

乐句四（d）

这首歌曲的旋律悠长宽广，音程跳动较大，音区频作交换，歌唱时要注意气息的控制，已做到声音连贯、平稳，声音位置统一。

【学生情况分析】

情感态度价值观：本班的学生活泼、积极表现自我，喜欢参与有趣味的音乐活动，能在教师有效激发下积极表现歌曲。

过程与方法：五年级学生乐于参与演唱及其他音乐表现、创造活动，学习方式主要以视唱为主听唱为辅。

知识：①节拍，接触过四拍子，能够随音响准确拍击或划四拍子拍点；②速度，对于速度把握较为准确；音乐风格，对儿童艺术抒情歌曲风格特点不了解。

技能：①演唱，能够用正确的演唱姿势和呼吸方法唱歌；②歌唱方法，在演唱中，吐字不够清晰；③歌唱技巧，能够对连音唱法在听辨基础上进行准确判断，但用"连音"表现歌曲能力较差。

【教学目标确定】

情感态度价值观：用连贯、轻柔深情的声音带有力度地唱好《西风的话》，感受儿童艺术抒情歌曲中，珍惜时光、憧憬未来的音乐情绪。

过程与方法：在以"听"为主的实践活动中，了解儿童艺术抒情歌曲《西风的话》的音乐背景。

采用听唱法、模唱法、自主练唱等方法唱会歌曲；

在演唱方法指导过程中，使学生能够感受、体会儿童艺术抒情歌曲音乐的风格特点。

知识与技能：

能够准确演唱《西风的话》。

知道《西风的话》是一首儿童艺术抒情音乐风格的歌曲。

【教学重点难点】

教学重点：歌曲《西风的话》的准确演唱

教学难点：能够运用力度的变化有表情地歌唱

【学习评价设计】

评价角度	目标量化	等级
感受与欣赏	能感受歌曲情绪，并用简单词语描述	☆ ☆ ☆ ☆ ☆
	能听辨歌曲节拍、知道歌曲表现形式、知道歌曲风格	☆ ☆ ☆ ☆ ☆
歌唱	用较准确的音准演唱歌曲旋律	☆ ☆ ☆ ☆ ☆
	力度记号和八度、七度音程的准确演唱	☆ ☆ ☆ ☆ ☆
表现	能够加入合唱的演唱形式，用连贯有力度变化的声音完整演唱歌曲	☆ ☆ ☆ ☆ ☆

【教学过程】

环节一：创设情境，导入新课	
教师活动	学生活动
1. 导入：播放图片《西风的话》，教师提出问题，初步感受歌曲内容，引出课题。 预设问题： a. 题目中的西风指的是哪个季节？ b. 西风真的会说话吗？ c. 说了些什么（大概意思是什么）？ Pad（资源库）：学生需要自主聆听歌曲《西风的话》微视频。	1.学生认真倾听教师介绍，观察视频图片，思考问题。 观看 Pad（资源库）：学生需要自主聆听歌曲《西风的话》微视频。
2. 播放歌曲《西风的话》在聆听的过程中注意歌曲的节拍、速度。	2. 感受歌曲的节拍、速度。

活动意图说明：通过回忆图片，初步感受歌曲情绪及歌曲意境，通过歌曲的反复聆听，学生能够初步了解歌曲情感及旋律的特点，激发学习兴趣。

环节二：学唱歌曲，唱好歌曲	
教师活动 活动1：分乐句熟悉歌曲旋律线及节奏特点 （1）随音频轻打节拍，思考歌曲由几个乐句构成？ Pad（课堂提问）：课堂提问全班同学作答提交，教师选择图片解答。 （2）用"wu"模仿风的声音，画旋律线轻声随音频旋律哼唱，并思考四行旋律间旋律及节奏特点。	学生活动 1.Pad 作答提交图片。 2. 用"wu"哼唱画旋律线。

活动2：学唱曲谱 1.分乐句学唱曲谱 （1）运用Pad微视频，自主视唱完整曲谱。 （2）随钢琴伴奏完整视唱曲谱。 预设问题： a. 观察一、二乐句旋律的走向，相比之下哪里相同、哪里不同？ b. 请找出三、四乐句中的大跳音程。用红笔圈出！请在Pad上作答！ Pad（画笔）：学生在教师Pad作答。 c. 随琴练唱大跳音程。 （3）旋律接唱游戏，四组分别四个乐句接唱。 活动3：歌词填唱 （1）自主填唱歌词，观察歌词中的一字多音。 Pad（微视频）：教师推送歌词视频，学生填唱观察。 （2）随琴加伴奏填唱歌词。 （3）教师示范引导学生加力度演唱歌曲。 a. 力度记号：（板书） b. 预设问题：老师演唱时在歌曲的哪些地方进行力度的改变？请你认真听，并在Pad上进行标记，标记好后提交答案。 Pad（课堂提问）：教师推送图片，学生边听，便用画笔在图片上标记作答，答好后进行提交。 （4）学生随钢琴伴奏完整唱歌词，加入力度记号的演唱技巧。 （5）随音频伴奏加动作表演唱，带有表情的！	学生运用Pad微视频，自主视唱完整曲谱。 a. 观察思考。 b. Pad使用（画笔）功能进行作答。 c. 随琴唱。 分四组乐句接唱。 （1）通过Pad观看视频填唱歌词。 （2）体验加入力度记号演唱时的情绪情感。 学生边听，便用画笔在Pad图片上标记作答，答好后进行提交。 随伴奏深情演唱完整歌曲。

活动意图说明：结合字母谱，降低识读五线谱的难度，循序渐进地将字母谱一步步减少至没有，再通过画旋律线视唱曲谱，引导学生观察旋律高低变化及力度演唱特点，通过分组练唱提升学习效率和演唱准确度，进而指导学生在加入力度的基础上唱好曲谱，再采用自主填唱的方式唱会歌曲并通过唱法的指导帮助学生能够唱好歌曲。

环节三：艺术处理，唱好歌曲

教师活动 活动：改变演唱形式表现歌曲 按乐句改变演唱形式进行歌唱。 个人、男生、女生、小组等。 Pad（课堂投影）：个别学生Pad或者教师Pad，运用学生Pad中的照相功能，来投学生现场的表现，使学生在演唱时能够观察到自己的表情。	学生活动 按照要求，运用Pad投屏，"现场直播"观看自己的表演唱。

续表

活动意图说明：抓住歌曲旋律及力度变化特点，体会儿童抒情艺术歌曲音乐风格特点，在演唱形式的拓展练习中，感受演唱带来的情绪变化	
环节四：解决时间矛盾，拓展演唱形式	
教师活动 活动：加和声演唱 环节目标：提高学生合唱能力，合理解决时间矛盾。 1. 出示二声部合唱谱，并遮挡二声部音符，根据提示学生标记隐藏的音符。 预设问题：以红框里的音为冠音，构成指定音程，编创二声部旋律。 Pad（课堂提问）：推送五线谱图片，学生用画笔在图片上作答提交。 2. 小组分别展示练习结果。 3. 合唱练习 师生合唱，生生合唱。 4. 随音频加入二声部完整演唱歌曲。 5. 课堂小结：珍惜时间。	学生活动 1. 学生用画笔在 Pad 发送的图片上作答提交。 2. 多种形式展现歌曲，展现自己。
活动意图说明：通过该环节，不仅丰富学生的音乐眼界，同时提高学生合唱能力，激发学生对儿童抒情艺术歌曲的喜爱之情。	
环节五：课堂小结	
教师活动 这首歌曲我们学到了什么？	学生活动 时光一去不复返，我们要珍惜。
活动意图说明：通过学习歌曲，使学生从歌曲旋律、歌词中有所感悟。	

【板书设计】

西风的话

力度记号： <　<　>　>　　f mp

【特色学习资源分析、技术手段应用说明】

运用多媒体创设情境，以音响实践为基础，以情感体验为主线，激发学生兴趣等手段调动学生学习的积极性。

通过运用以唱歌为主，以画旋律线、律动、节奏为辅的多元化教学手段，尝试以拍手、模仿到组合表演的主体体验的学习方式，培养学生与人合作的能力，激发学生学习音乐的兴趣，树立学生乐于表达善于创造的意识。

【技术准备】

运用overture打谱软件制作五线谱乐谱；

运用COOL EDIT软件剪接歌曲音频；

使用（Powerpoint）制作教师课件；

运用视频制作手机软件录制演奏视频；

使用Pad开展课堂教学；

使用Pad中完美钢琴软件演奏钢琴。

【教学反思与改进】

1. 情境导入，自主体验，气氛活跃

本节课以播放和感受20世纪30年代的图片为前提，通过欣赏聆听引领大家来到20世纪30年代的歌曲情境中，通过学唱歌曲，使学生在学习过程中，感受到儿童艺术歌曲的演唱特点，平稳、起伏、连贯、深情的演唱及力度记号的演唱与把握，学生能够较准确的把握音乐风格及演唱方法。

2. 任务驱动，形式多样，教学效果好

在"学唱歌曲"过程中，为了使学生更好地掌握歌曲旋律，教学中我利用字母谱来辅助视唱五线谱，采用多种视唱方式分组唱、听唱、画旋律视唱、清唱及找乐句间旋律变化特点，引导学生明确任务、有针对性的聆听，激发了学生参与音乐活动的兴趣，提高了学生聆听演唱的专注度。在"表现歌曲"过程中，为了激发学生的创造能力和声音的表现能力，在唱会歌曲后，引导学生大胆尝试二声部合唱，最后通过改变歌曲演唱形式来完整的演唱歌曲。

3. 表演唱水平有待提高

本节课最后呈现二声部合唱效果不明显，在演唱时的表情以及歌曲的表现力还有待提高，其原因为加二声部合唱与表现能力不能共同准确的进行表达，学生就此能力不够熟练，教师应在以后课堂中，多加入合唱的音乐素材，为学生表演唱表现歌曲的能力奠定基础。

（此课例为北京市通州区区级研究课）

苏松柏

▽

苏松柏，1974年8月出生，北京市通州人，1994年7月毕业于通县师范学校，2016年加入中国共产党，连续三届区级骨干教师。

古人讲，厚积而薄发，要做一名优秀的教师，要用广博扎实的文化专业知识。工作中积极参加各种学习培训，政治学习。

2008年8月，成为东方小学的一名科学教师。秉承陶行知先生"以科学之方，新教育之事"的教育思想。70余篇论文获得国家、市、区级奖项，80余项基本功竞赛。2015年至2016积极参与"教师交流轮岗"活动，得到多方一致好评。2018年主动报名参加"援疆"支教工作。

每年几乎牺牲大部分周六日时间，带学生参加国家级、市、区级训练、比赛，获奖120项，学校获得了"科技示范校""模型社团"等荣誉称号。

搭建一座桥，越过一道坎

——《点亮小灯泡》

案例背景描述

"做中学"幼儿和小学科学教育改革，是在世纪之交国际上一些科学家主动采取的联合行动。这场改革的兴起有其鲜明的时代背景和重大的实际意义。

在这种学习方法改革中，提倡教学者和实践者紧密结合，共同实施教育改革；强调重点概念和典型案例结合；强调学习过程中教师与学生的互动；强调学科的综合等，这些都是目前教学改革中需要的。

作为一个专业教育者，应具有不断地专业化学习的意识与能力。这既是现代社会发展、教育不断改革对教师的必然要求，也是不断变化的教育对象和不断出现的新的教育问题与需求的必然要求。能够参与"做中学"科学教育实验课题的研究，我不仅认识到"做中学"对于改变教师的教育观念和学生学习方式有重要意义，而且对培养少年儿童的科学态度、科学精神和科学的思维方式有积极的促进作用。同时我更深刻地体会到作为一名教师急需获得专业化成长的紧迫性。可是怎样成为"真正的教学的主人"？"怎样寻求一条适合自己发展的专业化成长道路呢？"我想，这是每一位真正热爱孩子，热爱教育事业教师都十分关心的问题。

年初，我刚介入"做中学"课题，一时摸不着头绪，困惑很多，通过几次培训和教学观摩研讨，使我对"做中学"的教育理念和教学中的几个重点环节有了初步的了解，经过半年来的亲自实践和课题组的集体研讨，使我的反思意识和能力得到了提高，我在反思中学会了了解孩子，学会了了解自己，也学会了怎样更好地促进学生的发展；从只关注教育目标，逐渐转向关注孩子在活动中个性表现的转变；教学计划从单一的传授、静态的执行，逐渐向采用指向过程的提问方式和提供有结构的学习内容的动态调整转变。尽管在这个过程中，我的困惑多了，困难大了，但是通过反思来发现问题解决问题，克服困难之后的成功却让我在专业化成长的道路上迈出了一大步。这里与大家分享我的感受和体会。

一段时间里随着"做中学"活动逐步开展，我所面临的问题也越来越多，例如，怎样从孩子提出的多种问题中筛选、提炼有研究价值的问题，怎样指导孩子记录？怎样用记录引导个体的思考和推理？……通过课题组教研活动，我从大家的发言中得到启发和帮助，逐渐尝试去分析问题，从分析别人的活动中反思自己，如果我遇到同样问题该如何解决。我的关注点开始从教育形式本身转向孩子的发展上，慢慢地抓住了问题的要害所在。最让我头疼的问题是，在进行教学决策和实践过程中，我总是自觉和不自觉地转回到传统老路上去，在新旧理念中徘徊。

第一次教学实践

在上"做中学"神奇的电这一模块中《点亮一个小灯泡》时，同学们四人一组，并得到一节电池、一个小灯泡、一根导线来进行实验，比比谁点亮小灯泡的方法多，并把方法记录下来（鼓励学生小组合作记录），教师提供电池、灯泡、导线等的示意图，以便学生记录。

提问：要使小灯泡点亮，电池和灯泡上的哪些部位必须连接在电路中？

同学们的积极踊跃回答，方法多种多样：（1）用导线把电池和小电珠连接。（2）用导线把电池和小电珠底下连接。（3）用导线电池的正负极要和小电珠连接。……

注意事项也基本提到，我适时给予鼓励。

接下来同学们积极投入试验中，各组情况大致如下：

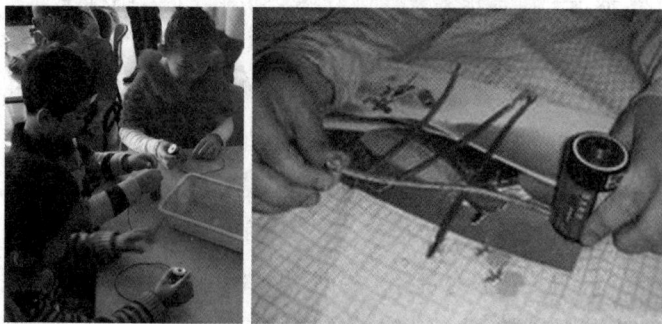

有的组，孩子们一头雾水不知所措，拿着材料在琢磨。

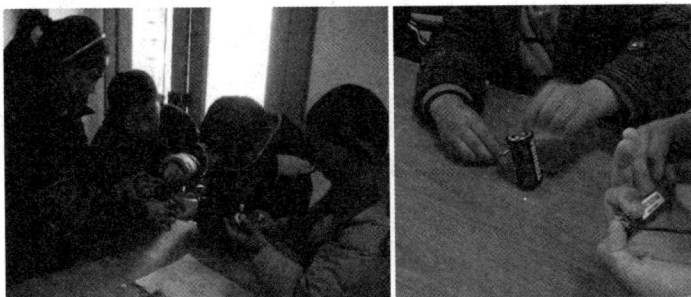

有的组，孩子们边琢磨边试验，时而提出各自的看法和意见。

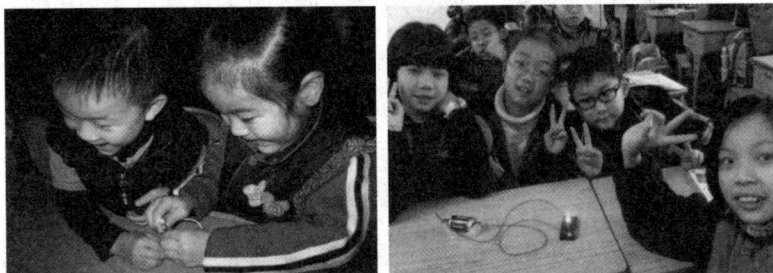

过几分钟的调试，有的组终于点亮了小灯泡，孩子们沉浸点亮小灯泡的喜悦中。

全组同学欢呼起来，享受着初探成功的喜悦。其他组也投来了羡慕的目光，同时也想看个究竟——怎样连接就可点亮小灯泡？

其他组经过模仿、调整也点亮小灯泡。

但记录时却出了很多问题：

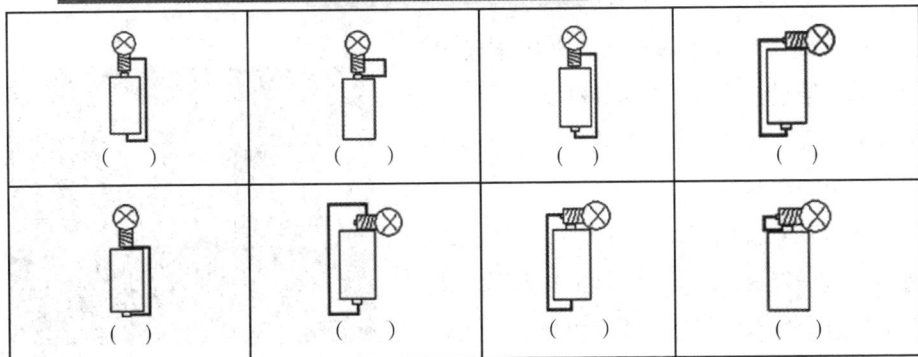

教学反思

经实践后发现大多数同学知道要将电池两端正负极与小灯泡连接，电池与小灯泡连接部位搞不清楚，其中连接小灯泡的部位是最乱，原因可能是：四年级同学还是以形象思维为主，只有亲眼看到、摸到才能更好地感受到；小灯泡为使用方便、安全，是将连接灯丝的导线用金属片、焊锡点及绝缘材料固封起来的，学生看不到连接灯丝的导线连到什么位置。

接下来按计划下个活动是借助《电路与马达》进一步探究闭合环路，即用电器只有在完全的回路中才会工作。如果按原来确定的教育目标进行下去，此时的我预感孩子可能出现知识断层，即对小灯泡内部构造了解模糊。毕竟四年级的孩子还没有完全形成逻辑推理的能力。因而，为使学生的注意力集中于连接方式的研究上，而不在如何画上花过多的时间，提高了操作的指向性与实效性。我适时为学生搭起脚手架，在教材与学生之间架了一座桥。

改进后的教学实践

再次上课时《点亮一个小灯泡》时，我从少年儿童心理特点入手，借助直观教具（玩具小灯泡如图）透过玻璃来观察灯泡内部构造。

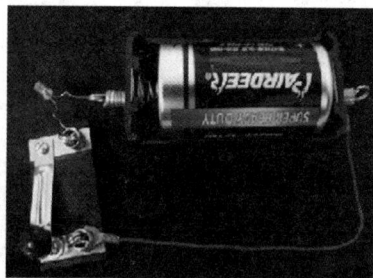

玻璃壳内灯丝借芯柱架在两根铜丝电柱上，电柱通过芯柱引出两根导线，分别与一节电池的一极、开关、另一极连接，按下开关形成了一个完整的回路，灯泡亮了。

通过观察此时学生已从玩具小灯泡的构造，在进一步观察玩具小灯泡的构造以及追踪电流通过小灯泡的路线，逐步引导学生认识到

只有当电流过小灯泡，使电流所流过的路线形成一条封闭的回路时才会发光，从而进一步加深对完整回路的了解。用电器只有在这样的电路中才会工作，科学概念由学生独立实践得出，绘制电路图连接点不清问题也迎刃而解。

在此基础上再出示普通家用小灯泡，进行对比观察、实验，发现普通家用小灯泡和玩具小灯泡内部相同，只是灯丝两端一根导线与螺旋相连，一根和底端触点相连。借助玩具小灯泡这个脚手架，学生较轻松的掌握了简单电路的连接，而且从材料上初步接触了电。在这里，除了让学生仔细看以外，还画下电路图，并进行集体交流，以获得一个共同的感知，为后面的学习打好基础。

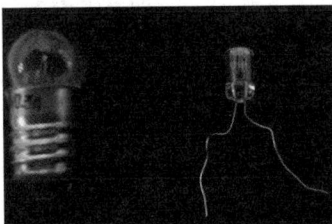

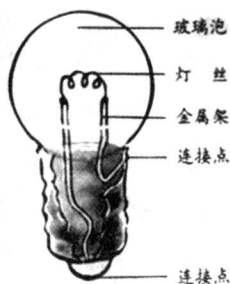

教学反思

经过连一连，通过观察比较各种使家用小灯泡发亮的连接方法，初步认识电路。在这个活动中，学生利用所提供的材料，利用各种方法连接起来，使家用小灯泡发亮，并画出实物连接线路图。学生有了使家用小灯泡发亮的亲身经历和体会，再通过对成功连接线路图的观察分析，并画出电的流动路线，就已经形成了初步的电路的概念。

最后，通过对家用小灯泡的细致观察，认识电在家用小灯泡里的流动路线，进一步加深对电路的认识。

我的教学建议

科学的学习离不开观察，而科学、有效的观察，不但是综合运用感官的结

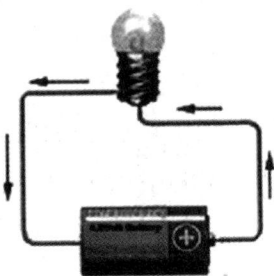

果，而且还需借助于科学仪器，以此来搭建脚手架，并且对所观察对象具有一定的预备知识，对客观事物具有一定的分析和综合能力，有记录和整理材料的具体方法等。因此，在科学教育中我们要重视培养学生的观察能力，使他们能够由浅到深、由具体到抽象、由表象到本质的认识事物，形成科学概念。

案例点评

该文从少年儿童心理特点入手，借助直观教具（玩具小灯泡如图）透过玻璃来观察灯泡内部构造。在此基础上进一步追踪，逐步引导学生认识到，只有当电流由电池一极出发，流经小灯泡一端灯柱，再通过灯丝流向另一端灯柱，回到电池另一极，形成一条封闭的回路时才会发光，加深对完整回路的了解。用电器只有在这样的电路中才会工作，科学概念由学生自己实践得出，并绘制电路图，连接点不清问题也迎刃而解。

在此基础上再出示普通家用小灯泡，进行对比观察、实验，发现普通家用小灯泡和玩具小灯泡内部相同，只是灯丝两端一根导线与螺旋相连，一根和底端触点相连。借助玩具小灯泡这个脚手架，学生较轻松的掌握了简单电路的连接，而且从材料上初步接触了电。在这里，除了让学生仔细看以外，还画下电路图，并进行集体交流，以获得一个共同的感知，为后面的学习打好基础。

然后，连一连，通过观察比较各种使家用小灯泡发亮的连接方法，初步认识电路。在这个活动中，学生利用所提供的材料，利用各种方法连接起来，使家用小灯泡发亮，并画出实物连接线路图。学生有了使家用小灯泡发亮的亲身经历和体会，再通过对成功连接线路图的观察分析，并画出电的流动路线，就已经形成了初步的电路的概念。

最后，通过对家用小灯泡的细致观察，认识电在家用小灯泡里的流动路线，进一步加深对电路的认识。

科学的学习离不开观察，而科学、有效的观察，不但是综合运用感官的结果，而且还需借助于科学仪器，以此来搭建脚手架，并且对所观察对象具有一定的预备知识，对客观事物具有一定的分析和综合能力，有记录和整理材料的具体方法等。因此，在科学教育中我们要重视培养学生的观察能力，使他们能够由浅到深、由具体到抽象、由表象到本质的认识事物，形成科学概念。

（北京市教育学会小学科学研究会教学反思一文被评为一等奖）

《动物的运动》教学设计

学　　科：小学科学　　　　年　级：六年级

教材版本：首师大版　　　章　节：第三单元　　　课时：第一课时

【教学内容分析】

在教学过程中我充分利用"人体"自身作为课程资源，引导学生观察图片、标本、模型、体验自身运动器官的分布和活动情况。结合探究实验，学生亲自动拼摆和观察动物的身体结构，增进学生对知识的感性认识，从而有利于学生理性认识的建立和提升，形成"结构和功能相适应"的生物学基本观点，进而较好地实现教学目标。通过模型，学生在动手实践中体验了知识的产生过程，体现了学生的主体地位，培养了学生自主学习、勤于思考、乐于探究的科学精神。

在教学媒体的选择方面，本节课加入了多个视频片段，分别是用于引入教学的"各种动物运动的形式"、用于解决重、难点的"认识不同动物的运动方式的不同特点的"视频，达到了理想效果。

本节课选自首师大北版六年级科学上册第3单元章第2课的内容，课程标准对本节课的要求是：举例说出动物在气候、食物、空气和水源等环境变化时的行为。通过观察动物的走、跑、游、飞等，说明动物的运动依赖于一定的结构。

本节内容在教材中起着非常重要的作用，课程标准中清楚的列明，动物运动和行为的知识对学生认识动物的本质特征非常重要。动物的运动依赖于一定的结构。

【学生情况分析】

六年级的学生对于动物的运动，已有感性认识，但是还不能上升到理性的层面上。此外，六年级的学生活泼好动，好奇心较强，所以在教学过程中，我会注重增加教学活动的趣味性，让他们多动手，多参与，这样才能让我们的教学活动更好地开展下去。

【教学目标确定】

科学知识目标：认识陆生动物的主要运动方式是爬行、行走、跳跃和奔跑，水生动物的主要运动方式是游泳，空中生活的动物的主要运动方式是飞行。

通过学习，使学生能认同动物的运动要依赖一定的结构的观点，从而具有发达的运动能力，有利于觅食和避敌，以适应复杂多变的环境。

科学探究目标：（1）认识物体运动方式的多样性；（2）能说出常见物体的运动方式，观察分析运动规律；（3）能够准确地比较常见物体运动的快慢；（4）分析探究动物的运动对于动物个体和种族的生存具有怎样的重要意义；（5）能用各种感官对物体的运动进行观察，能用图或文字表述；（6）会查阅书刊及其他信息源；（7）能选择自己擅长的方式表述研究过程和结果。

情感、态度和价值观目标：（1）引导学生自觉运用合作与交流的学习方法；（2）培养学生注意观察、善于观察和分析推理的能力；（3）意识到人与自然要和谐相处，愿意合作与交流；（4）关注人与自然的和谐发展，树立严谨的生活态度，树立良好的社会责任感。

【教学重点难点】

教学重点：认识不同动物的运动方式的不同特点。运动需要身体各系统的配合才能完成，运动对动物的生存有重大意义。

教学难点：知道运动是动物结构和功能的统一，运动是动物行为的具体表现；动物运动方式具有与其生活环境相适应的特点。

【教学过程】

环节一：了解不同动物运动的目的	
教师活动	学生活动
1.同学们，都很喜欢动物，课前老师搜集了一段视频资料（提供一组动物捕食、迁徙、求偶的视频材料）	
2.提问：我们一起来看一看： （1）它们在做什么？ （2）它们为什么要这样做？ （3）你根据什么来判断动物在觅食、避险等？ （4）所有动物的觅食方式都一样吗？	（1）觅食、避险…… （2）为了生存和繁殖。 （3）边看视频，边思考。（如虎奔跑，虎咬住鹿的颈部等） （4）不一样。 动物捕食时需要观察、奔跑和扑咬等。
3.这些不同的运动方式，更适合在那里运动？（根据实际情况进行调整研究次序，由一般到特殊。）	列举：爬、走、跑、跳一般适宜陆地，游一般适宜水、飞一般适宜空中等。
活动意图说明：本课创设情境，引入新课，激发学生去思考，不同动物不同运动方式的目的。	

续表

环节二：研讨探究动物的运动规律，及与环境的关系	
教师活动	学生活动
1. 研究动物的运动规律。 （1）谈话：同学们，我们来观看一段视频（课件出示）。 （2）在看之前，老师要提一个要求：请同学们仔细观察动物奔跑时，它的四肢的运动有什么规律吗？ （3）小结：马是四肢运动的动物，四肢的常规运动方式是对角线换步法，即左前右后、右前左后的交替循环。走时三足着地，奔跑时一足两足着地，有时甚至出现"腾空"现象。 对角线换步法：保持身体平衡，有利于运动（身体的重心是放在三只稳定地站在地上的脚所构成的三角形内，较适合于平原、草原运动）。 2. 陆地动物的运动方式。 生活中，你曾经见过生活在陆地的动物还有哪些运动方式？ 老师也搜集了一部分在陆地上生活的动物的运动方式，我们一起来看大屏幕。（课件出示） 这些动物的运动方式有什么共同特点？ 教师小结：一般都具有支持躯体和运动的器官，用于爬行、行走、跳跃、奔跑、攀缘等适合多种环境不同运动方式，以便觅食和避敌。 兽类奔跑速度和脚的构造也有密切的关系，熊类和猿猴类动物为什么奔跑的速度较慢，主要由于这些动物都是"跖行"的——即用脚板触地行走。缺少弹力，所以跑不快。人类也属于"蹠行"动物，所以跑不过一般兽类。短跑运动员作100米冲跑时几乎全用脚趾奔跑，蹠部和跟部离地，尽量大的限度减少接触面，以便增加弹力，这样跑的速度就增快了。 奔跑速度较快的兽类，一般都是"趾行"动物，如虎、豹、狗等爪类的动物。 它们全是利用趾部站立行走的。它们的前肢的掌部和腕部，后肢的蹠部和跟部永远是离地的，所以这些兽类都以善跑出名。 兽类中还有一类"蹄行"动物。所谓蹄行，就是利用趾甲来行动。这类动物，随着环境的适应，四肢的指甲和趾甲不断扩大，逐渐溃化成坚硬的"蹄"。 蹄行的兽类又分为奇蹄和偶蹄。 奇蹄类动物有：马、犀牛等。 偶蹄类动物有：牛、羊、鹿、骆驼、河马等。 我们在把不同类型的动物四肢加以比较，就更容易看清腿与腿的不同构造和适应环境的功能不同。	汇报、交流。（有的同学可能说边模仿；有的可能提出不同看法，甚至出现争执） 小组内先自行交流，然后全班汇报。 学生讨论后交流，蹄类动物，一般脊椎骨较硬，奔跑时背部基本上保持平直，提取缺少弹力。比较一下马、鹿、羚羊这类善跑的蹄兽，在短途奔跑时的情况就不同了。这些爪类动物由于脊椎骨不断的急促伸曲，容易消耗体力，跑不多远就筋疲力尽，最终是跑不过那些善跑的脊椎平直的蹄兽。

续表

3. 水中动物的运动方式。 （1）你曾经见过的生活在水中的动物都有哪些运动方式？ 对！但是它们游泳的方式也各不相同。谁能模仿几种鱼类的游泳方式？ （2）其他水生动物。 a. 腔肠动物：海葵、海蜇、珊瑚等。它们结构简单、有口无肛门。 b. 软体动物：乌贼、章鱼、扇贝、河蚌等。它乌身体柔软，靠贝壳保护身体。 c. 甲壳动物：如虾类、蟹类。它乌体表有甲。 d. 其他：如海豚、鲸、海豹、龟、鳖等。 4. 空中飞行动物的运动方式。 哪些动物比陆地动物有更广阔的活动范围？它们的运动表现有几种方式？ 对，但是它们飞行的方式也各不相同。谁能模仿一下生活在空中动物是怎样飞行的？ 5. 想一想，为什么动物在不同的环境中的运动方式都不一样呢？ 通过本节课的学习，我们了解到不同的动物具有不同的运动方式，如：爬行、行走、奔跑、跳跃、飞行、游泳。在以后的生活中，同学们要仔细观察，小动物们还有没有其他的运动方式？	游泳。 体型呈梭形、鳞片外有黏液，可减少水中运动器官，胸鳍、腹鳍起平衡作用，尾鳍保持前进的方向。 体表被有鳞片，用鳃呼吸，通过尾部的摆动和鳍的协调作用游泳。 鱼类是能靠游泳来获取食物和防御敌害；能在水中呼吸。 飞行。 请同学们亲自来模拟试试。 思考、讨论交流。

活动意图说明：研讨探究动物的运动规律，及与环境的关系。体会陆地动物如何在平坦的平原、草原、丛林等适宜环境中生活

环节三：游戏

教师活动	学生活动
我们来做一个小游戏，一个来比画另一个来猜，好不好？ 每组派两名同学，一个比画一个猜。要求只能用动作比画，不能出声音。 做得好猜得对，同学们打分。 小结：动物的运动方式是多种多样的，不同的运动方式是由其特有的身体结构决定的，并与其生活环境相适应。 活动目的：通过这个活动学生把第一部分内容在游戏中领会掌握。	学生充分讨论交流：为了扩大活动空间，有利于它们觅食、避险和求偶、育儿、寻找适合的生活环境等。 （模仿猩猩的动作、鸭子的走路、鸟的飞行、螃蟹的爬行、小鱼的游泳、千里马的奔跑、青蛙的跳跃）

活动意图说明：归纳交流动物的运动规律，及与环境的关系。

续表

环节四：拓展活动	
教师活动 蛇的脚哪去了？ 查阅资料，研究不同动物的运动快慢。	学生活动 学生课下继续研究思考
活动意图说明：通过设疑激发学生加深探究的意识。	

【板书设计】

动物的运动

肌肉发达 ⟹ 跑得越快 ⟹ 运动能力强

⇧　　　　　　　　　　　　⇩

适应更复杂多变的环境 ⟸ 生存能力强 ⟸ 觅食和避险机会多

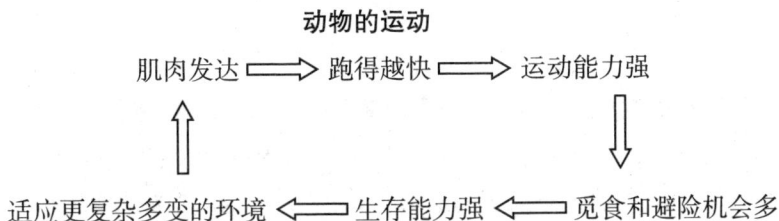

【特色学习资源分析、技术手段应用说明】

学生模拟表演，学生虽然沉浸在愉快的课堂氛围中，但实际效率不高，水中和空中动物的运动情况还需一课时。

接着改进方案，课堂上借助Pad呈现微课，用微视频演示加模拟表演，主要从陆、水、空三个方面，逐类分析、讨论、归类，基本达成了"运动方式与结构及环境相适应"共识。

因此本节课我主要采用动手操作法、问题研究法进行教学，并恰当运用多媒体进行直观形象的辅助教学，遵循学生的发展规律，感受科学思维带来的启示。

【教学反思与改进】

第一次上这节课，我采用的教学方法是请学生模拟表演，让其他学生观察陆地四足动物小猫和小狗走、跑的情况，从而认识四足的运动顺序；同时，让学生观察分析四足动物走与跑的区别。这样安排，学生们兴趣很浓，探讨、辩论投入其中，当意见分歧时，有的同学急切的手脚着地，亲自示范，来强调自己的观点。这节课的陆地生活动物的运动内容就需要一个课时才能完成，讨论多仅限于四足动物的运动规律，很少谈及运动方式与结构及环境的关系。学生虽然沉浸在愉快的课堂氛围中，但实际效率不高，水中和空中动物的运动情况还需一课时。

接着改进方案，用课件演示加模拟表演，主要从陆、水、空三个方面，逐类分析、讨论、归类，基本达成了"运动方式与结构及环境相适应"共识。

于是，第二次，效果好一些了，课堂没那么乱，而且学生也学得顺畅一些，思路清楚了。但是我在教学的过程中仍然觉得不尽如人意。按照教材的安排，将动物运动以陆、水、空分割开来，那就不如从动物的进化历程，来了解"动物的运动方式与环境相适应，结构与功能相适应"。例如，海豚数百万年前如同现在人们看到的老虎一样，后来因为环境发生了变化，在靠近水的地方生活，从水中觅食，后肢逐渐演变成翼鳍，鬃毛逐渐脱落，更适于在水中运动、捕食。海豹也有类似情况。

教材安排凌乱，使教师不知如何处理是好？同时，我在教学中，运用了学习资料，想通过学生自行阅读，完成学习简单的知识，虽然会做，知道答案，但是课堂气氛比较闷，学生学起来也没意思。集体备课时，大家就"是否应用学习资料"展开了讨论，经过几番的辩论，最后决定把学习资料作为课堂练习，在上完新课内容后，做巩固练习用。

这时，我想到下一课内容，何不以人体为例，学习动物的运动系统呢？这个想法一出来，我立刻重新整理教材，通过一个简单的走和跑动作，提问学生，这个动作的完成需要哪些结构的参与？从而导入运动系统的组成。通过层层分解，引导学生认识骨骼及其作用；接着认识关节的结构及作用；运动仅仅依靠骨骼和关节就能完成了吗？学生阅读课本并思考得出骨骼肌的结构与特性。至此，组成运动系统的三个主要结构就学习完了。那它们三者是如何协调配合产生运动的呢？这时，运用圆规与绳子，很好地阐述了三者的配合，完成了教学重难点的突破。

在与老师的交流中，我的课件背景得到了更好的修饰，使它展示出来的时候，字体清晰，简洁明了。同时，增加了学生动笔写字巩固知识的重要一项。

（此课例为北京市通州区区级研究课）

王红燕

▽

王红燕，1967年2月出生，高级教师，2003年加入中国共产党，1987年7月参加工作，工作33年。现任教通州区东方小学语文教师。

作为一名校级骨干教师，我始终坚持在教育、教学一线。

几分耕耘几分收获，取得了可喜的成绩。所带班级曾被评为"市先进班集体""优秀中队"。多篇论文、案例获得国家、市、区一、二、三等奖；所写的论文分别刊登在通州教育、北京市教育报刊。在城镇教师支援农村教育工作中被评为北京市先进个人、北京市"紫禁杯"优秀班主任、通州区优秀共产党员、通州区家校合作先进个人、教育系统开拓创新先锋。

互动反馈技术在古诗教学中的应用

古诗是我国传统文化的精髓，语言高度浓缩，寥寥数语便蕴含无尽之义，经过千百年的沉淀，流传下来的能够选入小学课本里的古诗更是精华中的精华，可谓字字珠玑。无论是诵读吟唱，还是解读意象，都需要对古诗的语言进行仔细的关照，品味字里行间的别具匠心。

一、"读进去"——抓字

读古诗，首先要"读进去"。要进入情境，忘掉自己，沉浸在诗文的意境中。体会作者的情感，与作者一同经历，一同欣赏，一同陶醉，与作者在情感上产生共鸣。只有这样才能领会作者的创作风格及思想情感。"两句三年得，一吟双泪流。"诗中的字字句句，都是诗人呕心沥血、千锤百炼的结晶，所以古诗教学我们先要抓"字"。

1. 抓诗中的难解字

如学习《题西林壁》的最终目的，是让学生掌握它所阐述的哲理——要客观全面地看问题。那么先要理解"从不同角度欣赏庐山的面貌是各不相同的"就尤为重要了。面貌怎么不同呢？诗中第一句"横看成岭侧成峰，远近高低各不同"中已经明确道出"成岭或成峰，各不相同"。什么是"岭"，什么是"峰"，很有必要让学生区分一下，因为学生在默写古诗时，会把"岭"写成"林"，究其原因，是学生对字的含义理解不到位。所以，我精心设计了"横看成岭侧成峰"中"岭"和"峰"的教学：先通过查字典理解两个字意思的差别，"岭"指山脉，"峰"指高而尖的山。这样一来，学生对"岭"和"峰"有了清晰的第一印象。第二步则是在上课时让学生根据"岭"和"峰"的特点利用EZClick互动反馈技术，选择相应的图片，并让选择正确的同学阐述他的理由。教学过程如下：

师：谁能帮老师认一认，这两幅图，哪幅是山岭？哪幅是山峰呢？

按按按，出示岭和峰的图片。

比较两图，
正确的选项是：

A　　图1是山岭　图2是山峰

B　　图1是山峰　图2是山岭

师：你们是怎么分辨"岭"和"峰"的呢？

这样学生们不但理解了"岭"和"峰"的意思，而且在头脑中有了画面，进而为学生理解这首诗阐述的道理奠定了基础。

2. 抓诗中的重点字

我们学习"鸟宿池边树，僧敲月下门"时，当对"敲"字反复玩味；吟诵"春风又绿江南岸"时，自需对"绿"字重敲重打；"不识庐山真面目，只缘身在此山中"，一个"缘"字，道出了这个传诵至今的道理；"独怜幽草涧边生，上有黄鹂深树鸣"，一个"独"字使得诗人的情感重心得以体现。在诗中这么重要的字，应当是我们必须掌握的，通过EZClick互动反馈技术就可以了解学生掌握的程度，并及时调整教学，以达到当堂就能让学生掌握这些重点字。

"缘"字教学过程如下：

师：我们从不同的角度观察庐山，看到的庐山面貌是不一样的，到底哪个才是庐山的真面目呢，你们判断出来吗？这是为什么呢？请用诗句回答。（不识庐山真面目，只缘身在此山中）

师："缘"是什么意思？

按按按，出示"缘"字的意思，同学们进行选择。

A. 有缘，缘分

B. 因为，由于

师：谁能解释一下这两句话的意思？（必须解释出"识、缘、此山"的意思）

师：同学们理解得非常好，现在谁能用"因为……所以……"这个句式说一说这句的意思。

"独"字教学过程如下：

> 师：请同学们自己读读这首诗，想一想这首诗描写了哪个季节的景色？你从哪看出来的？（幽草、黄鹂、春潮）
>
> 师：你们知道作者最喜欢哪个景物吗？（幽草）
>
> 师：你是从哪个词看出来？（独怜）
>
> 按按按，请学生选择"独"的解释。
>
> A. 特别　　B. 独自
>
> 师：谁知道诗人是与什么相比更喜欢幽草的吗？（黄鹂）
>
> 师：什么样的黄鹂？（在枝叶茂密的树上鸣叫的黄鹂）
>
> 师：在美丽繁荣的春天，活泼可爱的黄鹂鸟在枝叶茂密的树上唱着动听的歌儿,（课件出示图片）多美的画面，多么招人喜欢的鸟儿啊，可是与之相比照，作者却拿它作为陪衬，对其置之不理，偏爱河边碧绿的草（课件出示图片），你们觉得这表明了作者怎样的情感呢？

从以上两个重点字的教学过程中，我们看到只有对这些重点字掌握了，才能进入诗歌天光云影的纯美境界，才能"晴空一鹤排云上，便引诗情到碧霄"。

二、"走出来"——抓文

古诗与现代文不同，字少意深，理解诗意是教学中的头等大事，而借助问题帮助学生理解是有效的途径之一，切中要害，难度适中，当问则问。如教学《题西林壁》一诗，学生们都知道了这是苏轼在游览了庐山十余天后的总结之作。"横看成岭侧成峰，远近高低各不同"中的"横、侧、远、近、高、低"这六看正是苏轼从不同角度观察庐山的精练语言，弄清楚这六看而导致的庐山面貌各不相同的原因，必然就能引出全诗所阐明的道理。因此，教学中我提问："作者都是怎么观察庐山的？"将结构严谨的诗当现代文来学，化难为易，学生学来积极踊跃，老师教来轻松自然，再利用EZClick互动反馈技术，古诗所阐明的道理就水到渠成了。

教学过程如下：

师：同样的一件事物，可是从不同的角度观察却有着不一样的结果，你们有过和作者一样的感受和经历吗?（生结合实际举例说说）

师：《题西林壁》这首诗告诉我们一个什么道理呢?

关于"不识庐山真面目，只缘身在此山中"说法错误的是，请同学们选择。

1. 身在山中，不能看清山的全貌。

2. 身在山中，也能看清山的全貌。

3. 要客观全面的了解事物。

又如教学《滁州西涧》一诗，同样通过一个提问：这首诗是描写什么季节的? 你从哪些景物看出? 学生们很自然的就能提炼出"幽草、黄鹂、春潮"，顺序可以打乱。这样就能从这些景物中"猜一猜作者偏爱哪个景物?"同时问学生"你是怎么知道的"。学生从"独"字看出，老师就可以将整首诗串下来了，所以不用在意学生提炼时的错乱顺序。

三、"走出去"——抓点

古诗拓展延伸要找准拓展点。这样学习一首诗，获得多首诗，促进了孩子们的古诗积累。怎样找点呢?

1. 同作者

学李白的诗，课前先背诵李白写的诗；学完杜甫的古诗之后，请学生回忆，我们还学习了杜甫写的哪些古诗?

2. 同题诗

《江畔独步寻花》七绝句，可以让有兴趣的同学课下阅读一下其他六首；学习《石灰吟》，让学生回忆题目带"吟"的古诗：《游子吟》《暮江吟》；学习《题西林壁》可以阅读诗人初入庐山时写的那些诗，也可以阅读其他诗人写的有关庐山的诗，例如李白的《望庐山瀑布》等。

3. 主题诗

写友情的"桃花潭水深千尺，不及汪伦送我情""莫愁前路无知己，天下谁人不识君"；描写思乡的"春风又绿江南岸，明月何时照我还""举头望明月，低头思故乡"。

在课堂上，讲授完《滁州西涧》后，再给大家一首描写春天的诗：《春日》。

教学过程如下：

> 师：这两首诗同为描写春日景色的诗句，你发现它们的不同了吗？
>
> 按按按，哪个说法是正确的，请你选择。
>
> A.《滁州西涧》《春日》表达的情感不同。
>
> B.《滁州西涧》《春日》表达的情感相同。
>
> 师：随着作者的经历不同，看到春景的心情也不同，所以诗句所表达出的情感也有所不同。《滁州西涧》中我们可以感受到作者的忧伤，而《春日》中我们感受的则是暖暖的一片春光。

我们在"抓点"的时候，同时设计出古诗的比较点，利用EZClick反馈技术帮助学生更好的理解古诗所表达的情感。

实验证明：在教学中发挥现代教育技术的优势，以图、文、声并茂的三维方式呈现教学内容，以EZClick互动反馈技术参与教学内容，可以充分激发学生学习的兴趣。让学生积极、主动地获取知识，提高古诗教学的实效性。

（此文荣获北京市"小学语文教学与语文现代化"论文评选特等奖）

《鹅》教学设计

学　　科：小学语文　　　　年　级：三年级

教材版本：北京版　　　　　章　节：第三单元　　　　　课时：第二课时

【教学内容分析】

《鹅》写出了"我"家的大白鹅不仅漂亮，会生蛋，还能勇斗黄鼠狼保护鸡群，是个可爱的小动物。表达了"我"对大白鹅的喜爱之情。全文有两条线索：一条是鹅的可爱；另一条是小主人对鹅的感情线索。其中，第一自然段对大白鹅的外形进行了描写，写出了大白鹅的颜色、姿态外，还抓住了大白鹅的额头与鸭子进行区分。第二自然段和第三自然段分别通过具体的事例写出了大白鹅的聪明和勇敢。

【学生情况分析】

学生特别喜欢小动物。大部分学生都通过电视或在动物园中见过鹅，但是没有仔细观察过鹅。班里学生大部分是城里的孩子，没有真正养过鹅，所以对鹅的生活习性也不太了解。

学生在三年级时学习过写小动物的方法：描写小动物的外形、生活习性和特点。对于文本这种使用两个具体事例来写小动物特点的文章，学生是第一次接触。

【教学目标确定】

引导学生抓住可爱这条主线，从漂亮、聪明、勇敢三方面感受大白鹅是个可爱的小动物。

通过朗读中体会、抓重点词句、想象拓展、对比等不同方式，感受大白鹅的漂亮、聪明、勇敢及"我"对大白鹅的喜爱之情。

读出自己的感受。

【教学重点难点】

了解大白鹅是个漂亮、聪明、可爱、勇敢的小动物，感受"我"对大白鹅的喜爱之情。

　　能抓重点词语、展开想象，理解描写大白鹅的句子，并能体会有关句子表达的感情。

【教学过程】

环节一：创设情境	
教师活动 1. 课件出示鹅叫声，听，这是什么声音？ 2. 在生活中有一种与它长得特别相似的动物你们知道吗？出示鸭图和鹅图，它们有什么明显的区别。（突兀） 3. 这节课我们就来继续学习鹅的这篇文章，师和生一起板书《鹅》，齐读课题。	学生活动 1. 学生认真听，说出是鹅的叫声。 2. 观察鹅和鸭图，说出区别，"突兀"的意思。 3. 板书，写课题。
活动意图说明：创设情境激发学生学习的兴趣。	
环节二：复习旧知，引入新知	
教师活动 1. 听写词语：慌张、勇敢、搏斗、破例、昂首挺胸。 2. 反馈：课件出示正确答案。（重点指导：慌、勇、搏） （设计意图：课件大屏幕展示字词正确书写，便于学生纠错。） 3. 强调特殊词语。（理解意思） 破例与照例的区分： 照例：记得一个晴朗的夏夜，我们早已睡了，鹅照例睡在鸡窝旁。 破例：一天中午，鹅竟破例从水塘走回家，腿里像灌满了铅，步子越发迟缓了。	学生活动 1. 写5个词语。 2. 修改错误的词语。 3. 读句子对比分析说出破例和照例的意思。
活动意图说明：通过听写，检查学生的字词掌握情况，句子对比，理解词语意思的不同，分散教学中的难点。	
环节三：品词赏句体悟情感	
教师活动 通过上节课的初读课文，这只大白鹅给你留下了什么印象？ 板书：漂亮、聪明、勇敢、可爱 1. 学习第一自然段 （1）从课文中哪儿感受到了大白鹅的漂亮？ （2）根据学生发言出示。 ①重点句： 　　它周身洁白，黄色的双脚和扁圆的嘴，像嵌在白玉上一样。	学生活动 学生回忆课文内容说出自己的印象。 预设：漂亮、聪明、勇敢、可爱。 1. 学习第一自然段。 （1）学生思考。

读出自己的感受 大白鹅什么漂亮？（引导学生抓描写颜色的词语，感受色彩之鲜明，漂亮。）（预设：引导学生抓住"洁白""黄色"读出大白鹅颜色的漂亮；抓住"白玉"读出大白鹅的健康漂亮。） 请大家想象着大白鹅漂亮的颜色有感情地读一读。 ②重点句： 　　它缓缓的步子从容、稳健。当它昂首挺胸、引颈高歌的时候，更显得昂扬雄健。 这句说它什么漂亮？它从容、稳健，什么样你们知道吗？快看这就是大白鹅不慌不忙、稳重，昂首挺胸、引颈高歌的样子。想象着大白鹅漂亮的姿态自己试试读一读，一人读。齐读。（出示鹅走路的样子视频） （设计意图：突破难点，理解从容、稳健） 大白鹅太漂亮了。让我们带着这种感受读出它漂亮的颜色、漂亮的姿态。出示第一自然段。 师引：大白鹅不但漂亮，还很聪明、机灵，你从哪儿感受到了它的聪明、机灵？快速读第二自然段。 2. 学习第二自然段，抓重点词，转换角色，体会大白鹅的聪明。 （1）从哪儿感受到了大白鹅的聪明？ 　　它东张西望，神色慌张，一会儿钻进鸡窝，一会儿又跑出来嘎嘎地叫，最后蹲在鸡窝旁的一堆稻草上，才平静下来。 ①谁跟他感受的句子一样，一起读一读。 ②它为什么会这样？它到底想干什么？此时它什么心情？自己试读读出它的着急、紧张。一人读，一起读一读。 （2）转换角色大白鹅会怎么想怎么说：它东张西望，神情慌张，一会儿钻进鸡窝，可是转念一想：（　　　）。一会儿又跑出来嘎嘎地叫着急地说：（　　　），最后蹲在鸡窝旁的一堆稻草上心里想（　　　）才平静下来。 （3）师总：大白鹅第一次生蛋紧张、着急、担心呀，那复杂的心情，体会出了它的聪明机灵，读一读。 （4）师引：过了一会儿，我去看它，它已经悄然离开，我欣喜地查看它蹲过的地方，随手拨弄那些稻草，我看到了什么？ ①出示（蛋）： 　　啊！一个比我拳头还大的雪白的蛋露出来了。 看蛋。	读书，找出漂亮的句子。 说出什么漂亮，谈自己的感受。 有感情读出漂亮的语气。 抓出重点词体会姿态的美，学大白鹅走的样子，体会读。 读第一自然段，它的漂亮颜色和漂亮的姿态。 2. 学习第二自然段。 （1）读课文找出感受大白鹅聪明的句子，读句子抓词语说体会，读出自己的感受。 ①学生交流谈感受。 ②学生想象，体会着急、紧张的心情。 （2）学生接填空白。 （3）读出聪明机灵。 （4）观察鹅蛋，说出此时的心情（惊喜）。 说句子体会，读出这种感受。

续表

此时小作者什么心情？读一读。	
（设计意图：实物展示，感受发现鹅蛋的惊喜心情。）	
②出示：	
这时，我心里真比三伏天吃凉西瓜还高兴。	
三伏天什么样？三伏天是夏天最热的那几天，你什么感觉？你什么时候有这种感觉？	结合生活实际谈感觉。
此时给你一块冰镇的水、西瓜有什么感觉？自己读一读。	读出感觉。
（5）师：作者看到大白鹅下的蛋心情无比的高兴，夸这家伙真是个机灵鬼儿，下完蛋还用草盖上，真是太聪明了，大白鹅的表现与小作者的心情紧紧交织在一起。	
（6）师：这只大白鹅不但漂亮、聪明机灵，还很勇敢呢。	
3.学习第三自然段，朗读护鸡，悟勇敢，渗透读法	3.学习第三自然段。
（1）创设情景：在一个晴朗的夏夜，碧蓝的夜空中有满天的小星星，我们早已睡了，鹅照例睡在鸡窝旁，周围十分安静。突然，一阵鸡的叫声把我惊醒，我侧耳细听，沙沙沙，好像有什么在搏斗似的。我一骨碌爬起来冲向鸡窝。啊！……我看到了什么？	
①出示：	
啊！月光下，一只黄鼠狼趴在鸡窝上，两只贼眼闪着寒光，正对着大白鹅。	①读句子说出感受到了黄鼠狼（凶狠可怕）。
感受到了什么？从哪看出的？	
②出示黄鼠狼课件，感受到了什么？	②直观感悟黄鼠狼的凶狠可怕，反衬出大白鹅的勇敢。
③多么可怕凶猛的黄鼠狼啊！面对如此凶恶的敌人，大白鹅是怎么做的？用笔画出相关的句子，然后用重点符号标出大白鹅动作的词。（同桌讨论交流）	③学生动笔画出大白鹅勇斗黄鼠狼的句子，标出大白鹅动作的词，同桌讨论。
（2）学生交流：随机出示。	（2）学生交流。
①大白鹅伸长脖子，喘着粗气，张嘴振翅，两眼圆瞪，威武极了！猛然间，它用嘴对准黄鼠狼猛啄过去。	①说出动词伸长、喘着、张嘴振翅、两眼圆瞪、猛然间、对准、猛啄，联系实际说它的样子，体会到了勇敢。
②师读，学生学大白鹅的样子。从它的样子感到了什么？	②做动作，体会勇敢的样子。感到了勇敢。
（设计意图：亲身体验感悟大白鹅的勇敢）	
看这就是这只大白鹅，自己试读一读。	自己体会读，感受大白鹅的勇敢。
③对比读：平时和大白鹅面对黄鼠狼的样子。	③读大白鹅平时样子的句子和大白鹅面对黄鼠狼样子的句子。
师引：面对这样一只凶猛的黄鼠狼，大白鹅没有退缩，让我们一起感受大白鹅的勇敢吧！师读黄鼠狼，生读大白鹅。	
（设计意图：配乐，播放《放命运交响曲》，让学生在音乐的渲染下，感受搏斗场面的惊险。）	配乐朗读。

续表

（3）想象：黄鼠狼面对勇敢的大白鹅向院外逃跑，鸡得救了。大白鹅面对黄鼠狼逃走的方向，引颈高歌叫了两声，好像一位得胜的将军。 好像对（1）落荒而逃的黄鼠狼说…… （2）它会对小主人说…… （3）它会对受到惊吓的鸡群说……	（3）想象发散。
活动意图说明：品词赏句体悟情感，感受到大白鹅的漂亮、聪明、勇敢而可爱	
环节四：回顾全文	
教师活动 我望着这位勇敢的英雄，觉得大白鹅更可爱了。齐读最后一段。 1.你是不是也更加喜爱这只大白鹅啦！面对这只大白鹅你想对它说什么？（把它写在本上）展示读一读。 2.你为什么觉得它可爱？ 师总：通过这课书的学习，我们认识了一只可爱的大白鹅，因大白鹅漂亮的样子而可爱，因大白鹅聪明、机灵，保护了自己的蛋而可爱，因大白鹅勇敢保护鸡，不畏强敌的精神而可爱。	学生活动 读最后一段。 1.动笔写出你想对大白鹅说的话。 2.说出喜欢大白鹅的理由。
活动意图说明：回顾全文情感升华	

【板书设计】

15　鹅

漂亮　　　聪明　　　勇敢

样子　　　下蛋　　　护鸡

可爱

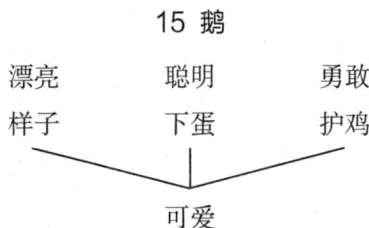

【特色学习资源分析、技术手段应用说明】

借助电脑多媒体：PPT课件、影像资料、音乐资料；

实物：鹅蛋。用直观的事物辅助教学，遵循学生的认知水平，通过朗读感受大白鹅的可爱。

1. 展示鹅蛋，感受发现的惊喜。

2. 影像感受大白鹅的"从容、稳健、昂首挺胸"理解词语。

3. 听《命运交响曲》，感受搏斗时的惊险，体会大白鹅的勇敢。

【教学反思与改进】

本节课我的设计思路为精讲多读，让学生通过朗读，了解大白鹅因漂亮、聪明、勇敢而可爱的特点，体会作者对大白鹅的喜爱之情。在讲课的过程中，从激发学生的学习积极性开始，快速引导学生走进课文；然后创设情境，读文品文，感悟大白鹅的可爱之处及作者对大白鹅的喜爱之情。

这节课我认为满意之处有三点：

1. 激发情感

在这堂课中，我以自己饱满的教学热忱，有效地激发了学生对本篇课文的兴趣，调动起学习的积极性，使学生始终保持积极参与的热情。借助多媒体教学，创设图文并茂的教学情境，使学生对所学内容有感性认知。根据课文和比较阅读（句）的练习，培养学生品读文字的能力，从中体会作者情感，进而进一步提高语感。

2. 展开合理想象，提高语言表达能力

在语文阅读教学中，想象是阅读心理中最重要的因素之一。作者常常是"用意十分，下语三分"，因此，必须通过作品有限的语言来体会作者"十分"的用意，甚至超出十分。要达到这一点，想象力的培养至关重要。利用本课的空白点，我设计了以下想象点，如："大白鹅东张西望，神色慌张，一会儿钻进鸡窝，可是转念一想（　　），一会儿又跑出来嘎嘎地叫，着急地说：（　　），最后蹲在鸡窝旁的一堆稻草上，心里想（　　）才平静下来"。使学生在想象中体会大白鹅第一次下蛋时从紧张、着急、担心、到安心的心理过程，同时也感受到大白鹅对自己的蛋宝宝是多么关心，一定要找个安全的地方把它生下来，很机灵。从这些想象点中鼓励学生练习表达。

3. 多种形式读，感悟大白鹅的可爱

比如在了解大白鹅的漂亮时，我通过在朗读中体悟感情、观看视频、实物等体验的方式，让学生充分感受到大白鹅的美丽，学生对大白鹅的美丽有了感性的认识，进而激发学生喜欢大白鹅的情感，读出了漂亮的感受，在讲大白鹅与黄鼠狼搏斗的过程中，通过让学生找出大白鹅的动作词，学一学它的样子，感受到它的勇敢，在配乐、分角色、对比读等形式让学生深刻体会到大白鹅的勇敢，层层深入，读得有进展，能够读出自己的感受。

本节课的教学过程中，也有遗憾：

课上虽有指导朗读，但实效性不强。教师要调动学生的情感，就应该做好范读和点拨，把对教材的内心体验和情感揣摩，通过声情并茂的范读传递给学生，诱发学生情感与作者情感产生共鸣。学生朗读时评价方式单一，应该适当地增加学生的互评，小组互评，这样不仅评价方式多样化，而且促使学生的主体性、能动性、创造性充分发挥，让学生提高朗读水平。

（此课例获北京市电教系统二届首都原创课教案二等奖）

个人简介

王友红

▽

　　王友红，1995年7月毕业于通县师范学校。25年的教育教学工作中认真履行教书育人为人师表的职责。关爱每一个学生，做他们的朋友，尊重、信任、理解他们。始终铭记"学生的事无小事"用自己的一言一行来感染他们，受到学生的喜爱，家长的认可。

　　重视学生阅读能力的培养，坚持"以读为主，读中体验"的教学模式研究。积极探索研磨课堂教学，依托教材关注学生的实际获得，让每个学生都能成为学习的真正主人。

　　曾被评为通州区骨干教师、通州区优秀班主任，多次承担区级公开课、研究课任务，并代表学校参加区级课堂评优活动，为学校赢得了荣誉。

在评价中使学生认识、悦纳、提升自己的策略

现代教育理论表明素质教育评价方式应该体现"以人为本"的思想，始终坚持以"促进学生全面发展"为目的。小学的素质教育除了教给学生应有的基础知识和基本技能外，更重要的是学生良好行为习惯的养成和良好品质的形成。小学生综合素质评价是基础教育课程改革的一项重要内容，如何有效利用《小学生综合素质评价手册》全面客观的评价学生，发挥评价的赏识激励作用，有效促进学生成长是教育者所面临的问题，在实践中我利用《手册》引导学生通过自己的视角认识自己悦纳自己，了解他人，并在家长、老师、同伴的评价过程中完善自己不断提升自己。

一、案例基本情况

二年级新学期开学不久学校下发了新的《小学生综合素质评价手册》，想到学生已经有了一年级的一点填写经验，我便要求学生根据自己的实际情况回家完成第一次评价的自评部分。内容包括"我的自画像"，还有是将"思想道德""学业成就""身体健康""心理健康""审美素养"中留白处针对自己的实际情况在家长的帮助下填写完整。本来我以为这项作业学生会完成得很好，但周一的情况反馈确是惨不忍睹的。就拿我的自画像来说吧，有的只贴了照片，有的只写了一两句话，简单介绍了自己的兴趣如唱歌、画画等，对于"留白处"的填写只有几个学生按部就班地完成了任务，多数学生都有遗漏没能按要求完成，有的个别学生居然原封未动地上交了。

二、案例分析

这次自我评价的不尽人意首先是老师对学生了解得不够深入。通过和同学的交谈，我发现孩子们并不是不认真，他们也想把手册完成好，只是不知道要怎样介绍自己，有的同学不太会画画，家里的照片都在爸妈的手机里，也没有合

适的，只能将入学的一英寸照片贴上了。对于"思想道德""学业成就""身体健康""心理健康""审美素养"，有的孩子是按一年级所填的内容照猫画虎写的，有的是真不知道自己的问题，找不到有待提高的方面，所以就没有填写。因此教师过高估计学生的能力是影响此次孩子们正确评价自己的因素之一。

学生年龄特点导致它们不能全面客观评价自己。对于二年级的小学生来说已经有了一年的在校学习经验，已经熟悉了学校的生活学习方式，养成了基本的学习习惯。这个阶段的孩子虽然有一定的自主能力，但是主动性及分析问题时稳定性远远不够。他们很在乎别人对他的评价，可以在别人对他的评价中发现自己的价值，特别是当受到表扬、奖励的时候会产生兴奋自豪感，自信心会大大增加。反之，如果某些方面表现不好，成绩欠佳，别人的评价很低，就会产生自卑情绪，对自己丧失信心。由于个体的差别，他们还不能全面、客观地评价自己和他人，然而正确认识自己是儿童自身健康成长的需要。一个人唯有认清自己、接纳自己，发展出健康的自我概念，才会摆正自我的位置，才有能力去认识别人、肯定别人，与他人建立良好的人际关系。

再有就是家长的原因。一些家长对评价手册的认识不够，不知道一本看似不起眼的手册却能客观反映学生的全面素质水平，包括思想道德素质、科学文化素质、身体心理素质和实践技能素质等，更加没有注意到手册对它们所包含的内容还进行了细化。如果能帮辅孩子针对自身情况认真填写，会使学生在今后的学习生活中更有方向性。当然也有个别家长对于孩子的关注度不够，认为孩子上了一所好的学校，在一个好的班级里遇到一位好老师就万事大吉了，平时很少关注孩子的学习，对于《小学生综合素质评价手册》的重视程度不够，认为随便填填就行了。

三、实施策略

（一）在多彩的活动中认识自己评价自己

在老师的眼里，每一位学生都有优点和不足，然而在学习生活中一些学生只能看到自己的优点和长处却看不到自己的弱点和不足。当然也有些学生常常看到自己的很多不足，甚至觉得自己一无是处。学生对自己的认识也和对客观世界的认识一样，需要一个了解和学习的过程。为此我们专门上了一节认识自我的主题活动课，通过讲故事、提问、讨论、小游戏等环节，让学生充分地参与活动，发挥学生主体地位，让学生在体验中感悟。我记得在最后的互动环节中学生们特别积极，分别写出自己的十条优点，五条不足之处以及本学期要完成的十个目标（从思想道德、学业成绩、身体健康、心理健康、审美素养等方面考虑）。学生将他们自己设定的这些目标填入评价手册中，定为以后发展的目标。

为了让学生更好了解自己也了解他人，我还为学生搭建展示平台"课前三分钟之这样的我""课前三分钟之我的好朋友"成为学生们展示自己了解他人的舞台，孩子们自己组织素材，自己编排出场顺序，每周通过投票评选出最佳"表达之星"。他们在这里看到别人也找到了自己。通过多种多样的活动培养了学生正确评价自己的优点、不足及调整自我的能力，使每一位学生用积极乐观向上的态度对待学习和生活。渐渐地我发现《手册》中"我的自画像"这页越来越吸引人了，每一本都是图文并茂，字里行间中都能找到不一样的他们。

（二）巧妙设计，用心记录使学生悦纳自己

手册中的"实践活动""个性发展"的内容学生填写时有畏难情绪，不知道要记录什么，于是在参加实践活动之前我会设计出活动单（包括时间、地点、人物事件、看到了什么、听到了什么、做了什么、感受到了什么等），在实践活动中让学生以小组为单位完成活动单的填写，回来后进行评比。有了明确的目标，学生在实践活动中就会认真观察留心记录。为了促进学生的个性发展，我利用班级文化墙将"我型我秀"板块留给学生，让他们将个性发展的实物如照片或图画展示出来，这样不但促进了班级文化建设，而且帮助学生收集整理保留了个性发展中的一些作品。学生告诉我每次整理自己的作品时都觉得自己是最棒的。

（三）小组合作评价中不断完善自己

苏霍姆林斯基说过："成功的欢乐是一种巨大的情绪力量，它可以促进儿童好好学习的愿望。"对于小学低年级的学生来说，老师称赞的眼神、同学认可的语言都会是他们快乐的助长剂，他们以此作为成功的标志，前进的动力，这种巨大的情绪力量会带动他们向更高的目标迈进。研究表明8岁、10岁儿童状态自尊的变化受同伴评价的影响更大。在评价手册"思想道德"板块中有"我在哪些方面还可以做得更好"的填写内容。学生填写之初我便组织学生进行交流评价，在小组互动中通过自己的表述和同学的提示内省自身存在的不足，并要求学生在每条不足的最后留出二次评价时贴红星的位置。这样以发展性评价来激励每一个学

生，使被评价的学生在获得快乐的情感体验的同时能够乐于完善自己。

（四）写好评语激励学生不断提升自己

评价手册的最后一个板块就是"老师对我说、家长对我说"。老师对我说当然就是老师写给学生的评语。过去我们总是批评老师写评语多数都是千篇一律，或是套搬公式，或是面面俱到，不能突出学生个性。可没有人告诉教师怎样去发现学生的不同个性，走进孩子们的内心世界，发现他们的优势来写，如何将评语的激励作用发挥到极致。其实写评语真的是一门艺术，虽然寥寥数语却举足轻重。俗话说："良言一句三冬暖，恶语伤人六月寒。"老师的评语应该是亲切的耳语，善意的爱抚，振奋心灵的呼唤，字字句句都应该洋溢着对学生的爱。当然我在给学生写评语时必会翻看他们每个人的评价手册，根据手册的填写内容有针对性地勾勒出主要特点。例如，我班的后进生小赵同学的手册中"心理健康"一栏中这样写道："我如果能克服掉(做事拖拖拉拉的)缺点，就更棒了！"于是我在给他的评语中这样写道："这学期我惊喜地发现你收拾书包的速度快了很多，甚至还有时间帮值日生倒垃圾呢。这是个很了不起的进步，说明你是个有能力的小孩，相信下学期你的书写水平也会让我们刮目相看的。"最了解学生的除了老师就是学生的家长了，当他们看到老师的评语专业且真诚时也会寻找自己孩子的闪光点及有待提高的地方，给孩子一个客观的评价。

总之，教师要高度重视对学生素质的综合评价，明确学生综合素质评价不只是期末时的一个终结性评价，而是从始至终贯穿于学生发展的整个过程。教师的评价要循循善诱，不可操之过急，关注学生的优点和特长，挖掘他们的潜能，放大其优点，将他们融入集体中去，通过多元化的评价，各项活动的参与，使其自信自强。教师要充分利用《小学生综合素质评价手册》善于从不同的视角、不同的层面去看待每个学生，去发现学生各自的优势领域，并运用评价促进学生将其优势领域的优秀品质向其他领域进行迁移。在教学中应立足于学生的长远发展，对学生进行不同阶段的评析，搭建平台帮助学生总结、回顾、反思，激励学生自省、自律，在充分认识自己、了解他人后，充满信心地朝自己的目标努力，从而使自身素质得到最大提升。

（此案例获北京市通州区综合素质评价一等奖）

《一封信》教学设计

学　　科：小学语文　　　　年　级：二年级

教材版本：部编版　　　　　章　节：第三单元　　　　课时：第二课时

【教学内容分析】

《一封信》是部编版第三册三单元的第三篇课文。本单元以"儿童生活"为主题，课文以儿童的视角展现儿童的生活。主人公露西想念在国外工作的爸爸，给爸爸写信，字里行间流露着真挚温暖的亲情。题目是"一封信"其实露西前后写了两封信，第一封是独自写的，句句都是小姑娘的心里话，将生活中的不快向爸爸倾诉。第二封是在妈妈的帮助下完成的，信中与爸爸分享生活中的快乐，免去了爸爸对家庭的牵挂。两封信内容不同，但同样表达了对爸爸的思念，盼望着爸爸归来。

【学生情况分析】

对于二年级上学期的学生来说，这样的课文他们喜欢读，也愿意交流。但由于年龄尚小，在生活中还不能体会父母的辛苦，在跟父母对话表达时，也不能站在父母的角度去思考。因此教学中主要引导学生，通过分析两封不同表达风格的信，让学生感悟不同的表达所带来的不同的效果，从而感悟亲情理解内容，学会乐观的面对生活。

【教学目标确定】

巩固上节课所学生字新词，在语言环境里识字，会正确书写两个生字。

继续培养学生正确、流利、有感情地朗读课文的能力。梳理信的内容让学生体会信中表达的亲情。

理解课文内容，对比露西的前后两封信，说说喜欢哪一封并说明理由。

使学生明白，不同的表达给别人带来不同的感受，懂得生活应该积极向上，学会乐观地面对生活。

【教学重点难点】

继续结合语境学习生字，了解字义学会书写。

梳理两封信内容让学生体会信中表达的亲情。

【教学过程】

环节一：引课	
教师活动 同学们，这节课我们继续学习《一封信》这篇课文，请大家齐读课题。 课件出示：她是谁，你眼中的露西是一个怎样的孩子？	学生活动 学生认真倾听齐读课题。 预设：学生说说自己对露西的印象，夸奖露西。 （勤劳、懂事、爱父母、体贴等）
活动意图说明：回顾课文了解主人公露西，激发学生的学习兴趣。	
环节二：梯度复习	
教师活动 课件出示： 1. 生字。 2. 词语。 导语：字词读得这么好，看看句子读得怎么样？ 3. 读句子。 （读准多音字"朝、重"；照例子用"一边……一边"说一句话。） 4. 看图片用量词准确描述所见内容。	学生活动 预设： 1. 小火车读准生字。 2. 齐读词语。 3. 个人读句子。 （1）做动作，体会"朝"表示动作方向：朝窗外看，朝老师看。 （2）重读一遍句子体会"重"的读音及含义。 （3）用"一边……一边"说一句话。 4. 学习单，填写相应量词，反馈。
活动意图说明：通过四个有梯度的练习，回顾第一课时内容，不仅复习巩固，也为下一环节起到铺垫作用。	
环节三：分析课文	
教师活动 1. 问：写信的都有谁，给谁写的呀？教师板书 2. 露西帮妈妈干完后，她给爸爸写了第一封信，你能找到吗？ 指名读第三自然段，思考：露西写给爸爸的第一封信里她主要想和爸爸说什么？ 指名说，板书 3. 品读第一封信。（课件出示第一封信内容）继续找找露西的不开心表现在哪几个方面？ 教师指名回答，相机点拨。 课件：第一封信 指名读第一封信。	学生活动 1. 生回顾，书空板书。 2. 指名读第三自然段，个人回答预设：很不开心。 3. 预设：（1）没人和她玩了；（2）台灯坏了，出示课件学习"灯"字；（3）冷清——结合生活实际理解含义。

续表

4.露西对自己写的第一封信满意吗？从哪看出来的？ 课件指名读 5 自然段。	4.读 5 自然段。
5.提示学生圈出露西动作的词语，用直线画出露西的语言。	5.动手圈画，反馈修改。
6.在妈妈的引导下露西又重写了一封信，自己读 7 至 14 自然段，看看露西在后一封信里都写了什么？用直线画出相关的语句。 课件，问：露西在第二封信里想要传达给爸爸的主要信息是什么？ 板书：过得挺好	6.自己读 7 至 14 自然段，用直线画出相关的语句。 指名读说话内容，同学订正。 指名回答：过得挺好——学生动笔圈画。
7.快来看看第二封信，露西具体说了哪几方面的好呀？指名回答。 课件"电"是生字。你看过电影吗？心情怎么样？还看过什么？ 教师提示：电是看不见摸不着也不能摸的（危险性），用电时注意安全。	7.同桌交流讨论。 预设：（1）希比希在阳光下又蹦又跳很开心；（2）自己解决问题克服困难；（3）下星期天我们去看电影，生活多彩。 组词：电视、电脑、手机等，学生回答对电影的体验。
8.讨论喜欢哪一封信，为什么？ 板书安心	8.交流，指名回答。 预设：第二封因为考虑到了爸爸的心情。
9.这封信写得这样好，还要感谢妈妈。快来回顾当时的情景。指名分角色朗读。点评，调整坐姿。	9.分角色朗读第二封信。

活动意图说明：教师借助多媒体，提炼出第一封信的内容，为学生降低了分析、理解的难度。在语言环境中进行生字"灯"的学习，真正做到自然流畅。通过交流让学生能够更真实地感受第一封信中"不开心"的情感，为第二封信的学习做好铺垫。培养批注习惯，懂得抓住人物的语言动作理解人物，培养学生从文中提取信息的能力。回顾第二封信的内容，感受在妈妈的感染下露西与爸爸分享生活中的美好，体会一家人之间相互关爱的浓浓亲情。

环节四：书写汉字

教师活动	学生活动
1.课件，"灯"怎样写好？ 课件"电" 2.示范"灯"，注意笔顺，"电"占格。 3.学生书写，反馈。	1.预设：左右不分家，左高右低；最后一笔。 2.压在竖中线左侧。 观察，动笔书写学习单。 3.反馈。

活动意图说明：利用多媒体提高字形指导的，从扶到放，培养学生独立观察能力和审美意识。

【板书设计】

一封信

露西、妈妈　　　　爸爸

很不开心　　　　　担心

过得挺好　　　　　安心

【特色学习资源分析、技术手段应用说明】

对于这类来源于生活，与学生生活体验十分接近的文章，在教学中从学生的切身体验出发，结合语境学习生字，了解字义学会书写。激发学生对文本的兴趣，不断地启发学生想象，联系自身实际的生活体验，感受露西的一言一行，从而理解文本。因此本节课教学中在挖掘听说读写能力训练点的同时，关注学生体验，恰当运用多媒体课件、任务单进行辅助教学，从体验中发现两封信的不同，从而感悟亲情，获得生活的启示。

【教学反思与改进】

1. 落实在语言环境中进行识字教学

对于低年级的学生来说，识字教学是一个重点，也是一个难点，本册教材的识字量特别大，对学生和教师而言都是一个挑战。在教学中时刻谨记识字为重点的理念安排教学环节。本课中让学生在语言环境中识字有效调动学生的积极性，使他们乐学好学，使识字教学更加轻松。如教学"灯"字，字义的教学通过学生观察结合生活实际加以理解。教学"电"时，巧妙进行扩词，电脑、电灯、电影、电视……电的危险性也自然而然地得到提示。

2. 培养学生的良好的学习习惯

不动笔墨不读书，对于二年级的学生来说动笔能力要从点滴做起。本节课让学生抓露西的动作和语言来分析人物。一个词一个句子的圈画都是一种能力的训练，需要教师对环节的巧妙设计。特别是放手让学生找第二封信的内容，在7至14自然段中提取相关信息，对于学生来说得到了很好的训练。

3. 加强朗读训练，激发读的兴趣

本节课注重对学生读的训练，从读词、读句子到读文逐层进行，通过火车读、个人读、齐读、分角色读等多种形式激发学生读的兴趣。在读中进行字词句的积累，在读中感受人物之间的相互关爱。

当然，这节课也有不足之处，因为时间关系讨论的时间没有给学生，而是由老师进行了归总，这是一点缺憾。

（此课例获北京市小学语文教师录像课一等奖）

郁微

▽

　　郁微，1985年6月出生，北京通州人，2012年加入中国共产党。

　　参加工作12年来，始终把"将机会让给学生，将精彩留给学生，将掌声送给学生，将爱心献给学生，将希望带给学生"作为教育信仰，用心工作，用爱培育学生。

　　作为一名成熟期教师，在研究中不断实现专业成长，不断提升科研能力。研究论文《在"二次成长"中突破瓶颈》在《教育》杂志上发表。

　　曾获得通州区优秀班主任、通州区青年骨干教师等荣誉。行走在灵动的笔尖上，倾听花开的声音，她的教育初心始终未改，而是变得越来越丰盈、坚定。

引领学生走进诗的殿堂

——浅谈小学高年级古诗词教学法

　　古典诗词是中华民族灿烂文化的一朵奇葩，是我国古代文化艺术殿堂的瑰宝。无论是其深厚的文化背景、凝练的语言形式，还是委婉含蓄的表情达意、意味悠远的艺术境界都是值得我们回味品评的，是我们取之不尽用之不竭的宝藏。

　　《义务教育语文课程标准》要求"小学阶段背诵优秀诗文不少于160篇"，并且还在后面附录了70首小学阶段古诗词背诵推荐篇目，由此可见古诗词的学习是小学语文教学重要的组成部分。然而古诗词的教学却是小学语文教学的难点。传统教学模式下，我们所进行的古诗文教学就逐渐形成这样一种现状：教师始终在不变的教学过程中，使用着不变的教学内容和教学方法，串讲、灌输、盲目的习题训练，要求学生掌握规定好的不变的知识技能。这样的古诗文教学，教师不可谓不卖力，台下博览群书，字斟句酌，台上苦口婆心，声嘶力竭，这种长时间的重复在迫使学生形成某种思维定式的同时，无疑也给他们套上了无形的枷锁和羁绊，将他们的思维限制在一个狭小的套子里，因循守旧，造成思维的惰性，成为创造性思维的最大障碍，同时也挫伤了学生对古诗词的兴趣。如何尝试新的、有效的教学方式，既让学生获得对古诗词的认知，进而感受到中国古代文化的魅力，又能使学生在学习活动中得到技能的提高、智力的发展和情感的升华，成为小学语文古典诗词教学实践中颇感困惑的问题。

　　《义务教育语文课程标准》指出："学生是语文学习的主人"，"要注重培养学生自主学习的意识与习惯"，"小学语文教学应该立足于促进学生的发展，为他们的终身学习、生活和工作奠定基础"，"认识中华文化的丰厚博大，吸收民族文化智慧，提高文化品位"。鉴于以上要求，我认为古诗词教学就是要注重培养学生自主学习、创新探究的能力，提高人文修养，使学生终身受益。经过两年来的不断学习、探索和实践，逐渐形成了自己独特的教学模式——自主学习探究的"五步教学法"。自主学习探究的"五步教学法"古诗词课堂教学模式就是彻底打破以往"教师讲解，学生识记，最后背诵"的传统教学方法，树立以培养学生自主探究、重视以吟诵为本、读中感悟的新的课堂教学方法，让学生在自主学习探究中深切体会古诗词的意境美、语言美、音韵美和形象美的，即构建"课前预习、资料搜集—激情导入、揭示课题—初读诗词、质疑讨论—反复吟诵、明意悟情—拓展延伸、巩固应用"的小学高年级古诗词课堂教学的基本模式。

一、课前预习，搜集资料

课前教师布置学生预习，搜集资料，培养学生自主学习和收集处理信息的能力。因为古诗词写作年代久远，寄寓的是古人的情思，常引经据典，与学生的现有知识和生活经验落差较大；加上古诗词抽象、精练、含蓄的特点均会造成学生理解上的困难。因此我的课前预习任务主要包括以下内容：第一，利用工具书，读准每一个字的字音和初步理解词语的意思；第二，利用图书资料了解相关写作背景；第三，利用网络资源搜集整理相关资料。在这个环节中学生么会搜集到关于作者和写作背景的许多资料，其新奇和全面程度完全会超出你的想象。把这些资料在课堂上加以交流，通过这样的课前预习既为下一步学习古诗词打下基础，又培养了学生主动学习的品质。

二、激趣导入，揭示课题

俗话说："良好的开端是成功的一半。"在进行古诗词教学时，首先要激发小学生的学习兴趣，引起他们的学习欲望，使课堂教学有趣、有序地进行。并且古诗的内容短小精悍，题目高度概括，往往统领全诗。因此，我在进行古诗教学时大多都会从破题入手，即：引导学生找准题眼，弄清题目的意思。如教学苏轼的《题西林壁》，应紧紧抓住题眼"题"：在庐山西林寺的墙壁上题写这首诗。那么，作者为什么要题诗？在怎样的情形下题诗？这就是时代背景：作者在去扬州探望因自己流放而受株连被贬官的弟弟，途经庐山，在山下的西林寺墙壁上题写该诗。同时在这个教学环节中，由学生介绍自己搜集来的资料，"把话语权交给学生"，既培养了口头表达能力及听说能力，明白了题目的意思，又为理解古诗的内容做好准备，效果会更佳，这样的教学将为高效的课堂奠定基础。

三、初读诗词，质疑讨论

小学古诗词教学应以读为本，但读又分为很多种，这一环节的读专指读准字音、读懂字词义。我教学每一首古诗词都先让学生自由读诗文，读准每一个字的字音。用同桌互读、抽卡片读、开火车读等多种形式，抽查学生读准字音没有，把诗歌读成什么样了？这一环节，教师可相机适当范读。不管懂不懂，只要相信"书读百遍，其义自现"，就这样读起来！因为一切语言学习最有效的方法就是多接触。

同时在这个环节中，教给学生理解古诗的方法，培养自主探究与合作精神。先让学生在朗读的基础上对照注释自我学习，再划出不懂的字词，提出疑问后，由学生小组讨论。然后多让学生交流、评议。整首诗从重点字词的理解到诗句意思的理解，完全是让学生自读自悟出来的，而教师只起到组织、指导、点拨的作用，帮助学生总结出理解重点字词的几种方法：看注释、查字典、看插图、问别人、联系诗句、合理想象……总之通过由学生质疑讨论达到初步理解古诗词之目的。

四、反复吟诵，读韵悟情

《义务教育语文课程标准》要求我们在引导学生学习古诗词的时候，要让学生"诵读古诗词，有意识地在积累、感悟和运用中，提高欣赏品位和审美情趣"。因此在教学中，我教给学生"诵读和感悟"的双桨，让他们尽情遨游在诗海中。

（一）吟诵诗韵是关键，更是悟情明意的基础

我们为了提高诵读效益，在古诗词的读法上我注重还原古诗词吟诵的本来面目——依字行腔、依义行调、平长仄短、模进对称、文读语音、腔音唱法。在吟诵方式上，我依据作品的不同艺术特征采取不同的诵读方式，可以听读、范读、领读，也可以齐读。因此每教习一首新学习的古诗词，一般都先让学生自己吟诵几遍，体会出古诗词特有的韵味，读出诗文的音律之美，激发学生的诵读兴趣，潜移默化，制造出浓郁的吟诵氛围，带领学生进入古诗词原有的音乐境界。当他们进入了诗词的境界，就对古诗词越读越感兴趣，觉得怎么这么好听，这么有韵味，也就能较快地进入到赏析古诗的角色中。

（二）在吟诵中体验情感

重视吟诵首先是尊重学生独特的体验，让学生吟诵出不同的感悟，同时教师

要成为引领学生吟诵的组织者、合作者、促进者，让学生渐入佳境，读出层次。古诗词教学中只有唤起学生情感体验，产生移情和共鸣，让学生驱遣想象，引起联想，由此及彼，调动自己的生活经验，来再现作品中的形象，才能入境悟情。如在教学《送元二使安西》时，我抓住"一杯酒"，诗人用一杯就在做什么？你看到了怎样的敬酒画面？这杯酒中蕴含着怎样的滋味？引导学生进入情境，产生联想，文字转化成了诗人内心的千般依恋、万分牵挂、无尽的感怀伤悲。

（三）在情境中加深情感

意境就是诗中所描绘的画面和作者的思想感情交融而成的艺术境界的美，也即"诗情画意"的美。所以理解古诗词首先要"入境"。只有"入境"，才能领会诗人的真情实感，才能理解古诗词美的内涵。教师要创设情境，通过描述、图画、音乐、多媒体等手段，给学生营造便于正确把握古诗词基调的"情境"。如张继的《枫桥夜泊》："月落乌啼霜满天，江枫渔火对愁眠。姑苏城外寒山寺，夜半钟声到客船。"诗人通过夜泊所见的霜天、残月、江枫、渔火、古寺、客船，伴之以所闻的乌啼、钟声，勾画了一幅意境幽美的秋江夜泊图。又如孟郊的《游子吟》："慈母手中线。游子身上衣。临行密密缝，意恐迟迟归。谁言寸草心，报得三春晖？"此诗以母亲为游子缝衣的平常小事，热情歌颂母爱的伟大，结尾以比喻作结，含蓄深刻。诗风清新自然，宛若民歌，意境优美。

总之，古诗词的吟诵要有一个过程，首先要知其意、感其韵、悟其情而反复读之，其次要感受诗词形象，学习文化精髓，晓之以理吟诵之。这样读就不只是停留于文字表面，而是有了自己的理解感悟。洋溢于古诗词中的思想情感通过朗读展现出来，蕴含于古诗词中的文化内涵，通过实践传承下来。

五、拓展延伸，巩固运用

每一首古诗词都有一段浓缩的历史，一个浓缩的生活场景。如何在诵读、理解古诗词的基础上还原历史，还原场景，让学生能更深刻地了解到诗文的美感呢？我在教学古诗词时就抓住时机适当延伸，拓展诵读面，扩大储存量，帮助学生归纳、积累学习的方法，以培养学生今后独立阅读古诗的能力。如学完高适的《别董大》，你是否还知道其他送别的古诗；学完《前出塞》则你还知道杜甫其他的诗作吗？与杜甫同时代的诗人还有哪些？以便进行拓展阅读，打开课外阅读的新视窗。当学生有了一定数量的积累后，我就可以跳出教材，进行组诗的教学了。学生的品味在一步步提高，让他们感受到在古典文学中，自己所知仅是沧海一粟，从而激起他们更强烈的学习欲望。

同时学生吟诵积累了大量的古诗，感受了祖国语言的魅力，仅仅如此还远远不够，经典诗文还应学会运用。于是我开展了多种形式的展示吟诵成果的活动。如组织学生自办"古诗小报"；尝试自己创作小诗；要求学生把自己诵读的古诗运用于自己的作文和言谈中，做到学以致用，如开展"咏春诗会""赏月吟诗"等吟诵大会，学生吟诵时配上了古典乐曲，更增添了古诗的韵味；或者组织学生开展写作大会，让学生发挥想象将古诗描绘的情景写成作文；学习古诗书法的写法，开展"写诗"书法比赛……多种形式的成果展示，不仅让学生学会了运用祖国的语言文字，更让学生体会到读诗的乐趣，有了一种成就感。这样，使学生形成一个"成功—生趣—再成功—再生趣"的良性循环，从而激发他们吟诵古典诗词的兴趣并使之持久。

另外也可把学过的古诗中的内容通过语言、图画、音像等描述出来，如教《登鹳雀楼》后，就采用一边口述一边画画的方法，让场景重现，教师言语不多，学生马上就能明白，也能感受到这首诗表达的情感。通过这样的课后拓展延伸，一定起到巩固提高之目的，也只有这样我们的语文教学终究有一天将进入到"教是为了不教"的最高境界。

总之，古典诗词是我们伟大民族五千年灿烂文化的结晶，是我们的宝贵财富。作为一名小学语文教师，我们要十分重视古诗词教学，不断充实自己，提高自己的文学素养，采取科学有效的手段激发学生学习兴趣，激发学生的情感共鸣，引发学生去发现古诗词的美，享受美感的体验，最终使学生热爱古诗词，热爱祖国的优秀文化。也只有这样，我们的课堂教学才能做到高效，学生的语文素养才能得到全面培养和提高。

（此论文获得北京市教育学会创造教育研究会一等奖）

《三字经》——《稻粱菽》教学设计

学　　科：国学　　　　　年　级：二年级
教材版本：北师大版　　　章　节：第四课《曰水火》

【教学内容分析】

《三字经》取材典故，包括中国传统文化的文学、历史、哲学、天文地理、人伦义理、忠孝节义等等，而核心思想又包括了"仁，义，诚，敬，孝。"背诵《三字经》的同时，就了解了常识、传统国学及历史故事，以及故事内涵中的做人做事道理。

《稻粱菽》这部分教学内容，介绍了生活中的常识，"六谷"即"稻、粱、菽、麦、黍、稷"，是人们生活中所食用的粮食，"六畜"即"马、牛、羊、鸡、犬、豕"，与人们生活息息相关，为人们生活提供食物等。学生需要学习这两者的概念，感知粮食种植的不易，更加懂得珍惜粮食，珍惜生活。

【学生情况分析】

我班一直在开展国学诵读活动，大部分学生能熟读《三字经》并背诵相应章节，对于《三字经》中的一些经典故事，也能口述出来，通过老师讲解，学生对《三字经》有了认识和兴趣。

【教学目标确定】

引导学生运用多种方法诵读，做到字正腔圆，有节奏，逐步读出韵律。
帮助学生熟读成诵，体会经典中的美，激发学习兴趣，注重积累。
诵读过程中，能够感悟珍惜粮食和节约的道理。

【教学重点难点】

教学重点：正确、流利诵读原文，自然成诵，熟读能背。
教学难点：通过本课教学，帮助学生逐步掌握基本的诵读方法。

【教学过程】

环节一：温习旧知	
教师活动 多种方式，复习旧知。 1. 出示图片：孟母三迁、黄香温席、孔融让梨。 2. 师生配合背诵，师引出前句，生背后一句。 3. 指名从书简中选出《三字经》，配乐朗诵，加拍子和动作。 今天老师给你们带来一节好吃又有营养的国学课。	学生活动 1. 看课件，说《三字经》。 2. 师生配合背诵。 3. 根据节奏背诵《三字经》。
活动意图说明：以《三字经》中的经典故事引入，激发学生学习兴趣，在背诵中复习旧知。	
环节二：字正腔圆，知读音	
教师活动 1. 请大家打开国学书第4课，自己借助拼音读一读第三、第四行"稻粱菽，麦黍稷，此六谷，人所食。马牛羊，鸡犬豕，此六畜，人所饲"，读准字音后，马上坐好！ 2. 圈出不好读的字，自己借助拼音读一读。 3. 谁来说说有哪些字不好读？强调生字：菽、黍、稷、豕、畜。 4. 多种形式读准字音。 （1）去掉拼音读。 （2）拍手齐读。 5. 多种形式打节奏读 第一种节奏：X X X ｜ 第二种节奏：X XX ｜	学生活动 1. 自由朗读。 2. 圈画，读一读。 3. 指名说一说，领读难读的字，齐读。 4. 男女生各读三个字，左右三组合作读。 5. 自由练习、展示。
活动意图说明：通过多种形式帮助学生正音，在读正确的基础上，教会学生字正腔圆的诵读方法，为后面的诵读做准备。其中多种形式的读，一方面巩固记忆课文内容，增强学生的诵读兴趣，一方面引导学生体会古文的节奏之美。	
环节三：咬文嚼字，知含义，明事理。	
教师活动 1. 认识六谷 （1）课件出示稻、粱、菽、麦、黍、稷的图片。 （2）找到粱和稷的关系。 （3）认识五谷。 五谷：稻、菽、麦、黍、稷。 积累短语——五谷丰登（板书） （4）播放短片"黍"——节选《舌尖上的中国》。 理解辛苦，做美食的不易，懂得珍惜。 （5）古诗拓展。	学生活动 1. 认识六谷 （1）观看图片认识"六谷"，读一读，说一说自己最喜欢的主食。 （2）预设：发现粱和稷都是小米。 （3）小组读一读。 齐读短语。 （4）观看短片，说一说看到了什么？想到了什么？ （5）借助拼音，自由朗读古诗。

续表

悯农一 春种一粒粟，秋收万颗子。 四海无闲田，农夫犹饿死。 悯农二 锄禾日当午，汗滴禾下土。 谁知盘中餐，粒粒皆辛苦。 结合生活实际，谈感受。 （6）资料拓展。 出示图片1，了解全球还有8.15亿人挨饿，吃不饱饭。 出示图片2，号召学生珍惜粮食，懂得节约。说一说你有什么收获。 口语交际：当我们吃饭的时候，要怎样做到珍惜粮食呢？ 当我们和爸爸妈妈去饭店吃饭时要怎样做到节约？ 2. 了解六畜 （1）了解人类畜牧的开始。 （2）出示"犬"的图片，了解狗与人类的关系。 （3）展示"豕"和"家"的字形演变。 （4）出示"马"的图片。 （5）结合生活实际说一说，牛、羊、鸡可以为我们提供什么呢？ （6）正确朗读："马牛羊，鸡犬豕，此六畜，人所饲。" 出示"六畜兴旺"，（板书）讲含义。	结合图片，和同桌说一说你的感受。 指名说一说。 （6）观看图片，说说感受。 四人一组选择一个方面说一说。 选择一组来汇报。 2. 了解六畜 （1）观看图片，听老师讲故事。 （2）指名说一说狗是人类的朋友，可以看家和陪伴。 （3）感受中华文字之美与人民的智慧。 （4）说一说马和人类的关系。 （5）指名回答，预设牛肉、牛奶、羊肉、鸡肉、鸡蛋等都是有营养的美食。 （6）指名朗读，小组朗读。
活动意图说明：通过图片帮助学生直观认识六畜，并且联系学生生活，将课文中的六谷与学生生活中吃到的主食建立联系，理解六谷的含义。再引入古诗和小资料来引导学生懂得节约的重要，养成节约习惯；通过给学生讲述古代人民带狗狩猎的图片，"豕"字形演变，了解马、牛、羊、鸡与人类的关系，知道动物不仅可以为我们提供食物，还可以给我们的生活带来乐趣，产生对动物的喜爱。	
环节四：抑扬顿挫，读出韵律。	
教师活动 过渡：古人在诵读文章时不但倾注了自己的感情，同时还要遵循一定的韵律。师示范读。 1. 出示平仄符号，加入声调高低，读一读。 2. 依字行腔，学吟诵，强调读准字音。师示范读。 3. 自己练习，齐读。 4. 背诵展示：激兴趣、重积累。 （1）每行出示三个字。 （2）提示每行第一个字背诵。 （3）一个字都不提示背诵。 （4）4人一个小组，选择小组成员都喜欢的方式背给大家听听。各组先商量一下，练一练。	学生活动 1. 认真听示，自由练习。 2. 跟老师一起练习。 3. 自己练习读一读，师巡视指导，指名读。 4. 按要求背诵。 小组讨论，选择喜欢的方式和节奏背诵

续表

活动意图说明：通过教师示范读，将学生引入古人吟诵的情境之中。学生发现特点，老师小结，使学生了解吟诵《三字经》的方法和技巧，激发学生的兴趣。通过背诵，对所学知识进行积累。用小组选择喜欢的方式诵读，激发学生诵读的兴趣，对所掌握的诵读方法进行巩固。

环节五：作业、总结、升华

教师活动	学生活动
作业：用自己喜欢的方式讲给家长听。	
总结：师生看着板书一起朗读。	
"五谷丰登、六畜兴旺。"	齐读短语。
珍惜粮食，学会节约。	

活动意图说明：总结，巩固所学。

【板书设计】

三 字 经

五谷丰登　　　　六畜兴旺

【特色学习资源分析、技术手段应用说明】

苏霍姆林斯基曾说："在人的内心深处，都有一种根深蒂固的需要，就是希望自己是一个发现者、研究者、探索者，而在儿童的精神世界中，这种需要特别强烈。"

本教学设计就给学生创设了一个开放而有活力的课堂，学生们在课堂上快乐的学习，快乐的阅读。同时课上还让学生自己学习不好读的字，培养学生独立识字的能力。教学中关于"六畜"网上有很多文字资料，但是根据低段学生学习的特点，我将文字变成讲故事的形式，通过图片，帮助学生理解，不仅激发学生学习的兴趣，同时培养学生认真倾听的好习惯。图片和视频的恰当使用帮助学生直观地了解了粮食，知道粮食对人身体有益，人离不开粮食，对于理解"珍惜粮食"有更好的帮助。此外，本教学中，还教学生吟诵《三字经》，使学生对国学的学习产生了更浓厚的兴趣，对于传承中华传统文化也有很大的帮助。

【教学反思与改进】

特点一：根据学生认知特点设计教学环节。根据低年级学生注意力不稳定、不持久的特点，我在教学上，通过给学生观看大量的图片来了解"六谷"，激发学生的学习兴趣，同时将《三字经》中的内容与学生的生活建立联系，将知识用浅显的方式教给学生。教学中使用视频资料，让学生通过观察表情、动作等发现黄师傅做黄馍馍的辛苦，从而增强"珍惜粮食"的意识。

特点二：落实"三步六正"教学法。"三步六正"即"正音正读，正字正义，正心正行"。本课《三字经》教学中，温习旧知过后，我引导学生用多种方式诵读韵文，营造出节奏紧凑，明快昂扬的课堂氛围。自读、齐读、去拼音读、三组对读、接龙读、加拍子快读、加拍子慢读，加两种节奏读，十五分钟，不同形式的十遍诵读，让学生嘴巴动起来，心也动起来，不知不觉就实现了熟读成诵，为后文的理解文意，感悟入境做好了铺垫。

特点三：感受中华文字之美。教学中，通过"豕"字的字形演变，引出"家"的概念，直观理解字的含义，积累生字的同时也让学生感受中华文字之美。

特点四：初步接触吟诵《三字经》。因为我班学生已经学习过"平仄"读法，所以在本次教学中，我先用学生学过的"平仄"读法引入，让学生迅速进入情境，陶醉其中。然后教学生可以用音乐中学的低、中、高音加入《三字经》中，学生学起来更有趣了。继而教学生依字行腔，根据字音加调子唱起来，刚开始，只有几个孩子吟诵，其他孩子羞于张口，后来听到别人吟诵，也觉得很有趣，越来越多的孩子就开始跟着吟诵。课堂气氛特别活跃，国学氛围浓厚。

（此课例获得第三届全国小学国学经典教学评比二等奖）

专业与成长

（下册）

孙亚桂◎主　编
王彩云　齐志军　刘继栋◎副主编

九州出版社
JIUZHOUPRESS

第三章

成长篇（下）

李春风

▽

　　李春风，工作以来，一直担任班主任和语文教学工作，并非常享受工作的乐趣。善于在学生日常的学习活动中，捕捉问题，及时解决；能够在仔细观察学生的言行之后发现家庭教育带给孩子的影响，积极与家长沟通，解决问题。时刻以学生的终身健康发展为目的，在教会学生做人的前提下引导学生学习知识，让学生在快乐中自主学习，在合作中勇于创新，在发展中超越自我。

　　主动学习先进的理论知识，并尝试与自己的工作实际相结合，努力探索和积累经验。取得成绩：区级研究课《小蝌蚪找妈妈》《帽子》，录像课《共同的家》《敕勒歌》获市级评优课一等奖，有多篇教育教学论文获市区级一、二、三等奖。曾获北京市紫禁杯优秀班主任、通州区优秀班主任、学生最喜爱的教师等光荣称号。

钟情班主任，爱洒小事业

二十年来，我把热烈无畏的爱倾注于我钟爱的班主任事业，真心诚意地爱岗敬业，努力完成纷繁芜杂的班主任工作；把美丽无私的爱播撒在每个学生身上，认认真真地爱学生，真正做到管如严父，爱如慈母，教如良师，诚如挚友。工作二十载，汗水伴随着快乐，激情助力我成长。

一、钟爱做学校的中坚

班级是进行教育教学的基层单位，班主任工作是进行日常思想品德教育和指导学生健康成长的最重要的途径。班主任与学生朝夕相处，对班级的每一个学生的全面发展都负有直接的教育责任。班主任以其创造性的工作和奉献精神，对学生的成长发挥着直接影响。班主任对学生的直接管理、组织、教育所付出的心血和精力，是其他教师不能相比的。学校的教育指令，要通过班主任在学生中执行，班主任是执行校长指令的中坚。班主任不仅是学校德育工作骨干队伍的重要组成部分，而且是骨干队伍里的中坚力量。然而，班主任工作任务的繁重是有目共睹的，很多老师望而生畏，我却乐在其中，无法自拔。刚参加工作时在农村校，班主任工作十年如一日，兢兢业业，细致入微。繁多的日常工作充实了我的生活，与各行各业的家长打交道锻炼了我的处事能力，良莠不齐的学生积累了我的教育教学经验。这使我深深地爱上了班主任工作，并树立了为之终生奋斗的决心。

二十年来，接手每一个新班，初见家长时我都是这样说的：孩子送到学校，交到我的手里，孩子在校的学习、生活请您放心，我会把每个学生都当亲生孩子的。从现在开始，您需要做的，就是全力支持学校和老师的工作，在家教育孩子学会做人，督促孩子好好学习。

我对家长是这样承诺的，也坚持这样去做。

一年级刚入学的孩子自理能力比较差，在校的各项活动我都亲自教给他们怎样做，对于做起来有困难的孩子，我都会帮他们多练习几次，直至他们自己能熟练操作为止。虽然孩子年龄小，但是他们也能够感受到老师浓浓的爱，回到家里，他们会对家长说："今天我的水喝完了，老师帮我接了一瓶。""中午吃饭时，我的菜不够了，老师给我加了很多。""中午睡觉时，老师怕我冷，还帮我盖被子呢！""我今天忘带水果了，老师送给我一个大苹果！""我的铅笔不够用了，老师给我削了几根。""今天我吐了，老师清扫了半天才打扫干净。"孩子们是善于发现的，他们会把在校学习、生活中的点点滴滴汇报给家长，不光是老师对自己的好，还有对所有同学的好。当内心充满对每一个孩子的真爱去帮助、去督促他们时，换来的是学生们对我无比的崇敬与热爱。自古"亲其师，信其道"，建立在互爱基础上的课堂教学也必然会收到良好的效果。家长们也逐渐熟识起来，在一起谈论孩子们回家后对学校、对老师的评价，用不了多长时间，老师在学生及家长心目中的"慈母"形象就竖立起来。班主任是学校与家长、与社会直接对话的窗口，当家长们听到孩子回到家里说"我喜欢学校、我爱老师、我乐意上学"这样的话，学校的口碑就在班主任的工作中形成了。

二、努力做学生的伯乐

"三岁看大，八岁看老"是老观念，它否认了人的发展变化。而当今的教育要用发展的眼光看问题，看待每一个孩子。孩子的发展是有阶段性的，是需要老师的指导和引领的。德育工作是班主任日常工作中的一项重要的工作，作为低年级的班主任兼语文老师的我，精力不能只停留在备好课、上好课、让学生学会知识上，更重要的是要了解每个孩子的特征、个性、爱好、优点、缺点等。还要有一双善于发现和挖掘的眼睛，每一位学生身上都有闪光点，需要老师及时去发现。每个学生都有自己的闪光点，有的在学习上、有的在劳动上、有的在品德上，有的在礼貌待人上……不管闪光点表现在哪里，我们都要善于发现这个闪光点。力争让每一位学生在自己原有的基础上有所进步，健康成长。

2011年的班级里，有个特殊的小姑娘，每天一言不发，上课时不积极举手回答问题，下课也不会像小鸟一样叽叽喳喳，淡然的目光中全然没有自信。跟妈妈了解后知道她非常喜欢舞蹈，并且跳得不错。我以六一儿童节为契机，安排她组织班里的同学排练舞蹈节目。她由开始的羞涩变为欣喜，小老师当得有模有样，带领同学们刻苦练习，六一当天的演出受到了极大好评。从那以后，她开朗自信了许多，像变了个人似的。老师的一双慧眼，一次信任，对孩子有着重大的影响，有时会使他们受益终身。

三、真诚做家长的朋友

二十年的班主任工作告诉我，班集体健康发展的关键是创建和谐愉快的班级氛围，形成文明团结的班风，使学生们形成向上的内动力，自觉地努力学习，自愿地遵守纪律，主动地参与集体活动，善良地对待身边的人和事。要达到这样的状态，就必须要联合家长的力量。家庭教育对一个人的启蒙、成长、成才有着不可估量的作用，家长的人生观、道德观和价值观都会对孩子成长产生极为深刻的影响。班主任工作中，我真诚地对待每一位家长，积极与家长沟通，努力使自己和家长成为朋友，委婉地提出他们教育孩子时出现的问题。在得到他们认可后可以积极地配合学校和老师的工作，共同教育孩子。

2014年，班里有个小男孩，头脑灵活，活泼好动，是个很可爱的孩子。但是每次跟同学们发生矛盾都会动手解决，多次说教也没有效果，我找来家长沟通，终于发现问题症结：当爸爸听说孩子的问题后，抬手就打。我耐心地与爸爸分析，孩子的这种行为跟家长的日常做法有很大关系。小孩子善于模仿大人的言行，有时动手只是习惯之举。听了我的分析，家长很配合，减少了对孩子的打罚，对于孩子的错误晓之以理，动之以情，果然孩子的变化很大，很快成了班里受人喜爱的同学，而家长也对我的真诚提议表示感谢。

日常生活中，我设身处地地为每个家长着想，家长下班路上堵车不能按时接孩子，不管等到几点我会把孩子交到家长手里再下班；孩子学习上有困难、思想上有波动、行为上有异常，家长随时打电话可以找我；只要家长有时间与我交流孩子情况，我会第一时间给予回复；对于一些特殊的孩子我还经常家访了解情况……长时间的真诚换得了家长的信任，他们愿意与我沟通，积极配合教育孩子，促进孩子成长，与他们成为朋友，双方合力共筑孩子美好人生。

多年的班主任工作，也让我感受到做班主任是快乐的。当我走上讲台，看到那一双双求知的眼睛；当我看到我的学生在我的教育下有了很大的改变；当我被孩子们围着快乐地谈笑；当孩子把我当成最好的朋友，当家长告诉我，孩子变了，变得懂事听话了；当我生病时，孩子们送上一句句关切的话语……那种幸福和快乐是从心里往外涌的。我的工作态度和教育教学水平在学生和家长中获得了较好的口碑，也取得了一些荣誉。2015年3月，被评为通州区第七届中小学优秀班主任。2015年12月，在通州区"育人杯"我的教育故事政委评比中荣获一等奖。2016年9月，教学课《敕勒歌》荣获市一等奖。2015年12月，硬笔书法作品荣获市二等奖。2017年4月，在通州区家校合作项目案例评优中获得二等奖。2007—2017年，所教班级多次被评为学校优秀班集体。2014年1月，"飞扬的红领巾"少年儿童综合素质展示活动获"优秀辅导教师"奖。2013年7月，北京少年报"汇丰杯"中获优秀指导教师奖。2013年8月，获童声台奖"优秀辅导教师奖"。1997年至今，我曾多次获得全国青少年"春蕾杯"征文园丁奖，多篇论文、案例获市区级一、二、三等奖。

教育是一门博大精深的科学，做班主任更是任重而道远。当我出现在学生面前宣布我是他们的班主任老师时，缘分与责任就链接了我们的不可分割的关系，我坚定而执着地选择了做一名班主任老师，从心底里热爱这份工作，爱我的学生们，在生活上对他们体贴入微，以良好的师德影响他们，以积极的情感感染他们，以健康的心态引导他们，使他们在我的爱中健康成长。我愿把我毕生所学的知识和经验，无私地奉献给学生们，让他们在东方小学这片纯净的沃土中茁壮成长。

（此文获北京市"紫禁杯"优秀班主任评选一等奖）

《论语》第六课教学设计

学　　科：小学语文　　年　级：四年级

教材版本：《论语》　　章　节：第六课　　　　课时：第一课时

【教学内容分析】

1. "人而无信，不知其可也。"（摘自《论语·为政》。）

解释：一个人不讲信用，真不知道怎么能行。

诚信是中华民族的传统美德，社会主义核心价值观中就讲到了"诚信"，可见诚信对于这个社会的重要性。诚即诚实，信即信用，一个人只有诚实守信才可以得到周围人的认可，才可以结交到好朋友。诚信是一种人们在立身处世、待人接物和生活实践中必须而且应当具有的真诚无欺、实事求是的态度和信守承诺的行为品质，其基本要求是说老实话、办老实事、做老实人。诚信是一种社会道德原则和规范，它要求人们以求真务实的原则指导自己的行动，以知行合一的态度对待各项工作。在市场经济的条件下，人们只有树立起真诚守信的道德品质，才能适应社会生活的要求，并实现自己的人生价值。从小教育孩子诚实守信，是教会孩子做人的重要内容。

2. "见义不为，无勇也。"（摘自《论语·为政》。）

解释：看到需要你做义举(无偿帮助别人)的事情不做，就不是勇敢的人。

见义勇为是指为保护国家、集体利益或者他人的人身、财产安全，不顾个人安危，与正在发生的违法犯罪做斗争或者抢险救灾的行为。见义勇为核心便是勇敢，勇敢地做一些非常不容易的事情，要有勇气才能办到，即常人不太能忍受或者成功概率比较低的事情。在教授课文时要注意指导学生作为未成年人正确的"见义勇为"方法。

【学生情况分析】

现在的孩子，独生子女居多，部分孩子不知道如何与人交往，对他人、对社会缺乏责任感。因此，树立正确的为人处世态度和守信为荣、失信可耻的道德观念尤为重要。

学生年龄小，不知道如何处理生活中遇到的危险，有时会盲目地做出冲动的事情来。因此教给学生正确的保护自己和他人安全的方法是学生健康成长的保障。

【教学目标确定】

利用注释及工具书了解课文内容。准确、流利地朗读课文，达到熟读成诵的效果。

联系生活实际体会《论语》的现实意义，引导孩子自觉运用《论语》中阐述的道理指导实际生活。

使学生理解什么是诚实守信，懂得诚实守信是中华民族的传统美德，也是每个少年儿童立身做人的基本道德准则。懂得诚实守信的重要性，诚实守信是少年儿童自己的一份责任，从小事做起，用诚信立学，用诚信立行，学会做一个诚实守信的人。

引导学生正确并深刻理解"见义勇为"的含义，了解中华民族的传统美德，继承和弘扬"见义勇为"的精神，懂得面对正义该如何采取正确的方法，知道生命的珍贵和智慧的重要。

【教学重点难点】

教学重点：利用注释及工具书了解课文内容，准确、流利地朗读课文，达到熟读成诵的效果。

教学难点：联系生活实际体会《论语》的现实意义，引导孩子自觉运用《论语》中阐述的道理指导实际生活。

【教学过程】

环节一：引入新课	
教师活动	学生活动
1. 出示 人而无信，不知其可也。 见义不为，无勇也。 出示加点字，提问：谁能试着说说它们的读音？（指导"为"的读音。） 2. 查字典了解它的正确读音。 3. 指名带读。 4. 过渡语：宋代开国宰相赵普曾经标榜说，自己以半部《论语》治天下。今天我们要了解的就是孔子及其弟子们在《论语》中所阐述的对于"信、勇"的全面理解。 （板书：第六课）	1. 试着说说。 2. 查字典并汇报。 3. 学生带读、齐读。 4. 齐读课题。

续表

活动意图说明：由了解字音入手，引起学生的学习兴趣。初步感知句子的内容。

环节二：初读课文

教师活动	学生活动
1. 范读课文。 2. 指导学生再次针对字音进行质疑。 3. 引导学生练读课文。	1. 听老师读，批注断句。 2. 查字典了解字音，同学间质疑释疑，把正确字音批注在书上。 3. 练读课文。 自读，指生读。 纠错，再指生读，齐读，再齐读。

活动意图说明：读准字音，读好断句，把课文读通顺，读熟练。

环节三：再读课文

教师活动	学生活动
1. 过渡语：孔子曰"默而识之，学而不厌"，下面就请同学们静下心来，根据自学提示的要求，学习这一课。 出示自学提示： （1）默读注释及译文，了解两则《论语》的意思。 （2）对照课文和译文，画出不理解的词语。 （3）在小组中讨论，利用工具书释疑词义。 2. 引导汇报。 （1）这则《论语》的意思是什么？由这句话中，你受到了什么启发呢？ 齐读，师带读。 （2）第一则的意思是什么？这一则中，孔子认为做人最重要的是事是什么？ 想不想见识几位古今中外重承诺，守信用的名人？ 我们伟大的领袖毛主席也曾题词"实事求是"，你对它是怎么理解的？ 范读，指导练读。 （3）这第二则的意思是什么？你有哪些不理解的词语？ 看看这几位忠勇之人你认识吗？来讲讲他们的故事。 什么才是真正的勇敢呢？什么人才是在真正的勇士呢？ 指导朗读。 3. 生活中，遇到问题，我们如何做一个智者？	1. 根据自学提示学习讨论。 2. 汇报对句子的理解，质疑词义。 （1）指名说一说。 练读。 （2）预设：诚信，讲信用。 边看故事边谈理解。 练读：自读、齐读。 补充：奸臣秦桧的故事 了解词语的含义。 练读。 （3）引导学生说说自己的看法。 3. 结合生活实际谈谈自己的看法。（展开辩论）

活动意图说明：借助注释、译解或工具书了解课文内容，体会其内涵。

续表

环节四：延伸、升华	
教师活动 1. 在生活中，还有哪些值得我们提出来进行表扬的事例？又有没有需改变的地方？ 2. 指名讲故事。	学生活动 1. 结合生活实际体会"诚信、忠勇"的意义，反思不恰当的做法。 2. 讲自己搜集的故事。
活动意图说明：补充故事、名言，升华情感，使学生体会到"诚信、勇敢"在中国的广泛影响。	
环节五：熟读成诵。	
教师活动 1. 利用电教示范，引导诵读。 2. 多种形式试背。	学生活动 1. 根据提示练背。 2. 表演背。
活动意图说明：带着理解进行背诵的训练，达到熟读成诵的效果。	

【板书设计】

第六课　诚信　忠勇

人而无信，不知其可也。

见义不为，无勇也。

【作业与拓展学习设计】

教师小结：孔子论诚信，他说："人而无信，不知其可也。"孔子谈勇敢，他说："见义不为，无勇也。"希望我们的每一个同学，都能以此为指导，做一个诚实守信，忠于国家的大智大勇之人。课后请同学们背诵课文，搜集诚信名言。

【特色学习资源分析、技术手段应用说明】

中华上下五千年的宏伟历史一直是国人引以为傲的，我想也正是因为有了这一段足够长的历史，才能沉淀出像"四书五经""诸子百家之说"这样的文明精华，而这些都是我们中华民族灿烂的传统文化。如果用一个词来形容，"博大精深"最为恰当。我认为，学习中华传统文化能丰富我们的精神世界，使我们骨子里那份美德得以永存。作为一名小学教师，我有义务让我的学生，能够对中华传统文化产生兴趣，并亲身体验中华传统文化的魅力。在教学中，我利用多媒体现代教学技术来展现传统文化的魅力，帮助学生理解句子的深刻含义。

【教学反思与改进】

1. 学生在教师的引导下通过结合生活实际能够理解句子的意思，通过学习知识领略中国传统文化的精髓，在知识传承的过程中学习做人、做事的道理，从而培养学生良好的思想道德品质。

2. 使学生了解中国文化背景，触类旁通，形成丰富的文化知识体系，在开阔视野，提高思想深度和广度的同时完成历史使命的传承。

3. 将传统文化与现在的社会环境和生活实际相结合，引导学生体会将知识应用于实际时要灵活处理，量力而行。

4. 传统文化要在反复诵读的基础上理解、记忆、应用，教学中还应注重多种形式的诵读，引导学生积累丰富的语言，提高学生的文学素养。

（此课例获中华优秀传统文化与现代语文课堂教学实践研究课题成果一等奖）

龚立红

▽

　　龚立红，1994年7月毕业于通县师范学校，1999年取得大专文凭，2004取得小学教育本科文凭。2005年加入中国共产党。泰戈尔说过："花的事业是甜蜜的，果的事业是珍贵的，让我干叶的事业吧，因为叶总是谦逊地低垂着它的绿荫。"选择了教师，就是选择了叶的事业，教师的一生，与花相伴，与花相伴的一生，富有诗意而美好。参加工作以来，她牢记教书育人的使命，把强烈的事业心和责任感放在第一位，始终默默无闻，辛勤耕耘着。

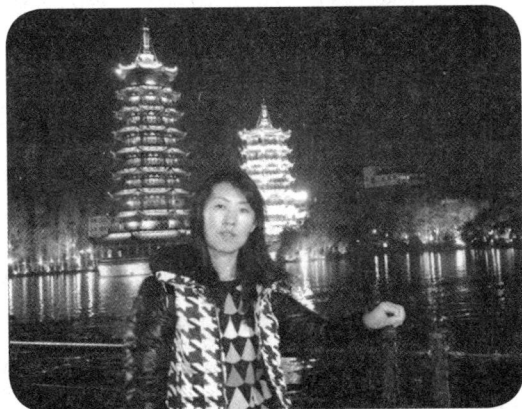

激活小学数学课堂的有效策略—互动

《义务教育数学课程标准（2011年版）》（以下简称《标准》）指出："数学教学是数学活动的教学，是师生之间、学生之间交往互动与共同发展的过程。"由此可以看出，课堂教学中客观有效的交往，是实施新课程理念的基础。也只有在教学活动中实现真正有效的互动交往，才能促进教学相长，促进课堂教学的动态生成，使学生在获得数学的知识技能、过程与方法的同时，时时闪现生命的灵性和活力，形成良好的态度价值观。

在教学中学生是主体，互动式教学是发挥学生主体性的最佳教学方式。互动式教学本身就是对学生主体性有着必然要求的教学方式，没有学生的主体性就没有互动式教学。只有在师生、生生的情感的、智力的互动中，师生、生生才会真正了解对方或其他人。互动式教学还会引领学生主体性的方向，学生的疑问、教师的启示、师生的辩论、同学间的研讨，这些都会引领学生的主体性向着纵深的方向和谐发展。

一、和谐的氛围是有效互动的前提

课堂是师生生命成长的地方，在压抑的思想环境里，禁锢的课堂中，又怎么会产生有效的互动效应呢？英国哲学家约翰·密尔曾说："天才只能在自由的空气里自由呼吸。"所以教师应努力创设宽松和谐的课堂教学氛围。

教师和学生都是独立的个体，都是具有独立人格价值的人，两者在人格上是平等的，这是教师与学生之间产生互动、交流、合作的基本前提。但是课堂中真正的师生互动不会自然产生，它有赖于建立在师生之间平等、尊重、理解的基础上，要实现师生的交往互动，教师首先要构建民主、平等、和谐的师生关系，教师要彻底摒弃师者为尊的传统意识，给学生充分尊重，让尊重走进课堂。只有教师尊重学生的个性特点，教学民主，才能使学生在一种和谐、放松的精神状态下学习，从而使师生形成一个真正的学习共同体。只有建立师生、生生之间沟通的绿色通道才能为有效互动创造条件。如在讲述"圆柱和球"时提出问题："是不是会滚动的就一定是球？"甲同学："这不一定，圆柱也会滚动呀。"这时老师不轻易表明观点，在学生继续思考后，教师因势利导共同归纳出：会滚动的不一定是球，圆柱和球有一个共同点，它们都会滚动。教师按上述处理尊重了学生的自尊心，不包办代替学生自己的学习行为，学生从实践中得出结论，也形成了一种无拘无束，平等融洽的教学气氛。

二、巧妙的提问是有效互动的保证

美国教学专家斯特林·卡尔汉认为："提问是教师促进学生思维，评价教学效果以及推动学生实现预期目标的基本控制手段。"可见，问题是思维的起点，互动的开端。当富有挑战性的问题呈现在学生面前时，学生解决问题的欲望会油然而生，每一个学生有可能在自己的学习基础上，运用自己的已有经验、认识水平和智慧来发表见解，解决问题。

要实现有效的教学互动，在问题设计上要注意以下几点：问题要"精"，具有典型性；问题要"巧"，能深化主题；问题要"新"，能启发学生以新视角去观察、分析；问题要"活"，答案适度的开放性可引导学生的思维发散。如：在教学对三角形分类的认识时，我这样设计："我们已经认识了三角形，而三角形根据角的不同可以分为锐角三角形、直角三角形和钝角三角形。现在你能猜出老师手中拿的是什么三角形吗？"这时教师呈现一个大部分被挡住，只露出一个角的三角形。有的学生说："我猜是锐角三角形，因为我看到了一个锐角，我猜另二个也是锐角。"有的学生说："我猜是钝角三角形，我看到的是虽然是锐角，另外两个可能一个是锐角，一个是钝角。"有的学生说："我猜是直角三角形，看不到的两个角，一个可能是锐角，一个可能是直角。"……学生争执不休，各有各的道理，学生对此环节兴趣颇浓，参与的积极性相当高。通过"猜一猜"活动，不仅活跃了课堂，激发了学生的学习兴趣，而且学生加深了对锐角、直角、钝角三角形特征的认识。

巧妙地设计问题，不但保证了师生间的有效互动，而且帮助学生深入地理解和掌握所学知识。

三、动态的生成是有效互动的核心

动态的生成，是课堂互动的核心与灵魂，是课堂充满生命力的体现。一个真实有效的教学过程必然是师生、生生积极互动、动态生成的过程。教学所面对的是一个个鲜活的生命，教师应充分发挥教育智慧，通过真实的教学情景激发学生的学习需求和动态生成。

学生是有个性的生命体，只要他们的积极性被充分调动起来，他们的智能火花就能时时迸发。在数学教学实践过程中，当师生围绕教学内容展开真情互动时，相互启发、相互感染、相互促进，使学生求知的欲望被激发、情感的闸门被打开、思维的火花被点燃。这时，师生间的互动对话就可以催发、生成许多教学契机。教师要善于抓住并加以利用，从而使课堂充满活力。如在教学《三角形面积计算》一课时，师："你们想知道三角形面积计算方法吗？"突然，一位学生站起来："我知道，三角形面积＝底×高÷2。"师："你怎么知道的？"生："我从书上看到的。"师："那么三角形的面积计算公式是怎样推导出来的呢？"生："我知道，把一个平行四边形沿着对角线剪开，分成了两个等底等高相同的三角形，每个三角形的面积是平行四边形面积的一半。"师："那你知道为什么要沿着对角线剪，不沿着对角线剪可以吗？"该生摇头。师："不要紧，下面我们就一起来动手试一试。"这时课堂又活跃了，学生又投入到新的探索中。这样，原定让学生探索结论的教学变成了让学生验证结论的教学。因此，对于课堂教学动态生成的资源，需要教师敏捷地加以捕捉、放大。否则，契机稍纵即逝。对有价值的信息资源应及时纳入课堂临场设计的范畴之中，适时调控，充分利用，激活课堂教学，促进课堂有效的动态生成。

四、多元化的评价是实现有效互动的催化剂

《标准》指出："评价要关注学生学习的结果，更要关注他们学习的过程……要关注他们在数学活动中所表现出来的情感与态度，更要帮助学生认识自我，建立自信。"这是新课程提倡激励性评价的宗旨。有效的评价，有助于学生认识自我、建立自信，有助于教师改进教学。

自信心就像一个人的耐心、恒心、爱心一样，并不是与生俱来的，它同样需要唤醒与点燃、培养与锻炼、实践与坚持。自信心对于学生的重要性在于：有了

自信心可以增加他们战胜困难和迎接挑战的勇气，也可以让学生树立一种无比高贵的人生品质。

不论大人还是小孩，都喜欢听善言，也就是好听的话。在课堂上，教师应该运用多种激励方式点燃并培养学生的自信心，并让它成为一个人可终身受用的能力、品格和素养。换句话说，自信心可以用爱来唤醒。教师完全可以通过深情的眼神、自然的笑貌、甜美的嗓音滋润孩子们的心田，从而唤醒他们沉睡的信心，点燃他们潜藏的自信，使他们更加自爱自强，心中荡漾起幸福、欢乐、奋发的激流！

当然激励方式可以灵活运用，比如眼神赞许、颔首微笑、伸大拇指、抚摸学生的头等动作，也可用"好极了""真棒""好样的""非常好""真的很不错"等直接性的激励语言；有时学生的回答很平常，但他有勇气，或声音洪亮，你可以用"掌声送给最勇敢的人""掌声送给声音最洪亮的人"等送出掌声的方式予以表扬；当学生不敢表述时，还可引导全班同学用集体的力量对其激励；此外也可以用评选"表现奖""创新奖"等多元互动式的评价方转变教师角色，明确教师作用，激发情感参与，探究自主学习方法策略，采用多元化评价式进行多方面激励。

在课堂教学中，师生之间能平等对话，不但有利于言语的沟通，还渗透着心灵的相融，使课堂充满了"人情味"。学生变得乐于表达，敢于交流，思维开放，智慧互相碰撞，从而实现课堂上师生之间，生生之间的有效互动。

总之，有效的师生互动能引导学生积极思维，探索解决问题的途径，获取知识，提高能力。要真正体现它的有效性，教师不仅要在理念上重视它，更要处理好互动形式与教学实践的关系，恰当运用策略，形成师生有效互动，走向和谐的课堂教学，焕发数学的课堂活力。我们在教学中还应不断地思考与探索，"动"出学生的思维，"动"出学生的激情，"动"出学生的创造，让数学课堂教学过程中的师生有效互动更加精彩。

（此文在《教育》刊物上发表 ）

《三角形三边关系》教学设计

学　科：小学数学　　　　年　级：五年级

教材版本：北京版　　　章　节：第三单元　　　课时：第二课时

【教学内容分析】

《三角形三边的关系》在小学、初中两个阶段出现，第一次是在小学阶段第九册《空间与图形中》，第二次是在初中阶段第十五册《三角形》，但在两个阶段的教学目标是不同：小学阶段学习这个知识主要是通过观察、猜测、实验等方法去发现规律，并能够运用这个知识解释一些简单的生活现象。初中阶段学习这个知识主要是对这个规律进行深化和拓展，把直观感知深化为理性探索，同时也为几何证明做理论基础。

本节课教材分析：在学习这个内容之前学生已经认识三角形的定义、三角形的特征。本节课主要是让学生通过操作学具，进一步研究三角形的又一个新特征——"任意两边之和大于第三边"。学习这部分的知识会为以后学习三角形、四边形等图形的基本性质打下基础，也为初中学习三角形三边关系打下基础。

【学生情况分析】

学生已经掌握了角，三角形的定义和三角形具有稳定性的特征等知识。对于平面图形边的关系的探索也并不陌生，在以往探究平面图形边的特点的过程中，学生用到过观察、猜测、操作、分析、比较等策略方法，有一定的策略基础。在生活中有直观感知三角形两边之和大于第三边的感性经验。

【教学目标确定】

知识与技能：经历用小棒探究三角形三边关系的过程，发现理解三角形任意两边之和大于第三边。

过程与方法：在活动中积累观察、分析、对比、计算、验证等数学经验，培养学生动手能力，合作意识；体验数据分析、数形结合在探究过程中的作用。

情感态度与价值观：使学生在探究的过程中体验学习数学的乐趣，获得成功的经验。

【教学重点难点】

教学重点：探究并发现三角形任意两边之和大于第三边。

教学难点：较短两根小棒长度之和等于第三根小棒长度时不能围成三角形。

【教学过程】

环节一：创设情境，激发兴趣	
教师活动 课件出示：《荒岛生存》片段。 主人公埃德斯塔福特在荒岛准备支个帐篷，现在只剩下帐篷口了，他想支成三角形的，只找到这样5根材料，哪3根能支成呢？怎么办？ 这些木棍都有好几米长，为了方便大家实验，老师按一定比例缩成5根小棒来代替：9cm、8cm、3cm、4cm、5cm。（屏幕上出示5根小棒）	学生活动 学生观看视频。 学生：可以试试。
活动意图说明：结合生活实际，提出问题，使学生产生学习需求，激发学习兴趣。	
环节二：探究哪些小棒能围成三角形	
教师活动 1.同桌合作探究，出示活动要求： （1）每次任选3根小棒围一围，看能否围成三角形。 （2）同桌合作，一人动手围，一人记录。 2.汇报交流。 将各组汇报结果分类有序板书，有争议的打问号单放一类。	学生活动 1.同桌合作探究，一人读要求。 （1）每组准备一个信封：5根小棒和一张记录单。 （2）学生动手实践。 2.学生认真听将与自己相同做标记。 预设：

<table>
<tr><th>不能</th><th>能</th><th>分歧</th></tr>
<tr><td>3、4、8</td><td>3、4、5</td><td>3、5、9？</td></tr>
<tr><td>3、4、9</td><td>4、5、8</td><td>3、8、9？</td></tr>
<tr><td></td><td>4、8、9</td><td>3、5、8？</td></tr>
<tr><td></td><td>5、8、9</td><td>4、5、9？</td></tr>
</table>

3.验证讨论：有疑问的几组数据，到底能不能围成三角形？我们怎么办？ 追问：有一点点空隙都不行吗？	3.动手实验。 预设：学生到展台动手摆验证。 学生1：不能摆成三角形，边摆边说明理由。 学生2：不行，没封闭就不叫三角形，三角形是封闭图形。 学生3：3＋5＝8，与8cm重合了，也不能围成 学生4：小棒有误差。

4. 课件演示：用三根比较细的线段代替三根小棒，看 3cm、5cm、8cm 能否围三角形。 | |		| 板书：$3 + 5 = 8$ 追问：还有哪组小棒属于这种情况？（确认不能围成三角形去掉问号移到不能一类） 5. 小结：大家通过动手实验讨论，统一了意见。发现这几组小棒不能围成三角形，这几组小棒能围成三角形。（指着黑板上数据）	4. 学生边观察边思考，发现 3cm、5cm、8cm 不能围成三角形。 $4 + 5 = 9$。
活动意图说明：学生充分的动手探究，在操作、观察、讨论中由直观感受转化为"为什么不能围成三角形"的深入思考，并引导学生进行对比分析，经历获取知识的过程。结合直观的课件演示帮助学生理解，突破教学难点。	

环节三：探究能否围成三角形的规律

教师活动	学生活动
1. 探究不能围成三角形的规律。	1. 探究。
（1）观察对比这些数据：为什么这两组也不能围成三角形？你发现了什么？	（1）同桌讨论。
（2）反馈交流：举例说明，同时板书。	（2）预设：
追问：为什么小于的就不能围成三角形？	学生 1： 较短两边的和<第三条边 3+4 < 8 3+4 < 9 学生 2： 3+5=8 重合了 3+4=7，7 比 8 小不够长
（3）课件验证：3cm、4cm、8cm 不能围成三角形。至少要加几 cm 才行？	（3）学生观察：至少要加 1cm 多才行。
小结：大家发现较短两边的和≤第三条边时三根小棒不能围成三角形，你推测一下什么情况就能围成三角形？	
2. 探究能围成三角形的条件。	2. 探究。
（1）观察数据，独立思考后与同桌讨论：能围成三角形的 5 组数据，你发现了什么？举例说明。	（1）预设： 学生 1：较短两边之和>第三条边 3+4 > 5，3+8 > 9 口算验证其他组数据。 学生 2：任何两边之和>第三条边 3+4 > 5，3+5 > 4，5+4 > 3

①其他组数据也是这样吗？	①口算验证其他组数据。
②谁能用一句话概括大家发现的规律？追问：为什么加"任意"？	②预设：
③过渡：我们用小棒围的三角形有这样的规律，是不是所有三角形的三条边都有这样的关系呢？	学生1：两边之和大于第三边。
	学生2：三角形任意两边之和大于第三边。
	学生举例说明。
	③预设：不一定。
（2）测量自己画的三角形验证。	（2）学生动手测量边长自己课前画的三角形，量一量、算一算，进行验证。
（3）交流汇报。	（3）预设：
	学生1：5.5cm、4.5cm、8.1cm。
	学生2：4cm、6.3cm、4.3cm。
	学生3：2cm、2cm、5cm。
追问：同学们测量后有没有不是大家发现的结论的？大家没有举出反例的，说明什么？	学生：没有。
	说明我们总结的规律是对的。
3. 小结规律，揭示课题。	3. 预设：
刚刚大家发现的规律是什么？用一句话再说说。（板书规律课题）	学生：三角形任意两边之和大于第三条边。
回顾：我们用什么方法得到这个规律？	学生：计算、摆小棒、
4. 思考：德哥会选用哪几根木棍呢？	观察、分析……
	4. 预设：
	学生1：选长的方便进去。
	学生2：选粗的结实。

活动意图说明：引导学生通过观察、计算、对比、分析、推测、验证等活动，总结三角形三边关系。在总结关系的过程中不断完善发现的结论，从而更好地理解了"任意"二字的含义，突破重点，同时渗透极限思想。

环节四：巩固练习

教师活动	学生活动
1. 判断：下列各组三条线段能否围成三角形？为什么？说明理由。 （1）2、7、8。 （2）8、8、1。 （3）2、10、6。	1. 学生判断并说明理由。
2. 将2、10、6中的2换成什么数就可以围成三角形了？	2. 独立思考交流。
3. 动脑筋：三角形一条边12cm，其余两边之和是14cm，这两条边的长度可能是多少cm？	3. 独立思考同桌讨论，集体交流思考方法。

续表

活动意图说明：灵活应用结论解决问题，发现判断能否围成三角形最快捷的方法。关注三角形三边的取值范围，把学生对三边关系的认识再次引向深入，渗透极限思想。	
环节五：总结	
教师活动 这节课你有什么收获？	学生活动 学生谈收获感受。

【板书设计】

三角形三边关系
三角形的任意两边之和大于第三边

不能	能	
3、4、8	3、4、5	（较短——快捷）
3、4、9	3、8、9	
3、5、9	4、5、8	
3、5、8	4、8、9	
4、5、9	5、8、9	

【特色学习资源分析、技术手段应用说明】

数学源于生活，又应用于生活。本节课由生活中支帐篷引出问题，激发学生动手探究知识的欲望，学生带着任务积极投入到探究活动中。通过摆小棒，判定如何才能搭成三角形，引导学生经历"发现问题、大胆猜测、操作验证、修改完善、得出结论"的探究过程。本节课主要采用自主探究、合作交流的方法进行教学，再结合多媒体直观形象的辅助教学突破教学重难点，使学生理解深刻。凸显学生在课堂上的主体地位及富有个性的学习研究过程，体验数学学习的乐趣。

【教学反思与改进】

第一，搭建平台，凸显主体。整节课设计为学生搭建了一个探索三角形三边关系的平台，学生带着任务积极投入到探究活动中。在不断实验、计算、推理、验证等一系列活动中，兴奋着、研究着、发现着，随着一个个活动的进行、一个个经验的形成、一个个难点的突破、一个个结论的得出，凸显出了学生在课堂上主动的、富有个性的学习研究过程。

第二，发展学生的几何直观能力。教学过程中通过让学生用实物拼摆，辅以多媒体直观形象的演示，帮助学生积累了丰富的表象；再通过引导学生在展台上操作，其他学生仔细观察、发现、交流讨论，让学生在充分动手、动口、动眼、动脑过程中，使小棒间的数量关系直观地凸显在学生面前。

　　第三，帮助学生积累活动经验，收获数学思想。学生的知识不是从老师那里复制或灌输到头脑中，而是从主动探究、合作交流中得来的。在情境中引入并提出问题，在操作中感知、在实践中探究、在练习中深化，真正经历了数学学习过程，又在探索中积累了类比、抽象、概括、极限等数学思想。

（此课例为北京市通州区区级研究课）

侯杰

▽

　　侯杰，北京通州人，1997年参加工作，2003年加入中国共产党，本科文凭。

　　参加工作以来，以一名优秀教师的目标要求自己，她一直秉承一个信念——"只要心存阳光，做好自己，做一个被学生爱的普通老师"。多年的教学工作中，她曾被授予北京市"扶残助残先进个人"、北京市"紫禁杯"优秀班主任、多次被评为区优秀少先队辅导员、区优秀党员、区"先进师徒对子"并连续四届（十二年）被评为区"骨干教师"。具有丰富的教学经验，多节课分别荣获全国、市、区教学评优课比赛中荣获一等奖并做展示、分享。积极参加各种教科研培训、学习。近年来共有80余篇论文获国家、市、区级奖项。

溢美之提问　引爆课堂思维

——浅谈英语课堂的有效提问

巴西著名学者弗莱雷说过："没有了对话，就没有了交流；没有了交流，也就没真正的教育。"只有在具有创造性和批判性的"对话式教学"中才能促进学生的个性化发展。而提问又是教学对话的关键。只有能激励学生思考，激励学生自发地反思自己回答的提问，才能推动学生学会思考，学会学习。有效的提问，即提出的问题能使人产生一种怀疑、困惑、焦虑、探索的心理状态，这种心理又能激发、保持学生的学习兴趣，启发学生思维，促进学生的语言输入和输出，刺激学生的课堂参与，使学生卷入课堂教学。由此可见，提问对教师组织教学、深化学生的学习和开发学生的智力、加强理解具有举足轻重的作用。

英语课堂，特别是小学英语课堂，课堂提问的频次和类型都远远高于其他课堂，因此课堂提问的成败与否直接关系到教学效果的好坏和学生学习的效率的高低。课堂提问类型是设计和实施课堂提问是要关注的首要问题，课堂提问类型的设置要考虑学科性质，学生发展需求及教学目标等因素。

一、回顾我们的教学过程，发现了一些提问中的问题

（一）提问的问题无意义，目的性不强

我们的提问应该要围绕教学内容、重难点认真设计问题，巧妙提问，来充分调动学生的思维，拓展学生的视野。问的要有目的，不能是不是重点或难点都问一下，这样学生根本不知道老师到底希望他们做什么。这类提问肤浅、平庸、且毫无实际意义，完全是"为了问而问"，看似有问有答，但实际上却缺乏交际性，只能置学生于被动地位，抑制了学生的思维活动，更谈不上开发学生的智力。如在一次听课中，一位老师指着教师一张大课桌大声问道："Is this a desk?"学生异口同声地回答："Yes."老师得到学生正确的回答后又问了一句："Is it big?"学生

再一次响亮地回答："No."这时老师很满意，因为学生都答对了……我却认为这完全是没有意义的提问，根本没有起到让学生产生疑惑的作用，可以说这位老师在做无用功，问了等于白问。

（二）提问缺乏思考的价值，封闭性问题过多

课堂提问要有明确的目的，它是为教学要求服务的。通过课堂观察，我发现有的老师为提问而提问，这是盲目的提问，盲目的提问无助于教学，只能浪费时间。例如听到过这样一些提问：无论教学内容是什么，老师一味地提出一些"Do you...""Are you...""Yes or no"这样的问题，学生不加思考，齐声回答"Yes"或"No"。这对服务教学没有一点帮助，这样的问题很难启发学生的思维、引发一些深层次的话题。

（三）提问过多、过长

小学生所具备的词汇及基础知识比较少，教师有时提的问题过长过多，学生听不懂，心理上就有一种挫败感，加上教师一再追问，他们就更加不知所措。曾经听过一节一年级的英语课，老师讲授 How are you? 表示询问身体状况的用法。文本中只提到 Not very well, look at my knee. 表示孩子刚刚摔倒，小朋友询问他还好吗？他表示我摔到了膝盖，我感觉不太好。我们的老师偏偏要问孩子：

T: Look at the boy. Is he OK?　　Ss: No.

T: What's wrong with him?　　Ss: ...

T: How is he?　　Ss: ...

对于一年级的孩子，他们还没有太多的词汇、句型作为积累，根本听不懂这样的问题，此时不仅问题失效而且会让孩子感到英语学习太难了，我都听不懂，不会说。而这种感觉又恰恰是老师认为造成的。因此说教师所提问题要难易适中，不贪大求全。要防止过浅，索然无味；过偏，抓不住重点；过深，高不可攀；过空，无从下手。

（四）提问缺乏普遍性，关注个别，忽视全体

教师的提问后理应关注全体学生的回答，但事实上往往出现与个别学生密集地对话的现象，有些学生只是坐着"看热闹"，忽视了全体学生。

可见，虽然我们英语教师每天在课堂上苦口婆心地不停地说，不停地问，但却有很多都是多余的，无效的。那么如何使我们的课堂提问实用而有效呢？结合

同事们的课堂现状及我的一些工作实践，我得到了如下启示：

二、思考教学过程，践行有效提问

（一）激趣的目的性提问，充分调动学生学习兴趣

课堂提问必须以教学目的为指南，教师应认真钻研教材，备课时要尽量了解学生的情况和本课的需要，研究学生的思维特点，把握每节课的知识点，设计的提问目标明确、有趣，学生则会根据老师的提问有选择地把学习的注意力集中到学习的重点难点上，并在众多的语言信息中有目的地发现问题和解决问题，最终师生在愉快的交际氛围中完成预定的教学目标。

小学生年龄小，天性好奇好动，准确和适度地把握学生的特点，充分发挥他们的潜能，激发他们的学习兴趣，是搞好英语教学的前提。"学起于思，思源于疑。"因此在课堂教学中，教师应该利用多种教学手段创设问题情境，通过设疑、激疑、激发学生自主思维，并通过巧妙的引导，教给学生思维的方法，变"要我学"为"我要学"，引导学生自主思考、学习，最终达成教学目标。例如，一位老师在尝试阅读教学时是这样做的。老师将阅读材料的名称定为"apple boy"。不难看出老师试图从名字上吸引学生的阅读注意力。一上课，老师就从 PPT 上显示了一个叫作 Nick 的男孩并提出问题：Today, we're going to learn a story about this boy—Nick. People usually call him Apple boy. Why do we call him "Apple boy"？老师抛出了一个很有意思的话题发散学生的思维，学生们争先恐后地猜测着。"He likes apple." "He looks like apple..."学生的思维一下被激活，答案随即出来。就这样，学生根据引导急于了解真相，很快进入了初步阅读的学习阶段。这样一来老师既调动了学生的学习兴趣，又给学生的学习指明了方向。我们说这样的提问是实效性强的，这样的教学环节是有效的，因为它引发了学生的学习意向和兴趣，使教学在学生想学、愿学、乐学的心理基础上展开。

（二）难易适度的提问，减少封闭性问题，有利于发展学生的思维

教师在课堂上提问应根据学生的知识能力的水平按照由浅到深、由具体到抽象、由感性到理性的认识规律，由易到难、循序渐进地设计一系列问题，使学生的认识逐渐深入、提高。问题过浅了不易引起学生的重视，提深了无法启发学生的独立思考。因此，知识从"哪里"提，提"什么"这都需要我们教师斟酌

275

再三。提问应当从Yes/No问题向选择性问题及Wh-型问题依次过渡，提出的问题要具有层次性，不同的问题所针对的学生也应该具有层次性。如：课堂上当教师要求学生将图片与单词连线时进一步追问连线的原因，学生回答/d/，/ɔ/，/g/，/dɔg/。通过这样的提问，学生的思维得到进一步发展，而不是纯粹地死记硬背单词的形、音、义。教师通过最初的一般提问引出学生最初的反映和回答，再通过相应的对话和交流，用追问和深问方式，引出教师希望得到的答案，使学生通过问题作答、逐步突破重难点。在让学生读出四个单词：dog，box，body，orange后，教师追问：What sound does o make? 时，教师使用了Qu: est(Questioning for Under-standing : Empowering Student Thinking)提问策略中的比较策略。比较要求学习者整理信息，发现同一个概念下的不同例子之间的相似性。学习者可以借助这个思维操作确立概念化的基础。也就是说，通过反复朗读该四个单词，比较它们之间的相似点，从而确立字母o的发音为/ɔ/，借助这种思维模式，确立字母o的发音的概念。通过这个活动，学生的思维能力得到发展，以后遇到同样情况也会自然采用相同的处理方式以得到自己想要的答案。

（三）短小精悍的提问，有利于激发学生信心，创建思维空间

教师在课堂上的主要工作应是启发、引导，而不是满堂灌的提问以显示教师的威严以及自己无所不知的满足。学生在课堂上的主要任务应是思考、探索、实践，而不是一味地接受，更不是不假思索地回答一些意义不大的问题浪费时间。因此上，教师应提出更少的引起学生探究的问题，充分给予学生实践空间的问题，才是有效问题。如学生在学习了 Travel 这一话题后，老师引导学生用Where、How、What、Who、How long、When、Why等词作为线索，做一个近期的旅游计划。这一问题的提出，同时也是一项具体的学习任务，学生将通过小组合作的形式，不同层次的学生都有了能运用所学知识表达的机会，互相进行交流，表达自己的计划以及设计理由。使学生通过自己的思考，获得成功的体验。当回答正确时给予大力表扬，学习的信心自然得到提高。面向全体的提问，有效形成和谐的师生关系。

（四）课堂提问必须面向全体学生，使全体学生都能积极参与，以利于全方位提高教学效率

教师提出的问题，必须从学生的实际情况出发，注重学生年龄特征，对尖子生可合理"提高"；对一般学生可逐步升级；对后进生可适当降低。我们平时教

学中面临的一个巨大的问题，往往成绩较好的同学更认真投入到课堂活动中去，而一般同学参与的热情度不够，这与教师的提问面是息息相关的。课堂上教师要多关注一些弱势同学，多给机会回答问题，多树立他们的自信心，变换提问的形式，如用点学号的形式提问，这样一来，既可以顾及全体学生，也可以提高学生的学习注意力。再或者教师提问回答的方式可以是个别回答或小组代表回答，也可以是抢答。通过这些不同形式的提问，让学生对所学语言产生亲切感，在和谐的课堂氛围中，引发学生学习英语的动机，在语言教学过程中交流情感，在师生情感和谐的状态下训练语言的有效途径。

有效提问是小学英语课堂教学的重要组成部分。设计合理的、得体的问题才能够激发学生对英语学习的兴趣。教师要通过课堂提问这一教学手段，达到有效控制课堂教学进度、调节教学方向的目的，成为课堂的主导。也要通过有效的课堂提问帮助学生学会正确地理解问题、有效地解决问题，从而成为课堂的主人。总之，教师必须重视课堂有效提问，注重激发学生兴趣，激活主体思维，使学生的思维被"点燃—碰撞—放出绚烂的智慧火花"。

参考文献

[1] 郭亚伟. 在英语教学中创设"语境"[N]. 商丘日报，2005.

[2] 赵生学. 英语口语教学的定位思考[J]. 安徽电子信息职业技术学院学报，2005（06）.

[3] 卢正芝. 洪松舟. 教师有效课堂提问：价值取向与标准建构[J]. 教育研究，2010，（04）：65-70.

[4] 邵怀领. 课堂提问有效性：标准、策略及观察[J]. 教育科学，2009，（01）：38-41.

[5] 王九红. 小学课堂提问的调查及研究[N].江苏教育学院学报（社会科学版），2007，（02）：15-18.

（此文获北京市"京美杯"征文一等奖）

Which season do you like? 教学设计

学　　科：小学英语　　　年　级：二年级

教材版本：北京版　　　　章　节：第六单元　　　　课时：第一课时

【教学内容分析】

本课是北京市义务教育教科书《英语》二年级下册第6单元的第23课。本课的话题为"季节"。学生之前已经学习了一年的四季的表述（spring\summer\autumn\winter），本课主要是在此基础上学生能够选择自己喜欢的季节并简单说明理由或表达常做的事情。课文讲述了在初夏时节，Guoguo的爸爸妈妈带着她和Yangyang、Lingling去野外郊游、野餐。他们在一起谈论自己最喜欢的季节Which season do you like? 以及在这个季节中最喜欢做的事fly a kite\go swimming\pick apples\go ice-skating.

【学生情况分析】

本课的教学对象为二年级学生。学生已经有了一年的在校学习经历，对英语学习有较高的兴趣，养成了一定的学习习惯，具有初步的认读能力和表达能力。他们有了一点英语基础，如：能借助图像听懂带有一定生词的句子；能用简单句进行表达；具备小组讨论交流的能力，为了让孩子们把本课内容学习得更透彻，在本节课中我充分利用多媒体设备，把每幅图拆开分析，加入声音、动画等吸引学生的注意力，激发他们说的欲望。因此，合理开发利用课程资源，设计不同的教学活动，使全体学生能体验学习语言和自然交流表达的快乐，让每个学生都能学有所获，促进语言能力的提升是本节课中要解决的问题。

【教学目标确定】

知识目标：

能用"which season do you like?"询问喜欢的季节，并用"I like..."做出应答；能用"I can..."说明在此季节能做的事情。

能朗读和认读词汇which\spring\plant trees\go camping\pick apples\play in the snow，并能在实际情境中运用。

技能目标：

通过观看板书能够将课文中句子还原、复述课文，并在此基础上联想曾经学过的单词或短语来描述季节。

能够利用本课及之前所学语言描述季节，并在恰当的语境中和别人交流自己对一年四季的喜好。

情感目标：

在讨论季节的活动过程中，逐步培养学生的审美情趣以及对大自然的喜爱之情。通过交流、感悟，体会不同季节的美，进而激发学生的表达欲望。

【教学重点难点】

教学重点：能够用本课功能句型表述在某一季节能做的事情。

教学难点：能够描述一年四季不同季节的特点及喜欢做的事并能与他人交流。

【学习评价设计】

自评：通过比较、思考，提升对自我能力的认识，回顾本课学习的知识点。

展示：教师通过展示学生的成功作品及让学生到前面表演，为学生树立信心，体会成功，给予学生鼓励。

总评：给学生发与课文内容相关的小贴画；对表现突出的个人和小组给予掌声鼓励。

【教学过程】

环节一：warm up	
教师活动	学生活动
1.Which season is it now?	1.It's summer.
2.Do you like summer? Why?	2.I like... because...
3.How many seasons in a year?	3.There are four.
4.What are they? Which one do you like?	4.They are spring\summer\autumn\winter. I like...
活动意图说明：Free talk 与学生进行真实有效的交流，一方面复习了旧知识，另一方面自然引入新课。	

环节二：New lesson(presentation)	
教师活动	学生活动
1.Our friends Guoguo and Yangyang also come to our school. Let's watch: Which season do they like?	Watch the video and think about the question. 观看课文视频，完成表格内容。
活动意图说明：联系上文，引入本课课文，思考问题，文中人物分别喜欢哪一个季节。	
2.Why does Guoguo like summer, but Yangyang likes spring? 播放课件课文第一幅图。 板书：go swimming fly a kite	观看视频，思考问题 Because Guoguo likes going swimming. Yangyang likes flying a kite. 看词卡认读短语。
活动意图说明：通过观看课文视频，找出短语，理解短语所适用的季节。让学生可以直观地了解问题，同时降低了学习难度，激发了学生的学习兴趣。	
3.Do you like spring, why? 4.What else can you do in summer? 5.Play the video for P1.	 I can...I can... Read after the video.
活动意图说明：充分利用学生已学知识，培养学生知识应用能力。媒体课件的使用为学生提供了标准的语音语调示范指导，且趣味性很强。	
6. 出示课文图片 2 问：Look! Who are they? What are they doing? 板书：go camping	They are Guoguo's parents. They are going camping. 认读 go camping
活动意图说明：观察图片，尝试回答问题，检查预习效果，找出问题.	
7.Which season do they like? Why? 播放课文第二幅图内容。 板书： pick apples go ice-skating	观看课件视频，思考并回答问题： Guoguo's mum likes autumn and her dad likes winter. Her mother can pick apples in autumn and her father can go ice-skating in winter. Read these words.
活动意图说明：结合视频内容分析问题，找出核心短语并重点认读新短语。借助视频思考问题，让学生学会有重点地观看。有助于锻炼听力和阅读能力。	

8.What else can you do in autumn and winter? 板书： play in the snow 9. 播放课文第二幅图内容 play the video 10.Do you know which season your parents like?	I can... I can... play in the snow 认读短语。 学生跟读课件。 work in pairs 小组讨论、展示。
活动意图说明：复习旧知识并将其输出，达到运用语言的效果。	

环节三：Read and practice	
教师活动 1. 打开书，自读课文。 Open books read it by themselves. 2. 小组练习。 3. 出示习题内容，根据对话内容判。 断下面句子是否正确。（正确 T，错误 F） （1）They're going camping.(　) （2）Guoguo's mum likes autumn ，she can pick apples.(　) （3）Yangyang likes winter, he can go ice-skating.(　) （4）Guoguo likes summer , she can go swimming.(　)	学生活动 1.Read the dialogue. 2.Work in pairs. 分角色展示 show。 3. 完成习题内容并对照大屏幕订正。
活动意图说明：检测学生对课文内容的理解，同时练习使用 T\F 判断正误。提升学生解决问题和阅读的能力。课件出示的题目与教师之前所给小卷内容一致，便于吸引孩子注意力，有利于调控学生，使订正变得直观清晰。	

环节四：Expand	
教师活动 Before this class, I got an express. Guess! What's in it? 1. 出示信封。 What's in it? Show the gift. Do you want to read it? Play the tape. Read the story. 2.Play the tape again. 3.Do exercises. 图片和"季节"文字连线。	学生活动 Guess the thing! A book. Listen and watch 观看小绘本、阅读故事。 完成习题。

续表

活动意图说明：通过小游戏激发兴趣，充分发挥他们的想象力，复现单词。阅读小绘本，一方面使学生对四季有更全面的认识，另一方面也在一定程度上扩充了学生的词汇量。	
环节五：Homework	
教师活动 Make a colorful book about "seasons" with your parents! （和父母一起做一本关于季节的书）	学生活动 学生完成阅读
活动意图说明： 培养学生的语言能力，进一步巩固对春天的认识。	

【板书设计】

Which season do you like?

spring	fly a kite
summer	go camping
autumn	pick apples
winter	play in the snow

【作业与拓展学习设计】

课中worksheet的设计时注重英语作为一种语言教学的关键。关注每一项任务设计与课文重、难点的联系，从语言的实际应用出发，触类旁通，最大限度地给学生输入，引导学生在情境中应用语言，为学生提供相应绘本内容，提高学生的语言表达能力。

【特色学习资源分析、技术手段应用说明】

本教学设计与以往的教学设计相比，最大的特点是从学生生活实际出发，围绕学生所熟悉的内容展开教学。以学生为主体，使每个学生能根据教师设计的教学课件逐步掌握课文内容，重点词汇，进行突破本课的重难点，最终在所学课本内容的基础上完成阅读小绘本，以达到扩充学生的知识量，提高阅读能力并应用语言的目的。

课程设计中时时以"季节"为线索，注重从季节特点、季节活动等不同角度让学生了解一年四季，在学习新知的同时，不断温习以往所学词汇、短语，不断帮学生复现旧知，引导其在恰当的语境中应用语言。学生在教师的引领下，在宽松的学习氛围中各抒己见，积极踊跃，多次的小组讨论培养合作精神。

绘本内容的加入丰富了学生的知识面，给学生提供了更多的知识量、词汇量，有利于学生阅读能力的提高。

【教学反思与改进】

1. 联系学生生活，充分利用PPT展现故事内容

本节课最大的特点是从学生生活实际出发，围绕学生所熟悉的内容展开教学。以学生为主体，使每个学生能根据教师设计的教学课件逐步掌握课文内容，重点词汇，突破本课的重难点，最终在所学课本内容的基础上完成阅读小绘本，以达到扩充学生的知识量，提高阅读能力并应用语言的目的。第二个绘本故事生动有趣，极大激发了学生的阅读兴趣，同时补充了四季中更多事物的特点。教师利用PPT制图、链接、阅读，大大激发了学生的学习兴趣。

2. 教学环节环环相扣，PPT与媒体交互软件自由交替

整个课程时时以"季节"为线索，注重从季节特点、季节活动等不同角度让学生了解一年四季，在学习新知的同时，不断温习以往所学词汇、短语，不断帮学生复现旧知，引导其在恰当的语境中应用语言。学生在教师的引领下，借助PPT与媒体交互软件的自由交替在宽松的学习氛围中各抒己见，积极踊跃，多次的小组讨论培养合作精神。

3. 补充相应绘本，提高阅读能力。

绘本内容的加入丰富了学生的知识面，给学生提供了更多的知识量、词汇量，有利于学生阅读能力的提高。

(本教学设计获北京市通州区教学设计评比一等奖并做研究课)

宋晓伟

▽

　　宋晓伟，1975年3月出生。1994年，毕业于通县师范学校。同年7月入职通州区永顺镇中心小学。2003年调入通州区东方小学，一直担任一线教育教学工作，在此期间陆续完成了大专和本科学历的学习。2012年加入中国共产党。工作中一直秉承敬业爱生是应尽职责的理念，所带班级团结，活跃，成绩优异；公开课、论文在全国、市、区多次获得一二等奖；曾获得"紫金杯"优秀班主任，区骨干教师、优秀班主任、三八红旗手等称号。

运用妙招，建设和谐班级

从孩子踏入学校大门那一刻起，为了孩子们健康、快乐地成长，班主任就担负起了导师与朋友的责任。每次拿到花名册，我作为一名小学低年级的班主任都要对着它认真思考：我该如何面对我的孩子们，我能给他们一个什么样的世界呢？一位教育家曾描述道：一切教育都是复杂的、高密度的、形式多样的沟通与合作。师生之间、生生之间、教师与家长之间、家长与孩子之间、家长与家长之间无不存在着沟通与合作的关系，所有的沟通与合作无不是为了创造一种氛围，凝聚一种力量，赢得一种心情。班主任就是这错综复杂的关系中的一条线，将所有的教育资源串成一个整体，从各方面给孩子以积极的影响。

一名优秀的班主任时刻都在用真诚的爱心解读着教育，解读着孩子，解读着孩子的发展；用不泯的童心影响着孩子，影响着这个集体；以导师、母亲和朋友的姿态，和孩子共同努力，营造出一个健康、快乐、和谐的发展空间。

"和谐德育"课题的研究正是通过教师的一系列工作，选环境，教方法，创机会，以提高孩子的认识水平，从而在和谐的氛围中健康成长。

怎样才能给孩子们一个这样美好的世界呢？每个老师都有各自的高招，我的四个妙招是：童心、点拨、尊重和活动。

一、用童心把孩子领进集体

每次接一年级新班的时候，都会面对不同的面孔，不同的场面。有的调皮，有的兴奋，有的羞怯，有的脸上还带着泪花。有的能主动流利地给你背唐诗，有的连一句话都说不明白。有的漂漂亮亮，干净利索，有的鼻涕长长，张冠李戴。有的口齿清楚，说话干脆，有的结结巴巴，一口的外地口音……形形色色，无奇不有。而唯一让我欣慰的是他们都有一双明亮而清澈的眼睛。

"东方小学一（三）班×××"，随着孩子的自我介绍，每个名字的前面有了一个共同的集体的定语。不久墙上的专栏上会出现一棵巨大而茂盛的班级树，每一朵花心中都粘贴着一张带着童真笑容的照片。在这些照片中也会出现一张带有岁月痕迹但依然童心未泯的照片，因为我也是这个集体的一员。

二、用点拨引领孩子的行为

尼采曾说："要想寻找人迹，就要首先找到灯光。"学生在学习过程中存在的知识障碍与心理障碍，正如黑暗中需要光明。

面对孩子的每一天，每一事，作为老师，我没有摆出一副谆谆教诲的样子，而是用巧妙地点拨达到了一箭双雕的效果——既增进了感情，又教导了学生。

平时，总有一些孩子丢三落四，却总是把责任推给家长，不是说家长忘了带，就是说家长没准备。我告诉他们："文具就是你的孩子，每天都要照顾好它们，就像爸爸妈妈照顾你们一样，应该自己想办法。"之后，他们有的说自己收拾书包，有的说编个顺口溜记得牢，有的说只要认真看课表就解决问题了。

有个女生的作文是从作文书上全篇抄袭的，我没有批评她，而是请她在作文讲评时读给大家听，让大家从中选出好词佳句，并对大家说："任何一篇文章里都有养料，但你们要学会吸收自己需要的那些。"他立刻明白了，第二天便交来一份重写的作文。

教室里学生多，常因座位占地大小闹矛盾。一天，上课铃已响过，两个孩子还在推着桌子挤来挤去，我抬手在黑板上写了一首学来的打油诗："打架只为小地方，让他一点又何妨。万里长城今犹在，不见当年秦始皇。"学生不由自主地读出声来，那两个孩子也红着脸各自将桌子向自己那边拉。我笑了笑，开始上课。

点拨能使孩子感受到老师的友好，认识到自身的缺点，主动并乐意地设法改正。

三、用尊重抚慰孩子的心灵

师生之间，首先是一种平等的关系，教师应该放下师道尊严，带着一种深沉而富有睿智的爱走近学生，把微笑与鼓励带进教室，平等地看待每一位学生，蹲下来平视孩子的眼睛，用教师真诚的爱心与不泯的童心去与一颗颗稚嫩的童心对话，这份尊重如一把金钥匙，可以破译任何心锁的密码，让每个孩子都享受到同一片蓝天下的欢乐，并充分感受到家庭以外这个陌生世界的安全与友善，不用看人脸色，自然地表现真实的自我，自由地成长。

爱默生曾说："教育最大的成功在于尊重孩子！"

作为班主任，我的教育对象是小学生，他们虽小，但有自己的思想、观点和爱好，也有很强的自尊心。我尊重他们的人格，允许他们出差错，不轻易地指责批评，多一点宽容，多一些安慰，时时处处关注着集体中的这些个体，用情感悉心保护着孩子们敏锐的自尊心。

为此，我专门设计了一种柱状统计图做学习专栏，带领孩子们编一个密码代替自己的名字。活动的神秘感让他们充满好奇，他们争先恐后地编密码，有的用生日，有的用动画片频道，有的用胶水520，有的用节日或是315等，大家把密码写在卡片上，用彩笔画上花边贴在底栏上。密码代替自己的姓名排在一起，我又帮他们将红纸裁成一厘米的方块，准备在取得成绩时粘到密码上方，鼓励他们开始在校学习生活表现的较量，努力使自己的红色柱不断向上攀升，以此记录他们的进步，增强他们的自信心。

有目标就有动力，孩子们开始积极主动地剪小方块，随时准备贴到自己的密码上方，并在内心盼望着自己的红柱快快上升。进步快的孩子更加自信，进步慢的孩子知道自己在集体中的位置，暗下决心，悄悄和某一号的同学较劲，既维护了自尊，又激发了斗志。我在小结时不点名地鼓励，同学们给某一号同学的赠言，使每个人都对自己充满信心。同学们自己和别人比，自己和自己比，今天和昨天比，一天比一天进步大。

孩子有理想，有自我，作为班主任，给予他们的应该是更加尊重。不只是尊重他的外表、言语，更重要的是要尊重孩子的成果，不管他的成果多么不尽人意，那也是他费尽心思，自己动手努力做出来的，那是他的骄傲。这尊重藏在智慧的爱中，似春雨润物，悄无声息，给他们一个宽松、自由、自然、和谐的环境，让他们在其中快乐地成长。

四、用活动拓展孩子的发展空间

孩子的工作是游戏，是活动，参加活动，使孩子们的学习能力，辨别是非能力，合作能力和创新意识都能得到锻炼，活动为他们搭建张扬个性、展现风采的大舞台。

我通过"穿衣比赛""扎小辫比赛""系鞋带比赛"等活动训练孩子的自理能

力；通过"捡烟头、护操场"等活动引导环保小队从身边小事做起；通过"小手拉大手"活动对孩子进行交通安全教育；班会"我的名字是父母的希望"引导孩子理解父母孝敬父母；还有"作业博览会"，为进步学生召开的"小小庆功会"，"给家长送喜报"等一系列活动不仅提高了孩子的创造力和想象力，还培养了学生的集体荣誉感和班级凝聚力。

特别是学习小组间的竞赛，更让孩子们的个性得以尽情发挥。他们自愿组合，共商小组的名字和口号，共同努力。创新组的口号是"时时处处有创新"，英雄组的口号是"英雄狗熊给你看"，水仙组四个女孩的口号是"不输男生"，数码组的口号是"敢拼就能赢"。他们为了共同的目标，团结努力，互相帮助，比哪一组得红星多，比哪一组先积满分得到金杯，你追我赶，谁也不甘落后。

此外，每期的板报、墙报，各组同学都抢着出，过去一月一换，后来他们嫌时间太久，要求一周一换。大家你写我画，那里成了孩子们抒发心声与展示特长的天地。

"真水无香，真爱无痕。"爱是快乐之源。有爱的人是快乐的，而付出爱，在别人得到爱的同时，自己也会得到快乐。班主任充满智慧的广博、深沉、富有前瞻性的爱，影响着孩子们，用童心、点拨、尊重、活动这四个妙招，发挥出它巨大的魔力，吸引着孩子们，这样一定会创造出一个有爱、有活力、开放的、充满希望、和谐的班集体。

（此文荣获全国课题研究优秀成果二等奖）

《三字经》教学设计

学　　科：小学语文　　　年　级：二年级

教材版本：中国传统文化教育全国中小学实验教材

章　节：第四课　　　　课时：第一课时

【教学内容分析】

《三字经》相传为宋朝末年王应麟编撰，经后人不断增补，被誉为"千古一奇书"。《三字经》以三字断句，句句押韵，读起来朗朗上口，合辙顺律，易读易记。同时结构紧凑，衔接自然，顺理成章，概括性强，很适合二年级学生的阅读。《三字经》孕千年中华文化之精髓，全书1500多字，融历史、地理、天文、伦理道德、诗书礼乐、教育、哲学、民间传说于一体，可谓学一书而通万卷。学生可以在诵读中知韵律，明事理。

【学生情况分析】

二年级学生具有初步的朗读能力，有一定的识字量，能够正确流利地朗读课文。但他们思维活跃，不能长时间集中注意力。

【教学目标确定】

引导学生运用多种方法诵读，做到字正腔圆，有节奏，逐步读出韵律。

帮助学生熟读成诵，体会经典中的美，激发学习兴趣，注重积累。

诵读过程中，能够感悟学习的重要性，并能纠正自己的不良行为。

【教学重点难点】

正确、流利诵读原文，自然成诵，熟读能背。通过本课教学，帮助学生逐步掌握基本的诵读方法。

【教学过程】

环节一：字理导入，复习旧知	
教师活动	学生活动
1. 出示："学习"两个字的小篆和甲骨文，请学生说说造字原理。	看课件，猜字，说字理。
2. 看来，不管是人小时候还是动物小时候都需要学习，可见学习多么重要啊。（板书：学习）	
3.《三字经》中前三课的内容都与学习有关，我们听节奏背一背吧。	根据节奏背诵《三字经》前三课。
活动意图说明：用字理导入，引出本课内容的重点，感悟从小学习的重要性，感受到中华文化的博大精深。在背诵中复习旧知。	

环节二：正音正读：字正腔圆有节奏	
教师活动	学生活动
1. 请大家打开书第4课，自己借助拼音读一读。读准字音后，马上坐好！	1. 自读。
2. 谁来说说有哪些字不好读？强调多音字：为、少。	2. 指名回答。领读难读的字。
3. 看着大屏幕，自己再来读读，注意字的读音。	3. 齐读。
4. 去掉拼音读。	4. 齐读。
5. 指导学生字正腔圆诵读。	5. 指名回答。
师：你知道什么叫"字正腔圆"吗？	
朗读的时候，我们要把字音读准确，声音圆润饱满。	
和老师一起读读第一句。气息下沉，口腔打开，让声音从胸腔发出来（做示范）	跟老师学习字正腔圆朗读。
6. 指名读，读得好的同学带读第2句。	6. 指名读，带读。男女生读。
男女生对读，半句相接。	
7. 多种形式打节奏读	7. 自己练习。
第一种节奏：X - ｜ X X	按要求完成有节奏地诵读。
第二种节奏：X X ｜ X -	
活动意图说明：解释多音字字音，帮助学生正音，展示中国文化的博大精深，同时分散了课文字义的理解。在正音的基础上，教会学生字正腔圆的诵读方法。了解读的基本要求和方法，为后面的诵读做准备。多种形式的读，巩固记忆课文内容，增强学生的诵读兴趣，引导学生体会古文的节奏之美。	

环节三：正字正义：明事理、正心行	
教师活动	学生活动
1. 了解：玉不琢，不成器。	1. 自读。
（1）课件出示玉器图片。师解释：这就是玉器。什么感受？	（1）预设：太美了。
（2）它没被加工前是什么样？你想知道吗？（课件出示原石图）还美吗？	（2）自由发言。

（3）猜猜看，玉石成为玉器要经过哪些步骤呢？ （4）课件出示玉石加工过程。 师小结：一步一步，反反复复地加工打磨，这就叫"琢"。 （5）现在你有什么感受？ （6）带着你的感受读读。	（3）看图片。 （4）猜玉石加工的过程。 （5）谈感受。 （6）自主朗读。
2. 了解：人不学，不知义 （1）师解释：我们刚生下来就像玉的原石一样，只有经过不断的刻苦地学习，才能明白道理事理，这就是知义。（板书：义） （2）学习的过程就像是打磨玉器的过程，也是不容易的。会遇到许多困难，谁来说说，你都遇到过什么困难？ （3）讲述《铁杵磨成针》的故事。（课件出示动画） （4）你现在有什么想法？ （5）指导朗诵。	2. 自读。 （1）看课件，听师解释。 （2）说说学习中遇到的困难。 （3）看课件，听故事。 （4）谈自己的想法。 （5）指名读、齐读。
3. 了解：为人子，方少时，亲师友，习礼仪。 （1）这两句什么意思？自己读读书中的注释。 （2）"为人子，方少时"在说谁呢？ 师：趁你们还小的时候，要抓紧时间干什么？ 是啊，如果从小不抓紧时间学习，只能是"少壮不努力，老大徒伤悲了"。 （3）《三字经》告诉我们要向谁学？学什么？ （4）做动作，诵读	3. 指名读。 （1）自读书上注释。 （2）自由回答。 （3）自由回答。 （4）做动作，练习诵读。
4. 抑扬顿挫：知韵律、重感悟。 （1）古人在诵读文章时不但倾注了自己的感情，同时还要遵循一定的韵律。你们想听听吗？ （2）我这次读，你发现了什么特点？ （3）老师带读第一句，请你们借助手势自己读一读后面三句，注意"平长仄短、声断气连、抑扬顿挫"。 （4）指名范读。 （5）齐读。	4. 朗读。 （1）听师范读。 （2）自由发言。 （3）跟老师练读第一句。 看课件，老师标注，自己练习读一读。 （4）指名读。 （5）齐读。
5. 背诵展示：激兴趣、重积累。 过渡：大家诵读了这么多遍，能背诵吗？	5. 背诵。

（1）老师背前半句，生接后半句。 （2）提示每行第一个字背诵。 （3）一个字都不提示背诵。 （4）4人一个小组，选择小组成员都喜欢的方式背给大家听听。各组先商量一下，练一练。 展示，其他同学可以跟着一起来。	（1）生接背。 （2）齐背。 （3）齐背。 （4）小组讨论，选择喜欢的方式和节奏背诵。 展示。

活动意图说明：通过图片对比，直观看到玉与器的区别，了解字义，了解制作过程，理解琢，感悟到制作玉之不易，从而领悟到学习也需要坚持和刻苦。再在读中解，解中读。通过故事，学生能够感悟到学习需要刻苦，需要坚持，并且树立克服困难的决心。了解句义，感悟怎样学习，在做动作的诵读中，增深了解，帮助记忆，提高诵读兴趣。师配乐范读，将学生引入古人诵读的情境之中。学生发现特点，老师小结，使学生了解韵律诵读《三字经》的方法和技巧，激发学生诵读的兴趣。通过背诵，对所学知识进行积累。小组选择喜欢的方式诵读，激发学生诵读的兴趣，对所掌握的诵读方法进行巩固。

环节四：正心正行：诵中悟、悟中诵

教师活动	学生活动
孩子们，你们觉得《三字经》有意思吗？	自由回答。
导读一： 李白看到铁杵磨成针，知道了要刻苦学习，今天你们知道了——课件出示前两句	接读。
导读二： 孩子们，时光一去不复返，看到有些同学贪玩，不抓紧时间学习，真让人着急呀，快用今天的《三字经》提醒他吧！——课件出示后两句	接读。
同学们，古人云："熟读《三字经》，便可知天下事，通圣人礼。"老师相信大家，只要勤奋好学、懂事明理，一定能成为有用的人才，就像一块美玉！来吧，让我们再次诵读，给自己鼓鼓劲吧！	诵读全段《三字经》。
《三字经》不但能诵读还能唱呢。让我们唱着《三字经》，和老师们再见吧。	读、唱《三字经》。

活动意图说明：对所学内容进行梳理，便于学生从整体了解《三字经》的内容，在导读中将《三字经》与实际生活相结合，使学生情由心生，鼓励与矫正学生的行为，同时再次巩固有韵律地诵读。

【板书设计】

三字经

学习 → 义

学习 → 礼

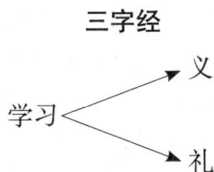

【作业与拓展学习设计】

背诵《三字经》第四课，把《铁杵磨成针》的故事讲给爸爸妈妈听

【特色学习资源分析、技术手段应用说明】

针对二年级学生年龄特点，采用多种朗读形式，让学生动起来，边动边学，感受朗读带来的乐趣。恰当运用多媒体进行直观形象的辅助教学，遵循学生的发展规律，帮助学生理解重难点。

【教学反思与改进】

《三字经》是中国古代启蒙教材最优秀的代表，以三字断句，句句押韵，读起来朗朗上口，合辙顺律，易读易记。同时结构紧凑，衔接自然，顺理成章，概括性强，很适合二年级学生的阅读。在《三字经》本节课的教学中，有这样一些感受与大家分享。

1. 以三步六正为基，各环节巧妙融合

在本课教学设计中，在正音环节加入正义，分散正义的分量。如正音中解释多音字"为""少"的意思；在正义环节中渗透正心，通过图片、资料了解琢玉之艰难，与学习比较，感悟学习也是不容易的，通过故事，让学生明白只要坚持、努力就能克服学习上的困难的道理；在正心正行中融入诵读，读中悟，悟中读。

2. 多种形式诵读，激发诵读兴趣

在本课教学设计中，我分层次设计了大量的诵读，共计27遍之多，数量虽多，但每一遍有每一遍的目的，多而不腻。在诵读中，注重诵读方法的指导，如字正腔圆、平长仄短、声断气连、抑扬顿挫、有节奏等，为学生以后独立诵读《三字经》，乃至诵读各类文章打基础。采用多种形式多种形式，调动学生读的兴趣。比如有节奏诵读这一项，我就安排了几种节奏，在这几种节奏中，又有拍手打节奏、拍桌子打节奏、听老师由慢到快打节奏读、小火车加车厢读等。考虑到二年级学生的年龄特点，在后面的教学中还设计了男女生对读、加动作读、接读等形式，使孩子有百读不厌之感。为了突出孩子的个性，给孩子展示的机会，小组采用喜欢的方式诵读，帮助孩子树立"诵读我能行"的信心。

3. 重诵读中感悟，在感悟中正心行

《三字经》诵读把学生带入了传统的文化氛围，学生在一遍遍、一篇篇的古典经文诵读中感受了古文化的博大精深、深邃意远，兴趣渐生，之乎者也，古训在前，在获取知识的同时自然约束了自己的行为，倾向于学习，心灵又得到洗礼和震撼。

（此课例获全国国学现场赛课一等奖）

郑春蕾

▽

　　郑春蕾，高级教师，1992年7月毕业于通县师范学校，同年分配到甘棠乡中心小学任教，1997年调入东方小学。在平时的教学实践中注重培养学生的创新精神和实践能力，大胆尝试体育教学模式的改革，充分调动学生的主动性，力求让每一个学生都能得到健康活泼、全面的发展。通过多年的学习探索，课堂教学水平、科研能力都得到了提升，形成了自己独特的教学风格，取得了丰硕的教学成果。获得过北京市体育教学评优一等奖，通州区教学评优"秋实杯"奖。曾获得通州区体育学科带头人、骨干教师，"十佳"优秀体育教师，教育系统课改先进个人，优秀教研组长等荣誉。

乒乓球正手攻球技术的教学研究

一、问题的提出

自我校于2012年成为乒乓球特色学校以来，本人一直承担着乒乓球的教学工作。在多年的乒乓球教学实践使我逐渐认识到，培养学生练球兴趣是多么重要。过去太注重乒乓球技术的传授而忽视了学生的学习动机，学生总是在被动的学习，这样一来学习没有了兴趣，课上学生再也不像以前那样打起球来生龙活虎了，没有了练球的欲望。苏霍姆林斯基指出："只有在学习获得成功而产生鼓舞的地方，才会出现学习兴趣。"因此，要想再激发起学生的练球兴趣，就必须要让他们在不断进步中找到快乐，真正体验到乒乓球带来的无限乐趣。正手攻球是乒乓球技术中的一项较难掌握的技术，如何让学生尽快掌握这一技术，是我研究的一个重要课题。

二、研究对象和方法

（一）研究对象

通州区某小学七岁男生六人，他们均没有接受过正手攻球的训练。通过对六人的多种训练，他们的接受力、控球力、模仿力等条件基本相同。

研究对象基本情况表

姓名	年龄	握拍法	30秒平托球	30秒颠球	30秒对墙托球
刘××	7	优	优	50	31
李×	7	优	优	61	36
江×	7	良	优	52	29
梁×	7	优	优	63	40
李××	7	良	优	55	33
高×	7	良	优	58	36

　　六名男生每天进行60分钟的训练，共40天，训练内容有模仿动作、基本步法、熟悉球性、定点攻球、正手对攻等。

（二）实验方法与步骤

1. 学习和掌握正确的正手攻球徒手动作

　　兴趣是学生学习的原动力，小学生天生活泼，对体育活动有着极高的兴趣。为了提高学生的练习积极性，每次训练前先给学生一点时间让他们充分体验玩的乐趣，学生玩的兴趣正浓时教师给予积极的引导，学生就会不知不觉地进入教师的辅导之中。通过教师生动，通俗的动作讲解，标准的示范动作，高超的球技吸引学生，从而使学生掌握正确的正手攻球徒手动作，并在头脑中建立正确的动作概念。例如，教模仿挥拍练习，设计了在每位学生头的侧前方挂一个高度适中的乒乓球，让学生对着球挥拍，这样动作就不容易变形而且学生也不会偷懒。再有一种方法就是让学生对着镜子做挥拍练习，学生学起来不但有兴趣还能够及时纠正自己的错误动作，教师教起来也比较方便，收到的效果很明显。

2. 结合步法及有球练习，掌握正手攻球技术

　　人们说："步法是乒乓球运动之母，没有步法，手法将成为空中楼阁无处发挥。"步法对促进乒乓球技术的提高有重要的意义。教学中充分利用球台对学生进行单步、跨步、跳步的训练，目的更明确、更有针对性。有了步法做保证，台上攻球也就迎刃而解。其方法：①台前定点和多点挥拍模仿练习；②台侧自打反弹球（球垂直弹起高于球网）；③台上挥拍定点和多点击球（教师发球）；④与教师连续对攻球。通过多种形式的教学，学生兴趣浓厚，经过一段时间的训练学生就能基本掌握正手攻球的技术。

正手攻球完整步骤表（右手握拍）

击球步骤	教师发球	学生动作	注意事项
1	发球第一跳	向右侧后方转体，引拍调整站位	动作要到位，协调、放松
2	球落到学生台面一刹那球跳起	击球前准备动作完成	盯准球，准备击球
3	球从台面跳起	向头的前上方挥拍击球	动作连贯、准确

3. 准确判断来球，巩固击球技术

　　仅有一个正确的击球动作是不够的，要使动作巩固下来，还必须要判断击球时间。具体做法如下：要先学会盯球，而且每分每秒的盯住对方，全神贯注才能

判断好来球方向，是击球的基础。①台侧发高球，学生击打球的高点期，有利于判断来球，保证动作正确；②熟练后打速度较快的低平球，这就要求打球的上升期，挥拍速度要快；③从不同角度、位置给学生发球，让学生不停地变换位置击球，待熟练后逐渐加快供球速度。

4. 测验

具体方法：学生每人五次机会，记录每次正手攻球连续击球板数，五次击球板数的平均数作为学生此次实验的最终成绩。

正手攻球统计表

组别	姓名	板数					平均值
		1	2	3	4	5	
实验组	刘××	25	19	29	22	31	25.2
	李×	23	16	21	13	25	19.6
	江×	14	26	17	19	24	20
	梁×	11	18	23	16	26	18.8
	李×	13	22	28	15	24	20.4
	高×	23	30	18	24	27	24.4
对照组	张×	12	9	15	13	10	11.8
	赵××	7	11	18	9	12	11.4
	高××	15	12	17	14	9	13.4
	郎××	13	15	8	17	15	13.6
	王××	14	12	9	17	19	14.2
	张×	8	12	16	10	14	12

三、结果与分析

（一）结果

经过40天的训练后，测得正手攻球连续进攻板数的成绩明显高于以前的训练，并对测验成绩进行了分析，结果比以前的训练方法有显著效果。

（二）分析

1. 对学生引趣的运用，取得了事半功倍的效果例如，教法引趣（灵活、多变）、教学用语引趣（通俗、幽默）、动作示范引趣（轻快、舒展）、竞赛活动引趣（游戏、比赛），对提高学生兴趣，调动练习积极性效果明显。

2. 上下肢同步练习

过去太注重上肢技术的练习，忽视了步法的练习，从而使学生动作迟缓。通过新的尝试，使我感到良好的步法有利于技术动作的掌握和提高、有利于保持正确的击球位置、有利于动作协调用力。例如，打不定点球，以前学生总感到困难不易打到球，学了步法后学生动作灵活了、移动快了、打球准了。

3. 循序渐进、形式多样

首先，遵守循序渐进、由浅入深的原则。例如，给学生供球，台侧的慢高球—台侧的低平球—台前慢球—不定点球—连续对攻。其次，根据学生的年龄特点采用灵活多样的教学方法，多变换练习形式。如：多球计数、展示、分组对抗、游戏、以赛带练等。

4. 尽早建立击球概念，让学生尽快接触球

因为长时间练动作容易把动作练僵，模仿动作好的学生也不一定在台上能准确地击到球。因此，要让学生在有球的练习中逐渐掌握击球动作和击球时机。

四、结论与建议

（一）初步结论

对照以前的训练方法，从实验测得的平均值中就可以看到，实验组的训练方法所取得的成绩要比以往训练的成绩高出很多，表明实验组的训练方法效果好。

通过对两种训练方法的利弊分析，实验组的训练方法对学生尽快掌握正手攻球的技术要好于以往的训练方法，并且符合少年儿童的生理特点。

（二）建议

初学乒乓球的儿童，应以培养兴趣为主，即使学习动作也要在兴趣基础上加以引导，要符合儿童心理。如编口诀和儿歌，并配上音乐一边听一边练，学生不仅容易记而且印象深刻。

给学生创造良好的学习氛围，让他们积极主动地参与到学习的全过程。作为教师，要不断创新教学方法，利用各种教学手段让学生在活泼愉快的氛围中享受

打乒乓球的乐趣。注重对学生能力的培养，让每个学生都发挥出自己的特长。

培养学生的竞争意识。体育的重要魅力之一就在于它激烈的竞争性，通过竞争培养学生积极向上的品质和顽强的拼搏精神，使学生尽早树立起敢打敢拼的决心与信心。

参考文献

[1] 刘建和. 乒乓球[M]. 北京：人民教育出版社，2010.

[2] 刘武军. 如何培养学生学习乒乓球的兴趣[J]. 中国科教创新导刊，2009（1）.

[3] 江萍. 乒乓球教学新思路[J]. 体育教学，2004（6）.

[4] 罗诚. 对乒乓球教学的思考[J]. 改革与开放，2009（18）.

[5] 周建军. 浅议乒乓球教学方法[J]. 乒乓世界，2015（1—4）.

（此文荣获北京市第十届中小学体育科学论文报告会评选三等奖）

《支撑跳跃》教学设计

学　　科：小学体育　　　　**年　级：**五年级

教材版本：北京版　　　**章节：**跳上成蹲撑，起立，挺身跳下

【教学内容分析】

支撑跳跃是小学体育教学的一项重要内容，是一项需要同伴保护帮助的跳跃活动。整个动作包括助跑、踏跳、腾空和落地几个环节组成。支撑跳跃也是学生喜爱的活动项目，它对控制学生的身体姿势，在活动中展示自我，以及发展学生身体的协调、平衡能力，都具有积极的作用。通过练习，可以锻炼学生的心理素质，克服胆怯、畏难情绪，能够培养学生勇敢、顽强、克服困难的精神。

【学生情况分析】

五年级学生是初次接触此项内容。他们正处于生长发育关键时期，学生的身体素质有着明显的差别，对于爆发力、速度、力量较好的学生来说学习此项内容相对容易些。但对部分体质较弱胆子较小的学生来说就会有一定难度。教师针对学生的实际情况在设计本课时始终贯穿由易到难、循序渐进的原则，运用多种教学方法来激发学生的学习兴趣。学生在练习上由浅入深，在体验的过程中逐步克服恐惧心理。教学中易出现的问题是由于学生踏跳、手臂撑箱力量不够，使得提臀收腿动作完成的不够充分，往往学生不能稳定的上箱。

【教学目标确定】

学习跳上成蹲撑，起立，挺身跳下的完整动作过程，使学生建立正确的动作概念并在同伴的保护帮助下有80%的学生能够敢于完成动作，发展上下肢力量和身体的灵活性、协调性。

培养学生勇敢、顽强精神和同伴之间合作学习的乐趣。

【教学重点难点】

助跑踏跳与提臀收腿的衔接

【学习评价设计】

自我评价：学生在合作练习中对自己的表现进行自我评价。

同伴评价：在小组学习过程中，学生之间根据各自的表现进行互评。

教师评价：在整节课的教学中，教师始终关注学生的学习状态，不断激励学生并适时给予学生展示自我的机会，激发学生练习的欲望。

【教学过程】

环节一：开始部分	
教师活动	学生活动
1. 课堂常规。要求：站队快、静、齐。	1. 学生站成四列横队。
2. 队列：跑步走、立定。要求：步点准确、精神饱满。	2. 队列。
（1）示范、讲解。	（1）听讲、观察。
（2）引导学生结伴并指导。	（2）学生 3—5 人一组练习。
（3）教师口令指挥，评价。	（3）学生小组展示。
活动意图说明：教师用激励性的语言和整齐的队列练习激发起学生上课的热情。	
环节二：准备部分	
教师活动	学生活动
1. 小游戏：快快跳起来。	1. 小游戏。
要求：同伴之间相互合作。	（1）学生自由结伴练习。
（1）提示游戏规则、指导练习。	（2）男女生分成两组比赛。
（2）教师组织比赛、评价。	2. 学生集体练习。
2. 专项：立卧撑、挺身跳。	
教师示范并提出动作要求。	
活动意图说明：学生通过分组游戏放松心情，减轻学生学习支撑跳跃动作的恐惧心理。	
环节三：基本部分	
教师活动	学生活动
1. 支撑跳跃：跳上成蹲撑，起立，挺身跳下。 口诀： 　　　　单起双踏要有力 　　　　撑臂顶肩保平衡 　　　　提臀收腿快上箱 　　　　挺身跳下轻落地 （1）教师强调保护帮助方法，巡视指导。 （2）教师观察，并针对学生的练习提出问题。 （3）教师示范、讲解完整动作和保护与帮助的方法。	1. 支撑跳跃。 （1）学生分四组做助跑、踏跳练习。 （2）学生分组做助跑踏跳、提臀收腿回落练习。 （3）学生认真听讲、观察。

（4）教师指导，帮助保护。	（4）学生挑战完整动。（轮换保护）
（5）教师利用图版重点讲解。	（5）学生听讲观察。
（6）教师指导、帮助差生。	（6）学生依次练习轮换保护。
（7）教师请学生表演并进行评价。	（7）学生自荐表演、互评。
（8）教师巡视指导，帮助保护。	（8）学生自选助跑距离做完整动作练习。
（9）教师检查、评价。	（9）学生展示，相互评价。
2. 游戏：障碍跑。 规则：听口令起跑，不得抢跑；过每一个障碍时，如果障碍物移动了位置必须放回原位才能继续游戏。 （1）教师讲解规则并强调安全。 （2）教师巡视、指导。 （3）教师组织比赛。	2. 游戏：障碍跑。 （1）学生熟悉游戏规则。 （2）学生小组交流尝试练习。 （3）学生分四组障碍赛。
活动意图说明：由于此内容对于学生掌握起来有一定的难度，教师通过分解动作难度、加强学生间的保护与帮助消除恐惧心理、利用口诀、交流评价等方法由浅入深分层进行教学，使学生逐渐理解各环节动作要领，循序渐进的学会动作。学生始终都是在互帮互学中学习，培养了学生间的友谊和团结协作的品质。	
环节四：结束部分	
教师活动 1. 放松游戏：钻圈。 教师提要求评判。 2. 课堂小结。 总结本次课情况、表扬。 3. 安排学生收器材。	学生活动 1. 学生分组比赛。 2. 听讲，积极发言。
活动意图说明：分小组游戏使学生身心充分得到放松。	

【教学反思与改进】

　　《跳上成蹲撑，起立，挺身跳下》是支撑跳跃中的一项重要内容，对促进学生全面发展，增强下肢和肩带肌肉力量有显著作用。同时能够提高学生弹跳力及越过障碍和轻巧落地等技能。而此年龄段的学生都有活泼好动的显著特征，好奇心强，求知欲旺盛，有一种不认输的稚气。特别是这个班的学生，当他们来到操场，看到要上跳箱课时，就有一种迫不及待的学习欲望。针对学生的心理变化，我在课堂上的每一个环节练习之前都提出具体的要求，让学生严格遵守练习程序，防止意外事故的发生。

　　为了便于学生掌握此项教学内容，我认真研究教材，并精心备课。我示范规范，讲解精练，并编成四句口诀"单起双踏要有力，撑臂顶肩保平衡，提臀收腿快上箱，挺身跳下轻落地"，便于学生记忆。我讲解挂图，让学生对动作有了直观的认识。通过教师的语言激励，优秀学生的表演和教师亲自保护帮助使部分不敢做动作、有恐惧感的学生克服了紧张心理，从而敢于完成动作，体验到了获得成功的乐趣。

本课教学也有不足之处，我的鼓励性评价固然重要，但学生的自我评价和交流也不应忽视。应多让学生在体验到成功时说一说自己的心理感受。

（此课例为北京市通州区"秋实杯"现场课）

陈东林

▽

　　陈东林，1968年8月出生，1989年7月毕业于北京通县师范学校。现任北京市通州区东方小学体育教师。渴望学习和成长的我，经过学历进修，于2004年取得本科学历。从教至今本人在农村校任教16年，城镇校15年。在我的课堂上，除了让学生学会一些体育技能外，更加注重学生体育情怀的培养，大力提倡每名学生掌握一项终身体育的技能，并且在体育锻炼中培养学生正确的是非观、合作精神以及与人和睦相处的优秀品质。我觉得体育更应该给人一种积极向上的力量，体育给人的帮助，应该远远超过增进身体健康的范畴，在体育中获得的知识会让学生受益无穷。

　　工作成绩：曾获得通州区骨干教师称号；通州区十佳体育教师；通州区"秋实杯"一等奖；论文《关于布置农村小学生假期体育锻炼作业》的研究获北京市论文报告会三等奖。

浅淡小学健美操教学中审美的激发与培养

健美操是在音乐伴奏下的，以身体练习为基本手段、以有氧运动为基础，达到增进健康、塑造形体和娱乐目的的一项体育运动，是一种结合灵活性和柔韧性的有氧运动，能够健身美体、陶冶情操、提高运动技能。

健美操练习是为了塑造气质、愉悦身心和提高运动能力。一套刚劲有力、舒展的健美操，并配以节奏感较强的音乐，不仅能够使学生的身心得到全面的发展与锻炼，而且能给人以美的享受。

小学生正处在身体生长发育期，正是培养心灵、道德、气质、语言等的最佳修养时期，同时也是培养匀称、优美体态的黄金时期。而这段时间参加健美操练习可以更全面的发展身心，因此参加健美操练习具有不可取代的终身影响，意义深远。从现实意义来讲，健美操能有效促进学生自觉自愿、积极主动地锻炼，可以达到增强体质、训练协调性的目的，同时培养学生学习兴趣和锻炼的习惯，并在此过程中渗透美育，提高学生的审美鉴赏力与审美创造力，为他们的终身健身打下基础。

但是受地域的限制，家长、学生的素养及生活条件的诸多客观因素的影响，健美操运动在小学难以普及，笔者对通州区五所小学校进行了问卷调查。调查表明97%以上的学生并未接触过健美操，8%的学生曾耳闻目睹过健美操表演，67%的学生对健美操充满好奇，想了解健美操如何体现"美"；还有29%的学生是因为不了解而不喜欢上健美操课。调查结果表明，在他们的概念中，"美"虽然离他们有些遥远，但他们愿意通过主观努力提升自身形象。但是在实际生活中，他们还很难将体育、美育和健美操与他们自身联系起来，这就需要健美操教师在较短的时间内将这一项目的特点与审美特征通过各种方法传授给学生，并在这一过程中，将不同层次与水平的学生在原有的基础上树立正确的审美观，做到体育、美育齐头并进。

健美操教学中美育渗透的有效途径包括以下几种：

一、教师美育渗透中的主导地位

（一）用姿态美让学生感受健美操的塑美功能

人体美是自然美的最高形态，自然界再没有比人体结构更完备、更和谐、更优美、更富有生机的美。而经过训练的身体，体现了近似于理想中的身体美，对学生而言，施教者本身所具有的匀称协调、线条柔和、优雅的气质、风度和仪表，对学生有最直接的影响和潜移默化的作用，这种体现是健美操中静态美的最直接表现，也是进行审美教育的最基本动力因素之一。而健美操作为一项形体训练项目，它的一大社会功效就是塑造形体，培养良好的气质形象。很多女生选择健美操，一个重要原因就是觉得通过上健美操课，可以行之有效地改善她们的体型与气质。通过健美操的优美动作，能使学生的身体曲线变得更加生动，动作姿势更加优美。当学生练习时，通过镜子直观自身而感到愉悦，产生强烈的美的感受，从而更深刻地认识美、懂得美，并从人体美、运动美这些外化的地方，获得美的享受与熏陶。

（二）用动作示范美激发学生的审美情趣

体育审美教育是一种形象示范教育，它是通过对审美对象的鲜明形象来诱发和感染受教育者的。首先，教师准确、优美的动作和富有感染力的示范演绎是培养学生动作美、姿态美的先决条件。而且对学生建立正确的动作概念和动作表象以及掌握动作有着直接的关系。其次，教师以优美、舒展、准确、熟练的示范动作展示给学生，使其体味到节奏和音韵的美妙，给学生以美的享受，可激发学生的审美情趣，产生强烈的学习欲望，希望通过练习获得良好的美育效果，从而提高审美能力。此外，教师要根据动作的特点，选取恰当的方位来进行示范，对于路线变化较多的动作，尽可能采用侧面示范，而一目了然的动作可用正面示范。否则，学生会因为不明确动作路线，产生心理障碍，影响了美的传授。

（三）用语言美陶冶学生美的情操

语言是教师与学生之间传递信息最重要的工具。教师语言艺术越高，则教学效果越佳。在健美操教学中，教师讲解动作要清晰流畅，用词规范准确、生动形象，在练习中通过下达指令性节拍和动作提示语，如：提示开始动作时，可喊口令"四三二一，Step"，"一二三四向前，五六七八向后"等口令来提示学生进行方向练习，使学生理解动作概念，掌握完成动作的准确方法，牢固地记忆动作并从娴熟的动作中获得美感。在练习过程中，教师对学生的表扬和鼓励是对学生的信任和期待，可以充分挖掘学生的内在潜能，用以诱导、唤醒学生内在的精神力量，充分调动学生学习的积极性。课堂中教师和学生的言语交流，可以增进师生情感，使师生关系和谐化，课堂教学在融洽的气氛中进行，学生在美好的情感中，轻松愉快地获得知识。

二、以学生为主体，健美操在教学中的有效渗透

（一）帮助学生摆正自己的位置，树立主人翁地位

在教学上，学生应该是课堂舞台的主角，在这个舞台上，学生能够充分展现自我、张扬个性，施展不同形式，不同风格的美。然而，由于传统观念的影响，学生仍然依赖教师，把教师作为教学的主角，而自己成为简单机械的模仿者，影响了教学效果。因此，教师应该从思想上引导学生，在教学上启发学生，在课堂上强调以学生为本，提供机会和条件施展学生们的才能，充分调动他们参与运动的积极性，为美育的施展提供广阔的空间。

（二）培养学生的形体美

经过近10年健美操的教、学不断实践和总结，形体姿态的修塑和良好气质的培养主要体现在课堂上健美操的基本姿态，因此，基本姿态练习应始终贯穿于整个健美操教学，日常生活中学生们要时刻记住课堂上教师所要求的抬头、挺胸、收腹，使这一行为成为一种习惯。经过长期练习，学生的身体姿态趋于挺拔、端正、健美，并能矫正一些学生，例如，耸肩、含胸等不良的姿态，使学生的形体和姿态得到更加完美的发展。通过800份调查问卷中(回收率100%)，83.5%的学生认为经过一年的健美操学习在形体姿态上有了一定的改善；18.3%的学生认为气质上有了很大改善，38.9%的学生认为健美操锻炼还能改善睡眠功效。经过健美操训练的人，无论站立或行走的姿态都是舒展、大方富有生气的。

（三）培养学生的动作美

健美操中所有动作都受时空的影响，并在动作的方向、速度、力量上都明显地表现出运动的主动色彩。首先，健美操各种练习从开始姿势到结束姿势都需要

动作的变化，有力量、速度、节奏、韵律等变化。通过这些变化使练习者体会身体各部位正确的用力方法以及动作在各个方位变化中精确的本体感觉。其次，健美操是由成套的动作组合而成的。通过这些练习，可以增强学生身体的协调性。让学生在练习中体会动作的发力、动作的节奏、动作的方向变化及身体姿态的各种特殊要求，使学生在练习中充分感受动作美是健美操美的核心特质。通过对健美操动作中影响动作美感的姿态、速度、力度三个主要要素的剖析与把握来指导学生，使教学更加具体生动，学生容易领悟，对美感的认识由抽象变得具体。

（四）培养学生创造美的能力

美育的最终目的不仅在于感受美，鉴赏美，更重要的是能够创造美，教师应善于启迪学生创造美的意识，充分发挥学生的聪明才智，帮助学生寻找美的素材，在教学和比赛中提供创造美和表现美的机会，发挥学生的主观能动性，为终身体育打下良好的基础。

在健美操教学过程中，努力营造的良好的课堂氛围，启发学生积极思维，对不同的动作进行设想，唤醒学生的创新意识。鼓励学生以自己喜欢的审美方式去表现美，对学生所表现出来的独特审美意向，要给予积极的肯定和评价，推动学生审美意识的发展，提高学生创造美的能力。

（五）培养学生的乐感美

健美操是在音乐伴奏下进行的各种形体练习。旋律优美的音乐，能激发、振奋人的情绪，具有强烈的感染力。在练习过程中，音乐强化了动作表达的感情、风格及意境，使之更加生动活泼，富有美感和魅力。动作与音乐的完美配合，是一种对美的把握，充分体现了和谐与匀称。

苏霍姆林斯基说："美是一种心灵的体操。"对学生进行德育教育，不仅是体育教育的首要任务，而且是提高健美操教学质量的重要环节。健美操运动本身显示出美的魅力，而审美意识最大的价值在于它能促进人的心理素质最优化。审美意识还能把精神自由、个性发展当作最高的追求，从而在符合社会实践的前提下，使人的心灵得到超越和升华。因此，健美操中美的欣赏，既有助于提高学生的道德修养，又会起到道德升华作用，同时也培养审美意识。

美需要人们去感受、去欣赏、去把握。作为艺术类项目的健美操，本身就蕴含多种美的因素，教师要在教学中充分地把握各种美，并通过教与学的双边过程，将美的感受、体验、认知与创造传授给学生，从而提高学生的审美能力与审美情趣，让学生知道美离他们并不遥远，并非高不可攀，通过自身的学习与努力，完全可以正确地去感受美、把握美，通过自身的锻炼，再次表现美和创造美。把示范、语言、人体、音乐、动静结合这几方面作为切入点，进行审美教育，将学生与美之间的距离拉近，让学生体会到美就在身边，用美育来开拓学生的胸怀，陶冶学生的情操，以促进学生德、智、体、美和谐发展。最终树立对自然美、社会美和艺术美的正确的审美观念、健康的审美兴趣和稳定的审美情操。

参考文献

[1]王宏.实用踏板操教程[M].北京：人民体育出版社，2002.

[2]梁凌.活力塑身踏板操[M].辽宁：大连音像出版社，2006.

[3]史云峰.在中小学开展韵律操运动的必要性[J].中国校外体育，2013，（9）.

[4]张健美.浅谈创新韵律操的实践策略[J].中国校外教育.2014，(10).

（此文荣获北京市"京美杯"征文二等奖）

《仿生爬行》教学设计

学　科： 小学体育　　　**年　级：** 二年级

教材版本： 人教版　　　　**章　节：**《游戏：动物运动会》

【教学内容分析】

1. 仿生爬行所具有的锻炼价值及育人功能

仿生爬行是一项集协调、灵敏等于一身且具有很大的实用价值的体育项目，它不仅可以促进学生身体各部分的肌肉及内脏器官和上下肢力量、灵敏与协调素质的发展，提高基本活动能力，又能培养学生勇敢、果断、坚忍不拔、克服困难的品质。

2. 仿生爬行在学科体系中的纵向联系

本课所学习的内容，是在学习本单元前一次课学习大象行的基础上进行的学习，为进一步学习攀登和爬越项目打下基础。

3. 仿生爬行的单元教学计划

仿生爬行这项教材内容共设四次课进行教学，本次课为第二次课教学。

【学生情况分析】

1. 结合学生身心发展规律进行分析

低年级学生正处于提高身体素质和活动能力的时期，同时也是学习和掌握动作的最好时期，学生在认知发展、感知发展上都需要进一步的提高，对爬越和攀登类等很感兴趣，这些都为我们开展这个项目的学习提供了依据。

2. 学习本课之前学生的知识背景、能力水平和可能遇到的问题

本班共26名学生，经过本单元前一次课的学习，学生目前已具备一定的身体活动能力，能对简单动作做出模仿，知道身体主要部位的名称，并能辨别左右、前后，上下的方位，这些条件都有利于学生对本教材的学习。但一些可能出现的问题也引起教师的关注。本班有4个体胖、3个体弱的学生在模仿练习中会感觉困难，坚持时间短，不仅会影响自己的动作质量，还可能会出现意外情况。我在课

上给予了更多关注、鼓励和帮助，建立他们的自信心。

【教学目标确定】

学习、模仿鳄鱼等动物爬行的动作方法，使85%以上的学生学会用异侧手脚交替移动爬行的方法。

发展学生力量、速度、灵敏等素质及身体协调。

培养学生合作能力、想象力及坚忍不拔、克服困难的精神品质。

【教学重点难点】

重点：异侧手脚交替移动。

难点：动作协调。

【学习评价设计】

针对教学目标，制定本课技能评价标准如下：

知识评价	能说出所学动作的重点	师生评价	
技能评价	模仿小动物的特点	教师评价 自己评价 相互评价	能根据小动物行走特点进行模仿的获得胜利标志 没有按照小动物行走特点进行模仿的获得加油标志

【教学过程】

环节一：开始部分	
教师活动	学生活动
1. 课堂常规 集合整队报数，接受体委报告。 师生问好。 宣布本课内容与目标。 开展安全教育，检查学生服装与安排见习生。 要求：集合快、静、齐，报数声音洪亮	1. 课堂常规 体委整队，学生集合快、净、齐。 学生向教师问好。 接受教师检查。 了解本课的内容与目标。
2. 队列练习：四列横队变八列横队 教师讲解动作要领。 方法：以排头为基准，一至二报数，听到教师口令后，数一数同学不动，数二数同学右脚向一数同学后方卖一步，然后左脚并右脚。站到一数同学后。	2. 队列练习：四列横队变八列横队 聆听教师讲解。

口令：四列横队成八列横队走。 要求：动作快、静、齐，队列整齐。 教师请学生上来与自己演示。 教师喊口令组织练习。 教师巡视指导。 教师组织集体练习。	观察教师与同学示范。 听教师口令积极参与练习。 接受教师指导。 积极参与教师组织集体练习。
活动意图说明：培养学生精神集中快速反应。	
环节二：准备部分	
教师活动 专项准备活动： 动物模仿操，教师带领学生一起做。 专项辅助练习，教师带领学生复习大象行。	学生活动 积极参与练习。 积极参与练习。
活动意图说明：通过模仿激发兴趣，导入新知识。	
环节三：基本部分	
教师活动 1. 仿生爬行 教师说出鳄鱼的谜面："尖尖牙齿大盆嘴，短短腿儿长长尾，捕捉食物流眼泪，人人知它假慈悲。" 教师引导学生模仿鳄鱼爬行。 教师示范鳄鱼爬行动作并提出观察要求。 教师总结出鳄鱼爬行的动作要领。 教师组织练习并巡视指导。 教师请同学做示范。 教师组织分组练习。 教师组织集体爬过 4—5 米的距离。 教师设置难度。 教师再次增加难度。 教师组织游戏。 教师点评。 2. 游戏：动物运动会 教师讲解游戏"动物运动会"的游戏方法与规则。 教师组织分成四组。 教师组织"小动物"接力过河比赛。 教师组织大家交流经验。 教师组织"小动物过河"比赛。 教师小结练习、比赛情况。	学生活动 1. 仿生爬行 积极回答老师所提谜面。 积极参与模仿小动物练习。 认真观察，回答教师问题。 聆听教师讲解动作要领。 积极参与练习并接受教师指导。 积极参与示范。 积极参与分组练习。 积极参加集体练习。 迎难而上。 聆听教师点评。 积极参与游戏。 聆听点评。 2. 游戏：动物运动会 学生聆听教师讲解游戏方法与规则。 在教师组织下分成四组。 在教师组织下积极参与接力过河比赛。 在教师组织下积极发言，相互交流经验。 积极参与相互更改顺序进行比赛。 聆听教师小结。

续表

活动意图说明：培养学生发现问题解决问题的能力，自己和同伴一起运动的快乐。	
环节四：结束部分	
教师活动	学生活动
教师带领放松。	跟随教师做放松练习。
教师小结。	聆听教师小结。
师生再见，安排专人收器材。	师生再见，收器材。
活动意图说明：缓解疲劳放松身心。	

【教学反思与改进】

仿生爬行对促进学生身体生长发育有很高的锻炼价值，根据学生年龄特点，采用低年级学生非常喜欢的情境教学模式贯穿课堂始终，极大激发了学生学习积极性、主动性，使学生在轻松愉快的氛围中学到新知识。在学习过程中教师引导学生发现问题并培养解决问题的能力，培养了学生不畏困难，敢于接受挑战的优秀品质。在小组合作学习过程中，让学生充分体验到与同伴一起运动的快乐，从小树立与人和睦相处的好品质。

不足之处应多关注那些内向型人格的学生，课堂上给他们更多的展示机会，建立自信心，注重培养体育情怀，让他们终身受益。

（此课例为北京市通州区研究课）

何杰

▽

何杰，1973年6月出生，北京通州人。1992年7月毕业于通县师范学校，1997年在职自学取得中文大专文凭，2002取得中文本科文凭，2005年取得英语二学历，并相继取得小学、中学语文教师资格证书。高尔基说过："谁爱孩子，孩子就爱谁。只有爱孩子的人，他才能教育孩子。"她秉承"爱是力量的源泉，爱是成功的阶梯，爱是教育的根本"的教学理念，让学生浸润在爱的氛围中成长。在教学工作方面，她对自己严格要求，与时俱进，积极主动学习新的教育理念，接受新鲜事物，严谨治学，教学相长。

读国学知传统　品经典促成长

国学经典是中华民族五千年灿烂文化的精髓，是华夏沃土灿若晨星的瑰宝。亘古历今，经典名句滋润了一代又一代华人的心灵，炎黄子孙在"经典"的摇篮里孕育，华夏儿女在"名句"的吟诵中成长。当今中国经济快速发展带来了国民生活的日益富足，与此同时，中国人日益重视对传统文化的传承发展，重视对于孩子的道德教育、习惯的培养。而这些教育与培养与国学的学习息息相关。中国人民大学校长纪宝成说："随着全球化时代的到来，中国的民族文化受到了'西化'的严峻挑战，中华民族要在这样一个时代实现民族的伟大复兴，就迫切需要积蓄文脉，传承文化。"

据1995年进行的"世界公民文化与消费潮流调查"，中国国民的价值观与其他国家明显不同。各国公众认为最重要的价值是讲究礼貌、责任感、宽容和尊重别人；而中国公众最重视的价值依次是：独立、学识和讲究礼貌；对责任感、宽容和尊重别人、与他人沟通等的重视程度远远低于其他国家。这份调查表明，文明礼貌的养成在今天中国家庭中已处于相当次要的位置，素以重视道德、礼貌、人伦关系著称的中国传统文明，经过长期的演变，已经发生了深刻的变化，人文精神的流失已经引起一些有识之士的深深忧虑。于是，近几年，有关人文教育的话题又被重新提起。新人文教育观认为，应该着力培养的人文精神包括四个方面，即价值和道德、批判理性（独立思考、创造性才能等）、人文修养和审美情趣、行为举止。

传统经典文化是中华文明传承数千年的重要载体，内容博大精深。通过国学诵读活动，弘扬祖国优秀的传统文化，使学生获得国学经典的基本熏陶和修养，接受中国传统美德潜移默化的影响和教育。一个人的道德、品行是最难教的，很多时候都是在耳濡目染、潜移默化中学来，学国学的意义并不是简单地背诵几首圣贤的名句，更应该重视其精神实质，老师在教孩子知识的同时要注重学生情感和价值观的培养。一般来说，国学经典是做人做事的公式和定律，孩子通过口诵心记，久熏成习，久习成性，其气质就能达到一定高度。

国学经典作品承载了中国人的哲学思想、伦理观念、审美理想和生存智慧，既包含丰富的知识，又具有深厚的内涵，更富于审美的情趣。阅读国学经典，无论对文化学习还是心灵熏陶，都具有非常重要的意义，这是一个循序渐进的过程，也是一个融入学科教学的过程。首先，教师是学生的榜样，对学生有耳濡目染的教育作用，因此，注重熏陶感染，潜移默化。人格教育才是教育领域的根本问题，作为教师，要有崇高的理想，完善的道德情操，坚定的信念，顽强的意志品质，并用它们对学生进行潜移默化的影响和熏陶。这样，才能培养出祖国需要的、全面发展的，能适应竞争形势的有用之才。其次，在语文教学中坚持诵读国学经典不仅能有效提高学生的说与写的能力，还能增强学生的语文素养，陶冶学生的情操，沐浴学生的心灵。

经教师调查发现，通过国学学习，父母们发现孩子在不知不觉中变了：对人礼貌多了，懂得谦让了，知道尊敬老人孝敬长辈了。一个学生说："我是家里的独生子，以前在家吃饭很挑剔，自从读了'一粥一饭，当思来之不易；半丝半缕，恒念物力维艰'的语句之后，我更加明白了'谁知盘中餐，粒粒皆辛苦'的道理，吃饭时即使掉在桌子上一粒米也要捡起来吃掉。"一个家长感觉调皮的儿子学乖巧了，一改往日睡懒觉的坏习惯，问其由，答曰："尺璧非宝，寸阴是竟。"他过去与人争执时是横眉怒目寸步不让，而今总是潇洒地拱手相让，并美其名曰："忍一句，息一怒；饶一着，退一步。"现在大多学生都是独生子女，自私、任性、不懂礼貌等现象在学生中比较普遍，自从孩子们接受国学教育之后，变得更加谦让、团结同学、尊重师长了。国学经典让传统文化走进了孩子的日常生活，走进他们的家庭，规范着他们日常行为，成为孩子们成长路上的"指南针"。

在实施国学教学中，以古诗文诵读为基础，根据学校的传统和优势，尝试开展各种丰富多样的古诗文特色活动，激发孩子们阅读古诗文的兴趣，培养孩子们的人文修养。国学大师南怀瑾先生说："当年我读四书五经，都是要背的。小朋友们要放学了，心里高兴，一边嘴里唱着，一边你推我一下，我推你一把的。这样读书，心里会记住，一辈子忘不了。想起来的时候心里默念一下，其中的道理就又琢磨了一回。"现如今我们的教育模式发生很大的变革，具备更先进的教育体系，应从多方位多角度进行国学教学。

一、唱、奏国学经典，陶冶审美情趣

沿用已有的诗词谱曲的耳熟能详的歌曲让学生欣赏吟唱，如台湾歌唱家邓丽君演唱的《水调歌头》："明月几时有，把酒问青天……"既欣赏了悠扬的乐曲又熟悉了古诗词；"长亭外，古道边，芳草碧连天……"从中体会古人依依惜别的情感。如《三字经》《千字文》《百家姓》也可以配以适合的乐曲进行吟诵。让学生进行演唱或演奏，不但能帮助学生更好地领略诗文的意韵，更重要的是使孩子们的审美情操得到了陶冶。学校每学期可以举办阶段性成果汇报活动，欣赏孩子们动听的演唱和美妙的演奏，使学生的领悟经典的能力大步提高。2019学年第一学期，我校就举办了"东方小学第一届诗词大赛"，全校学生踊跃报名参赛，从经典诵读、传统乐器曲目弹奏、诗词大赛等几个方面层层遴选，最终评选出传统文化的优秀选手。诗词大赛带动了全校学生对传统文化的学习热情，不仅在教室里能听到学生的诵读，楼道里、操场上都可以听到学生乐在其中的吟诵。

二、书、画经典片段，彰显创新才能

《三字经》取材典范，涵盖中国传统文化的文学、历史、哲学、天文地理、人伦义理、忠孝节义等，而核心思想又包括了"仁、义、诚、敬、孝"。背诵《三字经》的同时，就了解了常识、传统国学及历史故事，以及故事内涵中的做人做事道理。学习时，可以就其中的内容进行书画练习，如就《孟母三迁》《黄香温席》等经典故事情节设计绘画、小报，使古典的精髓融入学生主观的理解，真正体现古典国学文化的魅力。古诗的特点是诗中有画，一首诗往往就是一幅山水画，一幅田园风光图。因此，理解好诗句，就能在脑海中浮现出一幅美妙的画面。让学生通过书法、绘画来表现自己脑海中诗的画面，谋求一种与众不同的理解，能够培养和彰显学生创新思维和能力。

三、演、辩诗文，提高思辨能力

根据国学经典部分内容故事性、可表演性强的特点，学生们把古诗文改编成一个个课本剧，再现古诗文的意境并展开丰富的联想，理解诗意，充实内容。《曾子杀彘》《孔融让梨》《鹬蚌相争》等通过学生活灵活现的表演，更具有了发人深思的现实意义。

"让孩子学习国学，并不是要求他记住什么，而是要在他幼小的心灵深处，埋下热爱祖国悠久历史、灿烂文化的种子，在他身上打下一个自己是中国人的文化烙印。"一位家长认为，通过学习国学，可以培养孩子自我思辨的能力、与人融洽相处的能力、科学的学习方法、从容的生活态度等。

我们也要认识到，把传统教育引入课堂对孩子的成长是有帮助的，但它的效果犹如中药，不是一蹴而就的，需要时间慢慢调理才能见到效果。我们不能指望简单的诵读就一定会让每一个学生能成为仁者、智者，学生的健康成长需要循序渐进。在《关注孩子的目光》中有这样一段话："如果父母总是很着急，孩子长大以后会更加急躁，做什么事情都会浅尝辄止，没有定力，没有自信。他甚至无法等待自己，无法等到最终结果。所以，如果父母能够耐心地等待孩子成长，慢慢地等他学会什么，那么孩子也会学到这种等待的精神，学会忍耐。"我们必须要有静待花开的耐心，让学生在日积月累中培养好习惯，成为具备中华传统美德、有担当的公民。

对于国学经典诵读对孩子们的意义，在孩子们还不具备对古诗文经典充分理解力的时候，就把经典交给他们，乍一看莽撞，实际上却是文明传承的绝佳措施，幼小的心灵纯净空廓，由经典奠基可以激发起他们一生的文化向往。希望国学经典点点滴滴融入孩子们的生活当中，让孩子们得到一种民族情感性格的熏陶，使孩子们养成孔孟所提倡的至大至刚的人格。

用雅言传承文明，以经典浸润人生，是对学生生命的尊重和心灵的雕塑的尽职尽责；经典诵读中传承 潜移默化中成长，经过国学经典的沐浴洗礼，学生们定会在博大精深中汲取营养健康成长，实现人的全面发展。通过开展学生国学经典的诵读与学习，那些博大精深、睿智恢宏的国学经典，必将随着岁月的流逝和学生阅历的增加而慢慢释放出醇厚的芬芳！

（此文荣获中华优秀传统与现代语文课堂教学教研论文一等奖）

《论语乐多贤友》教学设计

学　　科：小学语文　　　　**年　级：**六年级

教材版本：北师大版　　　　**章　节：**第十六课　　　　**课时：**第一课时

【教学内容分析】

阅读文本、理解本课所阐释内容。了解"三友、三乐"的内涵，感悟孔子的智慧。探讨孔子思想在生活中的应用，使学生成为传统文化精华自觉的继承者和享用者。中国文化的核心是儒家文化；儒家文化经典著作是四书五经。作为《四书》之一的《论语》已被选入语文教材。六年级学生通过学校开展的国学诵读对论语有了一个初步的了解，通过《季氏》二则的学习，了解"益者三友，友直，友谅，友多闻"和"益者三乐，乐节礼乐，乐道人之善，乐多贤友"是对人自我修养的修炼和提升。

【学生情况分析】

学生在语文课堂上学习了几篇文言文，功底较浅。在熟悉并掌握文本的基础上，适当添加一些有趣的故事；通过讨论、引导，加深对《论语》的理解；感悟一点处世、为人、交友的道理。

【教学目标确定】

知识与技能：阅读文本、理解本课所阐释内容。了解"三友、三乐"的内涵，感悟孔子的智慧。

过程与方法：学生初步诵读能读准字音，不能读出古文的韵味，教师适时范读对学生有指导意义。读出韵味之后，以个人读、分组读、男女生读、师生读、齐读等形式，达到熟读的效果。让学生嘴巴动起来，心也动起来，进入情境，不知不觉沉浸于经典文化之中。

情感与态度：感悟孔子的智慧。探讨孔子思想在生活中的应用，使学生成为传统文化精华自觉的继承者和享用者。

【教学重点难点】

了解"益者三友，友直，友谅，友多闻"和"益者三乐，乐节礼乐，乐道人之喜，乐多贤友"是对人自我修养的修炼和提升，从而感悟孔子的大智慧。

【教学过程】

环节一：诺贝尔奖获得者集会宣言与孔子	
教师活动 1. 课前谈话：这个暑假张开同学去了曲阜的孔庙参观，国庆节假期她又去了南京的夫子庙参观，能把你参观到的景象和大家说说吗？ 2. 学生讲述自己的见闻。 3. 师：孔子生活在 2000 多年前的春秋末期，这么多年过去了，他的思想还有这么大的影响，甚至 1998 年诺贝尔奖获得者在巴黎集会时做了这样的宣言。（课件出示） 4. 今天我们学习选自《论语》的《季氏》二则。	学生活动 1. 听老师介绍。 2. 学生认真倾听同学介绍，观察图片。 3. 观看 1998 年诺贝尔奖获得者巴黎集会宣言。 4. 明确学习内容。
活动意图说明：由诺贝尔奖获得者集会宣言"如果人类要在 21 世纪继续生存下去，必须回头两千五百年，去吸取孔子的智慧"引发学生学习的兴趣，什么缘由令世界上的人关注孔子的言论，以兴趣带动学习。	
环节二：朗读内容，读准字音，明白大意	
教师活动 教师范读两则，带读一遍。	学生活动 听教师读内容，正音。 跟读。
活动意图说明：通过教师的范读和带读，听清读准每一个字音，初步读出断句、节奏，了解文本大意。	
环节三：理解朋友的含义	
教师活动 学习第一则 1. 出示原文。 出示原文，学生读，学生注意读音，标记易错读音。 2. 请一名学生朗读，读准字音。 3. 学生自由大声朗读。 4. 老师读译文，学生对照思考：本则讲了什么？ 孔子提倡我们做的用红笔画出来（PPT 字变色表示）。 板书：友直 友谅 友多闻 5. 出示 PPT 甲骨文"朋友"这是哪两个字？ 教师解释"朋友"由来。 6. 历史上有许多广为流传的朋友间的故事，我们一起来看一个感人的故事《高山流水》（播放视频）。朋友是知道、是懂得，再读这一则。	学生活动 1. 学生读，学生注意读音，标记易错读音。 2. 读准字音。 3. 大声读出来。 4. 思考。 5. 猜一下甲骨文"朋友"。 听老师介绍朋友由来。 6. 观看视频。

续表

7. 你还知道哪些有关朋友的资料，说一说。 朋友是肝胆相照，再读。 朋友是分别时的依依不舍，再读。 8. 根据自己对朋友的理解再读，男女生分读。 过渡：每个人都希望交到好朋友，如果反过来，对方很好，而你自己是否值得别人交往呢？ 孔子又给我们培养有益的爱好方面提出了三条建议。	7. 学生说一说自己知道的有关朋友的感人故事。资料交流。 8. 男女生分读。

活动意图说明：借助《高山流水》这个广为流传的故事，了解"朋友"的含义。朋友是知道是懂得，是肝胆相照，是分别时的依依不舍。

环节四：培养正当乐趣，保持快乐情绪

教师活动 学习第二则 1. 出示第二则，熟悉内容。 一名学生读译文，其余学生对照原文，了解大意，会用自己的话说出大意 2. 画出孔子提倡我们培养的乐趣（PPT 变色显示）。 板书：乐节 乐道 乐多闻 3. 出示：礼乐。 4. 交有益的朋友、培养有益的爱好可以使人快乐，我们该如何保持一颗快乐的心呢？ （1）你是如何保持快乐的情绪的呢？ （2）请看老师给你的建议（PPT 展示如何保持快乐的技巧）	学生活动 1. 学生大声朗读，齐读。 2. 在书上画出相关内容。 3. 指名展示，其余学生观摩。 4. 观看教师建议。 （1）学生展示。 （2）观看 PPT。

活动意图说明：了解内容，明白文本大意，理解孔子提倡我们培养的乐趣，学会保持快乐的情绪。

环节五：小结"三友""三乐"

教师活动 孔子用简洁的语言告诉我们要交有益的朋友，培养有益的爱好，我们要记下他的教诲。试着背诵这两则。 小结：老师的建议和同学们使自己快乐的方法其实都是孔子智慧的延伸，他教导我们交有益的朋友、培养有益的爱好，我们重温一下孔子对我们的告诫：齐诵《季氏》二则。 希望同学们在今后的人生道路上谨记"三友""三乐"，成为具备大智慧的人。	学生活动 试着背诵。 聆听老师的小结，感悟文本的寓意魅力。

活动意图说明：通过教师的小结了解孔子智慧，交往有益的朋友，培养有益的爱好，在人生的道路上成为具备大智慧的人。

【板书设计】

《季氏》二则

益友——直　谅　多闻

益乐——节　道　贤友

【特色学习资源分析、技术手段应用说明】

教师对于文本的理解到位，运用合理的教学手段深入浅出地向学生阐述孔子提出的三友、三乐，采用图片、视频等教学手段，带领学生准确把握文章大意，理解文章内容。诵读能贯穿课堂的始终，诵读形式多样，让学生乐于诵读，乐于背诵。教师能从弘扬传统文化的角度传播知识，如古今词义的变化、成语的使用、"礼乐"的了解，使传统文化与课堂有效融合，并以"谅"为入口引出社会主义核心价值观，教导学生不但古人崇尚诚信，现代人对诚信也有要求。

【教学反思与改进】

小学国学经典教材第五册16课《乐多贤友》中的《季氏》二则教学诵读较为充分，运用"三步六正"即"正音正读，正字正义，正心正行"来指导学生朗读。学生初步诵读能读准字音，不能读出古文的韵味，教师适时范读对学生有指导意义。读出韵味之后，以个人读、分组读、男女生读、师生读、齐读等形式，达到熟读的效果。让学生嘴巴动起来，心也动起来，进入情境，不知不觉沉浸于经典文化之中。在理解内涵之后再读，带着自己对文本的理解，更能体现国学课堂的氛围。

《季氏》二则语言凝练，寓意深刻，有些字音字义难读难懂，教学中教师注意对读书的指导，使学生读准确，对于难理解的词语加强理解，在诵读的同时理解文表达的含义。《季氏》二则以结交什么样的朋友和培养什么样的爱好为主题，我运用对"朋友"古今意义的解释让学生懂得选择朋友的重要性，并利用课件《高山流水》展示名人的友谊。并注意古今词义的区别与变化，如"谅"的词义发生了很大的变化，要让学生了解这种语言现象。另外与实际联系，诚信是古人的规则，现代对其也有要求，列举社会主义核心价值观的个人层面中的规范，使传统与实际相连。

（此课例获中华优秀传统与现代语文课堂教学优质课一等奖）

刘冬雪

▽

刘冬雪，1988年11月出生，北京通州人。2011年7月毕业于首都师范大学，取得大学本科学历。毕业后一直在北京市通州区东方小学担任低年级语文教师及班主任工作。参加工作9年以来，我奉行陶行知先生"捧着一颗心来，不带半根草去"的教育信念，以"爱心""耐心""细心"的教育原则对待每一位学生，为学生打造和谐温馨的学校学习生活环境。这些年她致力于结合"写字口诀"指导学生根据汉字结构特点书写汉字，为学生规范书写汉字提供依据和方法，引导学生在规范书写汉字时感受汉字的形体之美。在不断探索和学习的过程中，她也有了一些收获，撰写的论文、教学设计、教育案例、录像课在市区获奖，还有幸参与了区级研究课的课堂教学。

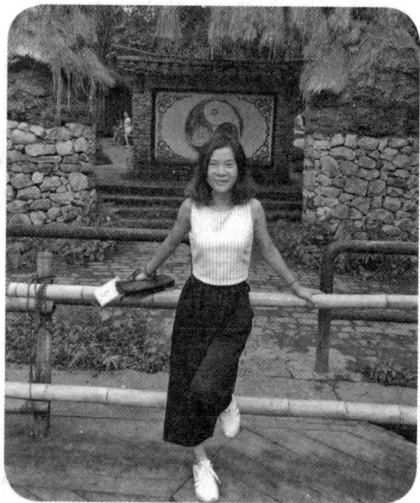

浅谈寓于小学古诗文教学中的美

中国是一个诗的国度，古诗是我国优秀文化的瑰宝之一，它们运用精练优美的语言抒情言志，不仅意蕴深刻，而且境界动人。无论从内容上、情感上，还是从形式上，对学生进行审美教育，均有着得天独厚的条件。因此挖掘隐含在古诗文中美的因素，不仅能陶冶学生的情操，而且能激发他们的审美情趣，提高对古诗文的鉴赏能力。那么要如何引导学生通过古诗文中的语言、形象、情感来感受美，塑造美的心灵是小学阶段古诗文教学的重点。以下就此谈谈一己之见：

一、在读中体会古诗文的韵律美

小学语文教材中收录的古诗文都语言精练，词句优美，韵律和谐，节奏感强，易读易记，特别适合学生吟诵朗读。教师在教学中要善于引导学生发现古诗的韵律美，力求读得清晰、准确、有节奏，读出诗文的合辙押韵，培养学生对古诗文的语感能力。

（一）准确、流利地读

想要引导学生体会到古诗文中的韵律美，指导学生准确、流利地将古诗文的内容读出来是基础。因此在小学古诗文教学过程中给学生充分读的时间和机会非常重要。教师在教学中可以采用多种形式来指导学生准确、流利地读诗文。

（二）有节奏地读

在准确、流利读古诗文的基础上，结合诗句大意和范读指导学生准确停顿，感受古诗文中的节奏美。例如，北京版小学《语文》第2册，课文（一）第13课《古诗二首（二）》中的《咏华山》，教师就可以在结合诗句大意的前提下范读，让学生在听范读的情况下体会诗歌的停顿。然后依据范读时所体会到的关于诗句的停顿，再进行模仿诵读，一字一句大声朗读："只有/天在上，更无/山与齐。举头/红日近，回首/白云低。"从而感受到五言绝句诗中独特的节奏美。

（三）抑扬顿挫地读

古代的诗文大多可以入乐歌唱，具有朗朗上口、铿锵悦耳的音乐美。教师要在学生充分诵读，并读出了诗文节奏的基础上感受诗歌语言的音韵美。

二、在品中感受古诗文的语言美

小学课本中的古诗文，大多都是历朝历代名人名家的诗作。特别是诗的语言，讲究朗朗上口，总在字里行间隐含着意外之意，弦外之音。那么该如何读好读懂这些美的语言。这就要求教师在教学中有意识地引导学生通过低声慢吟，细细品味，在反复诵读中去发现诗中的语言美。

（一）古诗文语言中的画面美

画家用画笔来构造画面，摄影师用相机来捕捉画面，而诗人则用语言来描绘出一幅幅生动的图画。他们描绘出来的画面或是色彩绚丽，如骆宾王笔下的《鹅》"白毛浮绿水，红掌拨清波"，曲项向天歌的鹅在戏水，洁白的羽毛浮于绿水之上，红掌拨动，绿水泛起微微的清波，它们多么悠然自得呀！红、白、绿三色对比有寒有暖，鲜明而协调。杜甫的《绝句》："两个黄鹂鸣翠柳，一行白鹭上青天。窗含西岭千秋雪，门泊东吴万里船。"全诗字面描写了六种景物，分看，四个画面；合看，一幅浑然一体的广阔画卷，其中有鹂之"黄"，柳之"翠"，鹭之"白"，天之"青"，雪之"白"，还有暗含诗中的江之蓝，船之褐等色彩，它们远近高低相映成趣，真是一派春和景明令人赏心悦目的景象。诗人在侧重观察色彩的同时，也注意到了"鸣""上""含""泊"等姿态，这就使人强烈地感受到了这幅五彩的春景静中有动，充满活力。或是清新、自然，如杨万里眼中的《小池》"泉眼无声惜细流，树阴照水爱晴柔。小荷才露尖尖角，早有蜻蜓立上头"，丽日柔照，和风轻拂，泉水悄然无声，树荫脉脉有情，池中小荷微露羞颜，池上蜻蜓早已光临。一幅多么静谧、多么幽美、多么温馨的"泉池小荷"图。又或是宏伟壮观，如寇准面前的华山"只有天在上，更无山与齐。举头红日近，回首白云低"，高高的天、红日、白云与华山有序组合在一起就是一幅雄伟的华山图。还会是带着一抹伤感的思乡图，如李白的《静夜思》"举头望明月，低头思故乡"，仿佛诗人单薄的身躯、忧伤的表情就在我们的眼前。这都需要教师们在古诗文教学中通过品味古诗文的语言文字来指导学生体会，使这一幅幅生动的画面呈现在学生的眼前，使学生们深切体会到古诗文语言中的画面美。

（二）古诗文语言中的形象美

在小学阶段的古诗文中塑造了一个个美好的形象，只有引导学生在细细品读古诗文时才能有所发现。如王安石的《梅花》"墙角数枝梅，凌寒独自开。遥知不是雪，为有暗香来"，通过与雪从颜色以及气味上做对比，使学生感受到凌寒开放的白梅花的形象，寥寥数笔就使学生了解了梅花不畏严寒的坚韧品格。又如骆宾王的《鹅》"鹅鹅鹅，曲项向天歌。白毛浮绿水，红掌拨清波"作者通过描写鹅的叫声、外形，以及动作在我们的头脑中创造出了一直可爱的大白鹅的形象，童趣盎然。

（三）古诗文语言中的意境美

诗中浓郁的感情中往往有理想信仰、人世经验、生活智慧在闪光，这就使诗歌中有隽永的意味。所以，在教古诗时要启发学生展开想象的翅膀，把跳跃的感情连缀起来，把省略的语气补充起来，这样才能领会诗人的情感，进入诗的意境。如柳宗元的《江雪》："千山鸟飞绝，万径人踪灭。孤舟蓑笠翁，独钓寒江雪。"诗中的情和景融洽无间，幽寂寒冷冰天雪地的世界，如羚羊挂角，无迹可求，与诗人内心的孤凄之情融为一体，形成物我两忘的境界。教师教学时，可引导学生细细品读，对诗中提供的意境世界进行欣赏、玩味，使学生发现其中丰富多彩的美的形态，激发起内心的情感波澜，与诗人产生情感共鸣，体验到诗人身处逆境依然傲岸不屈的高洁情操，从而获得畅神悦志的精神愉快——审美快感。体味古诗中的美，是素质教育中的一部分，也是素质教育最佳体现手段之一，教师要根据学生的实际去渗透，不益描绘得太深奥，超越学生的想象力。

三、在悟中体会古诗文中的情感美

只有挖掘古持文中的"情韵"美，有助于净化学生的心灵，提升学生的审美品位。教学时，可抓住诗文中某个人物、情节、意境哲理以有情感的交织点为凭借，通过延伸拓展，变式重组，挖掘探究，吟诵品味，多位体验等方式唤起学生的审美记忆，激发学生的审美想象，从而感受和体验美的情感。

古诗大多是文情并茂的艺术品，不仅以其音律、语言和形象的美悦人耳目，更以其高雅的意趣、高洁的人格憾人心灵，因而具有永久的生命力。所以在古诗教学中，教师应引导学生"披文入情"，使学生体验古诗中蕴含的丰富情感，通过审美体验，得到心灵的陶冶。例如孟浩然的《春晓》一诗，句句写景，句句含情。诗人谛听鸟啼，回忆风雨，猜想落花，把爱春和惜春深情，寄托在对落花的叹息上。诗句看似写景，实为抒情，情景交融，达到无由分解的境界。教学时，要引导学生从景入手，从字词的理解以及再现诗的画面入手，体会诗人是如何描写"啼鸟""风雨""落花"等景物的，再引导学生体会诗中"不觉""知多少"等字词的情感色彩，从而把握诗人爱春、惜春的深情。

面对奇特的自然景观，变幻的社会生活，曲折的个人经历，无论谁都不禁心生感慨，嗟叹不已。教学《村居》这首古诗，诗的前两句："草长莺飞二月天，拂堤杨柳醉春烟。"中"醉"的理解是"让人陶醉"，究竟是哪些景物让人陶醉呢？结合学生知道的描写春光的诗句，引导学生体会春光美好，以及作者当时畅快美好的心情，让生情与诗情有机地融合在一起。

由此可知，通过探求古诗的意趣美、人格美，可以引导学生学会从生活、从大自然的每个领域、每个角落去再现美、感受美，尤其是学习在困难中、挫折中、逆境中不忘生活之美，不忘热爱人生，从而逐步使自己成为心胸宽广、志趣健康、情操高尚的人。

小学阶段的古诗文中蕴藏着许多美育点，这就需要教师在引导学生们学习古诗文的过程中不断的探索与发现。

（此文荣获北京市"京美杯"征文二等奖）

《滴水穿石》教学设计

学　　科：小学语文　　　年　级：二年级

教材版本：北京版　　　章　节：第四单元　　　课时：第二课时

【教学内容分析】

《滴水穿石》这篇课文写的是我国气象学家竺可桢小时候认真观察房檐上的小雨滴打在大石板上，发现大石板被砸出一个个小坑，明白了滴水穿石的道理，后来他研究气象，天天坚持观察天气的变化，成为中国有名的气象学家的故事。文本脉络清晰通俗易懂，语言简练，其中有一些人物的语言，适合二年级的小学生进行阅读学习。除此之外在文本简练的语言中还蕴含着做什么事情只有坚持才能取得成功这样深刻的道理。本节课我致力于引导学生通过多种形式的读明白课文中所蕴含的这个深刻的道理。

【学生情况分析】

本班学生作为二年级的小学生已经有了一定的识字量，也掌握了出声音阅读的方法，能将课文内的词语读准确，句子读通顺，课文读流利。并能通过多种形式的读体会课文之中蕴含的思想感情。而且已经掌握了许多记忆字形的方法，并能加以运用。

但个别同学不能将体会到的文本情感再次融入朗读之中。因此，想通过品读词句使学生体会并感悟文章中蕴含的深刻的道理。

【教学目标确定】

知识与技能：正确、流利、有感情地朗读课文。

学会"坚持"两个字，读准字音，记清字形，理解字义，规范书写。

2. 过程与方法：多种方法读妈妈的话，理解什么是"滴水穿石"，并明白其中所蕴含的道理。

掌握"默读"这种新的读书方法，并加以运用。

3. 情感态度与价值观：结合竺可桢坚持观察天气变化的做法，理解"滴水穿石"蕴含的"做什么事情都要坚持不懈"的深层含义，明白只有坚持下去，才可能取得成功的道理。培养做事坚持不懈的习惯。

【教学重点难点】

1. 学会"坚持"两个字，读准字音，记清字形，理解字义，规范书写。

2. 掌握"默读"这种新的读书方法，并加以运用。

3. 理解"滴水穿石"蕴含的"做什么事情都要坚持不懈"的深层含义，明白只有坚持下去，才可能取得成功的道理。培养做事坚持不懈的习惯。

【教学过程】

环节一：复习导入	
教师活动 1.同学们，这节课咱们继续学习第九课，齐读课题。 2.请学生拿出学习单，完成学习单上的练习。 3.出示学习单上的练习及答案，订正，并指名读句子。	学生活动 1.齐读课题。 2.完成学习单上的练习。 3.对照大屏幕订正答案，跟读句子。
活动意图说明：明确本节课所学内容。复习上节课所学的字词，并读好课文中的长句子。	
环节二：整体感知课文内容	
教师活动 1.词语、句子我们都掌握得很好了，下面请你自己读读课文，试着填空。 2.指名进行课文内容的填空。 3.齐读课文主要内容。	学生活动 1.自己读课文，试着填写概括课文内容的填空。 2.指名完成课文内容填空。 3.齐读课文主要内容。
活动意图说明：通过自己通读课文，整体感知课文内容。请学生进行课文主要内容的填空补充，使学生更加明确本课的主要内容。	
环节三：品读课文，理解内涵	
教师活动 1.抓关键短语体会竺可桢观察仔细。 学习方法： （1）抓短语感受竺可桢观察仔细：出神地望着、轻轻地数着。 （2）以多种形式读，进行体会，读得轻而慢，神态专注。 2.学会默读，理解"滴水穿石"的字面含义。 过渡：数着，数着，他觉得很奇怪，这是怎么回事呢？ 出示学习提示：	学生活动 1.抓关键短语体会竺可桢观察仔细。 （1）自己读第二自然段，指名说一说从哪看出竺可桢观察小雨滴滴落在大石板上的样子很认真。 （2）多种形式地朗读相关语句。 2.学会默读，理解"滴水穿石"的字面含义。

默读第二自然段，想一想什么使竺可桢觉得很奇怪？	（1）读学习提示，指出默读的新方法。
（1）指名读一读学习提示，说一说需要注意什么？	（2）解释默读，齐读要求。
（2）指名说一说什么是默读，出示默读的要求。	（3）边默读边思考。
（3）完成学习提示上的练习。	（4）指名交流。
（4）竺可桢奇怪什么？	（5）默读第二自然段，用横线画出妈妈的回答。
（5）妈妈是怎样回答他的，请你再默读第二自然段，并横线画出妈妈的回答。	（6）配合老师齐读两次妈妈的回答。
（6）运用引导语引读妈妈的回答两次。	（7）小水滴很脆弱，力量很小；大石板很坚硬。
（7）出示小水滴和大石板的图片，请学生说感受。再读妈妈的回答，并进一步体会小水滴为什么能把大石板打出一个个小坑。	指出"日子长了"。
（8）创设情境，体会小水滴能把大石板打出小坑，是因为坚持不懈。	（8）进入情境，深入体会小水滴坚持不懈的精神。
（9）你想对小水滴说些什么呢？带感受再读妈妈的话。	（9）指名来说一说想对小水滴说的话。再读妈妈的话。
3.结合妈妈的话，理解"滴水穿石"的深层含义。	3.结合妈妈的话，理解"滴水穿石"的深层含义。
（1）出示妈妈的话。	（1）齐读妈妈的话。
（2）"这个道理"是什么？	（2）指名回答。
（3）竺可桢明白妈妈的话了吗？请你自己读最后一个自然段，说说依据。	（3）自读最后一个自然段，指名回答。
（4）创设情境，感受竺可桢如何坚持观察天气的变化。	（4）指名说一说，并体会。
（5）回读妈妈说的话，体会"滴水穿石"的深层含义。出示关于"坚持"的补充句子练习。	（5）回读妈妈的话感受"滴水穿石"的深层含义。
	进行语言训练，掌握用"坚持"造句的方法。

活动意图说明：指导学生审题，明确默读这种阅读方法及要求，并运用这种方法学习课文。创设情境，引学生入境，在情境之中深刻体会小水滴坚持不懈的精神。进行语言表达的训练。结合妈妈的话理解"滴水穿石"的深层含义，就是坚持不懈的精神。

环节四：生字学习

教师活动	学生活动
1.出示"坚持"这个词语，指导学生再次认读这个词语。	1.认读"坚持"这个词语。
2.指名说一说记忆字形的方法。	2.指名分享记忆字形的方法。
3.分析字的间架结构，师示范书写。	3.分析字的间架结构，随师书写。
（1）描红，仿写。	（1）描红，仿写。
（2）反馈、评价。	（2）评价，修改。

活动意图说明：通过指导学生结合已有的记忆字形的方法掌握"坚持"两个字的字形。通过整体到局部的观察、分析，指导学生范书写这两个字。

续表

环节五：总结提升	
教师活动 回读全文，结合课文内容说一说什么是"滴水穿石"。	学生活动 自己再读全文。 说说自己对于"滴水穿石"的理解。
活动意图说明：再次感知课文内容，并结合课文内容理解"滴水穿石"这种自然现象背后蕴含的深层含义。	

【板书设计】

9.滴水穿石

日子长了　　　　　　坚持

成功

【特色学习资源分析、技术手段应用说明】

结合二年级学生的认知特点，采用直观的图像、视频等激发学生的学习兴趣，帮助学生更好地理解抽象的词句含义。关注学生的成长经历，为学生创设情境，指导学生结合自己的生活实际感悟"滴水穿石"的深层含义，培养其语言表达能力。并基于学生已有知识经验，请学生作为"小老师"指导大家学习生字，更好地带动学生牢固掌握生字音形的识记与规范书写。

【教学反思与改进】

1. 重视学习方法的指导

引导学生学习"默读"的读书方法，明确其要求，并多次加以运用，解决阅读中的问题。

2. 创设情景，训练语言表达能力

在理解课文内所蕴含的道理或情感时，创设情境，引生入境，进行合理联想，进行语言表达的训练。

3. 更新教材呈现方式

运用多媒体创设情境，拉近学生与课文的距离，理解重点词句。也是传统纸质媒体到电子媒体的一个过渡，更增加了趣味性、丰富性、选择性和连接性。

设计开放性的问题，使学生读文后都能发表自己的观点，提高课堂参与率。

4. 课堂上教师提出的问题还可以再精练些，语言还可以再简洁些。

（此课例为北京市通州区区级研究课）

吴继红

▽

吴继红，1979年6月出生，1998年7月毕业于通州区师范学校，2010取得中文本科文凭。1998年分配到马驹桥镇镇中心小学任教8年，2006年调入通州区东方小学任教14年。参加工作以来，一直奋战在教育教学最前线，对教育教学工作始终有着火一般的热情。作为语文教师，她多年来不断深入钻研探究，力求引导学生进入更加广阔的语文天地，同时也收获了不少成绩，教学设计、案例研究、辅导学生、撰写论文等多次获国家级、市区级奖项。

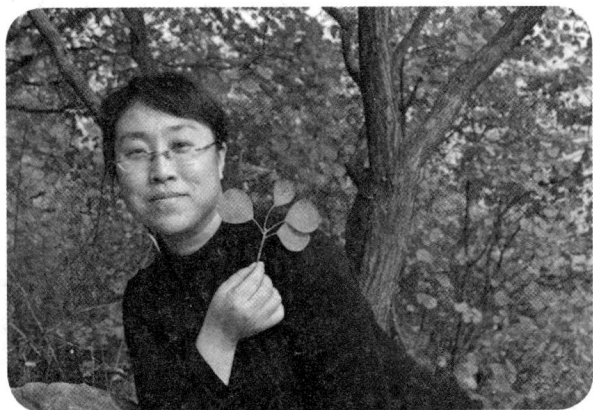

一年级新生入学适应问题及对策

从幼儿园升入小学，不同环境背景下走出来的孩子，表现是不一样的。这些孩子经过了幼儿园的洗礼后进入小学，他们面临的是教育生态环境的变迁。幼儿园的生活是充满童趣以游戏为主，而从小学一年级开始进入学校正规的、系统性的学习，学习成为其主导活动。学习与游戏不同，学习是在教师的指导下有目的、系统地掌握基础知识和基本技能的一种活动，在某种意义上具有一定的强制性。从幼儿园进入小学，学习环境、学习方式、师生关系、社会期望等方面都发生了巨大变化，这可能导致一些学生的学习兴趣低落、考试焦虑恐惧、厌学情绪等"学习适应性障碍问题"的产生。那么如何解决好一年级新生入学的适应问题是摆在我们教育工作者的一项非常重要的任务。

针对一年级新生的入学适应问题，我进行了深入的思考，将自己的一些对策进行了总结。

为了让学生们尽快适应小学的新环境、新生活，成功地实现由幼儿园的小朋友到一名小学生的转变，学校对新生们开展了一系列入学教育活动，其中包括入学礼仪式，学前培训等方式，让孩子认识校园、规范行为习惯、学会人际交往和生活自理、安全自护等知识，使孩子们意识到自己已经是一年级的小学生了。

一、适应环境

布置童趣环境，缩小环境反差，以幼儿园的风格进行教室布置，生动活泼，深受学生的欢迎。在开学前，对一年级的教室进行装饰，把教室装扮得更贴近孩子的生活。以漂亮可爱的教室文化来迎接新生，使新生喜欢新的环境。开学后教室里可以有教师和学生共同种植的各种小花草的植物角、科技角、图书角；将教室里的评比栏上的"优""良""及格""不及格"等评语改为笑脸、无表情脸和哭脸，引起学生的浓厚兴趣，使枯燥生硬的评比变得生动有趣，易于孩子接受，生动形象地激励学生力争上游。为了增加孩子的自信，在校园里和墙壁上还可以贴上漂亮显眼的"我长大了""我能行""相信我"等提示语。这些环境的变化，减轻了儿童刚入学的心理压力，消除了儿童的疲劳、精力不集中、自信心降低、害怕上学等不良现象，使学生在最短的时间内适应班集体生活。

二、适应教学

减轻新生学习负担，在学习内容和形式上充分做好小幼衔接工作，不能太脱节，让孩子慢慢完成从"玩童"到"学童"的角色转换。这就要求一年级的教师要精心设计教案，用具有童趣的情节把知识串起来，学生渐渐地感到学习的吸引力，从而很轻松地融入学习生活中。而且，我们老师要重视学生能力的培养，通过启发学生，为学生提供创造空间，让他们成为真正意义上的"学习的小主人"。同时一年级新生以读拼音为主，教师不要布置学生过多的书面作业，而应该多些口头作业，培养学生读的能力，从而减轻学生的学习负担。

三、适应习惯

（一）及时提醒

在培养小学生学习习惯过程中，行之有效的提醒中是非常必要的。持久性和自控性差是一年级学生的年龄特点。为了取得更好的学习效果，教师不仅要从学生实际出发开展丰富多彩的活动，还要注重提醒。当发现哪个学生的表现不能令人满意时，及时送去一个眼神，一个手势，或者是一下轻轻地爱抚，就会唤起学生的注意。

（二）树立榜样

在孩子们的眼里，教师是完美无缺的榜样，学生的许多习惯都能从老师身上找到影子。因此，教师在课堂内外要特别注意言传身教。小学生具有向师性、模仿性特点，教师必须发挥示范作用，凡是要求学生做到的，教师首先做到。学生耳濡目染，对其良好的习惯的形成，其作用不可估量。小学生的另外一个心理特点就是模仿性强，还有争强好胜心理，要多用小学生身边的伙伴给他们做榜样，激励他们向小伙伴学习。

（三）恰当评价

苏霍姆林斯基说过："给儿童以劳动的快乐，觉得学习成绩的快乐，唤醒隐藏在他们心中的自豪感，这就是教育工作者的一条金科玉律。"正确适当地评价是调动学生学习积极性的重要因素，也是培养学生良好学习习惯的重要手段。对学生取得的每一点微小的成绩都要给予充分的肯定，激励其不断取得新的成就。值得注意的是，课堂评价要多样化，要有针对性，语言要丰富，不要总是一句："你真棒"。对一年级小学生来说，一句表扬，或是一个小红花、五角星都可以充分调动他们的积极性。

通过一段时间的入学适应教育，学生们比刚入学时肯定会有很大的进步，尤其在认识校园、人际交往和安全常识这几方面会产生自律意识。但是由于孩子们刚刚入学，他们还没有脱离在幼儿园里自由自在的生活方式，上课坐不住，坚持时间短。所以，在良好的行为习惯方面，他们坚持还是暂时的，这就需要我们教师在长期的教学过程中不断指导，逐渐形成。但是起步的训练是非常重要的，所以，我们要非常重视入学教育，为学生养成良好的行为习惯打下坚实的基础。

（此文荣获北京市通州区小学生入学适应资源评选活动征文一等奖）

《为学》教学设计

学　　科：小学语文　　　　年　级：六年级

教材版本：北京版　　　　　章　节：第三单元　　　　　课时：第二课时

【教学内容分析】

《为学》一文是京版教材第12册中的一篇古文。该文广为传诵，其中所蕴含的深意，不仅在于它讲述了做学问的道理，更阐明了天下事物的普遍道理。文中插入的蜀鄙二僧的故事，读来生动有趣，人物形象跃然纸上，在生动的背后，增强了说服力，更深入地阐述了做学问的道理，贵在立志，事在人为。

【学生情况分析】

学生经过了六年的学习，已经掌握了一些学习方法，基本能够结合注释和译文，读懂课文内容，体会课文所讲的道理。初次学习议论性的文言文，学生对于论证方法不了解，对论点如何在文中体现没有清晰的认识。学生对于"蜀鄙二僧去南海"的故事部分能够很容易掌握，但对于开头和结尾部分阐述的观点和道理能够清楚地感知，对于道理与所举事例之间的关系也不够明了。因此课堂注重以自学为主、关注小组交流和教师的点拨提升，将多种形式的朗读贯穿其中展开教学，充分提升学生的学习文言文的能力，为今后学习议论性的文言文打下了基础。

【教学目标确定】

知识与技能：理解重点语句的意思和课文内容；了解文章中摆事实讲道理的论证方法。

过程与方法：创设情境，通过形式多样的朗读，能读出人物对话的不同语气和情感，能试着用自己的话来讲述故事。

情感与态度：立足"僧富者不能至而贫者至焉"的原因体悟，理解"人之为学"关键在于"立志去为"的道理，激发学生树立志向，大胆实践的精神。

【教学重点难点】

理解课文内容；运用语言表达出对客观事物可以因主观努力而发生难与易的转化的理解。

【教学过程】

环节一：整体复习，回顾内容	
教师活动 1. 谈话导入，引出题目。 2. 复习全文，出示：读句子，解字义。 3. 指名读文，回忆每个自然段主要内容。根据回答出示段意。 预设：作者先提出总的观点，然后用道理和故事来证明，最后总结这个故事与为学的关系。	学生活动 1. 齐读课题。 2. 自由读课文回忆课文内容和重点字词意思， 3. 思考：你发现了什么？
活动意图说明：通过与学生的谈话，强调本节课的主题。在回忆课文内容的同时，读好文言文的停顿和节奏，同时引导学生积累文本，把握作者总的观点，为接下来的探究打好基础。	
环节二：以读促悟，体会对比论证	
教师活动 1. 指导学生赏析作者观点。 2. 引导学生发现前后对应的句子，体会这种写法的作用。 3. 结合曾参的资料理解天资、才能与为学的关系。 预设：通过两个方面的对比，说明天资与才能对人的成功与否是不起决定作用的，关键是努力去做。	学生活动 1. 齐读作者观点：天下事有难易乎？为之，则难者亦易矣；不为，则易者亦难矣。人之为学有难易乎？学之，则难者亦易矣；不学，则易者亦难矣。 2. 通过指读、对读等方式体会对比写法的作用。 3. 朗读曾参的相关资料，进行讨论交流。
活动意图说明：通过这一环节，让学生领悟文章所蕴含的道理，学习为说明这个道理前后对比的写法，把握文章主旨。	
环节三：自学故事，体会事实论证	
教师活动 1. 出示小组合作学习提示，开始自学蜀鄙二僧的故事，师巡视。 自学提示： （1）默读第三自然段，圈画出蜀鄙二僧的区别。 （2）思考：你从这个故事中明白了什么？书旁批注自己的感悟。 （3）在小组中讨论，修改批注。	学生活动 1. 根据自学提示进行小组合作学习。 （1）默读圈画。 （2）思考、批注、讨论。 （3）修改。

续表

2. 交流汇报。 （1）讨论蜀鄙二僧的不同，以分角色朗读的形式理解故事内容。 （2）结合课外资料理解贫者的志向和行动。出示"西蜀之去南海"地图，理解贫者具有远大的志向、有决心和毅力以及勇于实践的精神。 3. 小练笔：展开想象，贫者从南海回来见到富者，会是怎样的情景呢？ 4. 总结故事与"为学"的联系，再次朗读这个故事，练习背诵。	2. 交流汇报学习情况，集中讨论。 （1）预设：二者的想法相同——欲之南海；物质不同——一贫一富；做法不同——一瓶一钵和欲买舟；结果不同——犹未能和自南海还。 （2）路途遥远。地图展示四川和南海普陀山的距离；合理想象穷和尚一路上会遇到哪些实际问题，如风餐露宿、舟车劳顿等。 3. 展开想象练笔。 4. 带着感悟朗读故事。

活动意图说明：在品读贫和尚和富和尚之间的对话中，初步读懂两个和尚之间的明显不同之处，通过朗读把自己的体会表达出来。通过想象说话，尝试练笔的方式进一步体会贫和尚的坚强意志，更好地理解文章的中心。

环节四：总结提升

教师活动	学生活动
1. 总结板书，强调彭端淑想要告诉子侄们的道理。	1. 依据板书进行梳理、总结。
2. 引导学生再次体会作者的观点，理解"为学"的关键在于立志并勇于实践的道理。	2. 朗读作者观点，深入理解道理。

活动意图说明：通过观察和梳理板书，使学生深入理解"事在人为"的道理，体会到主观努力在学习中的重要作用。因为"为学"是"天下事"之一，这是从一般到具体的说明事物道理的方法，因此通读全文后学生升华了认识，思维得到提升。

环节五：课后延伸

教师活动	学生活动
出示文言文《孙权劝学》，布置自学任务。	明确文言文的学习方法，自学《孙权劝学》。

活动意图说明：通过自学与之相关的另一篇文言文，使学生在理解劝学类文章的学习方法、组织结构等方面更加通透，提升自己的学习能力。

【板书设计】

为　学

清　彭端淑

难——易　　　为——不为

昏庸——聪敏　　学——不学

贫——富

立志　自力

【特色学习资源分析、技术手段应用说明】

在《为学》的教学设计上，首先应用恰当的图片引入课题，学生结合图片直接可以点明作者观点。其次，利用学生的质疑顺势出示自学提示，引导学生独立思考与小组合作探究相结合，理清作者思路，获取学习方法。第三，采用多种形式的朗读，并借助多媒体辅助学生理解"蜀鄙二僧"的故事，恰当出示动画效果，演示路途遥远、困难重重，使学生直观形象地理解故事与作者观点之间的联系，从而把握道理论证与事实论证对文章的作用，小练笔阶段辅以恰当的古乐，使学生内心融入严谨肃穆的学堂之中，思考更为深刻。

【教学反思与改进】

《为学》是清代文学家彭端淑为勉励他的子侄们努力读书而写的一篇意义深刻的文章。文章更侧重于讲述做学问中遇到的困难，该怎样做的道理。内容丰富有趣，语言独具特色。通过本课的学习，我主要教给孩子两点：

1. 文言文的学习方法主要是读、品、悟，因此课上设置多种形式朗读，使学生体会作者观点的独到和深刻，品味语言的精练和对应，感受故事的生动和形象。学生在读中品，品后悟，思维在不断提升，最后得到内化。

2. 让学生通过学习这篇文章，达到文言积累。无论是重点字词的理解，文章的译文，还是课文的背诵，都是积累的重要手段。学生在朗读中尝试通过语感来理解，在自学中结合注解来理解，在讨论中集合智慧来理解，积累不断向深度发展。

课堂效果有得有失，需要改进的环节就是以"蜀鄙二僧"为切入点来分析文章，得出道理"事在人为"。然而在教学过程中，我很快就将道理渗透给学生，而且分析道理的过程过于拖沓，没有用大量时间来品读课文。应该在问题设置上更有引导性，环环相扣引发学生逐步深入理解人物形象和性格特点，进而充分理解作者观点。对文本的研究和解读不够深入和灵活是今后教学中需要重点改进的问题。

（此课例为北京市通州区区级研究课）

高慧连

▽

高慧连，1975年6月出生，1995年7月毕业于北京市通县师范学校。她是一名有着25年教龄的小学语文教师。在25年的教育教学实践中，通过自己的努力和各学科老师的帮助，逐步形成了自己的教学风格，注重身教，师生相处和谐，有较强的课堂组织调控能力和课程创新能力。

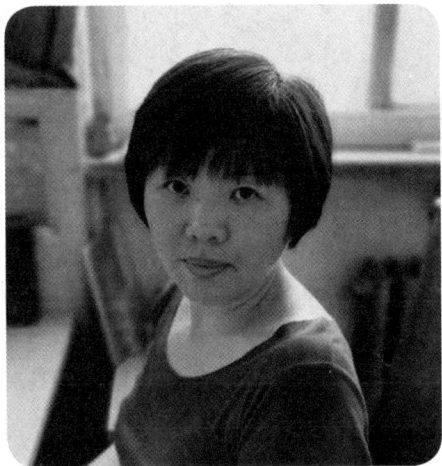

一滴水就是一个海洋，一个孩子就是一个世界。陶行知先生曾说："教人要从小教起，幼儿比如幼苗，必须培养得宜，方能苗壮成长。"她努力使自己从一个"实践型"教师转变为一名"反思型"教师。作为一名语文教师兼班主任，一方面承担着教学任务，另一方面是班集体的组织者和管理者。做教师难，做班主任教师更难，但是她觉得在辛苦中，能感受到别人感受不到的乐趣，那就是童年的乐趣。

写字教学激趣谈

写字是一项重要的语文基本功。写字和写字能力的培养，是小学低年级教学的一个重点。也是提高学生素质的基本要求。特别是对于低年级学生，通过写字教学，可以培养学生的观察能力、记忆能力、思维能力以及动手实践能力等。小学第一阶段的写字训练要求学生做到"书写规范、端正、整洁"，同时要求写字姿势"正确"。通过几年来写字教学的实践，我对于低年级的写字教学有点滴体会：

一、给学生树立一个学习的榜样

教师具有示范性的特点，教师的表率作用对学生有着特殊的影响。"其身正，不令而行，其身不正，虽令不从。"教师以身作则，对于学生来说就是无声的引导。一横，一竖，一撇、一捺……教师都要笔笔指导到位、示范到位。平时的课堂板书，批改作业，都应该注意书写的姿势、握笔姿势。教师展示给学生的应该是一个个端端正正的汉字。学生都具有很强的"向师性"和模仿性心理特征，教师的一举一动，一言一行，都可能成为学生模仿的对象。

二、培养学生的写字兴趣

兴趣是最好的老师，特别对于低年级学生来说，凡是他们喜爱的，学习持续时间相对较长，效果也较好。要让生性好动的孩子喜欢写字，并养成良好的写字习惯，必须重视学生写字兴趣的培养。根据低年级学生的年龄特点，我采用过以下方法：

（一）利用生动有趣的故事激励

小孩子爱听故事，爱讲故事，通过生动的故事，可以让他们明白道理，学到知识，从而引发他们对汉字的喜爱。①古人习字学书王羲之每天"临池学书"、清水池变"墨池"的故事，三国时钟繇抱犊入山学书的故事，岳飞在沙上练字的故事，都是练字的生动教材。激发学生的兴趣，让他们从中学到勤奋、自强不息……②编写汉字小故事 为了引发学生认字、爱字的兴趣，在分析字形结构的时候，根据字的各部分编写小故事讲给学生听。特别是一些象形、会意的汉字，让学生能够在活跃轻松的课堂氛围中对汉字产生好奇的探究之情。也可以结合学生的实际，让他们自编一些关于汉字的故事，激发学生学字、写字的兴趣。③适时的利用多媒体 对于低年级的孩子来说，学字写字本身是很枯燥的事，适时的利用一些多媒体进行教学，可以吸引孩子的注意力。

（二）利用形式多样的竞赛激励

竞赛不但能调动学生练字的积极性，还能培养学生良好的竞争意识，同学之间互相合作的集体意识。①作业等级制度 每次作业面批时，我都让学生把写的字与范字进行比较，与上次作业进行比较，找出自己和自己相比的差距。每次作业的批改评语都给出登记，比如合格、较好、很好、优秀等，并在作业本上给出几颗星，给予奖励。②小组竞赛 每节写字课上，以小组为单位，进行写字比赛（包括写字的姿势）。获胜的小组每人得到一个他们喜欢"小贴画"。③个人竞赛 每一次写字比赛，前五名的同学的作业在学习园地展出，获得进步奖的学生得到一个"小贴画"。另外，鼓励学生积极参加各项书法竞赛，让学生看到自己的进步，增强自信心。

三、教给学生写字的方法和技巧

（一）基本笔画

每一个字都由基本笔画构成。因此，写好一个字，就要写好它的每一个基本笔画。而每一个笔画都须经历起笔、运笔、收笔几个过程。一年级语文教学中，在认识基本笔画的同时，还应对学生进行严格的笔画指导，让学生打下扎实的基本功，为写字教学开一个好头。

（二）偏旁

大部分的汉字都有自己的偏旁，而这些偏旁的书写都有自身的特点和规律。

（三）字的结构

汉字的结构变化多样。由于低段学生的生字都写在田字格里，因此，可以要求学生借助田字格来学好写字。汉字的形体特点为方块形，独体字比较少，左右结构的字数量最多，左右偏旁高低不同、宽窄有别，要注意具体分类，如：左窄右宽、左宽右窄、左右相同等。左中右结构的字各部分长短宽窄也要留心。上下结构、包围结构、特殊结构的字，偏旁的高低、宽窄变化比较多样，在教学中要提示学生注意。在每一次写字中，我都要求学生先观察，明确各部分构字部件在田字格中所占的比例和准确的位置，再找出比画的关键位置，说一说。这方面的指导需要花一定的时间，反复的训练，根据字形的难点，坚持训练下去，学生才能慢慢地把握好字形，最终离开田字格安排好字的结构。

四、保证练习时间，因材施教

学生接受知识的能力和完成练习任务的情况是有差异的，因此，针对不同的学生，我对他们提出了不同的要求。成绩好的，完成作业速度较快、质量高的学生，我让他们两天练习一篇文章段落的硬笔书法。而对于成绩稍差的，完成作业速度慢的学生，适当减少练字的量，但是必须保证练字质量。我们班很多学生通过一年多的坚持练习，汉字书写已经发生了明显的变化，形成了自己的特点和风格。

通过几年来的认真实践，积极探讨研究，我觉得教师应该让孩子充分展示自己的成功，为孩子创造展示自己的机会。将他们的作品上墙"公开发表"，让他们体验成功。让他们不再感到写字是负担，真正感受到写字的乐趣。他们的字才能真正做到"书写规范、端正、整洁"。看到他们的成绩，我心中也增添了无穷的力量和信心。

（此文荣获北京市第一届小学写字专业委员会年会论文一等奖）

《神奇的塔》教学设计

学　　科：小学语文　　　　年　级：一年级

教材版本：北京版　　　　　章　节：第五单元　　　　　课时：第一课时

【教学内容分析】

这篇课文是北京版课改实验教材第二册第七单元的一篇课文，本单元安排了四篇课文，主要向学生渗透爱家乡、爱北京、爱祖国的教育，本课是这单元的第二篇，直接承载着爱北京、爱家乡的教育。

这篇文章采用了"让角色自己说话"的方式，介绍了中央广播电视塔的外形特点和功能，反映了北京城市的变化。语言通俗易懂，构思巧妙，从蓝天、太阳、我和妈妈几个不同的角度描写塔的神奇，介绍塔的功能，适合于学生阅读，课文虽然不长，但长句比较多。

本课需要认读的字比较多，有15个，其中有8个字需要学生认读，有7个字需要学生会写，7个会写字的是学生比较熟悉的。

【学生情况分析】

一年级下学期的学生已经掌握了一些记字的方法，由于我在以往的教学中比较经常鼓励学生多渠道识字，并给予积极的评价，因此学生有很强的识字兴趣。本课的认字量很大，其中的8个二类字均笔画较多，学生认读起来会有一定的困难。

学生可以借助拼音做到正确的读文，但是要读出长句的自然停顿还需要老师的提示。班内大部分学生亲自去参观过中央广播电视塔，对塔的外形及功能有所了解，但是少部分没有去过的学生对塔的外形没有直观地认识，尤其很难感受到塔的有趣，由于学生年龄小，他们都很难理解到塔的神奇。

【教学目标确定】

认识15个字，会写"北""京""广"三个生字。

学习朗读课文，初步背诵课文。了解电视塔的样子和功能。

对北京的建设成就产生自豪感，感受塔的神奇。

【教学重点难点】

学习朗读课文，初步背诵课文。了解电视塔的样子和功能。

对北京的建设成就产生自豪感，感受塔的"神奇"。

【教学过程】

环节一：初读识字，解决字音	
教师活动	学生活动
1. 老师范读全文。	
2. 反馈生字音及字形。	学生借助音节读课后生字。
（1）反馈8个生字。	自由读全文，标出自然段。
出示：北京 电视机 台 广	
方法：不带音节认读。说说读什么音？自己是怎么认识的？	步骤：带音节读； 去音节读； 放入句中读。
出示音节，读记。	
（2）反馈认读字	
出示：神奇的塔 旋转餐厅 瞭望台 广播	
活动意图说明：生字对学生来讲并非都"生"，这篇文中的8个生字对大部分学生并不陌生，他们在看电视的时候、在生活中经常见到，因此我在初读课文的基础上先让学生自己认读，调动学生的记忆。给学生创设了一个展示自己识字能力的平台，可以有效地激发每一个学生识字的欲望。对于难认的字借助音节及语境反复练习，达到读准字音的目的。	
环节二：了解塔的特点，体会"神奇"。	
教师活动	学生活动
1. 整体感知塔的特点。	1. 整体感知塔的特点。
（1）再读全文，说说谁向我们介绍了塔？他们介绍了塔的什么特点？	（1）学生读课文。指名回答。
（板书：高、美、有趣、神奇）	
（2）出示课后的句子：	（2）再读体会。
蓝天说塔很高，太阳说塔很美，我说塔很有趣，妈妈说塔很神奇。	
2. 深入体会塔的特点。	2. 深入体会塔的特点。
（1）体会"高"。	
①对比，读后说说自己的感受。	①指名说感受。
蓝天说："多高的塔，离我们很近很近。"	
蓝天说："多高的塔，离我们很近。"	
②创设情境：你们站在塔的下面，仰头望去，会说："多高的塔，离我们（　　　）。"难怪蓝天会这样说（　　　）	②想象画面，补白。

③想象："这座塔有 405 米，相当于 100 多层楼房的高度。"所以，蓝天才会这样说（　　　）。	③想象补白。
（2）体会"美"。	
①理解比喻句。	①根据老师提示，观察。
②观察夜晚塔的样子。	②指名补充句子。
"月亮看到这圆圆的塔楼，它会怎么说？"出示：月亮说："（　　　）。"	
（3）体会"有趣"。	
①交流：请去过电视塔的同学向大家介绍一下圆圆的塔楼上的旋转餐厅、瞭望台。	①指名交流。
②播放视频。	②观看视频。
③说说自己的感受。从而产生去看一看的愿望。	③指名说感受。
再读，无须老师的点播，学生对塔的神奇，有趣的感受自然带到了朗读当中。	
（4）体会"神奇"。	（4）体会"神奇"。
①理解"各地"。引导学生说说各地都包括哪些地方（全国各地、世界各地、甚至地球以外的地方），来帮助学生理解"各地"这个词语，	①回答问题。
②理解"相连"。播放课件。	②观看课件。
3.尝试背诵。	3.背诵。

活动意图说明：学生可以用书上语言，更鼓励他们把自己的感受用语言表达出来，这样既丰富了教材的内容、展示了塔的美，又对学生进行了语言的训练，学生能够用语言表达出来了，自然也就感受到了塔的美丽。使学生重新回到当时情境当中去，重温当时的乐趣，同时把这种情感传染给同学，使没去过的同学也了解了旋转餐厅、瞭望台的有趣，视频播放使学生形象地了解塔的有趣。说自己感受的过程就是学生体验塔的有趣，感受塔的神奇的过程。他们绘声绘色的描述会让没去过的同学更加体会到塔的神奇，产生去看一看的愿望。通过课件把无形的信号传递变成有形图像的帮助学生理解"相连"，从而体会到塔的神奇所在。

环节三：指导写字，培养习惯

教师活动	学生活动
出示：北 京 广	
北：	
京：	看一看，写一写
广：	猜一猜，摆一摆，比一比，写一写
	独立观察练习书写

活动意图说明：看一看是在教给学生观察的方法，猜一猜，摆一摆则是根据学生的年龄特点让他们在感兴趣的活动中逐步形成观察汉字占格的能力，在写的时候，继续以 10 字口诀"身直""头正""肩平""臂开""足安"提醒学生保持良好的坐姿，随时提醒不良的执笔姿势。

【板书设计】

18、神奇的塔

蓝天	高
太阳	美
我	有趣
妈妈	神奇

北 广

京

【特色学习资源分析、技术手段应用说明】

阅读是学生的个性化行为，应让学生在主动积极的思维和情感活动中，加深理解和体验，有所感悟和思考。本课设计力求体现引领学生反复触摸文本，在师生互动的阅读实践中，自由、充分地与文本对话，读出自己的理解与感受，体会文中的情感。

低年级孩子长于形象思维，设计中力求利用多种手段，抓住重点词句，引导学生想象，播放图片丰富视像，使学生充分感知，调动情感参与，从而进入文中情境。

【教学反思与改进】

特点一：班内大部分学生亲自去参观过中央广播电视塔，对塔的外形及功能有所了解，但是少部分没有去过的学生对塔的外形没有直观地认识，尤其很难感受到塔的"有趣"，由于学生年龄小，他们都很难理解到塔的"神奇"。所以，一定充分利用学生的实际生活经历，调动已有体验理解感悟。

特点二：生字教学是低年级语文教学的重点，一定教给学生自主识字的方法：看一看是在教给学生观察的方法，猜一猜，摆一摆则是根据学生的年龄特点让他们在感兴趣的活动中逐步形成观察汉字占格的能力。培养学生良好的书写习惯：在写的时候，继续以十字口诀"身直""头正""肩平""臂开""足安"提醒学生保持良好的坐姿，随时提醒不良的执笔姿势。

（此课例为北京市通州区区级视导课）

个 人 简 介

张嘉麟

▽

张嘉麟，31岁，2011年毕业于中国农业大学，2012—2014年在永乐店中心小学任教，2014年7月调入东方小学担任语文教师及班主任工作。自从选择教师这个职业，她的职业目标就十分明确：做一个让学生喜爱的老师。她喜欢和学生一起读书，一起点评文章、写读后感，一起讨论；她愿意爱生之所爱，包括他们喜欢的流行歌曲，传阅的杂志、书籍，她也喜欢把自己的喜欢和他们分享。"追求让前行的脚步铿锵有力，努力让教育的沃土铺满鲜花。"带着这样的信念，已有8年教龄的她以"勤学、善思、实干"为准则，在教学的路上锐意进取，不断超越。

"好书推荐型"模式在小学语文阅读
教学中的课例研究与应用
——以《昆虫记》为例

伴随着新课程改革的不断深入，儿童阅读能力在当今社会十分关键。多读书，读好书，是提高儿童阅读能力的重要途径。好书推荐是教师根据学生现有阅读能力为基础，用片段阅读、图片想象、品味情趣和感受影响等生动活泼的方式向学生推荐适合学生阅读的有益的书籍。

一、课型特点

1. 推荐与教学内容相关的书籍

课外阅读作为语文课堂教学的延伸和补充，教师推荐课外书籍时，要结合本学段的教学内容进行。如上完了《去年的树》教师可以向学生推荐新美南吉的《小狐狸阿权》，学习了《石猴出世》，可以向学生推荐《西游记》。

2. 推荐与年龄特点适宜的书籍

小学六年，跨度较大，教师推荐课外书籍时，不能一刀切，必须根据每一学段学生不同的年龄特点，向学生提供书籍名单。如：三四年级孩子，他们的识字量比较丰富，有一定的评价能力，正处于对知识的高度渴求期，教师可以向他们推荐《安徒生童话》《有趣的科学》《稻草人》《昆虫记》《十万个为什么》等书籍。

二、操作流程

（一）好书推荐型课堂教学的基本操作流程

图片演示	片段欣赏	品味情趣	感受影响
想象推测	感悟精彩 ——	引发共鸣 ——	产生向往

（二）操作流程重要说明

以上基本操作流程的环节顺序和环节总数部首固定不变的，教师根据推荐的书籍、实际教学与预设意图的需要可以随机改变环节的顺序或删除某一环节。

1. 图片演示、想象推测

图片是指书籍封面设计的主要人物、动植物图片。教师可以运用图片演示，让学生大胆想象猜测图片所要讲述的内容，帮助学生进入阅读情境。

2. 片段欣赏，感悟精彩

选取书中的精彩章节或片段展示给学生，教师示范朗读（播放录音）或请学生朗读，感受故事情节的精彩，体会作者文采的绝妙。

3. 品味情趣，引发共鸣

寻找能够引发学生情感共鸣的切入点，如快乐的学校生活和温馨的家庭生活等场景，自然能引发学生的阅读兴趣。

4. 感受影响，产生向往

教师可以简单介绍书籍在国内外的影响力，如用具体数字说明印刷的册数、翻译成其他国家的语言；可以简单介绍作者勤奋写作的故事或卓越的成就，使学生的钦佩之情油然而生，产生强烈的阅读向往。

三、案例分析

（一）推荐《昆虫记》教学片段

1. 了解《昆虫记》里面的科学知识（图片演示，想象推测）

过渡：下面我要隆重推出昆虫世界的漂亮公主，猜一猜，她是谁？

课件出示：它的外表看上去相当美丽，身体纤细，体态优雅，披着淡绿的外衣，拖着轻薄如纱的长翼，它的颈部是柔软的，头可以朝任何方向自由转动。它还有一个精致的面孔。它就是——（出示螳螂图片）

师：你看了螳螂的外表，你觉得螳螂的性情怎么样？（学生猜测）可是在它优美的身躯上却生长着一对极具杀伤力和进攻性的武器。（出示视频）

师：看了视频，你对螳螂又有了什么新认识？（生自由说）

（出示螳螂残杀丈夫的图片，请学生想象一下发生了什么事情，学生先准备后交流）

师：还有更不可思议的地方，螳螂竟然还吃自己的兄弟姐妹！而且面不改色心不跳，仿佛是天经地义的事。

师总结：前面我们已经了解到螳螂为了抚养孩子，可以牺牲自己的生命，可是螳螂却可以残忍地吃掉自己的丈夫和兄弟姐妹，看来《昆虫记》里的奥秘还真不少哦！

2. 感悟《昆虫记》的趣味性（片段欣赏，感悟精彩）

（1）昆虫世界的趣事。

师导语：这本书不但能让你了解昆虫的许多知识，而且有许多故事，趣味横生，现在就请同学们听听松毛虫的故事！

师：像这样的小故事，在这本《昆虫记》中还有很多很多。读这本书，有时会让你捧腹大笑，有时又会让你惊讶无比。

（2）品味语言——孔雀蝶。

师导语：这本书虽然是一本科普读物，却语言生动优美，现在我们来欣赏一段描写孔雀蝶的语言。

课件出示：它美丽非凡，全身披着红棕色的天鹅绒外衣，脖子上还系着一个领结。它的翅膀上点缀着黑色和褐色的小斑点，一条浅白色锯齿形的线横贯中间；翅膀边缘有一圈灰白色；翅膀中央有一个圆圆的斑点，好像一个大眼睛，这个"大眼睛"还有黑得发亮的瞳孔和一些色彩丰富的弧形眼帘，那些弧形线条有白色、栗色和紫色等色彩，在阳光的照耀下真是变化万千。

师：自由大声读这段文字，你觉得这只孔雀蝶怎么样？（学生讨论交流）

师：再认真默读，说一说你从哪些词句中感受到孔雀蝶的美丽？（学生讨论交流）

师：谁来读读？让我感受孔雀蝶真美！（指名读）

3. 了解法布尔，总结推荐（感受影响，产生向往）

出示不同版本《昆虫记》封面图片，请同学们欣赏。

课件出示：

法布尔，法国昆虫学家、动物行为学家、作家。1823年12月22日，法布尔生于法国南部的一户农民家中。童年时代就迷上了户外大自然中的花草虫鸟。在他不足19岁时就立志研究昆虫。后来靠自学获得了自然科学硕士、博士学位。

1880年他用积攒的一小笔钱，在乡间小镇塞里尼昂附近购得一处坐落在生荒地上的老旧民宅，进一步研究活虫子的计划即将变成现实。

他精神舒畅，给这处居所取了个风趣的雅号——荒石园。年复一年，他守着心爱的荒石园，开足生命的马力，不知疲倦地从事独具特色的昆虫学研究，把劳动成果写进一卷又一卷的《昆虫记》。

他就是这样，孤独、欢欣、清苦、平静地度过了35年余生。《昆虫记》主体内容集中在昆虫学问题上，同时收入一些讲述经历、回忆往事的传记性文章，若干解决理论问题的议论，以及少量带科普知识性的文字。

1915年11月的一天，这位以昆虫为琴拨响人类命运颤音的巨人逝世。

师：看了这么一大段有关法布尔的介绍，你对法布尔有哪些了解？

师：同学们，你们口袋里常常放着什么？（学生交流）（出示图片）法布尔小时候对小虫子十分着迷，口袋里常常装满了各种昆虫。

本环节重点是让学生认识法布尔，从事例中感受法布尔对昆虫着迷的程度，进一步激发学生对其作品的关注。

（二）简要分析

1. 上述好书推荐课的教学设计把握了以下几个原则

（1）兴趣性原则。教学中运用图片演示，帮助学生进入阅读情境。选取两三处精彩片段，让学生去探索昆虫世界里那些不为人知的奥秘，教学时紧扣动物特点，引导学生进行交流，体会书中生动活泼的语言，从而体会到阅读的乐趣，真正地享受阅读。

（2）教育性原则。教学中介绍《昆虫记》作者小时候几个痴迷观察昆虫的故事，使学生感受到作者正是靠着长期的勤奋努力和坚持不懈地观察，才发现了昆虫世界各种有趣的秘密，写成世界名著。读一本书要给学生一定的心灵启示，能提高学生的思想认识，指导学生的行为习惯。作为教师，我们一定要指导学生选书时的正确价值取向。

（3）益智性原则。大多数学生只了解常见昆虫（蝴蝶、知了、蜜蜂等）的外形，对昆虫的生长过程和生活习性学生并不了解，向学生推荐这本书，开拓他们视野和丰富他们学识的同时，还能够激发他们的求知欲望，开发他们的求异思维和创新思维。

2. 上述好书推荐课的教学设计还运用了以下策略

（1）设置悬念，激发阅读欲望。

儿童天生就充满了好奇心，所以设置悬念是很有效的阅读推荐策略。通常有几个设置悬念的切入点。

片段阅读设悬念。教师抓住一些有趣情节朗读后戛然而止，请学生猜想后面的故事内容，以激发起学生强烈的阅读欲望，让学生对书中情节发展的探究欲罢不能。

图片想象激悬念。在儿童作品推荐中运用书中插图激发悬念也是一个很好的方法。根据图片想象，能帮助儿童进入阅读情境，帮助儿童理解文字。

（2）品味情趣，引发阅读期待。

儿童是感性的，具体形象最能引起儿童兴趣，也最能激发他们的思考。儿童是需要有想象力，有趣味的东西的。如讲述作者观察昆虫的故事及作者小时候"伏在地上用放大镜观察蚂蚁搬运苍蝇""爬树观察螳螂"等，可大大激发孩子的阅读欲望。

（3）感受影响，产生阅读向往。

阅读期待除了来自作品本身，有时还源于对作者喜爱，或者对作者、对作品影响力的好奇心。《昆虫记》不仅是一部文学巨著，也是作者法布尔用一生精力完成的一部昆虫学巨著，被译成50多种文字出版，成为世界各国小朋友最喜爱的科普读物，也是中国中小学生必读的课外书。这些信息的传递都会让学生对作品产生浓厚的兴趣，阅读向往随敬佩之情油然而生。

（此文荣获北京市"智慧教师"征文一等奖）

《妈妈睡了》教学设计

学　　科：小学语文　　　　年　级：二年级

教材版本：统编版　　　　章　节：第三单元　　　　课时：第一课时

【教学内容分析】

1.《义务教育语文课程标准》。阅读教学应引导学生钻研文本，在主动积极的思维和情感活动中，加深理解和体验，有所感悟和思考，受到情感熏陶，获得思想启迪，享受审美乐趣。

2. 语文学科核心素养。思维的发展与提升——学生在语文学习过程中，通过语言的运用，获得直觉思维、形象思维、逻辑思维、辩证思维和创造思维的发展，以及深刻性、敏捷性、灵活性、批判性和独创性等思维品质的提升。

3.《妈妈睡了》讲述了妈妈在哄孩子睡觉的时候自己先睡着了。看着熟睡的妈妈孩子觉得她很美丽，很温柔；同时也感受到了妈妈的辛苦和劳累。通过孩子观察熟睡中的妈妈，我们感受到了他对妈妈满满的爱；而通过孩子的想象，也体会到了妈妈对孩子深深的爱。

【学生情况分析】

二年级的学生具有好奇、探索、易感染的心理特点，在学习生字时已经能用基本的识字方法识记生字，一些长句子和短语的朗读对于孩子还有一定难度。

【教学目标确定】

知识与技能：认识"哄""乏"等12个生字，读准多音字"发"，会写"哄""先""闭""脸"4个字

过程与方法：能正确通顺地朗读课文，说说睡梦中的妈妈什么样子。

情感与态度：体会妈妈的辛苦，感受妈妈对"我"的爱。

【教学重点难点】

教学重点：认识"哄""乏"等12个生字，读准多音字"发"，会写"哄"

"先""闭""脸"4个字

教学难点：能正确通顺地朗读课文，说说睡梦中的妈妈什么样子。

【学习评价设计】

从知识与技能、过程与方法、情感、态度与价值观这三方面对学生进行夺星评价。

布置课堂检测，检测学生对字词的掌握程度。

【教学过程】

环节一：初读课文，扫清字词句障碍	
板书课题 1.读读课题，妈妈睡着了，别吵醒妈妈，轻轻打开书读读课文，读不准的地方借助拼音多读几遍。 2.老师这有几个生字，能读准吗？	学生活动 1.自己读课文，拼读不认识的字。 2.读字词。 读句子。
活动意图说明：通过各种形式的朗读，让学生在掌握字词的同时，充分接触熟悉文本内容。"的地得"的朗读指导是重点让学生自己去发现去说，把主动权交给学生，让学生更乐意去读。	
环节二：整体感知课文内容	
教师活动 1.轻声读课文，争取把课文读正确，标出自然段。 2.能把课文读顺吗？指名分自然段读课文。 3.小声读课文，边读边用圆圈圈出睡梦中的妈妈什么样。	学生活动 1.自读课文，标出自然段。 2.分自然段读课文。 3.自己读课文，圈出睡梦中的妈妈什么样。 真美丽　　好温柔　　好累
活动意图说明：从整体感受课文，对于低年级小同学来说，读通读懂课文是语文学习的基础。	
环节三：集中学习生字	
1.第一自然段告诉我们什么了？ （1）指名读第一自然段。 （2）学习生字"哄"。 师：谁哄谁啊？ 看老师写。（板书：哄） （3）学习生字"先"。 师：谁哄谁啊？谁先睡着了？ 老师提一个问题，谁最快举手谁就是先举手。 饭前便后先洗手。	1.预设：妈妈睡着了。 （1）指名读。 （2）在句子中学习生字。 说识字方法。 哄同桌，理解"哄"的字义。 再读句子。 在手心里写。 （3）说识记方法。 先举手。 先洗手。

续表

2. 第二自然段告诉我们什么了？ （1）学习生字"闭"。 师：读句子，什么闭上了？为什么？老师感觉大家也累了，我们也一起闭上眼睛，睁开。眼睛就像一扇门，所以部首是门字框，闭上眼睛要插上门栓，里面的才就像门闩。 在桌上写，跟老师写。 （2）学习生字"脸"。 师：出示篆体字义，猜一猜是哪个字？说理由。你还知道哪些月字旁表示身体部位的字？ （3）拿出田格本，书写"闭"和"脸"。 （4）展评。 （5）本节课我们学习了四个生字，了解了睡梦中的妈妈真美丽，好温柔，好累。	2. 指名说：妈妈真美丽。 （1）眼睛。很累。 （2）脸，肉月旁。 （3）书写。 （4）倾听回顾。

活动意图说明：学生对"脸"字的识记有困难，所以采用多媒体直观手段，让学生一看就明白了学生的识字方法很多，教师要适当总结，以便学生在今后的识字中有"法"可依，进而丰富识字经验，提高识字能力。

【板书设计】

1. 妈妈睡了

哄　先　闭　脸

真美丽　好温柔　好累

【作业与拓展学习设计】

1. 完成书后生字表中生字书写。把自己写不好的生字再多写几遍。

2. 熟读课文，说一说课文讲了什么。

【特色学习资源分析、技术手段应用说明】

1. 教学环境：多媒体环境。

2. 资源准备：教学PPT、生字苹果、绳子。

新课标指出：学生是学习的主体。在教学中不能以教师的分析代替学生的阅读实践。要珍视学生的独特的感受。阅读也是低年级教学最常用的方法，学生在读中积累，在读中感悟，在读中形成语感。而本课语言精练而生动，学生要在读中去感悟。

新课标明确指出：要变单一、被动、接受的学习方式为合作、主动、探究的学习方式。在识字这一环节应放手让孩子多体会，多感受来理解字义，识记字形。

【教学反思与改进】

特点一：叶圣陶先生说："作者胸有臆，入境始觉亲。"要想学生有文中所描绘的那种感知体验，我们必须要创设一定意境和氛围，才能让学生有如同身临其境的感受。在这节课里，我通过借助多媒体课件，尽量做到先让学生结合生活实际直观感知后再理解其含义，如"哄"和"先"字的教学指导；

特点二：我重视对重点词语的理解，充分调动学生的动手、动口、动脑能力，让学生自己哄一哄同桌；摸一摸自己红润的脸；提高学生品读句子和词语的能力，也提高学生的操作技能和观察能力。

（此课例为北京市通州区区级研究课）

杨晓华

▽

　　杨晓华，通州区东方小学教师，本科学历。从教23年来，一直从事语文教学工作兼班主任工作。始终坚守在教育教学工作第一线，在语文教学中形成了自己的教学风格，师生相处和谐。多年的教育教学生涯和生活的磨炼，使她变得成熟而自信。在她所选择的教育这条路上，她收获了教育之果实，享受了教育之甘甜。自从教以来，她所撰写的论文、教学设计、案例分析，有一百四十多篇获奖，多次承担市区课题研究。她会让她的教育之路开满鲜花，增添更多的光彩。

合理利用现代信息技术，为语文课堂锦上添花

合理利用现代信息技术，将极大程度地提高语文课堂教学的实效性，为课堂教学增彩。我连续多年在小学低年级从事语文教学，发现低年级学生普遍具有自我控制能力比较弱，以无意识记忆为主的特点。而合理规范科学运用信息技术作辅助教学手段，可以通过直观形象的声音、动画、色彩等特点展示教学内容，具有趣味性、高效性、容量大等优点，能把学生的非智力力因素集中起来，变学生的无意识记忆为有意识记忆，使学生乐学、爱学，从而优化课堂教学，提高教学质量。

一、激发学生学习兴趣

教育家乌申斯基说："没有任何兴趣，而被迫进行的学习，会扼杀学生掌握知识的意愿。"语文教学中激发学生的兴趣，吸引学生的注意力，可以借助计算机多媒体的运用。教师在教学中根据课文内容，利用多媒体展示、播放一些相关的图片、动画、视频、音频等，这些直观形象、富有吸引力的感性材料，往往能调动了学生学习的积极性。

心理学研究表明，人们感知事物必须通过多种感官才更有效。以现代信息技术辅助教学，以其声、形、情兼备，视、听、说相融，并且不受时间、空间限制等特点，以及动听的声音，漂亮的图片，诱人的动画，深深激发了学生的学习兴趣。

俗话说："良好的开端是成功的一半。"在教学实践中，我们不难发现低年级学生好动的个性和较难控制住自己情绪的特点。往往上课铃声响了，即使学生也进了教室，但他们还依然会热情高涨地讨论着下课时的游戏及见闻，激动情绪很难马上稳定下来。此时，按照常规的说教、平淡的课题导入已经难以引起学生们的注意。这时，如果运用有趣的动画、优美的声音或鲜艳的色彩等多媒体教学信息则能较快地把学生的注意力吸引过来，唤起学生学习的欲望。如在学习《乌鸦喝水》一文时，我在上课初始时用多媒体播放《乌鸦喝水》的动画和音乐。学生

通过大屏幕可以一边听着欢快的乐曲，一边看动漫，同时也看歌词——歌词即课文内容。学生们一下子就被这生动的画面、欢快的乐曲吸引住了，并且在欣赏音乐的同时，他们也把课文内容浏览了一遍。这样激起学生深入课文内容的强烈欲望，为教学的顺利进行提供了前提。我也就达到导入的目的。

二、直观演示、突破难点

把握重点，突破难点是上好一节课的标志，是课堂教学的主要环节。教学中，当遇到不易讲清和学生不易掌握的重难点时，可运用计算机辅助教学、直观演示，变抽象为形象，降低难度，对突破难点可产生事半功倍的效果。

如《称象》一文第一至第三段内容较浅显，学生通过自由朗读或角色朗读就可感悟理解，而第四段"曹冲称象的方法和步骤"是全文的重点也是难点。这段话不但语句长，而且较为抽象，对三年级小学生来说，要弄清其原因着实不易。因而在引导学生理解此段内容时，用计算机设计动画演示，分步演示整个"称象"的过程：赶一头大象上船，船慢慢下沉，沿着水面在船舷上画红线，赶象上岸，船又慢慢上浮，往船上装石头，船渐渐下沉，直到下沉到画线的地方为止，称石头，得大象的重量。在演示的过程中配以解说、讲解，进一步演示一步。这样直观、形象、具体，学生通过视觉、听觉共同参与学习，课文难点就较顺利地为学生所掌握。而且从演示解说中，学生也理解了"先……，再……，然后……，最后……"这个表示程序步骤的语序用法。

三、丰富课堂教学，拓宽学生知识面

低年级学生的知识面狭窄，生活经验少，所学课文也往往是代表性的文章，不能较全面地展示信息。而多媒体信息技术具有大容量、多信息、灵活性强等特点，给课堂教学注入了新的生机和活力，可以有效地补充课文的空白，拓宽学生的知识面，是学生获取更多知识的平台。

如《小壁虎借尾巴》一文中，在拓展环节上，可以让学生说说别的动物尾巴的用处。学生虽然对有的动物尾巴的功能略知一二，但为了增长他们的见识，老师可以下载并加工制作相关课件：让各种可爱的动物们用有趣的语调生动地介绍自己的尾巴的作用。学生从中获得松鼠用尾巴当降落伞和棉被，猴子用尾巴荡秋千，袋鼠用尾巴当平衡器、当凳子，鳄鱼用尾巴当武器，狗用尾巴表达情感等信息。

四、创设游戏，玩中识字

低年级有很大的识字量，如果单靠机械识记或传统地教学，教师在黑板上一笔一画地范写来传授给学生，这不但枯燥无味，而且很容易引起学生的厌烦情绪，从而影响学习效果。小孩子天性爱玩，更喜爱玩游戏，特别是低年级学生，各种趣味性游戏，对他们具有极强的诱惑。在识字教学中利用小孩子的特点运用信息技术设计各种与生字有关的游戏，让学生在学中玩，玩中学，可达到欲想不到的效果。

如：①摘苹果游戏。在电脑上设计一棵大苹果树，大大的苹果上写着一个个生字。指定学生识字时，读对了，就可以将大苹果摘下来，反之则不能摘下苹果。②走迷宫游戏。把生字设计成迷宫，让学生比赛看谁先走出迷宫。③戴帽子游戏。将生字设计成宝宝形状，拼音设计成一顶顶帽子，让学生帮生字宝宝戴对帽子。④打气球游戏……各种各样的游戏简单而有趣可以充分调动学生学习的兴趣，让学生喜欢学习汉字，有主动识字的愿望，加强他们的识字记忆，从而有效地提高识字教学质量。

五、促进语文的复习与练习

在复习课中，我们可以利用多媒体出示相关复习知识的多种链接，在这上面显示一些相关的比较内容，有助于学生获得直观性的理解和加强记忆。例如识字复习中，就可以把熟字换偏旁、熟字加偏旁，形近字的区别，多音字的组词制作成课件。

在练习课中，我们可以自己设计一些和课文相关的练习题，有拖拽式的，有文本输入式的，有单击选择式的等等。在做课堂练习时，过去我们老师要收起作业本来一本本地批作业，而现在学生按设计的程序去做练习，做完一道电脑马上会给出相应的正误判断：如果你做对了，电脑或是伸出大拇指，或是给你一面小红旗，或是称赞表扬你等；如果你做错了，电脑或是来个摔跟头，或是扮个鬼脸，或是给出错误提示等，并都配以和谐与不和谐的音乐，而且反馈及时，电脑根据做题情况给出不同的分数，既省时省力、高效快捷，又让学生的各种思维能力得到及时地培养。同时其他的同学也可以观看到做题同学的做题经过和了解到解题的思路，而有些错误是带有普遍性的，这样其他的同学也可以从中得到教育和启发。这不但增大了复习、练习课的知识容量，而且大大提升了复习、练习课的效率。

六、有利于激发情趣，产生写作欲望

学习最终目的是为了应用，培养学生从听到说，从阅读、理解课文到运用和写作。信息技术在课堂教学中的实际运用，可以带动学生从身临其境的感知，领会中过渡到图画的解说，由对课文的理解过渡到学生自己的口、笔头作文训练。从而激发了学生内心的情趣，产生了写作的欲望。丰富多彩的多媒体技术以其信息传递的快捷性，知识更新的便利性、媒体内容、形式的新颖、生动性，以培养学生的创新能力为核心，拓展学生的写作思路，激发学生写作的积极性，为作文教学改革插上了腾飞的翅膀。

总之，合理恰当地运用现代信息技术教学，尊重和发展学生的主体意识和主动精神，发挥学生的自主性、能动性和创造性，培养学生的学习兴趣，变枯燥乏味的"传统教学"为生动有趣的"现代教学"。能够帮助教师更好地完成教学任务，提高课堂教学实效。如果说语文课堂教学是一朵绽放的花蕾，那么融合现代信息技术的多媒体教学就是一片锦上添花的绿叶，二者相得益彰，互为一体，给学生创设了愉悦有趣的情境，为语文教学插上翅膀，从而提高了语文的教学质量。

（此文荣获北京市"京研杯"二等奖）

《坐井观天》教学设计

学　　科：小学语文　　　　年　级：二年级

教材版本：部编版　　　　　章　节：第五单元　　　　　课时：第二课时

【教学内容分析】

《坐井观天》是一篇寓言故事，根据《庄子秋水》中的相关内容改写。课文通过简短而传神的对话，讲述了一个有趣且寓意深刻的故事。本课设计时把小鸟与青蛙的三次"对话"作为教学的主要内容，把"读"作为感悟理解"对话"的重要学习方法，让学生读中明理，读中悟趣。使学生的主体地位得到充分体现。

【学生情况分析】

对二年级的学生来说，他们喜欢探索，好奇，并喜欢阅读童话故事，而这篇课文童话性很浓，学生喜欢朗读，所以理解起来不会困难，真正理解寓意有一定的困难，所以我通过实验帮助学生，起到了很好的作用。

【教学目标确定】

学习"喝""渴""话""际"4个生字，认识多音字"哪"。

能分角色朗读课文，读好小鸟和青蛙的对话。

能明确小鸟和青蛙争论的问题，知道它们的说法不一致的原因，体会故事寓意。

【教学重点难点】

教学重点：能分角色朗读课文，读好小鸟和青蛙的对话。

教学难点：能明确小鸟和青蛙争论的问题，知道它们的说法不一致的原因，体会故事寓意。

【教学过程】

环节一：创设情境，温故知新	
教师活动 同学们，今天我们继续学习第十二课坐井观天。请大家和老师一起书写课题。齐读课题。 1. 词语。 青蛙 井沿 抬头 相信 回答 弄错 口渴 喝水大话 无边无际 2. 多音字复习和语气助词复习。 （1）你从哪儿来呀？ （2）大得很哪！ 谁来读读这两句话，你发现了什么？学生回答。 "哪"不只是多音字，它读轻声时还是个语气助词。复习所学过的语气助词。 3. 回忆课文内容。课文讲的是谁和谁的事。它们在争论什么？学生回答问题，老师根据学生的回答在黑板上画图，并贴青蛙和小鸟的图片。 4. 你还记得青蛙和小鸟一共进行了几次对话吗？学生回答。	学生活动 读课题并书空课题。 开火车朗读课文中的词语。 指名读句子。 说发现（多音字，标点）。 再次读。 说一说以前学过的语气助词（吗、呢、呀、啊等）。 指名回答。
活动意图说明：复习巩固词语，复习多音字和语气词，检查学生对第一课时的掌握情况，通过回忆课文内容，对文章有个大概的了解。	
环节二：研读文本	
教师活动 （一）请同学们看自读提示 1. 用横线画出青蛙的话，用曲线画出小鸟的话。学生自己读课文，然后动手画线。 2. 找三名同学读青蛙和小鸟的对话。 3. 学生看屏幕上的答案，自行改正。 （二）学习青蛙和小鸟的第一次对话 1. 坐在井底的青蛙，看到了井沿上的小鸟，它问什么了？ 2. 指导朗读句子：你从哪儿来呀？（指名读。齐读。） 3. 引语：哪只小鸟来回答？（学生回答：我从天上来，飞了一百多里，口渴了下来找点水喝。） 4. 小鸟飞了多少里路？ 你知道一百多里有多远吗？ 老师告诉你一百多里相当于在我们学校操场上走200多圈那么远呢。	学生活动 按自学提示画句子。 三名同学读句子。 对照屏幕修改。 指名回答。 练习朗读。 指名读。齐读。 学生回答。 一百多里。 学生回答。

续表

5. 指导朗读。	练习朗读。
6. 如果你就是这只飞了一百多里的小鸟，你有什么感受？	学生回答：太累了，需要喝水，想休息。
7. 学习"渴"和"喝"这两个生字。	
（1）观察这两个字，你有什么发现？（偏旁不一样，右边的部件是一样的，并告诉学生右边的部件是曷）	学生回答。
（2）你怎么记住它？	口渴想喝水，所以是三点水旁。喝水要用口，所以是口字旁。
（3）请同学和老师一起书写"渴"这个字。老师板书，学生书空。学生在手心儿里写一个"渴"。在桌子上再写一个"渴"。你能自己写一个"喝"字吗？学生边写老师边提醒偏旁。	学生按要求书写。跟随老师书空，记忆笔顺。在桌子上书写。在手心里书写。
（4）选字填空	按照要求填写。
①跑了五圈，我口（ ）极了。	掌握字形，记忆字形。
②姐姐特别喜欢（ ）牛奶。	
③一只乌鸦口（ ）了，到处找水（ ）。	
（5）飞了一百多里的小鸟，此时最想喝什么呀？	学生回答：水。
（6）读小鸟的话，再次体会。	用"喝"组词语。
（7）小鸟飞了一百多里，你觉得它都飞过了哪里？（找学生回答。）请你用屏幕上的句子说一句完整的话。	再次朗读。学生回答。
小鸟飞了一百多里， 飞过了（ ）； 飞过了（ ）； 飞过了（ ）……	
小鸟飞过了这么多地方，看到了这么多景色，我们用一个词来说就是见多识广。板书见多识广。	练习说一说。
（8）再次感受青蛙和小鸟的第一次对话。（指名读）	学生回答。
（三）学习青蛙和小鸟的第二次对话。	
1. 引语：坐在井底的小青蛙听了小鸟的话，它又是怎样说的？（指名说）PPT出示	按屏幕上的要求说句子。飞过了草原；飞过了大海；飞过了城市。
2. 理解"大话"的意思。指导朗读。	大话就是吹牛，骗人的话。
3. 青蛙觉得天有多大？学生说，老师板书（井口大）。"话"是本课书的生字，你用什么方法记住它呢？	青蛙觉得天只有井口那么大。说记忆方法：熟字加偏旁。熟字换偏旁等。在桌子上写一个，书空一个字。记忆字形。
4. 引语：那我一起来做个小实验，感受一下坐在井底的青蛙，看到的天空是多大？纸筒实验感受。	学生用纸筒看天花板。说一说看到的天花板有多大。

续表

5. 对比句子。 （1）天不过井口那么大，还用飞那么远吗？ （2）天不过井口那么大，不用飞那么远。	对比读句子。 感受反问句的语气更强烈。
6. 青蛙认为自己说的都是对的，这就是自以为是。 板书：自以为是。	理解"自以为是"。
7. 小鸟同意青蛙的看法吗？你从哪个词看出来的？学生回答。小鸟看到的天空有多大？学生回答"无边无际"。理解"无边无际"的意思，你都知道什么地方是无边无际的？学生说一说。（草原、沙漠、大海）。 学习"际"字。 说一说你怎么记住它。在桌子上写一遍。闭上眼睛写一遍。	不同意青蛙的看法。 你弄错了。 无边无际就是没有边界。 无边无际的草原，无边无际的大海，无边无际的天空。 说记字方法，练习书写。
8. 引语：谁快来告诉我，告诉我这只自以为是的青蛙。 指名读。齐读。	自己观察范字，练习在桌子上书写，掌握字形。
9. 指名读青蛙和小鸟的第二次对话。再次感受。 （三）学习青蛙和小鸟的第三次对话 1. 青蛙和小鸟争着争着都笑了起来。自己读读书上青蛙和小鸟的第三次对话，你知道了什么？ 2. 引读：真是一只自以为是的青蛙呀。 3. 面对这样这只自以为是的青蛙，小鸟着急吗？ 4. 引读：自以为是的青蛙笑着说。 小鸟无奈地笑着说。 （四）了解寓意 1. 学生自由说寓言的寓意。 2.PPT 出示寓意。学生读。 （五）分角色朗读课文 （六）同桌讨论 青蛙真的跳出井，它看到了（ ）。 青蛙又见到了小鸟，说；"（ ）。" 小鸟说："（ ）。"	练习朗读。 指名读，再次感受。 学生自由读句子，学生回答。 学生读。 学生回答：小鸟着急。 学生读句子。 引读句子。 学生自由说寓意。 读一读寓意。 分角色朗读。 同桌讨论。 说一说。

活动意图说明：小鸟与青蛙的三次对话作为教学的主要内容，把"读"作为感悟理解对话的重要学习方法，让学生读中明理，读中悟趣。使学生的主体地位得到充分体现。通过实验让学生理解"天不过井口那么大"，让学生通过讨论青蛙真的跳出井，它看到了什么？又见到小鸟说什么？培养的学生的想象力，发展了学生的语言表达能力，让学生通过总结寓意，提高学生学习的主动性。

续表

环节三：指导学生书写生字	
教师活动 学习书写生字。"渴""喝""际""话"让学生自主观察生字，自己练习书写。学生在书写时提醒坐姿，书写姿势。注意左窄右宽。注意"曷"的下半部分的结构和写法。	学生活动 学生通过自主观察汉字，练习书写生字。描一个写一个，展示评价学生进行评价，根据他人提出的意见再次书写一个，再次评价。同桌评价。 在生字本上正确书写生字。每个字写两个。

环节四：推荐阅读书目	
为同学们推荐《中国古代寓言故事》	
活动意图说明：此环节的设计是为了让学生更多地了解寓言故事。	

环节五：作业	
教师活动 抄写本课所学生字 阅读课外书籍	学生活动 学生完成作业积累寓言故事
活动意图说明：让学生掌握生字并学会积累。	

【板书设计】

12　坐井观天

无边无际　　　　　　见多识广

图片　　天有多大

井口大　　　　　　自以为是

【教学反思与改进】

《坐井观天》是一篇寓言故事，根据《庄子秋水》中的相关内容改写。课文通过简短而传神的对话，讲述了一个有趣且寓意深刻的故事。通过教学，我收获颇丰，分享如下：

1. 生动、有趣又能突出中心的板书

板书，赏心悦目，两个小动物：小鸟、青蛙的卡通图片，一口枯井，仿佛展现了故事的生动情节。小鸟和青蛙在井旁所站的位置，以及"见多识广""自以为是"的相互呼应，更是直指中心。

2. 课堂上，注重学生学习习惯的培养

纵观这节课，学生们个个挺直腰板，回答问题声音洪亮，每当书写之际，总会有个小老师提醒大家坐姿，这一定与杨老师平时常抓不懈的训练分不开的。

3. 重视语言文字的训练

在教学中，巧妙设计了一次对话，丰富了学生的想象力，巩固并综合运用了在课堂上学习的语言文字。例如青蛙真的跳出井，它看到了（　　　）。青蛙又见到了小鸟，说："（　　　）。"小鸟说："（　　　）。"这个富有想象力问题的提出，使学生们积极思考，兴致勃勃。记得一名学生说："青蛙跳出井，它看到了小鸟所说的世界。青蛙又见到了小鸟，说：'你说得太对了，是我自以为是了。'小鸟说：'来到外边的世界，你一定会见多识广的。'"这样的训练，让学生的知识，转化为了能力。

4. 难点突破讲方法

理解小难点"天有多大"时，让学生拿起纸，卷成筒，看看筒里的天，学生们一下子就体会到了青蛙的处境，为后文青蛙的后悔，做了很好的对比。

5. 在课中渗透了反问句与肯定句的教学，为高年级的再次学习，做好铺垫

例如，"天不过井口那么大，还用飞那么远吗"对比"天不过井口那么大，不用飞那么远"，让体会学生语气和感情。

不足：给学生朗读的时间再多一点就更完美了。

（此课例为北京市通州区片区研究课）

芮雪飞

▽

芮雪飞，1977年10月生于北京市通州区，1997年7月毕业于北京第一师范学校，在职自学取得本科文凭。校级骨干教师，中仓学区优秀班主任。

热爱、关心、尊重、理解每一名学生，精心营造自主和谐的班级氛围。让学生成为最好的自己。善于发现教育契机，把解决班级问题的主动权交给学生，巧妙地创设教育情境。用高尚的品格感染学生赢得学生。真正给学生心灵埋下真善美的种子，让学生扣好"人生第一粒扣子"。

在教学实践中，注重调动学生学习兴趣，正确处理传授知识，开发智力，培养能力的关系；坚持对学生进行细节习惯的培养和学习方法的细节指导，加倍关注可提高生，用师生角色换位思考的模式，给予他们学习的动力及战胜困难的勇气。让学生体会到"学会"的乐趣，逐步提升到有"会学"的本领。每节课，每位同学，都是她学习提高的"书籍"。近两年撰写了多篇教学反思、论文获奖10余项。

贴心关怀，引领学生成长

——读《班主任之歌》有感

教育教育不仅是教，更在于育。班主任"育"体现在发现人，点燃别人心中的灯，班主任是每个人生命中除了父母之外影响力最大的人，是用生命影响生命。我的目标就是让我的学生成为最好的自己。作为班主任，要有母亲般的温暖，有父亲般的严格，有兄妹般的亲密，有朋友般的情谊。在我的教育管理中，我一直以时间为针、爱心为线，智慧为眼来发现每个学生的长处，用心呵护与引导，给学生的心灵撑起绿伞。学会发现每个学生的闪光点，无限放大他们的优点。要做好学生的工作，教师都要了解学生、关怀学生、尊重学生宽容学生，以自己的真心换来学生的信赖，做学生的知心人。只有这样，我们才能走进学生的内心世界，实现我们的教育目标。

一、做学生的知心人及时洞察他们的内心动态

要了解学生的内心动态，不论多大的学生，都有自己内心丰富的世界，教师要了解学生的所思所想，才能与他们更好地交流沟通，疏导情绪达到影响他们，教育他们的目的。三年前，我接了一个特殊的班级，有两个班各抽取出来一些学生组成一个新的班级二（1）班。为了让学生尽快地融合在一起，在假期我走访了大多数家庭，大致了解了学生的生活背景，脾气秉性。在开学后，我通过日常教学观察他们，通过记录学生的成长记录，多方面了解他们，每个课间，我都会与他们聊天，了解他们的所思所想，同时也把自己的期望传递给他们。

经过一段了解后，我看到这个班学生的尖子突出，争胜好强，积极上进，敢想敢说敢干，特需生有上进的愿望，但也存在怕吃苦的问题，于是我决定围绕如何形成新的集体，开展"我是二（1）班的一颗星"的主题活动，过程中学生的特长得以展示，精神得到滋养，同时培养学生的集体意识，并在班级日常活动中

通过评比，表扬等方法，鼓励尖子学生敢于拔尖，特需学生乐于学习，创设一种和谐的氛围，使学生爱自己的集体，愿意为集体做贡献。与此同时还对学生的日常行为规范提出明确的要求，让孩子们感受到我们的集体是一个先进的集体，生活在这样的集体中是很快乐的。

由于种种原因，在学生三年级的时候，我没有继续担任这个班的班主任工作，后来我又重新回到了这个班，继续担任他们的班主任。面对着一年的分离，学生们有什么变化？他们在想些什么？成为我首先考虑的问题。因此，在开学初我先对学生了一个问卷调查，问学生几个问题，如："你认为我们班的优势是什么？需改进的问题是什么？我们班需不需要改选？"然后认真分析了学生的问卷，在了解学生对自己班级的看法，心中的渴望后，我们共同制定了我们的班级计划，确定了班级奋斗目标，让学生感受到自己与集体密不可分，调动了学生的积极性，使他们产生了集体的责任感。

二、做学生的知心人，要关心学生的喜怒哀乐

每个孩子的身后都有着不同的生活背景，而这些环境对学生的身心发展的影响也是我们不能忽视的。教师，特别是班主任，我们要全方位地关心学生，把我们的爱送到孩子的心田。

我班小弋活泼好动，父母都是北漂为人刻薄，对孩子的成长造成极大的影响。小艺在班上经常莫名其妙地追着同学打，打后转身就跑，就算被同学告诉老师他也是不认错，反而会说出许多别人打他欺负他。说谎话，有着许许多多的"劣迹"。对人防范意识极强，害怕别人欺负自己，对一些小事也很敏感，因此律己宽，责人严，常因一些小事与同学发生矛盾，对同学不友好，充满敌意。面对这样的孩子，我应该怎么办？我想，别无他法，只有用自己的一腔真情去感动她们，让他们感受到温暖。为此，我在学校也对小艺学习状况格外关注，每天进行个别检查，课间让他帮我干事，课上在班里对他进行表扬。几天后，特意召开一次班会"我眼中的小艺"（提前叮嘱好同学们只说优点回避缺点）。课上同学们争先恐后地你一言我一语，说小艺的优点。此时，小艺是泪流满面。哽咽着说："谢谢，我会改掉缺点的。"教室里想起了掌声让他体验到温暖。从那以后，小艺的改变特别大融入了集体。

三、做学生的知心人，要宽容学生，尊重学生

伦理学家包尔生指出："教育孩子是一种困难和伟大的技艺，他首先需要控制自己柔弱的本能冲动的能力。"现代教育理论一直强调学生是发展中的人，其中的含义无非是体现在两个方面：①学生有获得成人关怀的需要，因此教师的关怀就不是可有可无，而是非常必要；②既然学生是发展中的人，错误就在所难免，因为发展就意味着不完善，在这个过程中各种各样的错误都会出现，有无心的，有无知的，也有有意的。作为教师要有高度的宽容和耐心，尊重学生的人格，包容学生的缺点，用我们无条件的爱心去温暖孩子的心灵，让他们看到一个美好的天空，为他们创造一个新的世界。

我们每天都接触学生，难免会发现学生出现的各种问题，处理这些问题时，我都要求自己以学生的角度去分析，以冷静的态度去解决，不是学生产生对立的情绪。记得有一次，小峰因为作业没改完错，放学后被我留下补课，没想到他气得乱摔东西，极为不满。当时我也很生气，但是还是忍住了，让他回了家。第二天我找到他，问他明白不明白老师为什么会留他？他还余怒未消，气哼哼地说不明白。我见此情景，没有继续与他交谈，等放学后他的家长来接他时，把他的母亲请了进来，说出我的目的，并了解情况。通过交流，我知道了原来由于父母年岁较大，在家对他百依百顺，使他非常好面子，容不得批评。老师留他补作业，他认为只有差学生才会被老师留下补课，自己被留下很没面子，因此情绪激动。而此时我也把自己为什么要留下他的原因说出来，和他的妈妈一起为他讲道理，使他明白了老师的想法。从那以后，他常常主动留下来要求不可，改正作业也很及时，学习态度有了很大的变化，和老师的关系也日渐亲密。

教师对学生的理解和关怀，尊重和信赖，也使学生懂得了自己的责任，学会了自我教育。教师做学生的知心人，撒下了爱的种子，而收获的是无数颗懂爱的心。三年来，我和孩子们建立起深厚的感情。他们学会了爱集体、爱老师、爱亲人、爱伙伴。"人间最美是真情。"孩子们纯真的心，让我享受到人间最美的真情，使我的幸福达到了顶点，让我感受到教师这个职业，特别是班主任这个工作，是天底下最好的职业，是最美的工作，能够从事这样的工作，能够和孩子们快乐的生活，使我最大的幸福。

"书卷多情似故人，晨昏忧乐每相亲"通过阅读北京教育丛书《班主任之歌》给予我心灵的滋润，内心慢慢变得柔软、丰富而辽阔。

（北京市第七届读、用《北京教育丛书》征文荣获一等奖）

《弟子规·凡出言》教学设计

学　　科：小学国学诵读　　年　级：二年级

教材版本：　　　　　　　章　节：弟子规·凡出言　　课时：第一课时

【教学内容分析】

《弟子规》以经典的精神和思想浸润心灵，以文言诵读发展语文素养，以传统文化知识增进学养以历史。学生通过诵读国学经典既能认读生字，培养文言语感，又能感受经典文章的情感、思想和文学魅力，从而提高语文素养。本课讲"信"说话是为人处事最基本的方式，强调说话要真实守信、简明清晰。

《凡出言》是弟子规一书中第9课。

《凡出言》韵文如下：

凡出言，信为先，诈与妄，奚可焉。

话说多，不如少，惟其是，勿佞巧。

【学生情况分析】

二年级学生对国学诵读处于启蒙阶段本节课以"三步六正"教学法为指导，按照"正读正音、正字正义、正心正行"的步骤。指导学生多种形式诵读韵文、了解典故、感受平仄、入情入境、动情吟诵，从而有层次、由浅入深地细细品味韵文。

【教学目标确定】

正确、流利、有韵味地诵读韵文，初步掌握"平长仄短"的诵读方法。

初识平仄感受韵文的形式美和音韵美。

在典故与情境中，明白韵文的道理。

【教学重点难点】

有节奏、流利地诵读课文，自然成诵。

通过本课教学，帮助学生逐步掌握基本的诵读方法。

【教学过程】

环节一：初步感知诵读	
教师活动 1. 激趣引文。 出示本课标题"弟子规"。 《弟子规》是根据先师孔子的教诲而编成的。它告诉我们许多道理，在日常生活中，我们要孝敬父母，友爱兄妹，在一切言行中，要谨慎。要以诚信为先，不能花言巧语骗人，说些不真实的话。 2. 正音正读，读准韵文。 课件出示：凡出言。 打开国学书45页读第九课，借助音节读准字音，读韵文，不好读的字多读几遍。 通过练读，同学们都能够读准字音了，真棒呀！接下来我就要给同学们增加难度了，你们想不想挑战一下？	学生活动 1. 学生认真倾听教师介绍。 2. 学生自读两遍。 学生自由读。 指名读、齐读。 去掉所有音节再读。指名读、开火车读、齐读。 听范读进行模仿读。
活动意图说明：激发学生的诵读兴趣初步尝试诵读带来的乐趣，感知诵读的内容。	

环节二：指导学生读出节奏韵律	
教师活动 1. 根据给出的停顿提示读出节奏。 自己练读、打拍子读、同桌互读。 　　凡 / 出言，信 / 为先， 　　诈 / 与妄，奚 / 可焉。 　　话 / 说多，不 / 如少， 　　惟 / 其是，勿 / 佞巧。 2. 孩子们还可以这样读呢！ 　　凡出 / 言，信为 / 先， 　　诈与 / 妄，奚可 / 焉。 　　话说 / 多，不如 / 少， 　　惟其 / 是，勿佞 / 巧。	学生活动 1. 自己练读、打拍子读、同桌互读。 2. 根据给出的停顿符号进行练习，读出节奏。 自由读，男女生打拍子分读，指名读。
活动意图说明：通过变换读的节奏让学生充分体会到诵读的乐趣，有节奏、流利地诵读课文，自然成诵。帮助学生逐步掌握基本的诵读方法。	

续表

环节三：了解韵文含义	
教师活动 我们不仅要会读还要理解韵文的意思，让我们一起学习其中的道理吧！ 正字正义，感悟韵文。 　　　凡出言，信为先，诈与妄，奚可焉。 信：诚信、信用。诈：欺骗、诈骗。妄：谬论，不合理。 译文：凡是开口说话，诚信要放在第一位。不能欺诈别人，不能说不切实际、虚妄无知的话。	学生活动 学生认真听，了解韵文的含义及道理。
活动意图说明：引导学生初读韵文了解韵文含义，激发学生的学习兴趣。	

环节四：结合典故短视频理解韵文	
教师活动 1. 这个典故是在告诉我们什么？ 2. 对应的韵文是什么？ 3. 接下来季礼的这个故事在告诉我们什么？（播放诚实守诺的季礼） 4. 通过观看你懂得了什么？ 你们理解得真好，你们肯定能够做到的。 5. 这句韵文又告诉我们什么道理呢？（出示 PPT） 话说多，不如少，惟其是，勿佞巧。（佞：奸诈的花言巧语） 6. 我们来看看这个故事吧！ 7. 看完了你看讲的是哪句韵文？ 8. 诚信是我们社会主义核心价值观的一项。可见重要性。你们能背背吗？ 9. 读韵文讲究平仄，出示平仄提示（平音长仄音短） 10. 范读（凡出言，信为先，诈与妄，奚可焉。） 话说多，不如少，惟其是，勿佞巧。 11. 谁想打节奏同学们跟读？ 12. 同学们韵文可以配上不同的音乐进行吟唱呢。播放吟唱视频组织学生进行跟唱。 13. 小结：在今后的成长道路上一定要牢记本课内容，用来指导你们的成长。请你们把今天学习的内容写在扇面纸上当作自己的座右铭，警醒着自己。	学生活动 1. 认真看视频典故。 说话算话，说真话。 2. 凡出言，信为先，诈与妄，奚可焉。 3. 认真观看典故。 4. 让我懂得了自己许下的诺言也要做到，要守信。 5. 译文：多说不如少说，只要可靠真实即可，不要花言巧语。 6. 认真观看视频故事。 7. 话说多，不如少，惟其是，勿佞巧。 8. 背诵社会主义核心价值观。 9. 利用手势进行练读韵文。 10. 跟读。 生：指名读、男女生分读、开火车读。 （话说多，不如少，惟其是，勿佞巧。） 11. 请三名同学到前面打节奏。其他学生跟读，读出韵律。 12. 学生试着吟唱，产生吟唱的兴趣。
活动意图说明：通过短视频动画的辅助激发学生的学习兴趣提升对译文的理解。	

【板书设计】

凡出言

诚信

【特色学习资源分析、技术手段应用说明】

本节课短视频典故，有效提高了孩子对韵文的理解，他们不知不觉中走进韵文，浸润心灵。教师帮助学生理解韵文的含义，激发学生学习、理解韵文能力，提升了学生的国学素养。并且巧妙地与社会主义核心价值观结合，拉近孩子与国学和社会的距离，让学生初步建立小主人的意识。

【特色学习资源分析、技术手段应用说明】

借助数学文化，让学生体验面积的发展过程，并激发学生的认知需求，推动课堂的发展。儿童的智慧产生在指尖上。基于学生的认知水平，我让学生动手比一比、量一量，亲身体验，在"做"中帮助学生建立1平方米、1平方分米、1平方厘米的表象。

因此本节课我主要采用动手操作法、问题研究法进行教学，并恰当运用多媒体进行直观形象的辅助教学，遵循学生的发展规律，感受数学思考带来的乐趣。

【课后反思】

"二十四字"诵读法，即平长仄短，声断气连；依字行腔，平起仄收；气运丹田，字正腔圆。熟读成诵后，"平仄"读法可以引领孩子感受诗词、韵文的对仗、韵律，能让孩子迅速进入情境，沉浸陶醉，不知不觉被经典文化浸润。

小手随着平仄打起节拍，朗声吟诵起来，最后伴随着吟诵声离开了教室。这个环节没有体现出来为达到预设效果。吟诵的主要原则是"平长仄短，依字行腔"，和通州区的诵读法一脉相承。在这节课结尾，对此环节落实得不好，没有深入练习效果欠佳。

课上典故的使用有效降低孩子对韵文的理解，不知不觉中走进韵文浸润心灵，达到教育的目的课堂知识的延伸体现在自己制作座右铭卡，切合实际，彰显特色，符合年龄特点。

（此案例荣获第三届全国小学国学经典教学评比三等奖）

王建明

▼

·· ● ··

　　王建明，通州区东方小学语文教师、班主任，校级骨干教师。教育学本科学历。在24年的班级管理中致力于人本教育，立足"诚信做人"。参与全国教育规划、教育科学课题研究。相关研究成果在国、市、区教育科学、教育心理学、智慧教师、京美杯等专业论文、案例、课例评审中多次获得一二三等奖。在语文教学研究实践中以"生本对话"为切入点，专注学习方式系统变革的研究，参与全国"微课支持中小学生个性化学习研究"子课题实验项目。多篇教学设计、课例获得市区乃至全国奖项。

把握文化内涵，用古诗教学撬动生命价值

　　文化是什么？东西方的辞书或百科中有一个较为共同的解释和理解：文化是相对于政治、经济而言的人类全部精神活动及其活动产品。文化是一个民族发展传承的核心。

　　作为中华民族未来的建设者，要树立文化自信，不仅要有扎实的学识，更要有深厚的人文素养。而流传千古至今的古诗词，所承载、浓缩的正是中华民族千年不衰民族精神。那如何利用古诗的学习激发学生的理想抱负和家国情怀呢？下面我以陆游的《示儿》为例，谈谈我是如何挖掘其中的文化内涵来激发学生生命成长价值的。

一、在课堂的情感场中激发人文意识

　　教育就是对人的真善美的张扬，教师要善于利用学习工具，以情牵情。挖掘诗文背后的人文内容，对准确把握核心思想，在联想、生成课堂"情感场"的过程中，易形成强烈的思维碰撞，并升华为探索诗词背后故事的人文意识。

　　引导学生质疑，以情牵情。

　　要想突出课堂的情感场中的"情"更浓，引导学生质疑，启发关注诗文背后的故事，了解创作背景、人文特点，有利于激发学生的情感共鸣，触发联想和角色体验，加深对诗文内容的理解。通过以情牵请，学生在进入角色体验的过程中，能够促进师生积极的情感互动。

　　在讲这首古诗时，我以提问的方式出示了四句诗文内容让大家初读，感受其表达的情感。

> 死去元知万事空，
> 但悲不见九州同。
> 王师北定中原日，
> 家祭无忘告乃翁。

379

生：很悲伤。

师：怎么悲伤？

生：说到了"死""祭祀"……

生：感觉有点绝望。

师：为什么这么悲伤？

问到这儿，学生们一下子蒙了。

看着他们渴求真相的目光，我首先对于他们初读的见解给予了肯定，然后给学生讲起了"故事"：

公元1210年，陆游已经是85岁的老人了，但他仍然念念不忘北伐，念念不忘收复失去的大好河山。有一天，他的身体已十分虚弱了，躺在床上动也不能动，眼神失去了光彩，嘴里不停地喘着粗气。可是，当他看到了乡亲们和他的儿子来到他眼前时，他忽然又振作起来，瞪大了眼睛，吃力地抬起头，要儿子把纸和笔拿来。当他的儿子把纸和笔捧到他跟前时，他用力支撑着，写下了《示儿》这首诗。

一下子，学生们的眼神就亮了。原来背后还有这样感人的故事呢！难怪感情如此强烈。而此时，学生对于故事中的背景又产生了新的问题：

为什么临死他还不忘跟儿子们说收复河山？

为什么他会如此执着？

一系列的追问下，我只能原原本本地把故事从开头之处讲完。问题迎刃而解：从小受父亲的教育，立志报国，有才能，受打击，愿望破灭……

看着学生紧皱的眉头，我于是问道：那种情况下你会是什么心情？

生：愤怒……造反……

师：我在刹那间也有同感，甚至他床前的儿子、乡亲也有可能产生类似的情感。但陆游是怎么做的？

学生再次品读诗文，虽然对于诗文的理解还不完整，但已经沉浸在悲痛、惋惜……的情景中了。

如果你在现场，这篇诗文怎么读？

又一个难题，让学生有点措手不及。在磕磕绊绊的吟诵练习中，那种悲痛的情绪愈发强烈。随着眼圈中晶莹的泪珠的出现，我知道，学生们感受到了陆游爱国情怀的伟大和临终前的良苦用心。

二、在课堂的思维场中感悟生命真谛

小学高年级古诗学习应重在感受其思想内涵，由此才能带动学生学习欣赏炼词凝句的结构美、韵律美，促进学习、记忆和应用，从而提升人文素养。片面的古诗学习，因其内容的局限性，容易引起歧义，造成被动学习、记忆。因而要打开学习思路，扩展知识面，丰富认知，在构建知识联系的过程中形成"思维场"，让学生在深刻全面的感知中探寻、感悟生命真谛。

借用"多媒体"帮助学生打开思路，以情移情。

由于情感的触发，学生们在自主学习、理解《示儿》诗句的过程中越发关注诗句的时代背景、内容初出、人物情况等细节。一个个问题脱口而出：

老师，陆游的人格真伟大，他还有那些作品？

陆游生活的时代什么样？

别人是怎么评价他的？

……

这些问题的提出随着学习的深入逐渐由感性上升为理性，有了深度思考，自然的将对诗文的学习理解转移到对人生理解的认知、印证。

看着他们的表现，我并没有简单的应对介绍，而是打开了多媒体。让学生和我一起使用起了百度搜索。

通过现场筛查、检索，百度百科中给我们呈现出了丰富的图文学习资料。

"中国现存诗歌数量最多的诗人，数量达9362首且质量极高"突入眼帘的这句话一下吸引了学生，但面对海量的信息学生们因网络学习实践的随意性强，显得有点应接不暇。为此，我现场指导学生从浏览目录开始，通过分组提问的方式寻找、提炼关注点。对照当代社会典型现象、不良倾向进行了解答、分析，指导网络学习实践方法，引导学生们反思自己的学习、生活和价值观的认知形成客观评价，激发对自身个性生命成长价值的感悟。

三、在课堂的活动场中积累学识修养

运用丰富的阅读实践可以为学生提供深入理解诗句文化内涵的依据，初步建立对古诗学习的框架认知。但因言辞风格和学生的个性差异，在审美感知和系统认知方面还存在差异。为此，以分组实践的方式，在课堂上展示学习实践成果，在相互交流碰撞中形成"活动场"，促进学生的理解、吸收与记忆，并形成积累学识修养。

分类学习建立系统感知，拓宽学识视野，以情传情。

在与学生们共同在网上搜索学习中，我们对陆游的诗词作品有了概括性的了解。分为四类：坚持抗金，讨伐投降派；抒发慷慨激昂的报国热情和壮志未酬的悲愤；描写田园风光、日常生活；爱情诗。

对照分类解读，通过小组讨论，《示儿》这首诗属于第二类"抒发慷慨激昂的报国热情和壮志未酬的悲愤"。同时发现了一首著名的同类诗《书愤》。

> 早岁那知世事艰，中原北望气如山。
>
> 楼船夜雪瓜洲渡，铁马秋风大散关。
>
> 塞上长城空自许，镜中衰鬓已先斑。
>
> 出师一表真名世，千载谁堪伯仲间！

新的发现，再一次激发了学生们的主动探求的学习兴趣。为此，我又组织学生结合"学习分析"将《示儿》与《书愤》进行了对比学习。"从哪儿看？""怎么看？""如何表达？"找到了异同。

共同点：报国热情、爱国情怀、壮志未酬、悲愤、不颓废、个人遭遇、民族命运。

不同点：

《示儿》：晚年绝笔　无穷遗恨　坚定信念……

《书愤》：青年报国　豪情壮志　自比诸葛亮（怀才不遇）……

在对比分析的过程中寻找、辩论、论证，既加深了对诗词的理解，丰富了学生的认知、积累，更让学生们通过协作交流获得了成功感、愉悦感。

综上所述，每一首诗都流淌着生命意识之泉的汩汩清流，起伏着诗人丰富的情感。在古诗的学习与欣赏中，把握其文化内涵，能够更好地激发学生的学习兴趣，启发深度思考，挖掘主动探求的学习动机，丰实学生的人文底蕴和学识修养。今后，我会继续挖掘古诗中的人文内涵，并使之成为撬动学生感悟生命价值的工具，促学生健康成长！

（此文荣获北京市科研论文评比二等奖）

《宽容别人，善待自己》教学设计

学　科：主题活动课　　年　级：四年级

课　时：第一课时

【设计思想】

荀子曾经说："群子贤而能容墨，知而能容愚，博而能容浅，粹而能容杂。"《周易》中提出"君子以厚德载物"。西谚曰："世界上最大的是海洋，比海洋更大的是天空，比天空更广阔的是人的胸怀。"这里讲的就是宽容为怀的道理。宽容是一种博大的胸怀，是一种崇高的美德。尊重别人就是尊重自己，宽容别人，才会给自己带来广阔的天空。

学生的道德品质是在活动中形成和发展的，活动是德育形成的源泉。教师要采用多种教学形式，让他们充分参与到教学活动中。因此，我以生活为原点，通过创设真实的班级生活体验场，营造德育体验氛围，融通德育课堂与现实生活的关联，强调让学生在真实自然的情境中体验、感悟、表达这一过程，注重于自然中生成德性。

【学生情况分析】

在现今这种大多都是独生子女的背景下，班集体的生活凸显出他们许多性格缺陷：爱支配人却又胆小、敏感；自以为了不起，光看别人的缺点；善嫉妒、动怒，攻击性比较强；不擅于与人沟通和交流，有碍于学生的全面健康发展。有的同学不小心做错了事，不但不承认错误，反而强词夺理；有的同学爱发号施令，让大家都要听他的，专横跋扈；有的同学受了一点挫折，面对困难就痛苦不堪，封闭自我，走不出心灵的桎梏。总之，同学间缺乏相互合作，宽容的精神，常常为一点小事斤斤计较，互不相让，甚至大动干戈，阻碍了学生身心健康发展，影响了班集体的团队建设。

【教学目标确定】

知道宽容是一种美德，它能净化心灵，给自身带来愉悦，收获与他人之间的友谊。

懂得人无完人，学会多看别人的优点，学着宽容。

【活动准备】

46人分为六组，每组学生以8瓣花形围坐。

6袋印有花纹的石头、两张白纸、黑、红彩笔各一支、即时贴。

【教学过程】

环节一：感知宽容	
教师活动	学生活动
教师引入：六一儿童节刚刚过去，学校给我们每一位同学都发了节日礼物，我也给大家准备了礼物。你们想要吗？每一组的桌上都有一个袋子，你们看一看是什么？（出示印有花纹、大小不一的鹅卵石）喜欢吗？挑自己喜欢的拿吧，想拿多少就拿多少。 （教师观察每一组学生的反应）	学生自取鹅卵石。
教师：你们对得到的礼物满意吗？（请不满意和出现较大矛盾的两组学生谈感受）	学生述说自己心中的不快。
教师随机引导：生活中有快乐还有烦恼，如果把烦恼比作石头，这石头到底有多大、有多沉呢？就请我们在心中静静地挑选，把烦心事写在及时贴上，然后贴在石头上，之后将石头放在你贴身的口袋中。把最烦的事贴在最大的石头上，依次递减。	将自己的烦心事写在鹅卵石上，并将石头放在贴身的口袋中。
活动意图说明：上课伊始，通过生活情境创设，引导学生诉说心语，激发学生的探究欲望。通过在石头上书写烦心事，帮助学生初步了解"宽容"的含义。	

环节二：感悟宽容	
教师活动	学生活动
教师：通过我的观察，我发现大部分同学的口袋渐渐鼓了起来。从某些同学的神情可以看出过去的事现在回忆起来仍令自己非常气愤。现在大家跟我一起来做深呼吸，调整一下情绪，听我给大家讲一个故事。 1.出示故事《伤害只能写在沙子上》。 （1）出示故事第一部分内容：两个朋友在沙漠中前行，途中两人发生了争执，其中一个人扇了另一个人一个耳光…… 教师：你设想他会怎么做？ （老师只静听，不做评论）	1.故事《伤害只能写在沙子上》。 （1）默读第一部分内容。 预设： 同学们处在被扇耳光人的角度，认为是奇耻大辱，非常激动。有的说，打回去，选择以牙还牙；有的说分道扬镳，从此成为陌生人，也意味着在茫茫沙漠多了份无助的危险；还有的说找机会报复他，把伤害牢牢记着变成仇恨，自己也走不出痛苦的阴影。

（2）出示故事第二部分内容：被扇耳光的人很伤心，在沙子上写下了"今天我最好的朋友扇了我一个耳光"。两人继续前行。经过一片绿洲，两人决定洗去身上的浮尘。那个先前被扇耳光的人不小心滑进深潭之中，他的朋友连忙相救。那人被救起后，用刀子在石头上刻下了"今天我最好的朋友救了我一命"。朋友很奇怪，问他为什么先前写在沙子上，现在却刻在石头上？那人回答道："伤害只能写在沙子上，让风吹散它，抚平它。而恩惠只能刻在石头上，用心来铭记。"	（2）朗读第二部分内容。
教师：找到答案了吗？他是怎么做呢？	学生交流。
教师根据同学们的回答，顺势板书4个关键词：淡忘、伤害、铭记、恩惠。	
教师追问：他为什么能这么做？	学生谈想法。
教师引导：如果按我们前面说的那几种方法去处理，这个故事可能会有哪些不同的结局？	学生设想结局。
教师小结：显而易见，后果很严重，关乎他们各自的生命。此时，通过对比，我们真切地明白了淡忘伤害、铭记恩惠是一种宽容，淡忘伤害，铭记恩惠可以让我们做到宽容。宽容别人也是善待了自己。	
2. 请学生谈一谈带石头的感受。	2. 随着教师的口令学生一起做向上跳跃运动。
（1）教师：现在让我们回过头来看看口袋中的石头，请起立，随着我的口令我们一起做向上跳跃运动。你带着石头向上跳有什么感受？	（1）交流跳跃后感受。 预设：很累，很不方便等。
（2）教师追问：这样让我们带一天、一个月、一年你愿意吗？为什么？	（2）学生各抒己见。
（3）教师：你们现在最想怎样做？让学生掏出一个石头跳一跳，说一说感受；再掏出一个石头跳一跳，把余下的石头全部掏出跳一跳。现在有何感受？	（3）学生逐一掏出鹅卵石之后谈感受。 预设：很轻松，心中没有负担等。
（4）教师追问：这些石头就代表你的烦恼，如何减少这些烦恼呢？	（4）学生讨论。 预设：宽容对待他人；多换位思考我们的身心将会感到无限的轻松与愉悦等。
教师小结：石头有形，烦恼无形。通过这一物化载体，使我们真切感受到了同学交往时不选择宽容就会有沉重的心理包袱，只有多看同学的优点，多想同学的好处，多换位思考我们的身心将会感到无限的轻松与愉悦。	
活动意图说明：制造认知冲突，引导学生积极反省。让学生分别经历负重和轻装向上跳一跳的过程，体会身心的不同。懂得学会宽容的重要。	

环节三：体验宽容	
教师活动	学生活动
1.教师：每位同学的面前都有一张白纸。这张白纸代表给你带来烦恼的同学，想到他身上的缺点，就在纸上任意一个位置点上一个黑点。	1.学生动手操作。
2.教师引导：你怎样来描述你面前的这张纸？	2.语言描述。
3.出示两种表述。追问：这两种表述有什么不同？你更喜欢哪一种表述？为什么？	预设：白纸上有黑点；有黑点的白纸。
	3.思考交流。
	预设：前者强调的是黑点也就是同学身上或大或小，或多或少的缺点；后者强调的是白纸也就是同学具有的优点。
	预设：金无足赤，人无完人，每个人身上都有缺点，但也有很多优点。对待任何一个人，我们在面对对方缺点的同时更要学会看到他们身上的优点。
4.引导学生找优点。找到一个就用红色的水彩笔在黑点周围打上一个五角星。	4.学生操作：黑点周围打上一个五角星。
5.在展示台上展示学生的成果。教师：你看到了什么？看不到什么？有什么感受？	5.看成果，交流感受。
	预设：我们发现满眼看去红色一片，黑点很难找到了。我体验到当你关注朋友的优点时，缺点就会变小，变淡，甚至被忽视。我明白了多看别人长处、好处，也是宽容的做法。
活动意图说明：借助标注黑点、涂画五角星活动，让学生进一步理解淡忘伤害，铭记恩惠就是宽容。	

环节四：践行宽容	
教师活动	学生活动
1.教师：（播放舒缓的音乐）此时此刻，让我们再次拿起心中的石头，想想刚才的故事和我们做的小实验，也许会有新的感受和想法，或许你此时想到了他身上的优点，想到了他也曾帮助过你，想到了和你度过的那些快乐时光，你想对自己和同学说什么呢？	1.学生间相互交流。
2.教师：我仿佛看到宽容来到了我们中间，现在你准备怎样处理这块"心中的石头"？	2.处理这块"心中的石头"。
活动意图说明：通过以上活动引导学生主动求取谅解，触发个性情感，感受集体生活的方法、意义。从而形成对班集体生活、学校教育的正确理解和认识。	

续表

环节五：总结，课后延伸	
教师活动 教师：孩子们，讨厌一个人，就等于在你心中加了一块石头，你讨厌的人越多，你的心就越累。从现在起让我们每个人都学会宽容。 出示主题：宽容别人，善待自己。 下一次我们将开展为曾经伤害过你的人和被你伤害过的人送温暖活动。	学生活动 齐读课题。
活动意图说明：引导学生在践行、理解、消化、吸收的过程中意识到友谊需要宽容、和睦来支撑，在与伙伴相处的过程中，要真诚地关心他人，帮助他人，多看伙伴的长处，并成为自觉的意识和习惯。	

【板书设计】

宽容别人，善待自己

淡忘·伤害

铭记·恩惠

【特色学习资源分析、技术手段应用说明】

这节课我以学生的现实生活为课程内容的主要源泉，以密切联系学生生活的主题活动为载体，充分发挥学生的主体作用，引导学生"在生活中发展，在发展中生活"。本课教学我以"一块石头、一个故事、一张白纸"为载体，表现了简简单单的课堂，真真实实的学习。通过一系列活动，学生在诉说心语时，表现出了自我反省，求取谅解，真心感动撕掉贴在石头上的写有烦事的即时贴的情景。

【教学反思与改进】

我通过教学再次感受到学生鲜活的生命，对他们的教育过程在今后也多了份理解和宽容。

在这节课后，同学们意识到友谊需要宽容、和睦来支撑，在与伙伴相处的过程中，要真心地关心他人，帮助他人，多看伙伴的长处。班级也发生了可喜的变化：课间告状的情况少了；插班生在大家的关心下不再是爱搞恶作剧令人讨厌的男孩，班上多了一些勤奋快乐的孩子。看来，同学们已经懂得心胸开阔是交友之道，真诚互助，心灵沟通，友谊的鲜花定会越开越艳。

（此课例为北京市通州区小学办学特色的展示课）

王继红

　　王继红，一级教师，首都师范大学汉语言文学本科学历。积极参与课题研究，100多篇教学论文、教学设计、教育案例等获奖，承担多节校区级示范课、研究课，指导学生多篇习作见诸报端。

　　在教育教学中，以新课程改革为契机，深化课堂教学改革，培养学生核心素养。坚持阅读教学与习作教学相结合，充分挖掘课本中的写作知识，为学生寻求创新作文的基点，学生思维活跃，畅所欲言，乐于表达。不断探索随文练笔的新形式，力求贴近学生的生活实际，贴近学生的写作实际，符合学生的写作心理，"心动"而致"笔动"，使学生容易动笔，乐于动笔，引导学生有内容可写，有话可说，有情可抒。

课堂随文小练笔让学生笔随心动

《义务教育语文课程标准》指出："读写能力是学习和工作的重要条件，必须着力培养。"据此，我们认为，抓住阅读和写作这两项最重要的语文素质，就抓住了语文教学的主要矛盾，随文练笔正好把阅读训练和写作训练有机结合起来。所谓"随文练笔"，即紧紧跟随阅读教学，在阅读教学中相机进行写作训练。妥善处理好读与写的关系，充分挖掘教材写作因素，把写的训练有机融合于阅读教学之中，做到读写结合，相得益彰，这体现了学和用的同步性，符合阅读教学的学用迁移性原则。随文练笔贴近学生的生活实际，贴近学生的写作实际，符合学生的写作心理，自然也就容易动笔，乐于动笔，"心动"而致"笔动"，学生则有内容可写，有话可说，有情可抒。这样的阅读教学，应是成功的阅读教学。因此，我们在阅读教学中要有意识地引导学生用自己对文本的独特感悟，用自己的生命体验去解读，或诠释，或补充，或展开想象的翅膀去丰富，或结合自己的生活经历去充盈……许多鲜活的教学实践证明，随文练笔，读写结合能有效地将解读的结果进行梳理、定格和提升。显然，从这个意义上说，随文练笔不仅可行而且必要。因此，我们在小学高年级段积极开展随文练笔。在具体实践中，我总结了随文练笔的几种训练方式。

一、模仿式练笔

（一）片段仿写

仿写是小学生学习作文的重要途径和训练形式，是从阅读到独立写作过程中起桥梁作用的一种有效的训练手段。借助范文指导学生进行仿写，最能激发学生的写作兴趣，提高谋篇布局的写作能力，发展创造性思维能力。当然，文章中可供练写的素材有很多，我们可仿照课文某一个方面来写，比如语言表达方式的练习、安排材料的方法、写作的顺序等等均可借鉴。如五年级上册的《猫》这篇课文，老舍先生把猫的形象写得栩栩如生，可亲可爱，呼之欲出。把小猫的淘气可爱，大猫的性格古怪表现得淋漓尽致。通过阅读，既要引导学生理解内容，体会感情，又应使学生领悟和学习作者的表达方法，具体包括：领悟遣词造句的准确；体会语句的具体形象；进行表达方法的迁移运用，并将方法"融化在自己的文章里"。

案例：学习"贬义褒用"的表达方式

出示句子：猫的性格实在有些古怪。

1. 学生体会到这是正话反说，看似贬义的词语却表现作者对猫的喜爱之情。然后从课文中找出其他类似的句子加深体会，再结合生活实际说说这类句子。

2. 用这种方法写一写自己喜爱的小动物（学生练笔写一段话）。

有的学生这样写道：奶奶家养了一头小牛。每一次我去那里，老远就可以听到"哞哞……"的声音，那准是牛又在做它的功课——练习怪腔调了……

还可模仿文章中的一些片段，如学习了《老人与海鸥》课文中人物的外貌描写，指导抓特点的方法，可让学生写一写班上同学的外貌，猜猜他是谁；学习《松坊溪的冬天》第四自然段整体到部分的构段方式，动态和静态的写作方法，也来写一处熟悉的景物。仿写训练篇幅可长可短，内容学生自取，形式模仿加创造，日积月累，自见功效。

学生通过以上这种仿写迁移式练笔，语言形式的积累就能被有效地运用、定格和"固化"，自然成为他们胸中灵动的言语积蓄，并深入领悟了语言范式的真意，读写能力的迁移便成为现实。

（二）整篇仿写

着眼于整篇文章，进行随文练笔，要抓住课文某方面特点进行随文练笔训练。篇章仿写是选择与学生生活密切相关的课文内容，向生活实践延伸找准课文内容与学生生活的相似版块，通过学习将课文的内容延伸到学生的生活实际中去，激发学生回忆生活、依照文本的表述方式记录生活、描绘生活。学习了《我爱故乡的杨梅》，写自己熟悉的一种植物；学习了《天游峰的扫路人》一文，可引导学生领悟描写人物的特点可以通过外貌、语言和动作、神情和心理来体现这一写作方法，让学生用这种方法写一写自己的同学或老师。像这样的篇章模仿还有很多，读写紧密结合，为我们提供了丰富的习作素材，教师要认真领会这些练笔的要求，充分利用教材，引导学生体验文学情境，体验习作乐趣。让学生紧扣读写结合点，拓展到课外的阅读和表达中，在理解语言文字的基础上学会运用，在运用语言文字的同时又加深理解，使学生两种能力相辅相成地得到发展。

二、想象式练笔

想象是指人们对已感知的事物的表象进行积极思维，把这些表象以不同的方式组合起来，创造出形象的过程。爱因斯坦说过："想象力比知识更重要。"六年级有些课文，想象瑰丽神奇，富有童心童趣。这就为我们提供了广阔的想象背景。这时巧妙地有意识地设计一些小练笔，除了能有效地激发学生的写作兴趣，加深对课文的理解，还能发展学生的想象力，培养学生的创新思维。

（一）标点想象

语文教学中有一重要的板块资源，就是标点。省略号、问号、感叹号、破折号等都会给学生想象的空间。如果适时的利用起来，进行有效练笔，更能促使学生对文本个性化的理解。

在教学《理想的风筝》一文时，"刘老师啊，您在哪里？我深深地、深深地思念您……"此时，学生已被刘老师那积极乐观、顽强执着的精神所感染。让学生以"我思念刘老师的什么"展开练笔。学生不由自主地倾吐着心里话，字里行间流露出对刘老师的崇敬。

（二）补充空白

教材中的"空白"是指课文中某些内容有意不写或写得简略，叙述描写留有发挥余地的地方。由于中心表达的需要和文章篇幅的限制，与课文相关的内容不可能穷尽，有些内容只是简而言之，或略而不写。这种"空白"往往存在于词、句、段、标点等中，为学生提供了想象、思考的空间。教师要善于捕捉文本的空白点，化空白为练笔点，适时地引导学生推测、构思，以小练笔的形式把"空白"补出来，拓展文本内涵。

如《草原》一文第一自然段，作者描写了草原美景后，又写了自己的感受，"这种境界，既使人惊叹，又叫人舒服，既愿久立四望，又想坐下低吟一首奇丽的小诗。"通过学习，学生充分感受到了草原的辽阔与美丽。此时趁机问学生："如果此刻你就在草原上，你会低吟一首什么样的小诗呢？"学生的兴趣一下子被调动起来，都想尝试着当一回"小诗人"。这种新颖别致的填补练习拓展了学生思维，培养了学生对美的欣赏和领悟能力，更进一步地加深学生对课文的感悟理解。

教学《钓鱼的启示》时，当了解到爸爸要求"我"把刚钓到的大鲈鱼放了的时候，"我"先急切地问，再大声地争辩，最后无奈地乞求，依依不舍地把鱼放回了湖里。这时，我适当地插入说："如果你就是文中的作者，你遇到这样的情况时，你的心理会怎样想，会怎样做？请把你的感受写一写。"这样的一个练习处在特定的情境中，内容又与课文紧密相连，故学生容易接受。进行这样的小练笔，不仅对学生全面、完整地把握课文内容有推动作用，披文入情更有重要意义，从而，训练了学生的写作技能。课文的有些地方常会留有"空白"，空白是作者有意或无意留下的，在教学这些课文时，有意识地引导学生对作品进行个性化的填补，在想象中与文本、与作者积极对话，激发学生的习作兴趣，这是一种把阅读和习作融为一体的练笔形式，符合儿童的心理，不仅仅是为学生创设了练笔的机会，更点燃学生创新的火花，因此，我们要充分利用书上为我们遗留的这些"空白"。

抓住课文中那些高度概括抽象却与中心密切相关的词语，让学生展开想象，通过练笔把它还原成具体可感、触手可及的鲜明形象，以便让学生从另一个侧面深化对课文的感悟和理解。《詹天佑》里有一句话："消息一传出来，全国都轰动了，大家说这一回咱们可争了一口气。"其中"轰动"一词比较概括和抽象。可以这样引导学生："轰动"是一种什么样的场面？如果你置身于这一场面之中，能具体描述出"轰动"的情景吗？

抓住这样的"空白"练笔，不但培养了学生再造想象的能力，而且获得了感情上的强烈共鸣。此刻学生笔下的文章一定是情感最丰富、文采最优美的。

（三）看图想象

六年级课本图文并茂，但有些图画的配文只一笔带过，在教学过程中如果充分利用课文插图，给插图配文是培养学生观察能力和写作能力的好方法。利用插图或启发学生绘声绘色地叙事，或栩栩如生地状景，或神形兼备地写人，或身临其境地谈感受，使用得当，不但能帮助学生理解课文内容，体会思想感情，还可以极大地激发学生的想象欲，丰富学生的习作材料。为《负荆请罪》这个小故事设计课本剧，廉颇"负荆请罪"部分极为概括，教师不妨出示文中的"负荆请罪"插图，让学生把握住廉颇、蔺相如二人的性格特征，具体想象廉颇亲自登门向蔺相如请罪的经过，把人物的语言、神态、动作描绘出来。

案例：宰相肚里能撑船，将军背上能插荆

他见了蔺相如，马上双膝跪地，一脸悔过地说："我是个粗鲁人，见识少，气量窄。哪知道您竟这么让着我，我实在没脸来见您。请您责打我吧。"蔺相如连忙扶起廉颇说："咱们两个人都是赵国的大臣。将军能谅我，我已经万分感激了，怎么还来给我赔礼呢？"他急忙帮廉颇解下荆条，扔在地上，用双手扶起廉颇，给他穿好衣服，拉着他的手请他坐下。

三、理解式练笔

随文练笔推动阅读教学与作文教学并驾齐驱，以相似的振动频率，拉动和谐之弦，弹奏和谐之音，营造和谐的语文教学环境，全面提高学生的语文能力和语文素养。

理解式练笔以读为基础，从读学写，以写促读，读写同步是随文练笔的特点。

（一）中心突破式

课文中常常有提纲挈领的中心句，它往往是阅读教学中的切入点、着眼点和着力点，我们称之为"文眼"。抓住文眼，作为主线，整体把握，就能收到意想不到的效果。如《一夜的工作》（六年级下册）一文中，"他是多么劳苦，多么简朴"这句话点明了中心，我们可以设计这样的课堂练笔：以"周总理的生活多么简朴啊！"和"周总理的工作多么劳苦啊！"为总起句(或总结句)，找出有关内容练习写两段话。

案例：简朴的生活　伟大的总理

周总理的生活多么简朴啊！辛苦了一夜，"值班室的同志送来两杯热腾腾的绿茶和一小碟花生米，放在写字台上。总理叫我和他一起喝茶，吃花生米。花生米并不多，可以数得清数量……"多么简朴的总理啊！一夜的工作喝的是一杯茶，吃的是花生米，这和那些滥用职权，花公款大吃大喝的人比起来是何等的伟大啊！

这种教学安排"避免了烦琐的分析"，发挥了学生的主观能动性，学生参与的全体性，加深了对课文内容的理解。不动笔墨不读书，这是一种精神的历练、个性与才情的展现。这样的练笔，能将思维引向深入，使精神挺立，使情感饱满，使人性完善。透过练笔，可以触摸到学生那快意驰骋的心灵；透过随机生成的文字，可以真真切切地感受到学生在直面文本的过程中感悟的多元而立体。

（二）移花接木式

所谓"移花接木"是指将课文中的有些句子摘录下来，然后加上自己的语言进行重新组合。如《鸟的天堂》一文中讲了作者两次去鸟的天堂看到的景物。第一次是在黄昏，鸟儿们都歇息了，作者只描写了一株美丽的大榕树；第二天是在早晨，鸟儿们都出来活动了，所以作者只描写了活泼欢快的鸟儿。学文后，老师要求学生把作者第二次去鸟的天堂看到的景物都写下来，包括朝阳下的大榕树、飞行的鸟儿及清澈的湖水。学生练笔时不仅用到了课文中的句子，而且恰当地写进了自己的语言。

案例：鸟的天堂

清澈的湖水倒映着翠绿的榕树，翠绿的榕树点缀着清澈的湖水，再加上疾飞的鸟影，清脆的鸟鸣，湖上的小舟，构成了一幅有声有色的画面……

可见，引导学生进行理解巩固式的练笔，是引领学生亲近文本、走进文本、深入文本内核的对话形式，称其为情感体验深、高智慧的语言与精神之盛宴一点也不为过。

总之，随文练笔不但符合现代语文教育思想，而且符合儿童的心理特点和认知结构特点，它变乏味的写作练习为一种轻松的充满乐趣的练笔活动，培植孩子"想写"的意识，激发孩子"乐写"的兴趣，培养孩子"会写""善写"的能力，张扬了学生的个性，让学生笔随心动，全面提高了学生的语文素养，获得了最佳的课程效益，奏响了语文教学的华美乐章。

（此文荣获北京市小语年会征文特等奖）

《我眼中的春天》教学设计

学　　科：小学语文　　　　年　级：五年级

教材版本：北京课改版　　章　节：第一单元习作　　　　课时：第一课时

【教学内容分析】

本次习作注重联系学生实际，贴近学生生活。课前教师组织实践活动，带领学生实地春游，组织学生观察身边春天景物的特点，相机点拨，唤起学生情绪，激发观察兴趣，丰富事物表象。课上引导学生畅谈对春天的发现与感受，然后指导学生按一定顺序，抓住景物特点写，写出真情实感。

【学生情况分析】

往往提起作文，学生是横眉冷对作文本，俯首苦思咬笔头。怎样让学生们乐于习作呢？我创设多种情境，调动学生多种感官参与课堂，启迪他们的写作灵感，激发他们的写作兴趣，从而使孩子们快乐地写作文。

【教学目标确定】

知识与技能：

把看到的春天的景物，对春天的感受，对春天的新发现等写下来。

要抓住特点，表达出自己的真情实感。

题目自拟。

过程与方法：

观赏春天、赞美春天的活动中加深对春天的体会感悟。

学习按一定的顺序观察景物，运用多种表达方式写出景物的特点。

情感态度价值观：

感受春天的美好，培养学生热爱大自然的情感。

【教学重点难点】

教学重点：要抓住景物特点，把对春天的感受，对春天的新发现等写下来，表达出自己的真情实感。

教学难点：要抓住景物特点，写生动具体，表达出自己的真情实感。

【教学过程】

环节一：歌曲导入	
教师活动 播放歌曲：《春天在哪里》。 同学们，刚才我们听了一首欢快的歌曲。歌唱的是哪个季节？ 这首歌唱出了春天的美好，春天到了，映入你眼帘的是一幅怎样的画面呢？	学生活动 学生认真倾听。 指名说一说。
活动意图说明：本课由歌曲引入，创设轻松快乐的情境，脱去作文在孩子们心中严肃、紧张的外衣，还原作文本色。	
环节二：明确习作要求	
教师活动 今天我们就来写一写《我眼中的春天》。 出示习作要求： 1. 把看到的春天的景物，对春天的感受，对春天的新发现等写下来。 2. 要抓住特点，表达出自己的真情实感。 3. 题目自拟。 指导审题	学生活动 指名读习作要求。 预设：（文体——写景、范围——可以是整体描写春天的景物，也可以写春天里的一处景物，如大运河森林公园的春色等，重点写什么）
活动意图说明：明确习作要求，指导学生审清题意，把握习作重点。	
环节三：回顾景物（指导围绕中心进行选材）	
教师活动 同学们，这些天，我们一直在寻找春天的足迹，哪些景物的变化让你感到春天来了呢？ 板书：花 草 树 河水 动物 人 是啊，天气转暖，万物复苏，桃红柳绿，莺歌燕舞，同学们根据这些发现春天来了，请大家马上投入到春天的怀抱吧！春天给你带来哪些感受呢？ 描写春天的文章，应该紧扣春天的美景以及春天里人的活动，表现春天生机盎然，充满活力和希望的特点。首先要明确中心，选取最能表现春天特点的景物作为习作材料，选取让自己感受最深的来写。	学生活动 学生交流春天的景物。 预设：花 草 树 河水 动物 人 学生交流内心感受。 预设：是温暖，是美丽，是希望，是生机勃勃……
活动意图说明：引导学生畅谈对春天的发现与感受，明确中心，选取最能表现春天特点的景物作为习作材料。	

续表

环节四：指导写作

教师活动	学生活动
1. 出示句子：春天来了，小草长出来了，小花开了，柳树发芽了，小燕子也从南方飞回来了。 老师这有一句描写春天的句子，指名读，评价写得好不好。	1. 指名读，评价句子写得好不好。
2. 我们在习作中应该抓住景物的特点进行描写，把句子写生动，写具体。 我们可以学习《桂林山水》一课的写法，出示漓江的水一段，讲方法。 作者把漓江的水，桂林的山描写得生动具体，特点突出，这和认真观察是分不开的。	2. 读一读《桂林山水》一课的段落，学习抓住景物的特点进行描写，把句子写生动，写具体的写作方法。
3. 同学们，你们知道报春使者是谁吗？（迎春花）我认为它是春天最有代表性的景物。谁观察了？你是怎样观察的？ 教师适时板书：由远及近。 适时总结：眼看。	3. 学生交流，体会观察顺序和方法。
4. 出示迎春花远近图片，远远望去，看到了什么？ 走近看，又看到了什么？	4. 认真观察图片，全班交流。
5. 指导抓住迎春花的特点写具体、写生动。 抓住迎春花的颜色、形状、气味的特点展开描写，用上恰当的修辞手法。 比喻——指导想象，在此基础上展开联想，交流中提炼方法。 形状——像什么。 姿态——交流中一人说一种，连起来用排比句表达。	5. 领悟抓住迎春花的特点写具体写生动的方法，全班交流。 预设：像金黄色的小喇叭，像小星星，侧面像皇冠…… 预设：（花骨朵，含苞待放，全开）（一串串，三五成群，一枝独秀）
6. 这么美的花，真想俯下身去闻一闻，你们闻到了吗？ 这么美的花，不仅吸引了你，还吸引了谁？ 小蜜蜂，有的……有的……有的……学习动静结合写景物的方法。	6. 学习用动静结合法写景物。 用"有的……有的……有的……"的句式说一说。
7. 老师给大家带来了许多春的图片，相信大家会有新的发现，新的感受。 出示课件： 你们有什么感受？ 小结方法：抓住景物色形味的特点，将你看到的，听到的，闻到的具体形象地表达出来。	7. 小组练习说一说。 你认为最能代表春天的景物是什么？你有什么感受？ 小组推选代表，在全班交流。

续表

8.指导学生写片段。 出示花、草、树、河图片。 拿起手中的笔，把你最喜欢，印象最深的，最能表现春天特点的一处春景写下来吧！ 9.同学们，你们这么喜欢春天，那么就请你们用一两句话来赞美一下春天吧。 我们文章的最后还要抒发一下自己的内心感受，表达对春天的赞美之情。	8.学生练笔。 观察图片写片段，每人抓住景物的某一特点写具体，小组合作完成片段练习。 汇报，交流，评价。 9.学生交流。

活动意图说明：教给学生观察方法，引导学生从不同的角度，如嗅觉、听觉、触觉等方面，说出自己与众不同的见解，有利于创新能力的培养。课上充分运用多媒体软件，把学生带入春天的情境，因为有了亲身感受，学生思维活跃，畅所欲言，乐于表达。为说春天、写春天做好铺垫。

环节五：小结：列出提纲

教师活动	学生活动
1.总分总的结构列提纲（先写什么 再写什么 最后写什么）。	1.学习列提纲。
2.由于春天值得一写的景物太多了，我们在写的时候不可能面面俱到，要注意围绕中心"精选材料"（有详有略），结尾抒发真情实感。 春天的美景已尽收我们的眼底，同学们用这么优美的语句描绘出五彩斑斓的春天。课下继续完成习作。一年之计在于春，一日之计在于晨，希望大家不负春光，努力向上！	2.精选材料。 抒发真情实感。 课下继续完成习作。

活动意图说明：引导学生关注现实，热爱生活，写好提纲，精选材料，热爱生活，表达真情实感。

【板书设计】

我眼中的春天

色　　　　　　　　　　　　　　总

形　　花 草 树 河 水 动物 人　　分　　有详有略

味

由远及近　运用修辞　动静结合　想象丰富

真情实感　　　总

【特色学习资源分析、技术手段应用说明】

由歌曲引入，创设轻松快乐的情境，脱去作文在孩子们心中严肃、紧张的外衣，还原作文本色。我创设情境播放课件，美丽的春景，组织学生春游，为学生搭设了回归生活的天梯。把大自然春天的美景制成课件，让学生置身于春天的美景当中，创设一种生活情境；鼓励学生留心观察，去探索去感受，积极发言，创设一种角色情境；通过分组讨论和全班交流、评议来创设表达情境；通过组织活动来创设活动情境。在多个回合、多个情境中体现教师与学生、学生与学生之间的多项交流，使学生情动而辞发，畅所欲言。

【教学反思与改进】

课上，轻松快乐的情境是脱去作文在孩子们心中严肃、紧张的外衣还原作文本色的重要手段。于是，我创设情境播放课件，美丽的春景，组织学生春游，为学生搭设了回归生活的天梯。教给学生观察方法，引导学生从不同的角度，如嗅觉、听觉、触觉等方面，说出自己与众不同的见解，有利于创新能力的培养。因为有了亲身感受，学生思维活跃，畅所欲言，乐于表达。这一教学环节，师生互动，生生互动，小组推选代表，在全班交流。总之，说出景物的特点，运用修辞手法有创意地说。指名口述"想象"，并在此基础上展开联想，鼓励学生个性表达。本环节重点突出了对景物特点的说和学生说话语言的评价，使学生在不知不觉中掌握了写景的技巧。如此，做到"虚实并举"，学生已"情动而辞发"。

（此课例为北京市通州区区级研究课）

朱学明

▽

　　朱学明，41岁，通州区东方小学教师，1998年毕业于通县师范学校，1998年7月参加工作，在教育这片沃土上已经耕耘了23个春秋。从教23年来，他一直坚持工作在教学的第一线，兢兢业业，任劳任怨，爱岗敬业，得到了领导的信任、家长的认可和学生的拥戴。

　　他一直比较注重学以致用，不断更新教学理念，教学方式方法的改革，使业务能力得到了很大提高，也在各级各类的教学活动中取得了一定成绩。

　　过去已成历史，来路充满希望，也布满荆棘。他会在教师这条道路上，大踏步地走下去，相信通过努力，一定会见到绚丽多彩的阳光。

语文教学中渗透ESD教育思想的研究

环境问题是当今世界各国面临的重大问题，保护环境，实现"可持续发展"成为当今世界的历史潮流。环境保护，教育为本。我国目前国民的环境意识淡薄，尚未能对环境状况做出相应的警觉。作为一名教育工作者，对学生进行环境保护教育责无旁贷，对于教育的内容而言，这又是一个新的课题。

一、处处留心皆学问，时时感悟重环保

环境保护涉及面十分广，包括的内容十分丰富。而小学语文教材，涉及的范围也的确非常广泛，从远古时代到二十世纪，中外作品中的各种人物生活的环境以及风情万种的大自然都为我们提供了环保教育的丰厚土壤。可以毫不夸张地说，从一年级到六年级有近百篇课文可以渗透环境教育。

课堂进行环境教育并不要占太多时间，一节课只需渗透几分钟，以致两三句话，日积月累就能收到滴水穿石之功。只是如何巧妙"渗透"费时费力。

（一）语文课巧用"插图"，感知形象，渗透环境保护

小学语文教材插图多达几百幅，教材插图就是"物"，要引导学生用"心"去观察。例如，教学《桂林山水》一课，利用多媒体教学，引导学生观察清澈的湖水、翠绿的山峰，倒映在水中的山影、树影。当学生初步形成印象之后，美丽的景色在学生中所唤起的感觉，会产生一种愉悦之情，这种审美体验，慢慢地沉淀为有益的营养，继而使其产生保护美丽大自然的愿望，进而渗透环保教育。此时，教师适时引导学生：在地球上，除了桂林山水外，还有广袤的草原、浩瀚的森林，还有沟壑纵横的田野、熙熙攘攘的城镇、马达轰鸣的工厂和矿山……他们会由衷地感叹：人类居住的地球是多么美好——蓝天、白云、绿水、鸟语、花香，为人类生存提供了必不可少的物质基础，同时也为人类追求提供了精神方面的条件。古老、慈爱的地球，像母亲一样养育了千万种生命，她宽容、忍耐，为

人类无私地奉献了一切。既然人类的生活离不开自然环境，那么，我们应该从小做起，从自己身边事做起，爱护环境，美化环境，做一名环境保护的小卫士。

在《迷人的张家界》中，张家界不但有泰山之雄、华山之险、黄山之变化、桂林之秀丽，还是植物的宝库、动物的乐园。她慷慨地把这一切馈赠给人类，使人类生活也变得更加多姿多彩。

这类课文描写了祖国山河的壮丽秀美，在学生学习过程中，通过看图片和想象，足以唤起同学们热爱祖国大好河山，保护大自然，创造美好环境的意识——植物与人类息息相关，是人类赖以生存的基础。美好的大自然是人类生活的舞台，人是自然界中的一个成员，人与自然应当和谐相处，要热爱大自然，维护大自然，使人类生活得更加美好。

总之，在语文教学中，有着纵横交织的，无数的环保教育的契机，关键看我们教师是否做到在平时的教学中时时留心、处处留心，用环境教育的先进理念来指导学生进行拓展性的学习。

（二）紧扣教材培养学生对环境的危机意识和忧患意识，使其深知破坏环境是对大自然的犯罪

在语文教学中，除了可以对学生进行正面环境教育外，也可利用课文中提供的反面例子，向学生说明，过度砍伐树木，破坏森林的危害性，从而增强学生的环保意识，自觉地投身到改善生存条件、保护环境的行动中去。

如教《黄河是怎样变化的》一课时，让学生在阅读课文中，充分理解黄河由孕育人类生存变为威胁人类生存的根本原因，在对人类自身行为的反思中懂得保护和治理好生存的环境，有利于人类社会的进一步发展，进而增强环保意识。

教学《只有一个地球》这篇课文，教师可让学生对课文以上内容充分理解后再回观课题，抓住课题中"只有一个"这一重点词加以深刻剖析，充分理解这几个字的含义，明白其在此的警醒作用，产生忧患意识，并使这种意识成为约束和指导自己环境行为的准则。

同样是教这篇课文，我们在教学时，可以结合生活实际，找到最佳结合点，引导学生抓住课文中的重点词、句、段，认真想，仔细体味，自然地将环保教育渗透于教学中，使学生在不知不觉中潜移默化地受到教育。学生在学习课文的同时，认识到破坏资源的危害性，体会到人类生存环境破坏的严重后果，从而增强了他们保护环境的意识和责任感。

　　朗读是学习语文的重要手段之一。在小学语文教材中，有许多课文情景交融，非常感人。反复朗读，特别是有表情地朗读，能与文章产生共鸣，能陶冶学生思想情操，还能收到良好的环保教育效果。如在教学《桂林山水》《林海》《鸟的大堂》《草原》《迷人的张家界》等这类课文时，要指导学生欣赏描写美丽大自然的优美语句，并用赞美和喜爱的语气读出自己对大自然、对祖国壮丽山河的热爱之情，同时唤起学生对大自然、对祖国的热爱，进而激发他们保护好生态环境和自然资源的情感。

　　在小学语文教材中还有许多课文，它们本身虽不直接探讨环境保护这一话题，但其深刻的思想内容，优美的语言中自然就蕴含了不少与环境保护有关的思想和知识。如《鸟的天堂》一课中，巴金先生通过细致描写将一株适合鸟儿生活的茂盛的大榕树鲜活地呈现于读者眼前，作者很自然地插入了一句话："农民不许人去捉它们"。教学中，教师在指导学生充分回味文中优美的文字，领略大自然美好情趣的同时，不可忽略这句话，而应通过适当的点拨让孩子们留心这句话，明白这美好的自然景象的存在得益于当地人朴实的环保意识，而正是这良好的环保意识才使人们拥有了享受美好生活的资格和条件。这样，孩子们自然就会明白环境保护与美好生活是息息相关的。又如在教学《林海》一课时，教师指导学生读懂最后一段中所讲的既伐木取材也造林护苗及科学取宝与综合研究等内容，再启发他们联系上下文探讨这些行为与林海长存，与兴国安邦的关系，懂得保护好生态资源是一个国家生存发展不可忽视的重要因素，进而也会明白作为未来的建设人才在这个方面应承担的义务和责任。总之，教师要善于挖掘教材的环境教育因素，要善于将环保教育渗透于知识载体中去。

二、常常观察勤写作，细细用心爱环保

　　写作训练是语文教学中一个非常重要的环节，而写作能力又与学生的社会实践，思想认识有密切的关系。因此在写作训练过程中加强环保教育，也是行之有效的。

　　通过有目的观察自己身边的环境，引起学生对自己生存环境的关注，从而提高环保意识。这是作文训练中进行环境教育，同时也是环境教育丰富作文教育的一个范例。在平时写作指导时，引导学生有意识地把注意力集中在环境方面，如在暑假前向学生布置练笔任务：每到一处，把所见所闻随手写下来，不拘长短，

不求修饰。通过对祖国河山的真实描写，反映你眼中的生活环境，抒发心中的真实情感。可以表达对美好环境的赞颂。也可以说出对优美环境的期盼。

三、延伸语文课外学习活动，拓宽环保教育渠道

结合语文学科特点，开展课外活动是培养学生环保意识的有效途径。以素质教育为宗旨的语文教学，它不仅注重课堂教学，还注重课外活动，要求内外结合，"大小"课堂结合，全方位地提高学生的素质。因此，教师要开展一系列丰富多彩、生动活泼的课外活动，来培养学生的环保意识，例如组织学生进行社会调查活动，到受污染严重的河流、居民区做实地考察采访，写成调查报告，既使学生了解了环境知识，又提高了他们热爱大自然、保护大自然的自觉性。现代教育中特别强调课堂教育与实践活动的沟通，重视通过发展性的课外活动使学生课堂获得的知识得到自修和补充，进而提高学生的知识水平，培养其创新精神和实践能力。这一思想在语文教学及其所涉及的环境教育中也应得到体现。

如教学《黄河是怎样变化的》的，组织学生对家乡的母亲河——长江的现状进行调查，发动学生动笔励手开展保护母亲河的活动，如写环境征文胎江边垃圾、开展节水活动等，更使孩子们的社会责任感得到进一步强化。他们的宣传和行动还能产生一定的社会影响，使"环境保护"这一话题得到更多人的关注与重视。

如上口语交际课"送贺卡"可先让学生们掌握做贺卡的知识。然后，讲传统的贺卡不仅给人们带来了经济负担和精神负担，而且大量的贺卡浪费了宝贵的木材资源，也给地球带来了生态负担。我们提倡一种新的时尚，不在新年期间大量发送贺卡，而是用电子邮件或电话来表达自己的亲情和友情。还可介绍我国大学生组织的"减卡救树"活动，提倡把买贺卡的钱省下来种树，保护大自然。然后围绕这一主题开展一系列课外活动。

环境是人类赖以生存和发展的客观条件。环境的优劣，关系到人类生活质量的高低。而语文教学是与人类生活息息相关的。正说明了语文教学与环保教育有着不可分割的联系。在语文教学中有意识地加强环保教育，不仅可以对学生进行环保意识的渗透，增强学生的环境意识，而且反过来也增加了语文教学的内涵，使两者互相促进，相得益彰。

每当我播下一颗绿色的种子，人群中也就多了一份绿色的希望。中国的环境

教育还像一片没有航道的海洋，但我相信，长风破浪会有时，直挂云帆济沧海。

总之，为了今天的孩子在未来的世界可持续发展战略中有用武之地，在我们今天的教育教学中对学生加强环保教育尤为重要。而实施这些新观念的教育中语文教学有不可忽视的优势。科学技术发展给人类社会带来了多变性和人文精神的永恒性，未来社会不仅充满竞争，而且更离不开合作，科学技术快速发展中更应注重科学的发展观，以保证人类社会的可持续发展。因此，作为一名语文教师，在工作中结合自己的学科教学，多思考、多探索、多给学生以方向性的指导，将对学生的未来乃至社会的发展有很重要的贡献。

（此文荣获ESD全国一等奖）

《只有一个地球》教学设计

学　　科：小学语文　　　　年　级：五年级

教材版本：部编版　　　　　章　节：第五单元　　　　　课时：第二课时

【教学内容分析】

本课从地球的资源状况和在宇宙中的地位两方面，阐明了人类的生存"只有一个地球"的道理，说明了保护地球的重要性。课文从宇航员在太空遥望地球所看到的景象写起，引出了对地球的介绍。从地球在宇宙中的渺小，人类活动范围很小，地球所拥有的自然资源有限又被不加节制地开采或随意损坏等方面，说明地球面临着自然资源的枯竭的威胁。用科学家研究的成果证明，当地球资源枯竭时，没有第二个星球可供人类居住。人类的选择只有一个，那就是精心保护地球，保护地球的生态环境。

【学生情况分析】

学习本课的学生为五年级学生，已使用PAD移动终端近一年。在此一年中，本班学生已养成自主预习能力，通过研读课文、资源推送能完成自主学习；并进行小组合作学习的能力，因此自主学习效果可以得到保证。通过加强同学之间的合作，做到有资料互相交流，有问题共同探讨。

【教学目标确定】

通过学习课文，使学生懂得"只有一个地球"的道理，增强爱护环境、保护地球的意识。并将其转化为生活中的日常行为。

抓住关键词语感受重点句子在表达文章内容和思想感情上的作用。

培养学生收集整理材料的能力，懂得保护生态环境的重要性使学生受到环保教育。

【教学重点难点】

教学重点：理解文章内容，了解只有一个地球和我们要精心保护地球的道理，知道保护地球生态环境的意义。

教学难点：抓住关键语句，感受重点句子在表达文章内容和思想感情上的作用。

【教学过程】

环节一：创设情境，导入新课	
教师活动 创设情境，导入新课。 今天我们继续学习第21课，齐读课题"只有一个地球"。 同学们，在1972年6月5日，联合国在瑞典召开了人类环境会议。与会代表热烈讨论了一份涉及人类命运的重要报告。我们今天学习的这篇课文，就是从这份报告中选编而来。	学生活动 齐读课题。 认真听。
活动意图说明：激发学生探究文本的兴趣，也帮助学生自然过渡到下文的学习。	
环节二：研读文本，整体感知	
教师活动 一、初读课文，整体感知 1. 这篇文章向全人类发出了呼吁。那么呼吁的是什么呢？请同学们快速浏览课文，找到答案。 出示课件：我们只有一个地球，如果它被破坏了，人类别无去处。如果地球上的各种资源都枯竭了，我们很难从别的地方得到补充。我们要精心保护地球，保护地球的生态环境，让地球更好地造福于子孙后代！ 2. 出示阅读提示： 请同学们轻声朗读课文，边读边想。文章最后一个自然段的呼吁是通过前文哪几方面呈现的呢？尝试用简练的语言来概括。 3. 小结，同学们，正是因为以上种种原因，文章最后才发出了这样的呼吁！一起读。 出示课件： 据有幸飞上太空的宇航员介绍，他们在天际遨游时遥望地球，映入眼帘的是一个晶莹透亮的球体，上面蓝色和白色的纹痕相互交错，外面裹着一层薄薄的水蓝色的"纱衣"。地球，这位人类的母亲，这个生命的摇篮是那样的美丽壮观，和蔼可亲。 抓"晶莹透亮""纱衣"	学生活动 1. 学生认真倾听。 学生默读课文。 画相关语句。 同桌间相互交流。 2. 自由读文，思考、交流。 预设：美丽渺小、资源有限、无法移居。 3. 感悟、朗读。 （我们只有……） 抓重点词语，说一说你的感受。 预设：抓"晶莹透亮"，抓"水蓝色"，感受地球的美丽壮观。 指名读。

4. 师：同学们自己读读这段话你有什么感受？	4. 交流说感受。
5. 师播放地球视频，同学们这么美丽壮观的地球，你们想看一看吗？	5. 认真观看。
6. 美吗？壮观吗？可爱吗？能把你的感受读出来吧。齐读。	6. 齐读。
师：同学们，你们读得真好。然而，这美丽的地球又是渺小的。你从哪里看出了地球的渺小？ 学生可以结合课外资料说一说自己的理解。	交流描写地球渺小的部分说感受。 学生结合资料说。
二、教学"资源有限" 任务一 Pad 发布。 地球上的资源是有限的。请同学们自学3—4自然段。 1. 你知道，资源分为哪两大类吗？（可再生资源和不可再生资源。）	1. 学生自学3、4自然段。
2. 人类是怎样对待这些不可再生资源的呢？（不加节制地开采） （1）矿产资源资源枯竭的主要原因是？（单选D） （2）文中提到的可再生资源有（多选ABCD）。 （3）人类是怎样对待这些可再生资源的（C）。 （4）根据课内外的了解，你所知道的生态灾难有（ACD） （5）人类生活所需要的水资源、森林资源、生物资源、大气资源，本来是可以不断再生，长期给人类做贡献的。"本来"在文中是什么意思？（B 原先；先前）	2. 自学完成Pad发布的问题（1—5）。 3. 结合课外资料和生活实际，来谈一谈，对课文内容的理解。
三、分角色朗读 1. 同学们，你们的朗读也感染了老师，老师也想和你们一起来读。我来读白色的，你来读红色的字体。 2. 过渡：我们来看一下这两段话，内容安排上有什么相同？我读的是地球的资源，你们读的是？（人类的破坏）我读的是地球，慷慨无私地向人类提供各种资源，你们读的是？（人类的随意毁坏） 3. 文章就是通过这样的对比方法，触动了我们读者的心灵，让我们感受到了地球的珍贵。	1. 预设：你说得太好了，你能把这段话读一下吗？（痛心，愤怒，可怕，心情沉重，沉痛） 2. 学生读出感受。 3. 倾听。
四、播放视频，环境污染十大问题Pad发布 过渡：同学们，老师也收集了一些关于环境污染的问题让我们一起来看看吧。（播放视频）	观看视频。

活动意图说明：这一部分段是全文的重点。阐明了人类的生存"只有一个地球"的道理，说明了保护地球的重要性。课文从宇航员在太空遥望地球所看到的景象写起，引出了对地球的介绍。从地球在宇宙中的渺小，人类活动范围很小，地球所拥有的自然资源有限又被不加节制的开采或随意损坏等方面，说明地球面临着自然资源的枯竭的威胁。

续表

环节三：读写结合，拓展延伸	
教师活动 面对着人类的不加节制、贪婪无知、随意毁坏，此时此刻，你一定有很多话想说。 请你设计一条保护环境的宣传语。 （1）方案（拍照上传）交流，3人。 （2）方案（语音输入）交流，3人。 交流，点赞，评比，推荐。	学生活动 动笔写话。 集体交流。 可以选择你最感兴趣的一条内容写。 交流。
环节四：升华情感，增强保护地球的意识	
教学"不能移居" 昔日美丽的地球妈妈已经伤痕累累，难怪当宇航员遨游太空，目睹地球时也不禁发出了这样的感叹。 教学"呼吁" 师导：多么美丽、慷慨、无私的地球，人类不能指望在破坏了地球以后，再移居到别的星球上。因为我们只有一个地球！所以，作者向大家发出了这样的呼吁。 指导朗读。	学生倾听。 预设：Pad发布。 既然地球那么容易被破坏，地球上的资源又是那么有限，我们就移居到别的星球上去生活吧！可不可以呢？ 朗读。
活动意图说明：此环节的设计是为了让学生清晰地明当地球资源枯竭时，没有第二个星球可供人类居住。人类的选择只有一个，那就是精心保护地球，保护地球的生态环境。	
环节五：作业	
教师活动 作业：结合自己收集的课外资料作一期保护环境的手抄报。	学生活动 学生积累。
活动意图说明：让学生了解更多的农业知识，学会积累谚语。	

【板书设计】

美丽渺小

21、只有一个地球　　资源有限

　　精心保护

不能移居

【教学反思与改进】

　　运用多媒体、Pad，激趣，激情，关注孩子的学习方法与过程。用Pad上课比用课本要活跃一些，也有趣一些，学生的兴趣也更浓一些。用了一年多的Pad，我们班的学生早已被AiSchool云课堂所吸引。在课前，学生可以通过Pad快捷选择学习资源，这些资源可以由老师推送给学生，也可以由学生直接从学校的资源平台中找寻，为学习新课储备知识。

运用多媒体，促进学生学习方式的改变。充分发挥学生的主体作用，运用了AIschool平台的小组研讨、投票、资源推送等功能。通过新媒体的引入，应用资源推送视频功能拉进来学生和学习内容之间的距离，提高了学生学习的积极性。小组研讨，学生之间能够互相评价。推送自学检测能够快速准确反馈学生本节课的掌握情况。

"小组研讨"是我们用得最多的一个功能，学生学习完成后，将自己创作的作品上传至班级作品库，这种方式可以极大地提高了学生学习的积极性。同学之间可以互相浏览并发出评论，从而形成庞大的生生互动群，这一点是传统课堂远远做不到的。

学生自我评价方面还可以再多元化一些，比如课堂提问、知识收获、小组合作的参与度等。在教学过程中，我会让每个学生的个性都有所彰显，关注学生的个性发展。在教学中，对于学生个性化的回答，我会及时分析引导，既保证激发学生学习的积极性，又要抽丝剥茧，引导学生真正理解文本的内涵。

虽然本节课对课文的分析比较多，课堂气氛也比较活跃，但我觉得感情朗读和朗读指导还不是很到位，学生读书的层次和范围不够高也不够广。

（此课例为北京市通州区区级研究课）

汤玉红

▽

　　汤玉红，1974年12月出生，北京通州人。 1994年7月毕业于通县师范学校，2005年在职取得大专学历，2010年取得本科文凭。1994年毕业分配到宋庄镇中心小学任教16年，期间担任班主任工作14年。2010年调入东方小学担任低年级数学教师至今。

　　自工作以来，她始终模范遵守师德规范，认真贯彻教书育人的思想。"爱校、爱生、爱自己"是她多年坚持的信念。对每一个学生负责与学生建立良好的师生情感帮助学生树立正确的人生观，科学的世界观是她作为教师的基本准则。

探究最美的数学

美育是党的教育方针的重要组成部分，是对青少年进行全面素质教育的重要内容。因为美育不仅是人类认识世界，改造世界的重要手段，也是完善人格塑造的重要途径。通过大量实践表明运用美的感染力能有效地激发学生的兴趣，让学生全身心地投入到学习中来。

人常说："爱美之心，人皆有之。"如果能把美育应用于数学中来，使学生在学习过程中处处得到美的享受，就必然会激发他们的兴趣，调动他们的积极性。因此，美育在数学教育过程中显得尤为重要。

一、揭示数学美的内涵

数学是研究现实生活中的数量关系和空间形式的客观存在的实体，他具有极其丰富的内容，使他处处充满了美的享受，鉴赏和创造。从表面上看，数学就是数字和符号的堆砌，显得单调、枯燥。但是，就在这些数字和符号中蕴涵着发人深省的美。正如德国教育家第斯多惠说："数学的艺术不在于传授本领，而在于激励，唤醒，鼓舞。"数学美是一种真实的美，是美的高级形式，是理论思维与审美意识交融的产物。因此，通过对数学美的认识，加深对数学美的理解，提高他们的美学素质，使其能从认识显性美提高到能认识理性美，把数学美的感性认识上升到理性认识的高度。

二、展示数学美，培养探索欲

教师在教学过程中若能努力挖掘教材中的内在因素，充分展示数学中美的特征，小学生正处在数学学习阶段的初期，对数学的学习有很强的好奇心和探索欲望，在这个关键的学习阶段，教师必须着力培养学生对数学知识的思考能力和想象能力。培养小学生的想象力和创造力，有利于强化他们的审美意识，增强审美体验。所以教师要选择在适当的课堂时间对学生的思维进行启发和引导，使学生在教师的指导下充分发挥想象力，展开审美创造。例如，在学习有关如何计算长方形面积的数学知识时，我给学生分发12个面积为1平方米的小正方形，让学生分成几个小组，利用这些小正方形进行拼接组合成长方形，比较哪个小组拼出的长方形最多。由于小学生还处在喜欢玩乐和亲身动手的年龄阶段，教师的这种教学方式肯定会吸引学生的兴趣和积极加入的主动性。这一教学环节的设置，可以让学生相互对比自己拼凑长方形的研究结果，训练动手动脑以及合作探究的能力，可以最大程度上发挥了小学生的创造型和主动参与性。在学生都完成这个任务以后，教师要让学生观察学生所拼凑的长方形形状有没有完全相同。于是学生在通过自我实践以后细心观察合作成果，进行对比发现原来拼凑的6个长方形由于部分形状相同，其实只能拼凑3个。再例如，在《圆》这一章节知识的教学过程中，教师在上课前就可以让学生自主的搜集圆形图案，并准备棉线、直尺等工具。而在课堂中，教师可以指导学生利用棉线对圆的周长进行测量，利用直尺和圆内两边最大距离为直径的规律进行圆直径的探究，进而通过数据的测量和统计，教师可以指导学生对周长和直径之间的商进行探究，以逐步让学生发现圆周率的规律。这种实践性的课程知识探究以及发现神奇的圆周率之后的惊喜感使得学生对数学知识探究之美有了深切的体会，进而学生对于数学学习态度有了良好的改观，对于数学课程的探究有了更大的动力。就这样，学生的自主学习以后对结果进行分析讨论，巩固了学生学习的主体地位，同时还通过思考和想象力的发挥，激发了审美的创造力。

　　总之，如能经常让学生体验到数学中的这些美的因素，学生就会受到感染，对数学的兴趣可以在潜移默化中得到激发，对数学问题的探索欲望自然也就产生了。

三、引导学生审美以及应用数学美解题

　　一个严谨的数学问题是一个有机的整体。在教学过程中，教师要引导学生运用审美直觉洞察其内在的、隐蔽的联系，从繁杂中区分简洁明了的、实质性的东西，从而发现优美的解题途径。

（一）追求和谐统一美

寻找解题途径和谐统一性反映了事物的某一规律，教学中要引导学生洞察和

谐特征，促使他们联想一些带规律性的东西，从而发现解题思路。例如在教学一年级找规律一课"涂一涂""摆一摆""动一动"环节时，"涂一涂"重在让学生会按照规律涂色，还要会说出规律，"摆一摆"创设了开放的教学情境，提供学具给学生，让学生独立思考接下来该怎么摆，既要选择图形又要选择颜色，培养认真观察、并能学会从不同角度观察规律。最后，我在"动一动"环节中设计了小组合作以自己喜欢的方式创造规律，使学生在互帮互学的过程中认识到规律可以是数字、文字、图形、声音、动作等，最后以"欣赏生活中的规律美"让这节课在学生的感叹声中结束，让学生充分体验感受到数学中的美。

（二）追求简约美

当我们面对一个复杂的问题而感到束手无策时，常采用退缩的策略，退到最原始，最简单的问题，对他做一些探索或者对原始问题进行转化，将其变为若干个比较简单的，然后各个击破，达到目的，即所谓数学的简单美。我们常常会有这样一种体会：为了上好一堂课，尤其是所谓的公开课，往往要埋头苦干好多天，寻找大量的资料（一叠又一叠）、做出精美的课件（幻灯片一张又一张）、设计多样化的学习素材（材料一、材料二、材料三），看得眼花缭乱……如果达到了较好的效果，这未尝不可，然一定要这样吗？这是我们苦苦追寻的数学课堂吗？我想，这不是我们所追寻的。那我们应该追寻怎样的数学课堂呢？我想应该是简约而不简单。数学课堂中的简约，它不是简单的压缩和简化，而是凭借已有教学改革的成功经验，以先进的课程理念和教学思想为指导，对数学课堂教学进行反思、调整、提升，使其能除去臃肿的堆积，剥离烦琐的多余，从而达到优质和高效的课堂教学境界。可以说，它是一种更为深广的丰富，是寓丰富于简单之中。这种简约化的数学课堂应该是教学主线清晰明朗。有人说，好的数学课堂就像演绎一首优美的歌，要唱响主旋律；有人说，好的数学课堂犹如开掘一弯清清的泉，要奔向主渠道。其意一方面表达了对数学课堂的诗意追求，另一方面也暗含了数学课堂教学应该是整体的、结构的、层递的、流动的。细想起来，我们每堂数学课的知识教学任务相对而言，还是比较少或者说是比较单一的，重要的是我们要拎清主线。所谓"主线"，也就是教学的重点和主干脉络，如《9加几》中的"凑十法"、《三角形面积计算》学习时的"转化"思路、《平移和旋转》中的"运动特征"等均属于此，它是课堂教学的魂，是课堂教学有序有效的根基。再如我在教学三年级下册《认识分数》时，就是紧紧将分数意义的核心本质"总数量平均分成了几份——分母；表示其中的几份——分子"贯穿于学习的始终，作为全课学习的知识主线。再比如，《圆的认识》起始课的概念多，知识点琐碎，而我们在教学时，超越知识视野，从儿童学习和研究数学问题的角度重新梳理出了"是什么？""为什么？""怎样做？""为何这样做""一定这样吗？"的教学明线，可谓是"浑然大气铸成圆"。"提领而顿百毛皆顺"，数学课堂教学要走向简约，有一条清晰的线路是前提和保证。主线明了，确定教学目标、安排教学环节、取舍教学内容、考虑教学进程、有效组织教学时就有了根本出发点和终极指向，课堂教学的结构和层次就容易清晰起来；主线扣紧了，起转承接、轻重缓急就能落在实处，课堂教学的动感和韵律也就自然而然显现出来。此时，问题大大简化，容易得到解决，充分体现了简约美。

总之，在当今教学改革以及应试教育向素质教育转轨的形势下，教师要有意识培养学生的审美直觉，引导学生分析现存知识结构的缺陷，改进已有解题方法的缺点，运用简单、快捷、奇异的思维方法解决问题，以取得最佳效果。

参考文献

[1] 宋华.数学教学中的美育[J].教育艺术，2002，（11）.

[2] 王翠萍.数学美的形式与应用[J].教育艺术，2002，（10）.

（此文获第十二届"京美杯"征文比赛二等奖)

《位置与顺序》教学设计

学　　科：小学数学　　　　年　级：一年级

教材版本：北京版　　　　　章　节：第四单元　　　　课时：第一课时

【教学内容分析】

本节是学习"空间与图形"知识的起始阶段，对引导学生建立初步的空间观念，培养对数学的兴趣具有重要的意义。因此，教学中要根据小学生的年龄特点，切实组织好动手操作和主动观察的数学活动，使学生在亲身体验中学习知识。本节的教学重点是在充分体验的基础上学习用前后、左右、上下描述物体的相对位置，其中在相对面判断左右，对学生来说比较困难，教学中应引导学生在体验中理解知识。

【学生情况分析】

学生在日常生活中已经积累了一定的生活经验，能初步确定物体的前后、左右、上下的位置与顺序，但由于年龄较小，有时不能用自己的语言准确的描述物体的相对位置。其中在相对面判断左右，对学生来说更困难一些。

【教学目标确定】

结合现实情境，能辨别前后、上下、左右，初步学会用前后、上下、左右描述物体的相对位置。

经历用前后、上下、左右认识和描述物体相对位置，并通过与同伴相互交流，初步体验空间感和方位感。

现实、有趣的操作活动中，初步积累有关方位知识，初步感受数学与生活的联系，产生用数学眼光观察周围事物的兴趣。

【教学重点难点】

教学重点：辨别前后、上下、左右。

教学难点：辨别的方法。

用自己的语言正确表述物体的空间方位。

教学准备：课件 唐僧师徒四人图片

【教学过程】

环节一：游戏激发学生学习兴趣	
教师活动 同学们好！（师用右手向同学们挥手问好）请同学们也挥一挥你的右手向老师问好，好吗？ 老师知道同学们都喜欢玩游戏。这节课我们就先来玩个有趣的游戏。 师示范拍手游戏"上上下下，前前后后，左左右右，石头剪刀布"。 你会玩这个拍手游戏了吗？ 师：游戏中说了哪些表示方向的词语？（给学生大约1分钟的时间玩，让学生初步感知上、下、前、后、左、右）	学生活动 学生挥手打招呼。 学生认真看教师的游戏示范。 学生：上下、前后、左右。
活动意图说明：本课由游戏引入，借助打招呼和游戏，激发学生的探究新知识的欲望。	
环节二：引导学生辨别左右，感悟左右的相对性	
教师活动 同学们，咱们先玩到这儿，你有什么巧妙的方法辨清左、右？（板书：左、右） 1. 反馈练习。 请同学们看看自己的小手，想一想，哪只是左手？哪只是右手呢？ 请举起你的左手。再举起你的右手。再举起你的左手、右手。（强化训练） 老师：左手、右手是一对好朋友，团结起来力量特别大。其实在我们身上也有这样的好朋友，同桌的同学互相看看，你还能找出几对这样的好朋友？找找看。 2. 相对左右。 请伸出你的右手和你的同桌握握手。请指一指你同桌的左耳朵。刚才在握手、指耳朵的时候，你发现了什么问题？这是什么原因呢？ 师总结：这是因为你和同桌是面对面，方向是相对的。所以伸出手的方向也是相对的。这也说明了，在不同方向，左右手的方向是不同的。这就是左右的相对性。 3. 做游戏。 咱们再来一起做个游戏好吗？ 听老师发口令，同学们做动作，看谁做得又对又快！ ①伸出左手、右手、左脚、右脚、摸右耳、指左眼、指右眼。 ②向上看、向下看、往前走一步、往后退一步、向上跳两跳、向下蹲两下、再往后走退一步、再往前走两步。	学生活动 预设： 学生可能会举生活实例：用右手写字、刷牙、走马路，靠右走…… 学生根据同学的提示思考一下。 学生举手练习区分左右手。 学生找身上的左右。 预设：左腿右腿、左眼右眼、左耳右耳…… 同桌互相握手。 同桌学生互相指一指。 预设：面对面时我们俩的右手和右耳是相对的。 学生尝试解答。 学生根据指令做动作。 再让几个学生发指令大家做动作。

活动意图说明：和同桌面对面制造认知冲突，让学生在活动中发现面对面时左右是相对的，感悟左右的相对性，激发学生正确区分左右的学习兴趣。	
环节三：引导学生认识前、后。学习用语言描述物体的前、后位置	
教师活动	学生活动
1.认识前、后。	1.生：上、下、前、后。
我们刚刚学习了左右这两个方位，那么从刚才的游戏中，你又发现了哪几个方位呢？（师板书：上、下、前、后）	
指一指哪儿是前哪儿是后，再和同桌说一说自己前边是谁后边是谁，老师指名说一说	学生指前后并和同桌说说自己前后都是谁。
师：谁有关于前后的问题问他？	一名学生单独回答。
小组讨论：	预设：后面有几人？前面有几人？什么是前？什么是后？
对于你来说你身体哪个部分对着的地方是前？你前面还有谁？哪个部分对着的地方是后？你后面还有谁？	小组研究讨论。
师：老师前面是同学们，还有远处的……后面有……我和大家前后的人和物是不一样的！	汇报交流。
小结：通过刚才的讨论和研究，我们知道了背对的方向就是后，胸对的方向就是前，还知道了每个人的位置不同前后对着的人和物也不同。	学生感悟每个人位置不同前后的事物也不同。
2.学习准确描述两个人的前后位置。	
播放动画片《西游记》中的儿歌。	
师：儿歌中都有谁？在儿歌中四个人物的前后位置是：孙悟空、唐僧、猪八戒、沙和尚吗？	2.预设：
师一边说一边在黑板上贴人物图片。	老师把他们的位置说错了？
师追问：他们的位置是都错了吗？	有2人错了？
师：他们两人的位置应该怎样？	孙悟空应该在唐僧的后面！
（师把孙悟空摆在最后面）	
师：我们在说两个人物前后位置时要说清楚"谁在谁的前面，谁在谁的后面"。	学生练习说猪八戒和沙和尚的前后位置。
3.学习描述3个人的前后位置。	3.学生猜一猜老师喜欢的是哪个人物。
师：这师徒四人中老师最喜欢的人物在唐僧的后面。唐僧后面都有谁？	
师继续说，他在猪八戒的前面。	
刚才老师是怎么说孙悟空的位置的？	
老师带学生一句一句地练习说，再指名说一说。	学生尝试用语言描述中间人的位置。
师：在孙悟空、猪八戒、沙和尚三人中，猪八戒在中间，你能像刚才那样说一说猪八戒的位置吗？	
小结：当我们要描述的那个人的位置在几个人的中间时，我们就要说"他在……前面，又在……的后面"。	学生说一说好友的位置，让大家猜一猜好友是谁。
练习：说一说你的好朋友在咱们班级里的位置。	

续表

活动意图说明：借助儿童熟悉的教室中自己的位置以及学生感兴趣的西游记人物图片和儿歌，感知并认识前后，并且学会用语言描述两个人、三个人的前后位置关系。	
环节四：引导学生认识上、下，并学习用语言描述物体的上、下位置	
教师活动	学生活动
师：话说唐僧师徒四人走着走着天快黑了，他们看见一座小楼（黑板出示楼房图），这座楼房有几____层？哪两层？（1、2或上下）指指哪里是上层，哪里是下层？	学生指指图中楼房的上层和下层。
师：你能用上下说说孙悟空和猪八戒的位置吗？	
师：再用上下说说唐僧和沙和尚的上下位置。	
师：描述上下位置时也要说清楚谁在谁的上面谁在谁的下面。	学生练习用语言说一说谁在谁的上面，谁在谁的下面。
（再加一层把白龙马放在猪八戒和孙悟空的下面）	
师：这三个人物中谁在最上面？谁在最下面？猪八戒的位置怎样说呢？	学生练习用语言描述三个人物各自的位置。
师：猪八戒怎么一会儿在孙悟空的下面一会儿又在白龙马的下面？	
小结：同一物体跟不同参照物比较位置也不同，所以要说清楚他在谁的上面或在谁的下面。	
游戏： （1）猜五官（师说） （2）在小书架上按老师和同学说的位置摆放小汽车模型	学生指五官。 学生在小书架上摆放小汽车模型。
活动意图说明：通过以上活动帮助学生不仅能认识上下，还能用语言描述事物的上下关系。通过游戏活跃课堂气氛，巩固对上、下的认识。	
环节五：拓展提高练习	
教师活动	学生活动
1.排队问题：我前面有3人，后面有4人，画一画这队一共有几人。	学生动笔画一画。
2.说一说这节课自己的收获。	学生说一说自己的收获。
活动意图说明：巩固前后的知识，引导学生用画图解决问题培养学生数形结合能力，培养学生数学思维能力。	

【板书设计】

图形与位置

左	右
前	后
上	下

【特色学习资源分析、技术手段应用说明】

本课我的教学设计基于学生刚入学注意力不够集中，所以我采用了拍手游戏、我说你做、指五官等简单又不拘泥学生的小游戏，还有学生喜爱的动画片中的音乐儿歌，选取了《西游记》中的唐僧师徒学生喜闻乐见的动画人物融入教学，也贴合了我校的中华传统文化教育。因为学生对于前后、上下、左右有基本认识，所以我比较注重学生描述准确位置的语言训练，课堂上我有意识地给生生之间的互动、对话创造时间和条件。

本节课我主要采用拍一拍、指一指、摆一摆、动一动、想一想、猜一猜、说一说等动静相结合的方式进行教学，并恰当运用图片、多媒体进行生动直观形象的辅助教学，让学生在生动活泼的状态下边玩边学，符合低年级学生认知发展规律。

【教学反思与改进】

为了让学生比较深刻地认识物体的位置，我从拍手的游戏进入，中间穿插我说你做的游戏，猜五官的游戏使学生从鼻子、眼睛、左右手等学生最熟悉的身体器官入手，先让学生对左右有一定的认识，再在此基础上体验它们的相对关系，化解了难度。让学生从游戏中参与到学习中来，这样学生在玩中学，在玩中悟，体会到了生活中的数学。在教学前后时，我巧妙地把孙悟空的位置放错了，这样一下子抓住学生的注意力，引起学生的思考怎样才能准确地说清楚前后位置；让学生猜一猜我喜欢的人物环节学生也非常感兴趣，参与积极性很高。在认识三个人物上下位置时我让学生用最上面和最下面来准确描述孙悟空和白龙马的位置，在说猪八戒的位置时我问孩子们"猪八戒怎么一会在下一会在上呀？"引发学生思考参照物不同，物体的上下位置就不同。本节课需要改进的是，由于整节课以游戏为主，对应练习也局限在教室内，在练习说的环节上学生说得不够充分，有些孩子表达的还不太清楚还需要更充分的时间引导与锻炼。

（此课例为校级"秋实杯"评优课）

王颖

▽

王颖，汉族，1978年1月出生，北京通州人，1997年毕业于北京第一师范学校。2004年取得大学本科文凭，1997年分配到宋庄镇中心小学参加工作，2009年调入东方小学任教，一级教师，现任东方小学高年级数学教师，校级骨干教师。

"认认真真工作，勤勤恳恳干事，踏踏实实做人"是人生信条。追求高效课堂，不喜欢损兵折将的题海战术，精讲巧练使得所带的班级成绩一直名列前茅。没有惊人的事迹，没有卓越的成绩，有的只是那份"爱岗敬业心系学校，真心付出不求回报"的一颗心，带着这颗心，投入到学校的每一项工作中。

化知识与生活，润细节巧学"吨的认识"

　　"吨的认识"是第五册的教学内容，教学的对象是第一学期的三年级学生，他们的思维正处于具体形象思维为主，逐步向抽象逻辑思维过渡的阶段。然而"吨"这个非常大的质量单位，远离学生的生活实际。如何将"吨"这个抽象的概念，以具体形象，可直接感知的形式呈现在学生眼前，如何让学生体验感知"1吨"，建立吨的观念，是本节课的重点，也是难点。

　　在学习"吨"这个质量单位前，学生已经对克和千克有了感性的认识。知道了1千克等于1000克。较轻物体的质量常用克作单位，而一般的物体用千克作单位。这样一来学生就知道了测量较重的物体或者是大型物体时常用吨作单位。但是"吨"到底有多重呢？学生没有直观的认识。也不可能像认识克和千克那样让学生通过掂一掂一个2分硬币或者是两袋盐的重量来建立感性的认识。所以，对于吨这个质量单位要想建立吨的观念确实有一定的难度。

　　为了让学生体验到数学源于生活，用于生活，激发学生学习数学的兴趣，为了突破本节课的难点，我在课堂上巧妙的设计了拎一拎，算一算，背一背等活动，使学生建立1吨的观念，突出了重点，突破了难点。

　　片段1：

　　师：老师这有一桶水，你想拎一拎，感受一下有多重吗？

　　生（齐）：想。

　　师：让我们一起来感受吧！（学生活动略）

　　师：谁来说说你的感受？

　　生1：我觉得很重，搬不起来。

　　生2：我勉强能搬起来。

　　师：一桶水重10千克，（　　）桶水重多少1吨？

　　说说你是怎样算的？

　　（老师带着学生具体推测，理解1吨的重量）

片段2：

课件出示：一袋大米重25千克，（　　）袋大米重1吨。

老师帮助学生理解。

课件出示：10袋大米。

师：这10袋大米，共重多少？怎么算的？（学生活动略）

师：这是多少袋？

课件出示：40袋。

师：1000千克里面有几袋25千克的大米？

生6：40袋。

师：如果把40袋的大米装成1大包，让你去搬，你能搬得动吗？

师：40袋大米共重1吨。

片段3：

师：课前同学们都调查了自己的体重情况，还相互背了背，能说说你的感受吗？

师：请同学互相背一背，感受1个同学有多重？（学生活动略）

师：你能把你的感受说一说吗？

生1：太重了，我差点摔倒。

师：你（胖小子）的体重是多少千克？

生2：50千克。

师：多少个这样身材的同学合起来的体重是1吨？

生齐：20个。

师：同学们的平均体重大约是30千克。（预先调查）请你算一算大约多少个同学合起来的体重是1吨？

生3：大约33个。

师：全班一共有多少个同学？

生齐：35人。

师：全班同学合起来的体重够1吨了吗？

生齐：够。

师：你觉得1吨怎样？

生齐：对我们来说太重了。

一、创设生活情境，激发学习兴趣

1吨的重量是非常抽象的。如何让学生准确感知1吨的重量，一向是教师们冥思苦想的一个问题。而引导学生建立1吨重的质量观念恰恰是本节课的重点。老师重视从学生的生活经验和已有知识出发学习和理解数学、联系生活在体验中学习数学。

在教学中首先让学生拎一拎一桶水的重量，亲自感受10千克水的重量，再通过想象感受40袋大米的重量，进而主动感悟出1吨有多重；接着让生开展互相背一背的实践活动，让生根据平均体重估估大约多少个同学合起来的体重是1吨，问：全班同学合起来的体重够1吨了吗？让生充分感受、估计、想象和整理，在探索中体验，在体验中理解，进而对1吨的概念有更深刻的认识，提高了学生抽象概括的能力。

在上述"吨的认识"教学片段中，当学生主动感悟出1吨有多重时，教师让生展开想象：如果让你搬1吨的大米，你觉得怎样？在老师精心设计，循循善诱下，孩子们在体验中建立了1吨的观念。

这样安排，将数学与生活、学习有机地联系起来，使学生感受到今天学的知识来源生活，有利于激发学生认知的兴趣和情感，唤起学生探究学习的欲望。

二、联系生活实际，探究数学知识

在教学"吨"这个单位时，由于"吨"在日常生活中学生很少接触，远远脱离了学生的生活实际。怎样将"吨"这个抽象的事物，以具体的、可感知的形象呈现在学生的面前，从而拉近"吨"与学生之间的距离？

把教材内容与生活情景结合起来，使数学知识成为学生看得见、摸得着、听得到的现实。教师要善于挖掘数学内容中的生活情景，让数学贴近生活，学生就会真正体会数学原理的奥秘就是对生活的感悟。生活有趣，数学更有趣。

三、联系生活实际，解决实际问题

在学会了新知以后，学生就会产生应用知识，解决实际问题的欲望，以获得成就感。否则就会产生知识无用的想法，对学习失去兴趣。因此，教师要紧紧地把握好这一大好时机，设计出贴近生活，使学生感兴趣的练习，满足学生的愿望。如在练习中设计了一篇有趣而又贴近学生生活的数学日记，由于是单位的错用闹出了一系列的笑话，这样的练习既有趣又联系生活，同时也巩固了新知识。在拓展应用的练习中，更体现了把数学知识生活化，把现实问题数学化，让学生体会对数学从生活中来，又到生活中去，数学知识能够在生活中发挥威力。这集基础性、应用性、趣味性、开放性相结合的数学问题，不但巩固了简单的基本方法，提高了学生参与生活的能力，更重要的是培养了学生的创新意识和创造性解决实际问题的能力。让学生在日常生活和社会生活中运用数学的"本领"，使他们认识到"数学是生活的组成部分，生活离不开数学"。调动他们主动学习数学、创新性运用数学的积极性。

　　总之，教师要将数学知识与生活实际紧密联系，将书本知识活学活用。使小小的课堂走向更广阔的生活天地，激起学生对数学的兴趣。数学必须贴近生活，变抽象为具体，变无味为有趣。让数学生活化、情境化、趣味化，让学生在生活中感悟数学、运用数学，让数学课富有生活气息，让学生体会数学与生活同在的乐趣。让学生不但学到知识，还能掌握解决实际问题的技能，胜任社会的需要。

　　　　　　　　　　　　　（此文荣获全国小学课堂教学征文大赛一等奖）

《三角形的内角和》教学设计

学　　科：小学数学　　　　年　级：五年级

教材版本：北京版　　　　　章　节：第五单元　　　　课时：第一课时

【教学内容分析】

《三角形的内角和》是九年义务教育北京版教材五年级上册第三单元《平行四边形、梯形和三角形》的第三节内容，本节课是在学生学习了与三角形有关的概念、边、角之间的关系的基础上，让学生动手操作，通过一些活动得出"三角形的内角和等于180°"成立的理由，由浅入深，循序渐进，引导学生观察、猜测、实验，总结。逐步培养学生的逻辑推理能力。

【学生情况分析】

通过前面的学习，学生已经掌握了三角形的一些基础知识，会用工具量角、画角，具备了探索三角形内角和的知识与技能基础。

学生的生活经验是可利用的教学资源。我在课前了解到，已经有不少学生知道了三角形内角和是180度，但却不知道怎样才能得出这个结论，因此学生在这节课上的主要目标是验证三角形的内角和是180度。

【教学目标确定】

学生经历探究的学习过程，通过动手操作，能从多角度进行探究，理解得出的结论，并掌握三角形的内角和是180°的结论。能运用这一结论解决实际问题。

经历观察、验证、推理的活动过程，积累活动经验，发展合情推理能力，渗透"转化"的数学思想。

通过小组合作交流，培养学生的合作精神和创新意识，提高动手实践及分析推理能力，感受到事物之间是普遍联系的。

【教学重点难点】

教学重点：学生经历探究三角形内角和的全过程。

教学难点：多角度验证"三角形内角和180°"这一结论。

【教学过程】

环节一：游戏引入激趣设疑	
教师活动	学生活动
活动一：猜角游戏	
老师手里有几个信封，每个里面都藏着一个三角形，你能根据露出的角，判断它是什么三角形吗？	听游戏要求
	看露出的角，判断类型
1.90 度	
问：怎么判断得这么快？	直角三角形
2.120 度	钝角三角形
问：怎么想的？	锐角三角形
3. 锐角	
问：为什么犹豫了？	
再给一个角：25 度的。	
怎么想的？	可能是长方形，正方形或直角梯形
4. 一个直角	
两个直角，判断可能是什么图形？	
小结：看来图形的角中还隐藏着不少的知识呢。	
揭题：今天，我们再来研究，三角形的角中还存在哪些的秘密。	
板书：三角形的内角和。	

活动意图说明：引入游戏，使学生快速进入学习状态，明确三角形的角之间有一定的联系。激发学生探究内角和的兴趣。

环节二：多种探究 验证猜想	
教师活动	学生活动
1. 介绍内角、内角和	
长方形有几个角？每个角都叫它的内角。	
三角形有几个角？每个角都是三角形的内角。	
长方形 4 个内角的度数和是？怎么得到的？	
它是长方形的内角和。	
怎么理解内角和的？	
2. 三角形：它的内角和会是多少度？今天我们一起探究。	
（板书课题）	理解活动要求
3. 活动二：动手探究	
你想用什么方法？	
老师为大家准备了学具袋。里面有三角形、长正方形、量角器。	动手操作

（1）提要求。 小组分工合作。（出示合作要求） （2）动手操作。 （3）全班汇报交流。 ①测量法 观察：从大家量、算的结果中，你发现什么？ 归纳小结：大家算出的三角形内角和都等于或接近180°。 通过测量计算，我们发现三角形的内角和不一定等于180度，什么原因造成的？ 因为是测量所以有误差，所以测量出的结果不是很准确。 那么还有更好的方法没？ ②剪拼 学生上台演示。 老师展示。 ③折拼 师：有没有别的方法？ 师：我们一起来回忆刚才的验证方法（课件演示）。 ④折分 长方形对角线分开成两个三角形。 4.感受数学文化。 5.小结。 多种方法都找到三角形的内角和是180度。	指名汇报各组度量和计算内角和的结果 理解误差 学生上台演示 动手拼一拼 指名交流 说说理解 读一读 指名交流
活动意图说明：通过观察、实验、推理、验证等活动，为不同水平的学生提供学习机会。	
环节三：学以致用 建立联系	
教师活动 师：你对三角形内角和是多少度还有疑问吗？现在我们可以肯定地说：三角形的内角和是（ ）度。 师：接下来，我们利用三角形的内角和来解决一些相关的问题吧！ 1.判断三个角度是否是同一个三角形中的内角，说理由。 2.看图，求未知角的度数。 在一个三角形 ABC 中，已知 ∠A = 35°，∠B = 75°，求∠C 的度数。 3.在一个直角三角形中，已知∠C = 52°，求∠A 的度数。	学生活动 说想法 独立做 交流 指名交流
活动意图说明：关注学生的个体差异，有效地实施有差异的教学，使每个学生都得到充分发展，拓展学生的思维。	

续表

环节四：突破难点拓展思维	
教师活动 师：我们对三角形的内角和的认识已经非常清晰。 1. 出示一个三角形，从中间剪成两个小三角形。 问：这时，每个小三角形的内角和是多少? 说理解。	学生活动 说思路 无论三角形的大小，它的内角和都是180度
2. 把两个完全一样的小三角形拼在一起，问：拼得的图形的内角和可能是多少度? 师：拼得的图形与原来的两个小三角形有什么关系?	指名动手操作展示 三角形 长方形 平行四边形
3. 把三角形的一个角剪掉，得到一个新图形。 你知道它的内角和是多少度? 再剪去一个角呢?	
活动意图说明：在活动中辨析，明确三角形内角和与三角形的形状、大小无关。	
环节五：总结	
教师活动 今天这节课，你有什么收获吗?	学生活动 指名交流 思考： 与我们今天学习的三角形的内角和有什么联系?
活动意图说明：	

【板书设计】

三角形的内角和

直角三角形

钝角三角形　　　　　　　内角和是180度

锐角三角形

180–（35+75）

=180–110

=70度

【特色学习资源分析、技术手段应用说明】

借助数学文化，让学生体验三角形内角和的探究过程，并激发学生的认知需求，推动课堂的发展。儿童的智慧产生在指尖上。基于学生的认知水平，我让学生动手折一折，拼一拼，亲身体验，在"做"中帮助学生建立无论三角形的大小，形状，任意三角形的内角和都是180度。因此本节课我主要采用动手操作法、问题研究法进行教学，并恰当运用多媒体进行直观形象的辅助教学，遵循学生的发展规律，感受数学思考带来的乐趣。

【教学反思与改进】

本节课注重给学生提供信息，把学习的主动权交给学生，让学生在自主探究的活动中主动完成认知结构的建构过程。因此，使学生的主体意识和探究精神得到培养，创新潜能得到开发。让学生获得亲自参与探究学习的积极体验。

通过创设生动的问题情境，让学生投入解决问题的实践活动中去，自己去研究、探索。《三角形的内角和》是探索型的教材，是在学生学习了三角形、长方形等基本图形，以及角的度量、三角形的特征、分类的基础上进行教学的，学生对这一知识的理解和掌握又将为进一步学习几何知识打下坚实的基础。

整节课分成3个部分来呈现的：第一部分是让学生通过量一量、算一算，初步感知三角形的内角和是180°；第二部分是通过拼角的实验来探究并归纳三角形内角和的规律，第三部分是运用规律、解决问题。这样编排由发现问题，到验证问题，再到运用规律，充分体现了知识结构的有序性和强烈的数学建模思想，既符合五年级学生的认知规律，又突出了本课教学的重点。

在学习中注重鼓励每个学生参与学习过程，注重学生之间交流，使学生共同学习，共同进步，共同提高，使学生的主体意识和探究精神得到培养，创新潜能得到开发。让学生获得亲自参与探究学习的积极体验。

（此课例为北京市通州区区级展示课）

曹颖

▽

曹颖，小学二级教师，担任数学教学工作。生活中处处有数学，学生们学数学更是不能脱离生活实际。在课堂中，她经常会举出一些和学生们生活息息相关的例子，让学生们借此理解重点、突破难点。获得了国家级、市级、区级等多个奖项，其中包括现场课、研究课、论文、讲座等几十个奖项。

孩子都有自己的闪光点，老师只是挖掘这些闪光点的人，而不是创造他们的人。爱孩子，尊重孩子，我会秉承师德，继续在自己的教育生涯中扮演好孩子们成长的引路人。

以多媒体赋予数学"生命"

数学是一门逻辑性强，严谨性强，处处蕴含精妙的学科。喜欢它的人对它如痴如醉，不喜欢它的人对它简直是退避三舍。小学数学是数学学习的基础，可以说进入小学后，就相当于正式跨进了学习数学的门槛。

对于很多学生来说，数学是单调、枯燥的。虽然很多题目配有情境图，但是一旦涉及审题、理解题意、计算等解题过程，学生难免会觉得枯燥无趣。

多媒体教学最典型的特征是：实时性、直观性和交互性。它代表了现代教育技术的主要特点，其优势是传统教学手段所不能比拟的。以高度抽象性为特点之一的数学科，包含着很多抽象的、枯燥的、难于理解的内容，多年来，教师们虽然积累了不少传统教学模式下的这些内容的一些较直观、较形象的处理方法，但未能系统地从根本上解决这些抽象的内容，真正让学生易于理解和接受。而应用多媒体进行教学，可以使课堂教学的内容反复呈现，为学生提供直观形象的学习资料，提供技巧、技能训练的典型例题和习题，做出画图示范、演算示范、证明示范，创造出一种新颖的教学情境，能使"动态"变为"静态"，"连续"转为"定格"，使"微观"显现"宏观"，"抽象"表现"具体"，便于激发学生学习兴趣，帮助学生建立数学模型，让学生更好地观察数学现象，分析思考数学过程，优化课堂教学，因此可以辅助我们解决传统教学中难以解决的问题，让教师教得轻松，学生学得愉快，达到教学的最优化境界。

多媒体的介入恰好弥补了数学学习的一些缺点。学生轻而易举地就被生动形象的动画效果吸引到了数学情境中，透过逼真的演示，突破重难点也就没那么难了。

一、活灵活现的情境图引人入胜

每一节新课上，教师都为如何引出新知感到为难。恰当设置情境，引出新知，可以让学生很顺利地过渡到新知的学习。反之，如果情境设置不恰当，或情境与新知无密切关联，那么学生就很难把新知和已有经验联系起来，导致新知出现的过于生硬，难以理解。在教学空间与图形部分的《认识平行》时，学生对于两条直线的平行关系没有概念，特别是对于"在同一平面内"这个重要条件不容易理解和把握。这时，多媒体课件就派上了用场。多媒体具有特殊的声、光、色、形，通过图像的翻滚、闪烁、定格、色彩变化及声响效果等给学生以新异的刺激感受。运用微机辅助教学，向学生提供直观、多彩、生动的形象，可以使学生多种感官同时受到刺激，激发学生学习的积极性。通过给学生出示双杠、黑板对边边的图片，学生们通过直观的视觉体验，感受了生活中的平行关系。当把平行线从实物中抽离出来的时候，学生们不禁发出感叹—动画效果太真实了，完美地展示了平行关系。在随后的动画演示中，学生了解了异面直线虽然不相交但是也不构成互相平行关系。这就避免了学生无法直接在头脑中构建出空间图的困难。图像显示模拟逼真，渲染气氛，创造意境，有助于提高和巩固学习兴趣，激发求知欲，调动学生积极性。

心理学家皮亚杰说过："一切有效的活动需以某种兴趣作为先决条件。"兴趣是指人们积极探究某种事物或进行某种活动的心理倾向和情感状态。兴趣是兴奋剂，是学生获取知识的巨大内趋力。学生一旦对所学内容产生兴趣，就会表现出巨大的主动性和积极性，学习效率也会不断提高。教学实践中，充分利用多媒体来辅助我们的教学，可以使教学内容达到直观、生动、形象的效果，创设学生积极思维和创造的视听学习环境，让学生在饶有兴趣地观看生动画面的同时，渐入佳境，在愉悦的氛围中享受数学思维带来的快乐。小学生的学习兴趣最初是对学习过程和学习的外部活动感兴趣，积极创设情境，把学生带入一个精心设计的符合儿童心理的情景中，让学生在不知不觉中走进探求知识的教学活动中，学生学得主动，学得积极。

例如在教学《鸡兔同笼》时，我出示了笼子中的鸡、兔头的flash图片，学生一下子就被这群扭来扭去的鸡和兔子吸引了注意力。看着他们兴奋的眼神，我立刻出示了总腿数，并提出了问题。学生们很快进入了学习状态，按照要求开始热烈地交流、讨论。画图的画图，列式的列式，纷纷发表看法，积极地解决问题。

二、赋予图形"生命"

在教学《植树问题》时，重在让学生体会一树一间隔的——对应关系。只有正确找出对应方式，才能判断出是那种植树问题，继而才能选择合适的方式解题。

学生接触植树问题，很容易盲目地去数棵树、间隔数，而不能清楚地构建出对应关系。所以在教学时，我先鼓励学生自己动手画一画，分一分，初步体会一一对应关系。随后，我用多媒体演示出，每一棵树都会对应一个间隔。出现一棵树，紧接着就会再出现一段间隔。当最后一棵树的间隔没出现时，学生马上反应出——这是在两端都种树的情况。以此类推，另两种植树方式也就自然找到了。在后面的练习中，学生基本上能依照多媒体上圈圈的方法找出一一对应关系，正确选择恰当的解题方法。

教学《圆的面积》时，学生面对圆形纸片手足无措，不知道如何下手去试着求出圆的面积。在提示后，学生动手把圆分成一个个瘦长的扇形，再把扇形拼成接近长方形。但是学生分成的扇形太大，怎么拼都不够接近长方形，所以他们怎么都不能用求长方形面积的方法推导圆的面积。在这种情况下，多媒体又发挥了威力。投影上，圆形自动被分成了许多更加瘦长的扇形，两个半圆随后拉伸，最终拼成了一个非常接近于长方形的图形。看到这里，学生们都感到非常新奇，并且对这种拼补方法有了更深刻的认识，对圆面积的推导也有了思路。

在求圆柱的最大纵切面积时，学生很难想象出如何切，切出之后是什么样子。于是在投影上，一个圆柱体开始活灵活现地为学生"表演"如何把自己沿底面直径纵向切开，变成体积相等的两个立体模型。学生从演示中，清楚地看到了纵切面的位置，并找出求这个面的面积所需条件和圆柱各部分的对应关系。原本需要极强空间想象力的问题，通过多媒体的演示，被直观地展现在学生面前，这也更好地帮助了学生培养空间想象力。

三、生出头脑中的"多媒体"

多媒体教学虽然有诸多好处，但学生对于数学的学习不应该只依靠它，而应该在潜移默化中，感悟多媒体中数学知识的灵活多变，感受数学学科独特的魅力。把多媒体所展示的由直观到抽象、由不变到善变等分析、思维方式渐渐转化为自己学习数学的有力工具。

总之，多媒体在课堂教学中的应用要以解决传统教学中难以解决或不能解决的问题为前提，以符合数学学科的规律和教学规律，符合学生的认知规律为原则，以培养学生能力为目标，辅以图、文、声、像，更有效地完成教学目标，从而提高教学效果。最忌讳的是该用多媒体时不用，不该用时无目的，无计划地滥用。在教学中要深入研究和实践，如何充分而又恰当地设计、开发多媒体，使之与其他教学手段有机结合，优化数学教学，力求最大限度地提高效率，体现多媒体教学的真正价值。

（此文荣获全国小学课堂教学征文一等奖）

《平均数》教学设计

学　　科：小学数学　　　　年　级：五年级

教材版本：北京版　　　　　章　节：第六单元　　　　课时：第一课时

【教学内容分析】

《平均数》是小学数学北京版五年级上册第六单元的内容。

本节课是基于对条形统计图的理解上，通过对条形统计图呈现数据，通过移多补少，理解了平均数的含义，知道平均数是一组数据的代表数值，可用来进行几组数据之间的比较，这样为学生理解平均数的意义提供感性支撑，使抽象化的问题形象化。

提炼生活中的问题情境，在具体的问题情境中创设认知冲突，激化矛盾，感受平均数产生的必要性意义。

通过计算平均数，归纳平均数的特点，理解统计意义。

营造了愉悦和谐的氛围，学生在良好的环境下学习，自由大胆地发表自己的意见，形成了真实有效的课堂。在课的导入中，教师以真实事情激趣；在新知的教学中，以问题激疑；在巩固练习中，融入生活，让学生亲近数学。每一个环节的设计和教学语言都很精练，具有亲和力，营造了愉悦和谐的氛围，努力去感染和激励学生，使他们产生求知欲，使课堂达到事半功倍的效果。

把课堂还给了学生。教师在课堂上以学生为主体，充分让学生去说，多给学生提供机会。例如，你有不一样的方法吗？你有什么心里话要说？你认为哪种方法好，自己试一试？使学生感受到自己是学习的主人，增强参与的主动性，不断地去思考、探索讨论、交流，在经历知识的形成过程中，不断体验成功的快乐，在认知与情感的交互作用下，学得积极主动，形成一个真实有效的课堂。

把平均数融于生活，利用不同信息深入理解平均数在生活中的意义价值。例如，让学生说生活中哪里有平均数。

【学生情况分析】

加权平均数的内容是在学生在经历了数据的收集、整理和分析过程，掌握了一般平均数的基础上教学的。它将为后面学生进一步学习统计等知识打下基础。

【教学目标确定】

知识与技能：体会"权"的差异对于平均数的影响，算术平均数和加权平均数的联系与区别能应用加权平均数解释现实生活中的一些简单现象，并能用它解决一些实际问题。

过程与方法：通过独立思考和小组讨论获得基本数学活动经验和交流合作的能力。

情感与态度：进一步增强统计意识和数学应用能力，体会数学与自然及人类社会的密切联系，了解数学的价值，加深数学的理解和学好数学的信心。

【教学重点难点】

教学重点："权"的意义和加权平均数的计算。

教学难点："权"的意义和加权平均数的计算。

【教学过程】

环节一：回顾旧知，初步感知"权"的影响	
教师活动 10 道题测验结果如下： 1 组 2 组 说一说，哪组成绩好？你是怎么知道的？	学生活动 1. 学生认真倾听教师介绍，观察表格。 2. 预设：第 2 组成绩好。 利用课件中的表格，说清理由。
活动意图说明：由旧知引入，回顾求一般平均数的方法。创设情境，引出新知，开始质疑。	

环节二：通过条形统计图，直观回顾求一般平均数的方法，整理出关系式

教师活动	学生活动
1. 刚才用平均数的知识解决了问题，大家从三年级开始学习平均数，还记得三四年级都学过如何去求平均数吗？ 板书：移多补少。 虚线表示什么意思？ 90 这个平均分是真实成绩吗？ 总数 ÷ 总份数 = 平均数。 2. 今天这几课继续研究平均数。板书课题。	三年级"移多补少"（结合条形统计图演示补的过程）。 一组 6 个人都是 90 的平均分。 虚拟的。

活动意图说明：复习旧知，理清解决相应问题的关系式。

环节三：研究求加权平均数的方法

教师活动	学生活动
1. 看信息，怎么比较男女成绩高低？ 2. 男女平均分怎么来的？ 3. 出示两班成绩表，你想问什么？怎么知道的？ 4. 以 1 班为例，全班平均分大概在什么位置？出示数轴图。 一定在 80~90 这个范围内吗？为什么？ 5. 那么究竟哪个人估是对的呢？我们通过计算来验证一下。 6. 指名三人板书计算过程。 7. 你们想先评价那种方法？（90+80）÷（25+15）=4.25。 为什么不对？ 8.（90+80）÷ 2 对不对？	1. 读取材料，提取有效信息进行分析。 2. 3 个学生估一估，并在黑板上板书出 3 个位置，标注学生姓氏。 3. 在纸上写出如何求 1 班全班平均分的。 4. 指黑板上的数轴解释，已经超出了 80—90 这个范围，不可能，而且是把两个人的总分平均分给了 40 个人。 5. 也不对，这样表示把两个人的平均分给了 2 个人，不是把全班的总分平均分给全班 40 个人。

活动意图说明：初步感悟方法，集体交流，进一步判断。通过计算进行验证，初步明确方法。

环节四：通过条形统计图进一步明确方法

教师活动	学生活动
1. 看来有些同学明白了，但是有些同学还是不太清楚，下面我们借助图形来理一理思路吧。 出示条形统计图。 （1）直接出示全班所有人的条形统计图，先演示一个男生补给一个女生，理清（90+80）÷2思路。 （2）如果用这种方法继续补会怎样？ （3）我们一起看看是不是像他说的一样呢？动态演示补的过程，真的补不完。如果想得到全班平均分，移多补少到了这里以后该怎么办呢？ （4）看来这个方法不适合这个问题，那么这种方法适合什么问题呢？ 2. 说正确方法，指名总结求全班平均分的方法，口头说即可。 总分数 ÷ 总人数 = 全班平均分 3. 指黑板的数轴，经过验证赶快看看，刚才谁估对了？把掌声送给他。	1. 这是错误的，只求出了一男一女一共2个人的平均分！因为后边还有24个男生和14个女生的平均分没动，还没有找平全班平均分。 2. 最后会余下10个男生的平均分依然高，没处补了。 3. 最后余下的10个男生的平均分应该继续补给全班所有人，才能得到真正的全班平均分。 4. 男女生人数一样多的时候。

活动意图说明：通过条形统计图使学生直观感受平均数的由来、大小，进一步辨析，巩固了方法，并梳理出关系式。

环节五：提升、总结

教师活动	学生活动
1. 全班平均分为什么接近男生平均分呢？ 如果学生总是抓着男生平均分高，而不是男生人数多起到了作用，举反例： 男生 2人 平均分90 女生 4人 平均分60 所有人的平均分经过计算，移多补少，接近女生平均分，因为人数多。 2. 出示2班统计表、平均分数轴，估一估全班平均分位置。回勾数轴上的位置与人数多少有关系。 如果是咱们班考试的全班平均分，更接近男生还是女生呢？理由是什么？ 3. 出示带"合计"项的新统计表，有什么不同？会填吗？有什么好处？	1. 男生人数多，起的作用重要，结合前边的条形统。 2. 指名说清估的思路、方法，再计算验证。计图移多补少加以说明。 3. 人数起到决定性的作用。

活动意图说明：发展学生推理能力，进一步明确加权平均数的概念。

【板书设计】

平均数

总数 ÷ 总份数 = 平均数

【特色学习资源分析、技术手段应用说明】

在加权平均数中，学生最易出错的方法是用平均数的和除以2。在前测中，大多数学生也选择了这个方法，那么这节课就针对如何突破这个点进行了设计。学生明白利用总数除以总份数=平均数的关系式解决问题，但是没有理清条件之间的关联，盲目用来计算出错了。这节课利用几何直观，让学生重新回归到移多补少，借助生动、直观的条形图又再次理解平均数的本质，最终理清了思路。

【教学反思与改进】

三、四年级学生已经学过算术平均数，已有移多补少，总数除以总分数=平均数两种方法，在此基础上，五年级继续研究加权平均数。五年级加权平均数，只是学生对加权平均数的初次感知，学生到了初二才会系统地研究。

加权平均数与算术平均数不同之处在于"权重"的影响。在新手开始，设计让同学估、猜全班平均数位置，初步感知权重的作用，在新授后，重新回勾，让学生利用计算结果验证，进一步理解权重，男女生人数的多少决定全班平均分在数轴上的位置。不过在此只是初步感知，为初二奠定基础。

不足：给学生的空间不足，应让学生有更多的生生互动，突出学生的主体地位。

（此课例为北京市通州区区级研究课）

商学友

▽

　　商学友，1981年出生，北京通州人，1999年毕业于北京第一师范学校，在职期间取得了大学专科和本科学历。走上教育工作岗位已经有21年了，现为东方小学教师。

　　在教学工作中一贯遵循"爱与尊重是教育的出发点"，坚持"用语言播种，用笔墨耕耘，用汗水浇灌，用心血滋润"，愿与孩子们一起攀登数学高峰。把满腔的热血献给热爱的孩子们，把勤劳与智慧融入这小小的三尺讲台，使这块沃土上的花儿茁壮成长、竞相绽放。

小学数学计算教学的有效性的实践与思考

数与计算是人们在日常生活中应用最多的数学知识，它历来是小学数学教学的基本内容，培养小学生的计算能力也一直是小学数学教学的主要目的之一。但是，一直以来，计算教学却得不到师生的青睐：老师不喜欢上计算教学，在公开课的教学中，很少看见计算教学的身影；学生也不喜欢上有关计算教学的课，对他们来说，计算往往就是做不完的习题，以至于到最后，计算教学就沦为题海战。从理性的角度分析，计算能力是小学生必须形成的基本技能，它是学生今后学习数学乃至其他相关学科的基础，也是一个人必备的数学素养之一，所以计算教学是小学数学教学中的重点内容。

传统的小学计算教学常常通过机械重复、大量题目的训练，只重视计算的结果，不重视计算法则的形成过程和计算方法的概括。新课改以来，在计算教学中存在一些教师过分强调计算方法的多样化，教师没有起到很好的主导作用，课堂上遍地都是"你是怎么想的""还有其他不同的算法吗""你喜欢怎么算就怎么算"。40分钟的课堂教学经常都是你说我说，而减少了很多必要的练习，但在进行了一个阶段时间之后，大家发现学生们的思维虽然活跃起来了，显得热热闹闹，但是学生讨论交流占据了课堂的大部分时间，课堂上缺乏必要的练习，有不少学生对算理并不理解，结果计算错误率偏高了，不少学生的计算速度也大大降低，这显然不是新课程改革的本意。那么，计算教学应该如何做才能扎实而不失灵活，我们一线教师又应该如何做才能克服计算教学重结果轻过程的弊端，从而提高计算教学的有效性呢？

《义务教育数学课程标准（2011年版）》明确指出："人人都能获得良好的数学教育，不同的人在数学上获得不同的发展。"这已是当今数学课堂教学中应有的理念。如何把这理念转化为课堂教学行为，是我们广大一线教师所面临的问题新课程标准下的计算教学一改以往计算教学的枯燥乏味，充满了生机与活力。新课程标准赋予了计算教学新的内涵，使计算教学充满了生活气息。计算教学不但要关注计算能力，还要关注学生自主探究的创新精神，更要关注与人合作的意识，学生的情感体验……

一、计算教学的重要性

　　数与计算是人们认识客观世界和周围事物的重要工具之一。对于每个人来说，在小学阶段形成一定的计算能力，这是终身有益的事情。并且，学习数与计算的过程是培养和发展学生逻辑思维能力的过程。纵观整个小学数学教学，其中计算教学占有相当大的比重，单看各册的教材目录就可以明了；并且在教学评价中，计算的比重也是显而易见的，单是一张数学试卷，从简单的分值来看，100分的试卷中计算就占了40分，还不包括综合运用中的计算，但在教材这方面，所提供的教学素材较为单调，需要教师深入研究教材，利用合理的教学手段，使计算教学也富有活力。

二、计算教学的有效性的尝试

（一）带着研究的态度进行学习

　　玻利亚说过："学习任何知识的最佳途径是由学生自己去发现，因为这种发现理解最深，也最容易掌握其中的规律、性质和联系。"因此，在计算的教学中，教师要精心设计，大胆放手，引导学生带着研究的态度自主探索，主动地获取知识。如：第二节傅老师的小数和整数的相乘的教学。学生已经完全掌握了整数乘法运算的知识与技能，这方面内容的学习完全可以在学生的主动探索、研究中掌握。这部分内容的关键是处理小数点。怎样在积的适当位置点上小数点，也是笔算教学的重点内容。教师让学生在计算情境中体验竖式计算，研究积小数点位置的规律，主动构建小数乘整数的计算法则。例 1 从夏天买 3 千克西瓜要多少元这个实际问题出发，根据求几个相同加数的和可以用乘法计算这个已有概念，列出算式 0.8×3。这是学生第一次遇到小数乘法，它的得数是几？搜索相关的知识经验，一般有两条思路：一是把 3 个 0.8 连加；二是把 0.8 元看成 8 角，把小数乘法转化成整数乘法。这两种方法都是小数乘整数的认知平台。教材里写出 0.8×3 的竖式，让学生从整体上感知它。初步看到小数乘整数也可以列竖式计算，竖式的形式和整数乘法很接近；由于一个因数是小数，积也是小数。

例题继续求冬天买3千克西瓜要多少元，让学生独立计算2.35×3，探索小数乘整数的笔算方法。教材要求先用加法算，再用乘法算，有两点意图。一是用加法启发乘法。计算加法是从最低位起，一位一位地算的；是向相邻的高位进位的；和里要点上小数点。这些步骤与方法启发乘法也这样进行，学生算过乘法后，又会进一步感受到小数乘法可以像整数乘法那样去乘，只是积里要点上小数点。二是用加法验证乘法，结果是正确的，过程与方法是合理的，增加继续研究小数乘法的信心。

通过例题的教学，学生初步知道小数乘整数可以列竖式笔算，乘的方法和整数乘法基本相同。"试一试"着重教学积里有几位小数，即怎样在积里点小数点。分别看积的小数位数和因数的小数位数，想想它们之间有什么联系，从而明白"因数里有几位小数，积里也有几位小数"。"练一练"第2题，根据一道整数乘法等式，写出四道小数与整数相乘的算式的积，专门练习根据因数的小数位数，确定积里小数点的位置。"小数和整数相乘应该怎样计算"这个问题，引导学生把例题里的感知和"试一试"的收获结合起来，通过在小组里说说的方式，整理计算思路，明确计算方法，建构计算法则。

（二）联系现实生活进行学习

《义务教育数学课程标准（2011年版）》要求：计算教学旨在培养学生的数感，增进对运算意义的理解。当运算意义以生活场景为背景时，可以化抽象为直观，大大拉近了与学生的距离，让学生感到自然、亲切、易懂，有利于学生主动地去理解和建构知识。现实生活既是计算教学的源头，更是计算教学的归宿。教师应努力为学生提供将所学知识应用到实践中去以解决身边的数学问题的机会，从而帮助学生了解数学的价值，增进对数学的理解和应用数学的信心。

一般来说，教材上计算题的呈现方式都是比较单一的，大家都觉得比较枯燥乏味，这就要求教师在备课的过程中、特别是在钻研教材的过程中，深刻地理解并创造性地使用教材，甚至根据学生的实际情况，对教材进行适度的改编，丰富例题的呈现方式，使学生在期待中开始并进行计算的教学。

例如：在教学小数加减法时，我对教材做了如下改编：

师：同学们，老师昨天去超市购买了一些物品，总共是9.6元，你们猜猜看，我会怎么付钱？

生：正好付9.6元；付10元（付20元，付50元，付100元）。

师：那么，营业员该找我多少钱呢?

生：（计算）应该找你0.4元（10.4元，40.4元，90.4元）。

师：（先是巡视，看学生中对于10-9.6的计算有没有计算错误的，特别是得数的整数部分是0，学生有没有注意这个问题）非常棒！那么，你在计算的时候有没有遇到什么新的情况、需要我们大家注意的呢?

生：10减9.6等于0.4，得数的整数部分是0，要写0。

一道简单的计算题，教师联系了学生最感兴趣的人——教师，联系了实际生活，使原本单调的计算变得生动起来，使原本枯燥的数学课堂变得让人有所期待。

由此可见，我们应在计算教学中注重把计算内容与实际生活结合起来，体现新课程的理念，遵循"实践—认识—再实践—再认识"的认识规律进行教学。让学生体会到身边处处有数学，数学来自身边的生活，感受到数学与经济的密切关系，体验到数学的魅力。使课堂中的数学更贴近生活，走向市场。

（三）在游戏活动中学习

1. 组织比赛

孩子们总是非常要强，不论做什么，都想争个第一。教师便可对学生的这种心理善加利用，使单纯而枯燥的学习变得富有激情和活力。例如，在学习了小数四则计算以后，我便在班级里组织了一次计算比赛。在比赛时，学生们个个信心十足，以平时十倍、百倍的仔细检查着自己的试卷；成绩出来以后，成绩好的学生春风得意，而那些失误的学生是懊恼万分，只恨自己当时没有再认真一点检查。

2. 开火车

低年级练习口算的时候，大多会采取开火车的形式。"开火车"练习面广量多，且富有童趣，小朋友们都非常感兴趣，参与性很高。

爱玩是孩子的天性。如果能在学生在玩的过程中，既获得了玩的乐趣，又使知识得到巩固，那真是一举两得的美事，甚至在玩的过程中，更大大提升了学生对于数学学习的兴趣，使他们更加喜爱数学。

（四）在错误中不断提升

心理学家桑代克认为："尝试与错误是学习的基本形式。"在学习的过程中，犯错是在所难免的，教师要允许学生犯错，而关键之处在于，教师要引导学生在错误中吸取教训，使自己下次不再犯错。

在计算中，学生的错误总是层出不穷。不是抄错数字了，就是背错乘法口诀了，要么是小数点点错了，都是一些极小的错误，但却经常出现，让人忽视不得。也因此，课堂作业我总是坚持进行面批，每每批到错题，我常会多问学生一句："来，检查一下，你这题哪里错了？"可是，却往往有学生对我说："老师，我看不出来，你让我重新算一遍吧！"看来，有些学生还是不善于进行检验。针对这一情况，在以后的教学中我们更该注意对学生进行计算方法和检验方法的指导；碰到错题了，要追着问一句："错在哪里了？"要求学生在原题上找出错误，找不出来，就师生一起找；同时我要求学生将自己的错题记录下来，整理成错题集，以提醒自己和警诫自己。

培养学生的较强的计算能力是小学数学教学的一个重要任务。但一直以来，计算课的枯燥乏味却使学生望而生畏，对于计算是退避三尺，这就需要教师精心设计课堂教学，改变以往例题单一的呈现方式，从教材的特点出发，从学生的实际出发，从儿童的心理特点出发，联系现实生活，联系游戏活动，进行多媒体的整合，为学生创设一个充满童趣、富有活力，让学生乐学、爱学的学习环境，使枯燥的计算教学焕发出新的生命力，让计算的课堂变得让学生有所期待。

《分数的初步认识》教学设计

学　　科：小学数学　　　　年　级：三年级

教材版本：北京版　　　　　章　节：第六单元　　　　课时：第一课时

【教学内容分析】

《分数的初步认识》是北京版小学数学三年级下册第六单元第一课时的内容。这部分内容是建立在学生掌握了一些整数知识的基础上对分数的初步认识。学生对分数这个概念很陌生，没有什么知识经验，为此这节课的难点是理解分数的意义，设计中结合学生的实际和具体实例，帮助学生理解简单分数的具体含义，给学生建立分数的初步概念，初步学会用简单的分数进行表达和交流，进一步发展数感，并为学习小数和进一步学习分数做好铺垫。

【学生情况分析】

学生在学习数学的过程中，还没有接触过分数，从整数到现在的分数，对学生来说不仅是知识面的扩展，更是数概念的一次拓展，无论在意义上、读写方法上，分数和整数都有很大的差异。同时，它有着一个非常重要的作用，就是要为今后进一步学习分数知识打下初步的基础，也为今后学习小数提供必要的条件。如何让学生能尽快地建立分数初步的概念和意识，在这里显得尤为重要。

【教学目标确定】

在具体的分月饼和表示月饼的"一半"的情境中，亲历分数的发生发展过程，感受学习分数的必要性。

通过动手实践、自主探索，初步认识几分之一，理解几分之一含义，掌握简单分数的读、写。

体会分数在生活中的价值，激发学习数学的兴趣。

【教学重点难点】

教学重点：能借助实物或图形理解几分之一的具体含义，建立分数的初步概念。

教学难点：在活动中理解平均分，进而理解分数的意义。

【教学过程】

环节一：故事导入	
教师活动	学生活动
1. 由故事引出"平均分才公平"的话题。 师：张阿姨在中秋节时买来 4 个月饼要分给双胞胎兄弟，你们说要怎么分比较公平？（边说边出示课件）	学生认真倾听。 每人分 2 个，两个人要分得一样多——平均分。
2. 课件逐题出示： 有 4 个月饼，平均分给 2 个人，每人分（ ）个。 有 2 个月饼，平均分给 2 个人，每人分（ ）个。 有 1 个月饼，平均分给 2 个人，每人分（ ）个。	学生口答 有 4 个月饼，平均分给 2 个人，每人分（2）个。 有 2 个月饼，平均分给 2 个人，每人分（1）个。 有 1 个月饼，平均分给 2 个人，每人分（半）个。 学生质疑
3. 怎么表示"一半"。 出示课件，认识古代人怎么表示一个整体的一半，理解分数的由来是经过了漫长的历史过程。 4. 揭示课题：分数的初步认识。	认识分数的由来是经过了漫长的历史过程的。
活动意图说明： 通过分月饼引出分数。这个环节主要是创设学生所熟悉并感兴趣的现实情境，激发学生的兴趣，让学生以饱满的热情投入到探究之中。由"分月饼"的日常生活情境引入，复习巩固平均分的概念，学生运用生活经验，得出把"一块月饼"平均分成两份，每人得到一半，从而引出课题。	

环节二：认识二分之一	
教师活动	学生活动
1. 初步认识 （1）师：这个月饼的一半用分数来表示，怎么写呢？请看（师边说边板书） （2）这个分数怎么读，谁会？（师板书读作：二分之一） （3）说一说，我们怎样得到月饼的二分之一的？	谁来说说老师是怎么写这个分数的？（先写什么？再写什么？） 指名读，大家一起读一遍。 学生说一说。（把一块月饼平均分成 2 份每份是这块月饼的 1/2）
2. 动手操作 刚才，我们已初步认识了二分之一这个分数，现在你能不能动手折一折，用阴影表示一张长方形纸的二分之一？ 课件展示不同的分法，认识只要是平均分就能得到这张纸的二分之一。	学生动手操作。 交流讨论：说一说你是怎样得到一张纸的二分之一的。（把一张纸平均分成两份，其中一份是这张纸的二分之一）

活动意图说明：
借助实物演示把"一半"由一个具体的量抽象成一个数，初步了解了分数概念，建立了新的认知平衡。

环节三：认识三分之一	
教师活动 出示课件，说一说蓝色部分是这个圆的几分之几？ 我们怎样得到这个圆的三分之一的？	学生活动 学生说一说。（把一个圆平均分成三份，每份是这个圆的1/3）
活动意图说明： 这一环节主要是让学生初步建立二分之一的概念。引导学生抓住本质，进一步迁移、联想，认识三分之一，培养学生的抽象思维能力。	

环节四：认识四分之一	
教师活动 提要求：刚才我们认识了二分之一 、三分之一这两个分数，你能不能根据老师提供的材料（长方形、正方形、圆形），折一折、涂一涂来表示四分之一。 师：分别选择长方形、正方形、圆形让学生展示。 这三个图形的涂色部分都是四分之一，你能说说这三个四分之一有什么不同吗？ 只要把一个整体平均分成四份，每份就是这个整体的四分之一。	学生活动 学生动手操作。 展示与交流。 学生说一说。 （把长方形平均分成四份每份是长方形的四分之一，把正方形平均分成四份每份是正方形的四分之一，把圆形平均分成四份每份是圆形的四分之一）
活动意图说明： 这个环节主要让学生通过独立思考、动手操作、小组交流等方式，从各自的兴趣、需要和认知出发，展现知识的形成过程。在"为什么不同的折法都能用四分之一表示"的追问下，引导学生渐渐明晰折法不同不是分数的本质属性，而"平均分成几份""表示这样的1份才能用几分之一来表示"才是分数的本质属性。	

环节五：小结	
教师活动 1.认识其他分数。 出示课件，说说每个图形各是几分之几。 2.今天我们认识了几分之一的分数，请你用自己的话说一说什么叫分数。	学生活动 看课件回答问题，认识其他几分之一的分数。 用自己的话说一说什么叫分数。
活动意图说明： 将知识进行适当的迁移和拓展。认识更多的几分之一的分数，总结自己对分数的认识，培养抽象概括能力。	

环节六：巩固练习，拓展新知。

续表

教师活动	学生活动
1. 出示课件，下面第（　）个图形的阴影部分可以用 1/4 表示出来。	指名口答。
2. 判断。（对的打"√"，错的打"×"。） 把一个西瓜切成 5 块，每块是这块西瓜的五分之一。（　） 把一张长方形纸对折，再对折，把这张纸平均分成了四份，每份是它的四分之一，写作：1/4。（　）	先判断对错。 再说明理由。
3. 看图填空。 把这个圆平均分成了（　）份，每份是这个圆的（　），读作（　）。	看图回答问题，完成填空。
4. 出示课件，下面哪个图里的涂色部分能用分数表示，请写出来。	看图回答问题。

活动意图说明：多层次的练习，帮助学生巩固新知，活跃思维。

环节七：作业

教师活动	学生活动
拿两张同样的长方形纸，分别折叠出它的 1/2 和 1/4，并涂上颜色，比较一下，哪个更大？	完成作业。

活动意图说明：为比较大小铺垫。

【板书设计】

分数的初步认识

1/2　　读作：二分之一

1/3

1/4

【教学反思与改进】

《义务教育数学课程标准（2011年版）》中指出："有效的数学学习活动不能单纯地依赖模仿与记忆，动手实践、自主探索与合作交流是学生学习数学的最重要方式。"学生对数学知识的学习，不是被动接受，而是主动建构，而动手操作对学生的建构有着积极的促进作用。因此，在本课当中我充分的为学生提供了动手实践的机会，通过"折一折"的情境，让学生在动手，动脑、动口的过程中，体会分数的含义。让学生亲身经历了分数的形成过程，把原本复杂、抽象的东西变得到简单、直观易于学生的理解和掌握。

　　概念学习并不是枯燥无味的，用分数自身魅力可以让概念学习具有一定的开放度。因此，我设计了从图形中找分数，折纸找分数，生活中的分数等活动，既渗透数形结合的思想有利于学生空间观念的建立，又让学生体会到分数与生活的联系，体验学习成功带来的喜悦。当然，我在教学中也存在着一些不足，比如教学认识二分之一时我把学生当作被动的接受者，忽略了学生的主体地位，忽视了学生"做数学"的体验。

（此课例为北京市通州区区级研究课）

姬艳艳

▽

姬艳艳，1986年1月出生，北京通州人。2006年毕业于北京理工大学房山分校英语教育专业，2010年取得大学本科学士学位。自2006毕业以来一直在东方小学任教，从事英语教学工作，近14年。工作中一直奉行陶行知先生的一句话："千教万教教人求真，千学万学学做真人。"近年来一直致力于"思维导图"在小学英语课堂的应用的研究。在不断地探索和研究中，也取得了一些成绩，说课比赛、录像课评优比赛、论文等均有获奖。

践行开放有序课堂的教学理念，优化课堂教学过程

——浅谈提高小学英语课堂教学的实效性

课堂教学的内容、活动形式、环节安排等都是影响课堂教学实效性的重要因素。下面就谈谈我在提高小学英语课堂教学实效性方面的一些做法和感受。

一、优化课堂教学准备，提高课堂教学实效性的必要前提

把握好教学过程与目标的关系，课堂教学就能取得事半功倍的效果了。首先，知识与技能目标要结合学生已有的基础来设定，把握《英语课程标准》的要求和小学阶段知识的整体性，找准、抓住新旧知识之间的联系，在整体把握整本书、整个单元知识的情况下，突出每节课的知识重点，确立知识和技能目标。其次，教师要明确知识与能力的获得要经过哪些步骤、程序和阶段。并设计学生喜欢的活动形式和安排符合认知规律的环节流程。再次，真实的情感教育和交流，能够促进学生对教师、学科的喜爱，拉近师生距离，有了积极情感的辅助，教师就能够更好地进行学科文化的传播、德育的引导和学生学习习惯的培养。教学目标要将教学任务转化为学生的学习需要，让学生主动参与，发挥其主观能动性。有了充分的前提准备，课堂教学实效性就有了保障。

二、优化课堂教学过程，提高课堂教学实效性的根本所在

课堂是教育教学实施的主要阵地，学生学习效率的提高主要靠课堂教学来实现。在有限的40分钟课堂时间内，整个教学过程由大大小小、环环相扣的各种活动组成。这些活动不是单纯的游戏和步骤，而是学生参与学习和实践的依托，是担负着循循诱导、步步巩固、层层深化、环环落实任务的教学载体，这些活动体现了新知学习、巩固练习、操练实践、交流运用、拓宽视野等不同作用。

（一）优化教学内容，实践开放、创新的教学理念

新课标指出：在不影响教材的完整性和系统性的前提条件下，教师要善于根据地区差异，学生现有水平、课时安排等，有创造性地对教材内容做适当的补充和删减，组成合理的知识结构和能力结构，加强知识间的相互有机的联系，要把教材中的语言知识和语用知识重新置于开放、鲜活的语言情境中加以解决，把学生好奇、探索的欲望激发出来，创造的潜能开发出来，使学生得到发展。在教学《Let's go！》一课时，我把交际活动的情境与他们要参加的"社会大课堂"活动结合起来，出示不同的参观地点（或不同内容的展厅）、时间、交通工具等条件，以小组活动展开语言交际大讨论，帮助学生掌握句型"Shall we go to...？""Let's go to..."，反复熟悉此话题的交际用语，操练的过程就不再那么单一、枯燥了。对四年级学生来说这件事情既有挑战性，又有可行性，具有很强的实践性，这种贴近生活、真实的活动既能拉近师生间的距离，了解孩子们的喜好，又能整合听、说、读、写多重的内容和技能，有助于培养学生运用英语的能力。

（二）优化课堂教学过程，营造轻松、有序的课堂氛围

在小学英语课堂教学中，教师教的过程要与学生学的过程相互适应、协调发展，课堂教学基本环节要落实到位。

1. 热身、复习环节

要优化教学情境，建立和谐的师生关系，营造浓厚的热情高涨的英语学习气氛，根据学习的知识内容，可以利用学过的旧知识和了解性的内容进行铺垫，让学生有一定知识支撑基础，再对学生进行深层次的引导和教育，如在二年级 *What's for breakfast？* 教学中，在讨论What do you like？时，学生们很自然地说出 I like hamburgers或I like chicken 等图片中出现的快餐食物，表现了学生意识中存在的不健康的饮食习惯。借助这个契机，出示一些孩子经常接触的蔬菜和水果和 rice, noodles, milk等词汇图片，既丰富了学生接触的语言材料，扩展的词汇和口语交际范围，又进行了良好饮食习惯的德育教育，使学生不知不觉地积极投入课堂教学过程，兴趣盎然地进行学习。

2. 新学习内容呈现

这个环节是语言输入的最初阶段。教师要围绕本课的教学目标和要求，根据不同的教学内容如：故事教学、词汇教学、语言交际、语法教学等，将学生置于需要完成的情境任务中，利用提问，引导学生进行体验、参与到学习和感知的过

程中。教师在提问时，要注意问题的有效性、难易度、开放性等方面，同时要留给学生足够的思考时间，认真倾听学生的回答，并进行的适当追问。在一年级 *Who's he?* 一课中，句子Who's this? 的认读是难点，学生容易和What's this? 混淆。因此在学习时，笔者利用学过的Who's she/he? 进行引导，之后再出示What's this? 进行回答。让学生通过观察比较的方法，发现句子的不同和所用语境的不同。之后进行语言的扩展，为学生感受身边的英语做铺垫，激发学生学习的兴趣，提高了教学效率。

3. 语言操练

以多种教学手段创设语言学习的情境、扩大语言的输入量；以清晰、准确、到位的示范帮助学生理解、模仿、操练和活用语言；以教学活动的变化为依据，变换自身的角色；以紧凑合理、过渡自然的教学环节以及科学有序的训练，"动静"活动结合，从听、说、读、写、视觉等不同方面的刺激，使学生在积极参与语言实践中扎实地掌握知识，形成技巧，发展能力，尝试成功，乐学会学，从而获得课堂教学的高效率，展现课堂教学的实效性。如：四年级阅读教学中，通过视频、音频、文字的不同方式的故事内容输入，虽然输入的内容相同，但由于形式的不同，学生们能集中注意力，最后大多数学生都能够认读故事内容，部分同学还能够根据提示词复述故事内容，充分地证明了本节课的教学的实效性。

任务要符合学生特点和语言支撑的内容；学生在完成任务时，联系现实生活，鼓励学生进行适当扩展；互动形式根据任务内容选择人数，如2人，小组或全班形式。学习新知识后的巩固练习，最好以2人小组形式进行，这样能最大限度地进行有效的练习。在部分学生掌握了的基础上，就可以选择4人小组的练习形式，因为在此活动中，学生可以互相帮助，在合作中解决个别性存在的问题。在每个单元后期的复习活动，就可以选择男、女生或全班集体的形式。这样可以鼓励那些不太熟练的学生参与到说、读的活动中，还可以节省时间、使课堂教学活动变得紧凑、有节奏。

4. 小结

可以由教师或学生进行不同形式的课堂学习小结。如重点知识、学习收货、注意问题等，并布置合理、适量的不同形式的家庭作业，增加学生实践知识的机会，巩固课堂学习和知识技能的拓展，养成课后复习的良好习惯。为下一课时的学习，做好准备。

（三）优化课堂中的教学手段，运行高效课堂

随着科技的发展、网络的普及，教学设备的现代化，多媒体教学设备进入了我们的课堂。越来越多的年轻教师，充分地体现了多媒体教学手段的优势，同时在此过程中，也存在着这样一些现象。如：学生的课本没有用到；学生喜欢动态的活动，书写作业时，静不下来，错误较多；听说能力很好，但检测时，写的能力较弱；不认真读题等，我想这些都是学生过多地脱离教师的板书、卡片以及教科书中文本的接触和认读而造成的。而且有的青年教师如果遇到突然停电，就不知如何开展课堂教学活动了，课堂教学的实效性可想而知。因此在日常的英语课堂教学过程中，教师要结合内容和要求学生掌握的技能目标，来选择教学手段。如在复习词汇的环节，教师选择单词卡片的手段，学生们能在短时间内，对所出示的单词进行正确的认读，这一活动能够保证课堂教学的实效性。在故事教学中，教师及时做好板书记录，既能展现故事的情节、流程，总结出关键的词汇、句型，最终，学生能够通过板书内容，在教师的引导下，有效地复述故事内容，这也说明的课堂的实效性。在学习新知识内容是，教师可以采用视频、音频、图片等形式，吸引学生的注意力，保证了输入的质量，才能有良好的输出。教学手段的选择，还要根据学生的特点，投其所好。总之都是为了保证学生学习的效率，提高课堂教学的实效性。

（四）优化教学过程中的评价，促进课堂参与积极性

英语作为一种外来语言，学生在学习的时候肯定会碰到困难，学生之间也表现出差异。我们要尊重这样的差异，教学过程中，体现分层，让每个孩子都有成功的体验。常采用简易多样、经常性的课堂教学评价方式，如：观察评价、随堂评价、口头评价、动作评价等，逐步呈现评价标准和评价主体的多元化格局，通过教师、同伴、自己的不同评价，提高学生对课堂教学活动参与的积极性，体现公平、有效的实时评价。

课堂教学中的评价要适时、具体。学生练习正确时，表扬要简明扼要、恰如其分；练习出错时，要讲出原因，并提供同类练习，及时强化训练；对学习基础较差、自信心不足的学生要分层教学，多提供参与机会，多鼓励，多表扬；对基础较好的学生既要肯定成绩，又要指出努力方向。教学过程中的评价必须有利于调动和激发学生的学习积极性，才有利于提高课堂教学实效性。

　　课堂是师生共同建立的学习场所，课堂教学或学习的效果都是由师生共同努力决定的，在小学英语的课堂中，实践开放有序课堂的教育理念，带给学生新的学习体验，获得不一样学习的成果，努力提高课堂教学的实效性。

Grandma's story 教学设计

学　　科：小学英语　　　　　年　级：三年级

教材版本：一起作业里的绘本　　章　节：整个绘本故事　课时：第一课时

【教学内容分析】

Grandma's story 是一起作业中的一个简单的绘本故事，此绘本围绕Dragon Boat Festival展开，grandson问grandma吃什么引出的rice dumpling的简单介绍。故事情节性不强，文本内容比较简单，但是也出现了很多新的食材类单词，如flour，sticky rice，bamboo leaves等。基于此，为学生扩充了关于Dragon Boat Festival历史的视频，以及在这个节日可以做的事情。此绘本的选择，使学生了解中国传统文化，培养学生的文化意识。

【学生情况分析】

我所教的三年级学生通过两年多的学习，已经认识了很多的中外节日，例如Chinese New Year、Christmas、Halloween，以及这个学期初出现的Tree-planting Day、Women's Day 等。学生能够说出节日名称、日期及一些简单的活动。

【教学目标确定】

欣赏故事，了解制作粽子所需食材，如bamboo leave, sticky rice等。

通过故事扩展，了解端午节的时间、活动，能用简单的语言描述。

通过故事文化学习，培养学生优秀的文化品格，提高英语学习兴趣。

【教学重点难点】

教学重点：包粽子所需的食材及端午节的基本信息。

教学难点：学会用英语描述端午节的基本信息。

【教学过程】

环节一：Let's talk.	
教师活动 活动：Free talk What holiday do you know？ When is...? What can you do？	学生活动 I know... It's in\on... I can...
活动意图说明：通过 Free talk 复习以前学过的节日，激活学生已有旧知，快速进入到英语课堂的学习，引出新内容。	
环节二：Let's learn with a new friend.	
教师活动 活动：听认识新朋友 Let's learn with a new friend， who's he? Let's listen.	学生活动 listen and find the new friend in the picture.
活动意图说明：通过听力认识新朋友的形式引出绘本故事的学习，激发学生兴趣的同时，锻炼了学生的听力和提取关键信息的能力。	
教师活动 自读完成 worksheet How to make rice dumpling？ What do we need？ Please read picture 5-8 and finish this worksheet.	学生活动 Read picture 5-8 and finish the worksheet by themselves.
活动意图说明：通过自读，提取关键信息完成练习，培养学生阅读能力，提高阅读兴趣。	
教师活动 观察图片学习 picture 9-11 Please look at these rice dumplings， are they the same？	学生活动 No.
活动意图说明：通过区分粽子的种类，了解 sweet 和 salty，完成绘本学习	
教师活动 默读绘本 Now please read the picture book silently.	学生活动 Read the picture book.
活动意图说明：通过默读绘本，复习回顾整个故事，感受阅读的乐趣。	
环节三：Let's learn more.	
教的活动 观看视频，了解端午节由来 Do you know the history of Duanwu Festival? Let's watch the video and find a great man here.	学生活动 Watch the video and find QuYuan.
活动意图说明：通过观看视频了解端午节是为了纪念伟大诗人屈原而设立的节日。	

续表

教的活动	学的活动
图片对比	Watch carefully.
When is Dragon Boat Festival?	

活动意图说明：通过日历图片对比，确定端午节的日期，是在五月或六月。

教的活动	学的活动
师生问答引出更多活动	Maybe they will say, dragon boat race.
We can eat Zongzi on Dragon Boat Festival, what else can we do?	

活动意图说明：问答形式引出更多的端午节活动，学生通过观看视频了解这些活动，深入了解传统节日文化。

环节四：Let's do.

教的活动	学的活动
Enjoy a song.	Enjoy the song and try to follow.
Here is an English song for you.	

活动意图说明：通过歌曲欣赏再次激发学生对端午节文化的热情，培养文化意识。

环节五：Homework

1.Name the story and draw a cover for it.
2.Share the story for your parents.

【板书设计】

【特色学习资源分析、技术手段应用说明】

小学英语学科的核心素养包括语言能力、思维品质、文化品格和学习能力。其中文化意识是理解各国文化内涵，尊重文化差异。英语教学培育学生文化意识有以下重大意义：增强学生的国家认同和家国情怀，坚定中国文化自信，树立人类命运共同体意识，学会做人做事，成长为有文明素养和社会责任感的人。但由于过多强调异国文化，学生常常忽略了本国文化，不利于对中华民族传统文化的认识与热爱，不利于国际意识的培养。

《英语课程标准》的二级目标中指出加入了"在学习和日常交际中，能初步注意到中外文化的异同"这一标准描述。同时在实施建议中指出：注重语言实践，培养学生的语言运用能力。对于中国传统文化这一瑰宝，需要大力传承和发扬，不但要让学生们了解中国的传统文化，还要通过学习让他们爱上中国的传统文化，从小接受传统文化的熏陶，有利于增强阅读能力和口语表达能力，促进健康人格的形成。

《英语课程标准》中还明确指出，基础教育阶段英语课程的任务之一是：激发和培养学生学习英语的兴趣，使学生树立自信心，养成良好的学习习惯和形成有效的学习方法，发挥自主学习的能力和合作精神，使学生掌握一定的语言综合运用能力，倡导体验、实践、参与、合作与交流的学习方式和任务型的教学途径，培养学生跨文化交际意识。因此，在教学过程中，利用图片视频等多媒体形式激发学生学习兴趣；通过worksheet, group work等形式充分发挥学生的主体作用，让学生在实践中学习语言，运用语言。

【教学反思与改进】

本节课能够根据绘本教学的特点，通过听判断、自读完成任务单、默读等形式培养学生的阅读能力；能够设计符合学生特点的教学活动，使学生在活动中自主探究学习，而教师作为课堂的引导者，真正做到以学生为中心；能够根据本绘本的特点，进行扩充，丰富学生所学，并在思维导图式板书的指导下，掌握本节课的重点内容。

（此课例为成熟期教师课题展示课）

周伟

▽

　　周伟，1984年3月出生，北京通州人，2005年加入中国共产党。2007年毕业于首都师范大学俄语系，大学英语六级、俄语专业四级水平，获文学学士学位。大学毕业后，响应党和国家的号召到永乐店镇中心小学支教6年，于2013年调入东方小学，任教7年。

　　自从选择了"教师"这个职业，她就一直深信教师是阳光下最灿烂的职业。教育工作是孕育她灵感的苗圃，更是她实现自我价值和创造精神财富的最佳选择。正如著名教育家陶行知先生所言："学高为师，身正为范。"她立志成为一名专业能力过硬，饱含教育情怀，深受学生喜爱的好老师。

师恩难忘，美德相传

美国教育心理学爱家古诺特博士曾深情地说："在经历了若干年的教师工作之后，我得到了一个令人惶恐的结论：教育的成功和失败，'我'是决定性因素。身为老师，我具有极大的力量，能够让孩子们活得愉快或悲惨，我可以是制造痛苦的工具也可以是启发灵感的媒介，我能让人丢脸也能叫人开心，能伤人也能救人。"

岁月不居，时光不流，转眼我已在三尺讲台前奋战了十几个春秋，对于古诺特博士的这段话，我确实深有体会。2018年的教师节我像往常一样收到了很多学生给我的祝福信息，其中一个学生是这样写的："亲爱的Miss柳芭，无论在初中，高中，还是今年我能顺利考上首都师范大学，您的话我都始终牢记，它时刻鼓舞着我不断克服困难，奋勇向前。"她的话既让我吃惊又欣喜，同事们都问我到底说了什么让她如此的难忘，又做过什么成为她前进的动力。

打开尘封的记忆，十几年前的画面又一次出现在我的脑海里。她是一个平凡又沉默的小姑娘，每次英语课堂上任由我在讲台前使出十八般武艺，如何卖力引导，她从不开口说话。我曾用各种外国的钱币作为小礼品，奖励她开口说英语，可我发现那样她反而会更害羞，红红的一张小脸瞬间让我心软。我从班主任那听说，她的爸爸妈妈都在小务村种大棚，她完全由奶奶带大，三四岁刚学会说话，所以现在说话很多发音都是连在一起，经常让同学们笑话。其实小姑娘特别喜欢英语课，之所以一直不开口就是因为自尊心强，怕自己发音不准确被我和同学们笑话。我突然感觉好心疼，埋怨自己怎么一直没有发现。接下来的几节英语课，我一直观察她，有时我一会儿说英语，有时又会教给孩子们几句俄语。还记得有一次，我鼓励孩子们都来试试俄语里最难发音的大舌音 p，看谁能发出这个音。孩子们的兴趣一下子被点燃了，各自不停地尝试着，课堂氛围一下特别活跃。这时，我看她也偷偷地张了嘴，努力地发着p音，让我惊喜的是，她真的天生会发这个音，我特别惊喜，这可是我在大学里练了两年才练会的。我走过去听了半天，虽然不熟练，但绝对正确。这时我在班里"故弄玄虚"，说发现了会说俄语的天才，就是她！那一刻，她眼里闪着光，那光让我的心也跟着亮了起来。那是一种被人赏识的幸福，那是一种被点燃的信任，我想这份欣赏和信任也定会直达她的心底吧，好像让她在面对困难时有了前进的力量。因为，这样的力量也曾帮助我在面对选择或困难时能够勇敢地迎难而上。

我是Miss柳芭，2007年我从首都师范大学俄语系毕业，来到了北京最南端的永乐店镇中心小学，做了一名支教老师。毕业时本可以做俄语翻译的我，为什么会选择做一名老师呢？因为我曾经也像文中的那个小姑娘一样，在这所小学里读书，并且从这里走出去。当年就是我的恩师——邢老师，发现了那个永远坐在角落里胆怯、懦弱、平凡的我，他曾用那无比坚定、自信的语气告诉过我："只要你自信，勇敢，不断努力，你一定可以成为更优秀的自己。"现在回想，老师的心灵是多么美丽，老师的话语多么的神奇！

还记得六年级毕业时，那个曾经胆怯的小姑娘坚定地对我说："Miss柳芭，谢谢您！将来我也要当老师，我一定要学俄语。"听着她充满感激的话语，我也想特别深切地感谢她，因为是她让我体会了做教师的幸福。我更感谢我的老师，是当年恩师那双善于发现的眼睛，改变了我的信念，是恩师那坚定的话语，让我在每次选择时特别自信！原来教育也可以情深，美德也可以代代传递。长大后我就成了你，才知道那块黑板写下的是真理，擦不去的是永远的师生情谊。

Numbers on the farm 教学设计

学　　科：小学英语　　　**年　级**：一年级

教材版本：北京版　　　　**章　节**：第四单元　　　　**课时**：第三课时

【教学内容分析】

本节课为北京版一年级下册Unit 4 How many stars can you see? 本单元的话题是谈论How many... 和numbers 。在第一课时中，Lingling和Yangyang就各自拥有的物品数量进行提问和回答。第二课时，Guoguo和Kate就所看到的事物数量进行问答。第三课时在第一、二课时学习的基础上，又将之前学习的两个句型How many... do you have? How many... can you see? 进行巩固。本课时共分为四个板块，Listen and say、Let's act, Listen, repeat and trace和Let's say，结合本课的设计将Listen and say板块和Let's act进行整合，让学生在学习对话的过程中表演对话。

【学生情况分析】

语言知识背景：本课时的授课对象为一年级学生，他们大多数已经能将数字1—10按顺序读出来，能够初步了解前两课时主要句型How many... do you have? How many... can you see? 的含义，并能认读回答。部分学生对第一人称询问不会转化成第三人称陈述，名词复数运用不能做到每个名词会变，会念。

语言技能背景：一年级的学生们已经能在教师的帮助和图片的提示下进行表演，并具有一定的听说能力。

生活经验背景：生活中学生们能够运用所学的数字，进行简单询问数量的问答句。

【教学目标确定】

1. 能听懂、会用 "How many...do you have?" "I have..." 和 "How many...can you see?" "I can see..." 询问物品数量以及应答。

2. 能用eight，nine，ten表达物品数量，能听懂、认读单词tiger，tire。

3. 能认读字母Tt，感受字母在单词中的读音/t/，并能正确书写。

【教学过程】

环节一：歌曲激趣，交流热身	
教师活动 Warm up 活动：Sing a song T: let's walk around the farm.	学生活动 Ss sing the song with the video.
活动意图说明：演唱歌曲，让学生在轻松愉悦的情境中进入农场主题。	
环节二：直接由农场引入，创设主题情境	
教师活动 教师引导，进入故事 T: What animal can you hear in this song? T: How does the pig speak? T: Today, our friend Guoguo goes to her Uncle's farm.	学生活动 - Ss: I can hear ... Ss: ...
活动意图说明：根据农场场景自然地导入本课主题 Numbers on the farm。	
环节三：任务驱动，激活思维	
教师活动 1. Learn the text. T: Guess. what animals do they see ? 2. T：You are right. at first. they see many cows. so Guoguo asks... and the Uncle answers... 3. Learn the dialogue2. T：Then. they walk to the river, what' in the river ? T：How many ducks can you see? How does Uncle ask? And what does Guoguo say? 4. Watch and say:（Play the flash about whole text） 5. Read and act. T: Please read the dialogue by yourself. Teacher show a model：Read the whole dialogue in roles. 6. Retell the story. T: Let's retell the story together.	学生活动 Ss: They see cows and ducks. Ss answer the question. Ss: Ducks. Ss: I can see 8. (9). (10) ducks. Ss practice the key sentences. Ss read after the video. Ss read the dialogue in roles and act out. Ss try to retell the story with teacher.
活动意图说明：示范、引导学生运用准确的语音语调朗读本课重点句式。增添了小情节，增加课文学习的趣味性，为学习新数字埋下伏笔。指导学生逐句跟读对话，设计角色扮演活动，与学生一起复述故事，进一步梳理对话中的重点词汇和句式，锻炼了学生的口语表达能力，提升了学生的阅读素养。	
环节四：语言拓展，运用新知	

续表

教师活动	学生活动
活动 1: 拓展练习 T: Guoguo is very happy. because they see many animals on the farm. Let's see what animals can you see on the farm. 活动 2: 字母学习 T: What animal can you see on the farm? Can a tiger live on the farm? Where can you see tigers? 给故事一个小结尾，最后，果果带着小老虎回到了动物园。 1. 引出老虎这个单词，tiger，学习单词。 2. 由 tiger 和 ten 引出找出共同包含的字母 T。 3. 学习字母 T 的写法，找出我们已知的 T 相关的单词引出新单词 tire。 活动 3：制作展示小农场 T: Boys and girls. we know uncle's farm and look at my farm. who can make a dialogue with me? T: Do you want to have a farm? Take out your envelopes to make your farm. When you finish you work. you can practice to introduce your farm.	Ss talk about the pictures and practice dialogue with partner. Ss: I can see a tiger. Ss: We can see tigers in the zoo. Ss practice to write T. Ss study new word "tire".

活动意图说明：故事的延伸为字母和词汇学习提供了生动的语境。通过以旧带新的方式学习新词。在夯实功能句型之后，设计了语用环节，将所学重点句式运用到较为真实的语境中，通过同伴间讨论自己的作品，创编对话，自然的运用目标语言，培养学生的学习能力，交流合作能力。

环节五：总结评价

教师活动五	学生活动五
利用本课的重点功能句型总结各组成绩，进行评价。	Ss count and answer the questions.

活动意图说明：通过评价，让孩子们更自信，能在课堂上给功能句型一个练习出口，可以让孩子们在回答问题时灵活运用。

【板书设计】

Unit4　Lesson 15

Numbers on the farm

How many ... can you see?

I can see ...

【特色学习资源分析、技术手段应用说明】

整合教材内容，建立主题情境教学。

本课中，我尝试整合单元知识点，给学生创设主题语境，努力把碎片化的知识像讲故事一样让讲给孩子们听。所以，在课程中我进行了大胆取舍。首先，情境都是设定在农场中，把与此情境无关的一些不会在农场中出现的动物及小韵文等内容进行删减。其次，为了铺设剧情，我延伸了情境内容，孩子们很自然地跟随情境学习了新单词，不会有突兀感，更容易接受。最后，课文结尾处，我创设了学生自己制作小农场环节，给孩子们动手的机会，让平时不经常去农场的孩子也能体会本课功能句在生活中的应用。整合内容，创设情境，让我的课程更完整，更易接受，也更有真实生活意义。

【教学反思与改进】

本课中，从入课到总结及整体评价，始终围绕主题语境*Numbers on the farm*。语境的创设让孩子们仿佛走进了一个有趣的故事，随着主人公去体会，学习本课的重点单词，句型，寄情于景，易于接受。最后，从农场延续出来，制作了属于自己的小农场，整个过程，充满童趣。

为了学习新单词，我对故事进行了延伸，利用已知词汇，让学生自主学习了新单词tire。环节的设计使孩子们很快掌握了新知识，整个过程兴趣盎然。

学习完课文，在拓展环节，我让孩子们自己动手制作了小农场。孩子们既巩固复习了新学的单词，又亲手进行了实践操作，最后还利用小农场进行了重点句型的练习，有很大收获。

改进：

整堂课围绕农场进行主题教学，可以考虑再增加一些学生已知的农场动物的角色问答，以达到使课文内容更加丰富的目的。

应该更加关注课上分层教学的部分，争取让不同水平的孩子都有相应的提高。

（此课例为北京市通州区视导课）

李金林

▽

　　李金林，1990年3月出生，北京通州人，通州区青年骨干教师。2012年参加工作以来爱岗敬业，甘于奉献，勇于创新。为了提高教育教学水平，让教学更有特色，努力加强理论学习，不断深化思想认识，认真研读教材，积极听课学习，并在磨课中，不断充实、提升自己。

　　工作8年以来，努力将所学的各类教育、教学方法应用到课堂教学实践中，立足传统，力求让书法教学更有特色，形成独具风格的教学模式，更好地体现素质教育的要求、提高书法教学质量。

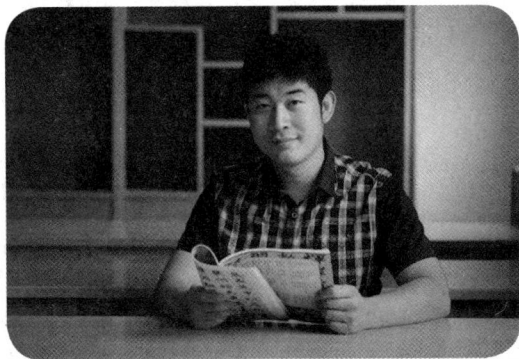

书法微课补充课堂教学的研究

书法是中华民族的文化瑰宝，是人类文明的宝贵财富，是基础教育的重要内容。对中小学生进行书写基本技能的培养和书法艺术欣赏，是传承中华民族优秀文化、培养爱国情怀的有效途径，是提高学生汉字书写能力、培养审美情趣、陶冶情操，提高文化修养促进全面发展的有效方法。

《中小学书法纲要》提出："以书写实践为基本途径，适度融入书法审美和书法文化教育。""倡导多样化的教学方式方法。……鼓励学校、教师、学生通过互联网获取丰富的书法教育资源，加强交流，构建开放的网络书法教学平台，充分利用现代信息技术进行生动活泼的书法教学。"本选题正是基于此基本理念与实施建议出发，充分利用互联网和手机App这个平台传播书法视频并进行答题互动，让学生随时随地方便地学习书法，激发学习书法的兴趣。

一、书法微课的国内外现状

（一）国内现状

目前在优酷和bilibili上已经有不少书法的微课，具有以下几个特点：

只写不讲，大部分都是展示自己的书法字，但并不对这些字进行讲解。

有部分微课是只讲不写，大部分以书法欣赏为主。

有少部分讲练结合，但所教书体不符合目前中小学书法教材与书法教学的要求，增加学生学习成本。

目前国内各大平台的书法视频质量较差，最常见的是拍摄角度不垂直，多为斜视。其次还有画质不清晰，录音音质差，不说话时录音底噪巨大等问题。给观看者带来很大的干扰。

目前各大平台除bilibili之外的视频都有广告植入，影响观感。

各个学校或者教育部门官方平台上也有书法有关的微视频，但是都是需要网页版才能观看，而且搜索起来烦琐，界面老旧，没有App的支持，不便学生观看。

（二）国外现状

在国外几乎很少有关于书法的微课，而且由于语言和文字的不同，也对搜索书法有关视频带来困难。其次由于我国互联网法律法规的问题，国内是无法访问类似YouTube等国外视频网站的。

二、日常书法教学中所出现的问题

问题一：书法知识普及度不够。由于每个班级，每个孩子对于书法读帖、临帖和对毛笔掌握程度都不相同，再加上每周只有一节书法课。这就造成了书法课上的知识无法像语文课上的知识那样做到普及。

问题二：制定教学重难点困难。每个班的学生情况都不相同，这对于制定教学重难点十分困难。而且在课堂上随机生成的新问题也有很多。例如，在"光"字教学中，原本学生的难点在字形结构上，但是在书写过程中，最后一笔竖弯钩的写法，学生们也出现了写不好的问题。这样一节课要解决两个难点，对于有些学生来说比较困难。

问题三：旧知识容易遗忘。由于每周一节书法课，虽然每次上课都要复习练习一遍上节课所讲的知识，但是有部分同学已经遗忘上节课所讲的内容。学生不能及时复习旧知，这对后面的集字练习很不利。

问题四：无法实现小组内的互帮互助。在我们其他学科教学上，经常可以选择让已经学会知识的同学去教本组的其他同学，充分发挥了学生的主体作用，能够提升课堂效率，实现学生间的互帮互助。但是书法课堂的知识基本上都是每次课新授，大家都是在同一起跑线，课堂实践中小组成员间的互帮互助作用被大大降低。

问题五：书法课提前预习困难。书法课不像语文数学课那样，只要有书就可以提前预习或者是在家长的帮助下提前学习。书法练习除了教材，还需要有笔墨纸砚和较为宽大的桌子，这就限制很多同学在家提前预习。而且对于预习中出现问题，家长一般也是给不了专业的解答。这就造成了书法课提前预习困难的问题。

问题六：学生与老师之间的沟通不便。虽然现在很多同学都已经有了诸如微信、QQ等社交App，而且可以随时发信息询问老师关于书法上面的问题。但是往往因学生对于所提出的书法问题表述不清，描述模糊，最后导致沟通效率低，沟通效果不明显。

利用书法微课解决以上问题的策略：

1. 录制时间短，教学内容少且精

录制的书法视频时长不超过10分钟，对于较为复杂的字，会分为两节课录制。但是这几分钟的教学内容一定要具体，要抓住这个字的主要难点去讲。例如"寿"（繁体）字的讲解，第一讲只讲字形结构与横画之间的布白以及利用五点定位确定字在米字格中的位置。第二讲开始讲解每个横画的起笔需要有变化，以及竖向笔画要比相邻的横向笔画要粗一些的细节问题。利用短短的几分钟时间，让学生能够循序渐进的学习书法知识。每次解决一个问题，一次一进步，学生也容易接受，在实践过程中也容易掌握。

2. 抓住碎片时间，选择优秀的网络视频平台发布，新旧知识随意看

观看书法微课应该是在一种轻松的环境下观看，所以本人把视频上传到主流的网络视频平台，如优酷、bilibili、抖音等。这样学生可以随时观看，不受时间与设备的限制，利用平时的休息时间就可以观看。每次录制的书法微课都是下个星期要讲授的内容，并且保持每周二更新，学生们有一个多星期的时间可以观看。这就可以让一部分喜欢书法课的同学提前预习学习。

当然，好的内容还要有好的传播渠道，目前主要选择的视频发布平台是bilibili，首先因为这个平台没有广告，学生不用每次观看前先收看广告。其次这个平台不仅手机有App，而且网页也可以直接浏览，最打动我的一点是分享到微信群里时可以完整的播放录制的视频，没有6分30秒的播放限制。最后就是这个平台具有发送留言和弹幕的功能，可以与学生进行互动。

由于上传网络平台，学生在家可以随时随地，无限制的重复播放。哪里不明白就后退播放再看一遍。而且新旧知识的书法视频都在网上，学生不仅可以提前预习新知，还可以观看以前学过的旧知，做到学习新知不忘旧知。

3. 线上答疑，留言与弹幕互动，收集问题，制定教学重难点

由于bilibili视频平台具有发送留言和弹幕的功能。本人最喜欢的是弹幕功能。（弹幕指直接显现在视频上的评论，可以以滚动、停留甚至更多动作特效方式出现在视频上，是观看视频的人发送的简短评论。）学生可以在视频不明白的地方停止播放，发送弹幕。这条弹幕上的问题，不仅我可以看到，其他同学也可以看

到。那么就这个问题，教师和其他同学可以还用弹幕的方式进行回答或者讨论。这就解决了学生在提前预习时不能够准确描述问题的问题。

其次，教师可以收集这个视频中学生反映最多的问题，制定我的教学重难点。对于简单和个别的问题可以在留言区或者微信单独讲解，对于同学讨论最激烈，反映不会写最多的地方，在下周上课时作为本节课的重难点进行突破。这就解决了我在书法备课时对于学情的分析。

4. 节省学生课堂学习时间成本，提高课堂效率，小组互助，共同提高

由于视频是提前一周就发布在网络平台，对书法有兴趣或者是家里可以提供书法练习的同学，可以提前练习。没有条件的同学，也通过提前观看视频对下周要讲的内容有了大致的了解。这样就节省了大量可上讲解的时间，让学生有更多的时间去书写练习，创作集字作品。

当然，我们也要承认，你不可能让所有的同学都喜欢书法这门课，都去观看你的视频。那对于这些同学，在书法学习上肯定要比提前观看过甚至提前练习过得同学要差一些。这时就可以发挥小组的作用，让好的同学帮助稍差一点的学生，学生间的帮助有时比老师的讲解更有效。在这种互相帮助的学习氛围里，让喜欢书法的同学更加喜爱书法，因为他可以当上小老师去帮助其他人。其他的同学也会被这种氛围感染，逐渐也观看书法书法微课视频，争取下次也能指导其他同学。这样就做到了相互帮助，共同提高。

5. 课后知识梳理，查漏补缺

正所谓"金无足赤，人无完人"，虽然前期收集不少学生集中问题，但是在实际教学中可能还会出现新的问题。比如"光"字教学中，前期学生反映最多的是字的结构与重心的问题，但是实践中很多同学最后一笔竖弯钩写不好。于是在课后我及时录了一节《怎么才能写好竖弯钩》，利用短短的几分钟，教学生如何书写竖弯钩，书写时需要注意的地方。这样学生在课后以及下次上课的复习时，可以很容易地把这一笔画掌握。所以说书法微课的录制可以让我查漏补缺，实现传统教学中无法实现的功能。

6. 线上晒字，互相点评，激发学生学习书法兴趣

为了激发学生学习书法的热情，让学生把本周写得最好的一幅作品或者一个字发表到微信群里或者是抖音里，同学们可以点评、点赞。这样一学期下来看看谁获得赞最多，激发了学生学习书法的热情。

录制书法微课的技术要求：

教师在所选题材上既要关注学生实际问题，也要新颖有意思。具体来讲就是，首先要根据学生的学习中容易出现的问题入手，通过深入浅出地讲解，使学生迅速掌握本知识点。其次要拍摄有意思的视频，比如饭店名称、著名商标、生活用品上出现的书法出处等，旅游中出现的书法知识等内容。

录制的视频要清晰，角度要便于观看。建议最好选用单反或者微单相机进行录制，格式为1080P 25帧以上。

三脚架选用可以垂直拍摄的横架。视频拍摄时要有多角度补光以消除书写时的阴影。选用枪型或领夹式麦克风，避免杂音，提高收音质量。

上传平台选择有App支持的，目前bilibili平台无广告，也方便观看是个不错的选择。

对时间的把握，整个视频要控制在5—10分钟以内，短小精悍，注重时效性。

习近平总书记在党的十九大报告中指出，深入挖掘中华优秀传统文化蕴含的思想观念、人文精神、道德规范，结合时代要求继承创新，让中华文化展现出永久魅力和时代风采。这一要求的根本意义在于让中华优秀传统文化所固有的生命力在新时代展现出新形态。制作的书法微课具有很强的辐射功能，因为它不仅可以给本学校学生观看，提高书法教学时效性，而且还可以给家长和社会上的所有人乃至国外的人们观看，这也促进了中国书法文化的传播。

参考文献：

[1]宋荣荣等."微课"在书法教学中的运用[J].当代教育，2016，（01）.

[2]张昕.Vlog的特点与发展趋势——从视觉说服视角[J].青年记者，2018，(17).

[3]解树勇.新课程下书法教学的有效性研究[J].青少年日记(教育教学研究)，2015，(5).

[4]张萍.翻转课堂的理念、演变与有效性研究[J].教育学报，2017，(2).

（此文荣获北京市通州区书法教育研究会征文二等奖）

《一课一字清》教学设计

学　　科：小学书法　　　　年级：三年级

教材版本：部编版　　　　　章节：第三单元　　　　　课时：第一课时

【教学内容分析】

本课主要让学生掌握欧体字三点水旁的书写方法和特点。并在此基础上训练学生观察字帖的能力。引导学生利用布白法和辅助线法分析例字和评价自己写的字。最后有能力的同学进行书法创作。

【学生情况分析】

本节课是学生首次学习三点水旁，欧体字的三点水旁特点非常明显，有别于日常语文课所学的三点水旁的写法，这一点上学生们很容易观察出来。但是三个点的布白关系和位置关系学生们就不易观察出来。而右边的青字与三点水的关系，也只有少部分同学可以直接观察出来。所以本节课需要利用布白法和辅助线法教会学生正确的读帖。

【教学目标确定】

掌握欧体字三点水旁和"清"字的写法。

学会利用辅助线分析例字。

体会书法的变化之美。

【教学重点难点】

教学重点：掌握欧体字三点水旁和"清"字的写法

教学难点：三点水旁三个点的位置关系

【教学过程】

环节一：情境创设与复习导入，观察出欧体三点水旁的特点	
教师活动 1. 例字导入，观察与规范字的异同。 2. 出示《欧阳询九成宫》中所有三点水旁的字，观察三点水的写法。 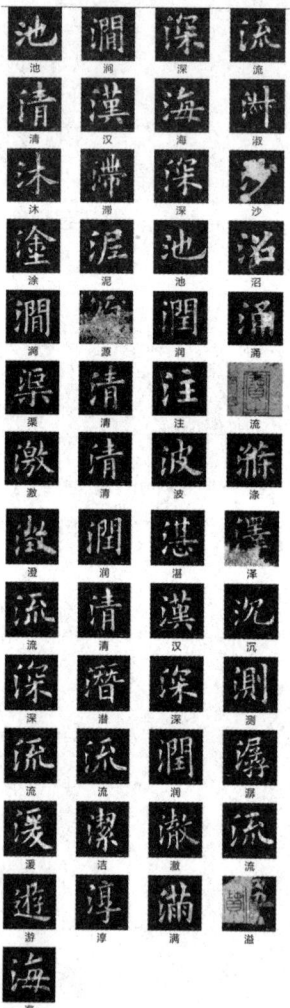 3. 总结欧体三点水的主要写法和特征。 （1）短撇—竖—提。 （2）在字中较窄。	学生活动 认真观察，小组讨论并汇报观察的结果。
活动意图说明：让学生观察三点水旁的字，更加清晰地了解欧体三点水旁的特征。	

环节二：学习三点水旁写法和"清"字的写法	
教师活动	学生活动
1.学习三点水旁。	
（1）学生尝试书写。取出学习单，认真观察并书写。	尝试书写，小组间互相点评。
（2）教师巡视发现问题，集中讲解。	
（3）利用辅助线法学习三点水旁。 ①第一点在格子中的位置。	利用辅助线法分析后再次书写，和第一遍比一比哪里有进步？
②三个点的位置关系。	
③最后提收笔的方向。 学生实践。 （4）可以先用单钩法或者双钩法拓印一遍，然后再尝试书写。 2.学习"清"字 （1）观察"清"字结构特点。 ①利用辅助线法观察。	
"清"结构特点 1. 左窄右宽 2. 左短右长 3. 穿插 ②重点讲解穿插的结构特点。	利用布白法和辅助线法分析例字。

续表

（3）观察右侧"青"字结构特点与左侧三点水的位置关系。 ①布白均匀。 ②三横的长度。 学生书写实践。 ③横画的位置。 ④"月"字的宽度。 ⑤书写实践。 教师和小组长巡视。	找出笔画间的位置关系。

活动意图说明：

1. 教师利用示范法讲解三点水旁的写法。

2. 利用辅助线法指导学生分析三点水的结构特点。

3. 利用小组长辅助教学，关注不同层次的学生的同时挖掘教学资源，提升课堂时效性。

环节三：作品创作

教师活动		学生活动
1. 了解"清泉洗心"的含义。 2. 创作书法作品"清泉"。 （1）条幅的格式。 （2）书签的格式。 3. 展示与评价。		认真创作。

活动意图说明：学以致用，巩固所学知识，激发学生学习兴趣。

续表

环节四：课堂小结	
教师活动	学生活动
1.小结 （1）三点水旁的写法。 （2）"清"字的结构特点。 （3）辅助线法的优势。	认真聆听。
2.书中其他三个"清"及"泉"字，课后用今天的方法实践。	回答问题。

活动意图说明：总结本课所学知识，扩展延伸书法知识，激发学生探索书法欲望。

【板书设计】

一课一字 清

【作业与拓展学习设计】

作业：课后临写书中其他三个"清"及"泉"字

意图：扩展延伸书法知识，激发学生探索书法欲望，巩固本课所学知识。

【特色学习资源分析、技术手段应用说明】

1. 技能训练，突出学生主体性

本课教学设计运用摹临复合法、点线辅助法、循环演示法等教学方法，帮助学生强化"清"字字形特点及结构特征；让教师示范形成偶像，强调心摹手追，拟之贵似；在关注学生实际获得的基础上，关注学生的书写差异，优生先达，形成榜样；提高书写兴趣，树立书写自信。课堂上，学生能够端端正正、安安静静，又能够高高兴兴地进行书法学习，使学生成为学习的主人。

2. 传统文化，增强民族自豪感

书法艺术，即是传统文化中的一个重要组成部分，更是中国文化的"根"。它与中国文化相表里，与中华民族精神成一体，是我国几千年文化的结晶，有着深厚的文化内涵，体现着伟大的民族精神和中华民族的传统美德。《一课一字清》教学设计注重以书法课堂为载体，弘扬书法艺术，渗透传统文化，释放学生的爱国情怀。设计中以经典碑帖《九成宫醴泉铭》为范本，结合文字演变历史、不同书体"清"字集字欣赏等内容，对学生进行了人文教育，增强学生民族自豪感和爱国热情。

【教学反思与改进】

本节课的创作环节，学生作品以条幅形式为主。在以后的教学中还应增加其他形式的书法作品创作，增加学生学习书法的知识和兴趣。

（此课例为北京市通州区区级研究课）

王海涛

▽

　　王海涛，毕业于北京体育大学体育艺术系，2008年毕业后响应国家"三支一扶"号召，支教三年。善于运用情景教学，让学生在"玩中学、学中玩"，将玩和学结合起来，通过玩来激发他们求知的动力、培养习得的知识、提高动手协作的能力，使他们在玩的过程中自由、快乐地学习和探索。并逐渐形成了自己的教学特色。

　　多年来先后主持和参与教科研课题5项，市区教学课例获奖20余节、市区获奖论文30余篇，杂志（书）刊登7篇，曾获通州区骨干教师、通州区教育系统青年岗位能手等荣誉。现为通州区体育舞蹈协会副秘书长，曾担任通州区健美操、街舞、跳皮筋等7项比赛及考试的裁判长、考务长。

趣化队列训练，培养挺拔身姿

——体育课堂教学随笔

社会互动队列的教学是比较枯燥、单调的教学内容，但对培养学生正确的"坐、立、行"姿势尤为重要。如何变枯燥为有趣，激发并保持学生的队列兴趣呢？这个问题使我食无味、寐难安。

通过和教学前辈的探讨，几经教学实践，我终于突破了这个瓶颈。我依据"健康第一"的指导思想，以学生发展为本，以学生初步形成站立、行进的正确身体姿势和良好习惯为目标。充分发挥教师的主导作用，在教学中尽量营造宽松、和谐、民主的氛围；运用实用、有效、可行的场地布置等，激发学生积极训练的主动性，在队列训练中学生坚强的意志品质。

首先，我根据学生的心理特点，采用灵活多样的教学手段，吸引学生的注意力。利用队列（向左、右转）将北京精神的内容进行融合，提高学生练习的兴趣。如：在向左、右转时，通常学生们都会喊口令"1——2"，在本课教学中，我将"北京精神"——爱国、创新、包容、厚德，替换"1——2"，同时四列横队依次转，转的同时按"北京精神"的顺序喊口号，大大提高了教学的实效性。通过反复练习，提高了学生的练习兴趣及团结一致的品质，培养了学生正确的站姿。

其次，将"坐立行操"引入课堂，调动学生练习的积极性。如平时的热身大多是头部运动、上肢运动、扩胸运动等老套路，学生做了几年已经很枯燥了，于是我根据本课的特点，将我校自编的"坐立行操"替换掉原有的热身，同时配上音乐，使学生在本课的准备活动中，听着优美的音乐，喊着嘹亮的口号。大大激发了学生的学习兴趣，提高了教学实效性。孩子们坐如钟、站如松，他们不仅在体育课上站姿挺拔，在教室内更是坐姿端庄、精气十足。

再次，在课堂上还注意学生的情感体验与价值的培养，围绕"行"，我安排学生进行队列——齐步走练习，在练习中我创设情境（我是小小兵），让学生模仿士兵的走姿，进行比赛练习，孩子们一听要模仿士兵的走姿，还要比赛他们高兴的都跳了起来，脸都要乐开了花，个个摩拳擦掌，这时有的同学嘴里高喊："我是小士兵。"有的同学喊："我走得肯定没问题。"有的同学喊："我肯定比你强。"……别看孩子们才二年级，他们用行动证明了自己。看着孩子们走着整齐的队列、迈着统一的步伐、喊着嘹亮的口号，我不仅为之震撼！而同时在操场上上课的一年级小同学更是情不自禁地为我们鼓起了掌！

　　教学是一门遗憾的艺术。本课还存在着不足，例如，在教学中纠正学生动作和游戏讲解时语言重复，对学生的评价手段运用得不灵活。在以后的队列教学中，我要精心设计教学语言，力求做到语言精练，口令准确。灵活运用多种不同的评价方式，激发学生的兴趣，帮助孩子们养成正确的坐立行姿势，形成健康的体态。

（此文荣获全国课堂教学征文大赛二等奖）

《肩肘倒立》教学设计

学　　科：小学体育　　　年　级：五年级

教材版本：北京版　　　　章　节：体操　支撑　悬垂摆动

【教学内容分析】

本课所学习的内容，是在小学一、二年级学习前滚翻、跳箱上不同姿势前跳下等活动基础上进行的学习，为进一步学习技巧类等体操项目打下基础。肩肘倒立是一项技巧类体操活动，它既能发展学生的腰腹肌力量、身体的协调性、平衡能力，发展人的定向判断能力很有帮助，又能培养学生的合作及自我保护意识。

【学生情况分析】

在学习这个教材之前，四年级学生按教学计划还没接触过肩肘倒立项目的学习。因此，在倒立情况下，控制身体的能力较差。我在设计教学过程时，采用层层深入的方法（夹肘比赛、蹬三轮、夹沙包、举沙包、顶沙包），通过教师引导、比赛、学生体验相互帮助等方式，一步一步解决教材的重难点。四年级学生已经有了一定运动基础知识、技能，但都是侧重于感性方面的，同时学生对动作的模仿能力较强，且好奇、好学。这些都为我们本课的学习奠定了基础。

【教学目标确定】

初步学习肩肘倒立的动作方法，通过本次课的学习使85%的学生能够在同伴的保护帮助下完成动作技术。

发展学生灵敏、柔韧的身体素质，提高身体的平衡及控制能力。

培养学生互帮互学、团结合作的意识，增强责任感。

【教学重点难点】

教学重点：屈肘撑腰与肩成三角之势。

教学难点：展髋、提腰、快收肘。

【学习评价设计】

成绩	优秀		良好		合格		努力	
技评标准	绷脚面、挺腹、展髋、屈肘撑腰、肩成三角支撑。	能够静立三秒钟。	挺腹或略微屈髋，脚面不能绷直，撑腰、肩成三角支撑。	能够静立二秒钟。	基本能完成三角支撑动作，腿能够向上伸，可以不直。	能够静立一秒钟。	不能独立完成动作，需要在保护帮助下完成。	能够静立一秒钟。

【教学过程】

环节一：开始部分
教师活动
教师观察，语言调动学生情趣。
1. 示范、讲解。
2. 引导学生结伴并指导。
3. 教师口令指挥，评价。

学生活动
学生站成四列横队。
1. 听讲、观察。
2. 学生 3—5 人一组练习。
3. 学生小组展示。

环节二：准备部分
教师活动
1. 教师示范引领带做踏板操。
2. 教师讲解比一比、赛一赛的方法。
3. 教师组织练习。
4. 教师利用语言与动作激发学生兴趣。

学生活动
1. 学生模仿练习。
2. 聆听。
3. 两人一组练习。
4. 师生比赛

环节三：基本部分
教师活动
1. 教师示范肩肘倒立的动作方法，激发学生兴趣。
2. 游戏。
（1）夹沙包。
（2）举沙包。
3. 结合挂图讲解动作要点及保护与帮助的方法。
4. 教师组织分组练习。
5. 出示口诀挂图。
6. 再次分组练习。
7. 择优表演。
8. 组织学生集体展示。
9. 教师小结。
10. 游戏——穿越障碍。
教师讲解游戏方法与规则。
组织学生尝试练习。
增加难度。
教师小结。

学生活动
1. 学生聆听、观察肩肘倒立的动作方法。
2. 集体练习。
3. 认真聆听观察保护帮助的方法。
4. 学生分组练习。
5. 认真观看、牢记。
6. 学生分组练习。
7. 择优表演。
8. 集体展示。
9. 聆听小结。
10. 做游戏。
聆听游戏方法与规则。
学生分组尝试练习。
挑战难度
聆听小结。

环节四：结束部分	
教师活动	学生活动
1. 教师带领瑜伽操放松。	1. 跟随教师做放松练习。
2. 教师小结。	2. 聆听教师小结。
3. 师生再见，安排专人收器材。	3. 师生再见，收器材。

【教学反思与改进】

游戏贯穿其中，激发学生学习兴趣，使学生在玩中学、学中玩。学到知识的同时培养学生积极进取的态度，让学生体验成功的喜悦。

在教学中将"社会主义核心价值观"成功地渗透到学生心里，学生在课上体现出公平、公正的品质。

课堂中注重学生学习和锻炼过程中积极的情感体验，力求做到精讲多练，语言生动，并不断改变练习方法，同时为学生提供广阔的空间，让学生在愉悦和谐的氛围中学习，达到教与学的和谐统一。

课堂中运用活动道具进行教学，有利于学生理解与观察。

本课教学也有不足之处，教学环节应更加紧密，增加学生之间的交流及相互评价。

（此课例为北京市通州区区级研究课）

第四章

绽放篇

"小学成熟期教师专业发展的实践研究"
课题研究过程

2018年10月，进行开题论证，课题组希望通过成立"特色教师工作坊"推动学校成熟期教师专业发展

2018年10月，举行"特色教师工作坊"启动大会

2019年3月，举行"特色教师工作坊"揭牌仪式

2019年6月，该课题进行阶段展示，图为龚立红进行课堂教学展示

学校成熟期教师参与各级各类
课堂教学展示精彩掠影

2019年3月，杨小东老师参加通州区第十届秋实杯课堂评比一等奖

　　2018年12月，宋庆捷老师参加市级"传承优秀传统文化，落实语文核心素养"教研活动，执教市级研究课《泊船瓜洲》一节

　　2012年5月，米莹（左一）老师参加第二届全国国学优质课大赛，执教《三字经》获一等奖第一名

　　2014年10月，孙贺老师参加第四届全国国学赛课荣获特等奖

2016年11月，王文静老师参加北京市小学语文教学与语文现代化录像课《七颗钻石》荣获一等奖

2019年9月，张广静老师参加市区骨干教师课堂开放日活动，做现场课《宇宙生命之谜》一节

2019年10月，郁微老师参加"通武廊基础教育协同发展共同体"三校同课异构研讨活动，做现场研究课《四季》一节

2018年3月，马国琳老师讲区级研究课得到教研员和听课老师的好评

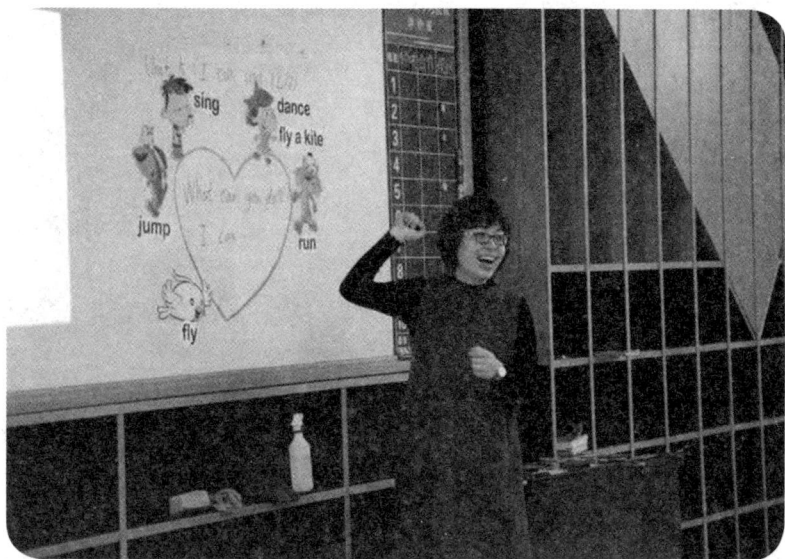

2018年11月，蒋芳菲老师做区级研究课*Unit 5 Lesson 17 I can sing*一节

2019年12月，侯杰参加 基于学科核心素养下的京冀地区三校联动活动

2017年10月，苑人歌老师获得北京市通州区小学第十届"春华杯"课堂教学评优一等奖第二名

苏松柏老师《观察和实测叶子》在北京市教育学会网络教育研究会2018年优秀教育信息化应用成果征集活动中获得一等奖

　　2019年5月，米莹（左一）、何杰（左二）老师参加通武廊基础教育协同发展第十共同体教学研讨会，分别做课一节

　　2019年12月6日，王继红在通州区"运河计划领军人才"张立娟、宋庆捷工作室"聚焦统编教材、落实语文要素"教学研讨活动中，执教区级研究课统编版教材五年级《鸟的天堂》一课

2019年11月13日，王友红老师做区研究课《带刺的朋友》一节

2019年6月25日，杨晓华老师参加通州区小学语文名师工作室教学研讨活动

2016年4月，张艳茹老师参加北京市小学语文区域教学交流研讨活动

2019年12月13日，吴继红老师参加联合教研"共促教师成长"教学展示活动

2019年5月，张嘉麟老师参加教学共同体赛课，获得一等奖

2019年6月，姬艳艳老师参加先校"小学成熟期教师专业发展的实践研究"阶段成果展示活动